世界传世藏书

【图文珍藏版】

旅游大百科

赵然⊙主编

第六册

 线装书局

瑞士

瑞士概况

瑞士是个永久中立国，位于欧洲中部，与法国、德国、奥地利、意大利接壤。瑞士成立于 13 世纪末，是一个联邦立宪制国家，由 26 个州组成。瑞士联邦各州都拥有较大的自主权。虽然长期以来瑞士拥有中立国的地位，但瑞士的日内瓦市却是国际重要会议举行的地方，而且联合国的欧洲指挥总部与红十字会世界总部都设立于日内瓦。

瑞士是一个美丽、安全、和平的国家。走近瑞士，感受的是古代与现代、自然与人类智慧的完美结合。清爽宜人的地中海气候，俊秀多姿的阿尔卑斯山，清澈如水的冰川湖，中世纪的经典建筑，静谧中映衬着瑞士不断发展的进步气息。瑞士的城市小巧玲珑，别具一格。这里没有摩天大厦，但任何建筑都轮廓鲜明，精致美观。瑞士的现代工业，以钟表以及精密的仪器制造著称于世。瑞士是一个钟表王国，在钟表制造领域的精良工艺为其他各国所不及；瑞士的酒店管理被奉为全球同行的样板。在瑞士还有许多保存完好的百年老城，在这些城市里没有很大的公园和城堡，最主要的建筑大都始建于 19 世纪。

出入境须知

出入瑞士和在瑞士停留期间，应持有有效护照。瑞士目前还不是欧盟以及申根成员国，申根签证对瑞士不生效，所以进出瑞士，旅客仍需申请瑞士签证。

签证

去瑞士办理签证所需的时间视停留时间的不同而各有差异。停留时间不超过 3 个月者需时 15 天；停留时间超过 3 个月者需时 30 天。申请签证时要在申请表格上注明访问目的和停留时间；提供邀请函、电原件，如非原件，需由邀请方向瑞士驻华使馆发电函确认；申请人无论持何种护照，若在瑞士停留超过 3 个月者需用英文或法文填写双面签证申请表 3 张、调查表 1 张、交照片 3 张；在瑞士停留不超过 3

个月者填写单面签证申请表 1 张，交照片 1 张；申办签证前，持照人须在护照上签名。瑞方一般发给 1 个月有效的入境签证（贴纸签证）。凡经瑞士去第三国者，如订妥联程机票，不出机场，停留不超过 48 小时，可免办签证。否则，应申办签证。瑞方一般发给 1 个月有效并允许停留 2 天的过境签证。团体签证：凡 10 人以上的团组申办赴瑞签证，除每人填表 1 张，交照片 1 张外，申办单位还须自行打印 1 份名单，包括成员姓名（标明汉语拼音），出生年月日及护照号码，内容应与护照一致。

入境

除旅客个人的必需品外，到瑞士可免税携入的物品有：

1. 400 支香烟或 500 克烟叶，或者 100 支雪茄烟；

2. 原则上可携带 2 瓶酒，如果在入境前获得特别许可，则可携带 10 公升白酒及 40 公升红酒；

3. 旅客个人 1 天所需的食物（包含饮料）；

4. 礼品类（如香水）；

5. 盐渍过或罐装的肉品，但不可超过 2.5 千克。

出境

出境时除手表数量及超过 15 千克黄金须作申报外，其他托运行李无须海关检查，但随身行李出于安全理由须以 X 光透视，必要时还有搜身检查。应特别注意的是，在瑞士购买的军刀等刀具物品，要放到托运行李里，如果随身携带，安检将不予放行。另外，出境申报海关时，也不能携带冲浪板或自行车等太大的物品。在瑞士，凡旅客由日内瓦及苏黎世机场离境时，可直接将行李在瑞士境内各大火车站办理托运行李手续，旅客只需在车站出示已预约、确认的机票，付少许运费，即可托运行李，而旅客个人则可只轻松携带随身行李赴机场办理登机手续，托运行李将可准确无误地被送上同一班飞机。

交通概况

与瑞士发达的旅游业相配套，瑞士完备的交通系统以提供旅客方便舒适的旅行为宗旨。瑞士交通系统由火车、汽车、轮船和高山缆车组成，这些旅行工具环环相扣，形成覆盖整个瑞士的交通网，将一个引人入胜的瑞士带到旅客的面前。

飞机

瑞士航空公司和中国国际航空公司每周都有航班往返于苏黎世和北京。去瑞士也可从香港转机或从欧洲其他国家转机到达。瑞士现有两个国际机场，分别位于苏黎世及日内瓦，另有国内班机飞往巴塞尔及南部的卢加诺。

火车

瑞士位于欧洲中部，火车四通八达，从苏黎世到意大利米兰或德国慕尼黑只需4小时。如果搭乘国际火车，最好是事先订妥座位，尤其搭乘夜车时，更需事先订好卧铺。

瑞士联邦国营火车可通往瑞士各大小城镇，交通极为便利。持欧洲火车旅游票者可免费乘坐瑞士国营火车，但在风景区搭乘登山火车或缆车上山观赏雪景，则需另外购买车票。

汽车

瑞士的公路运输线路四通八达，一般车辆的限速为：高速公路为每小时120千米，一般公路为每小时80千米，城镇为每小时50千米。

计程车

营业客车的士每天24小时工作，于火车站、机场、酒店及其他指定地点都设有的士站，游客亦可直接在街上截停空的的士，或是用电话叫车。计程车司机通常非常守法且安全可靠，不会故意绕道行驶。

电车

瑞士各大城市皆设有电车。电车票一般分为四种，短程票、中程票、长程票及全天24小时票。电车上并不售票，必须在各站向自动售票机投入硬币后购票。

自行车租借

在天气晴朗的日子，游客还可以骑自行车做市内旅游。自行车旅行不仅是简便的旅行方式，而且是一种在大自然中的体育运动。自行车可以在一个站租用，也可以在一个站租，在另外一个站还。

瑞士的住宿

瑞士的高消费是世界知名的，以苏黎世为例，五星级的旅馆，住宿一晚至少需要150瑞士法郎，甚至有的需要300瑞士法郎，而四星级的费用也会在90~200瑞士法郎不等，三星级约为60~120瑞士法郎。其实，瑞士的青年旅舍十分发达，目前有登记的就已有约70家，对于旅费较拮据的游客，不失为一个好选择。

瑞士的旅馆、宾馆和汽车旅馆数以千计，大多数瑞士旅馆都是瑞士旅馆协会成员。由旅馆协会确定不同的标准，并根据协会的规定排定其成员的等级。

旅馆的价格依星级而有高低不同，同一星级内单人间和双人间也会有差异。早餐一般已包括在房价内，大多数旅馆还提供半天或全天的膳食，但要额外收费。一些小旅馆和私房也以合理的价格提供优质的床位和早餐。

豪华度假村

瑞士的旅游事业可以追溯到 18 世纪，到 19 世纪，不少英国贵族都把瑞士作为度假胜地，从此许多豪华的度假村就陆续兴建起来了。尽管到现在这些度假村已经变得非常现代化和舒适，但仍保留着昔日对客人照顾周全的传统。现今，这些度假村的高尔夫球场、滑雪场和温泉等设施，以及优质服务和美味佳肴，吸引着四方游客。

田园农舍旅店

瑞士山区有不少农舍风格的旅馆，浪漫、简朴，而且收费也比较合理，标准通常在一星级到三星级之间。游客可以借此了解瑞士的传统农村生活和民风。

青年旅舍

整个瑞士还有几十家青年旅舍对个人旅行者、旅行团、家庭和学校开放。瑞士众多的青年旅舍，有的坐落于古堡中，有的位于静谧的湖畔。所有旅舍的设施和服务水准都达到相当的水平。对于年轻人来说，入住青年旅舍是最明智的选择，因为相对于瑞士的高水平消费，青年旅舍的收费较为低廉，一般为每人每夜 15~30 瑞士法郎。但入住者的年龄需在 26 岁以下，如果拥有国家或国际青年联营招待所卡，则可不受年龄限制，均可入住。

瑞士节庆与风俗礼仪

瑞士是一个融多种文化为一体的国家，受多种语言的影响，其文化也呈现出独特的多样性。根据传统，随着季节的变化，每年在瑞士各地会开展各种各样、丰富多彩的节庆活动。现代瑞士人不仅继承保留了自己的节庆文化，并不断地将它们发展开来。

国庆节

8 月 1 日是瑞士的国庆日，从 19 世纪末才开始庆祝。对这个日子纪念的却是距今 700 年以前的事件。据记载：乌里、施维茨、尼瓦尔登"老三州"的人民在 8 月初宣誓结成永久同盟，保证互相给予协助和支援，共同抵抗哈布斯堡王朝的势力。

伯尔尼葱头节

每年 11 月的第四个星期一，首都伯尔尼老城区火车站与联邦广场之间的十来条街道，一夜之间就变成了一个巨大的集市。从首都四周、尤其是弗里堡湖区来的农民在这里设下成百上千的摊点，出卖他们自己生产的葱头（每次节日销售总量达 100 吨）以及其他冬季蔬菜、水果、干果等。原来定期在联邦广场摆摊的其他摊贩，此时也照常出售他们经营的商品。

狂欢节

瑞士全国最盛大的狂欢节首推巴塞尔市的大游行，参加者都戴着面具或头饰，人数总共有一两万之众。前奏曲在封斋节开始后的第一个星期一。凌晨钟敲四响时，穿着奇装异服、戴着面具的风管手和鼓手们即开始吹奏起来。乐手后面的游行队伍分成小组，举着3米高的大透明灯，灯上面画着过去一年中本市发生的大事。每年狂欢节之前的几个月都要从当年的新闻中选择一个主题，节日的服装、标识、灯画、表演都要突出这个主题。晚上，有些人或单独行动，或组成小组，一面唱歌，一面表演一年中发生的趣闻，使用的都是挖苦、俏皮或逗笑的词句。

苏黎世六鸣节

苏黎世六鸣节一般在每年3月21日后的第一个星期一进行，星期天会有孩子们的游行，而到星期一，人们在这天燃烧棉布制作的木偶并互相拜访。苏黎世六鸣节名称的来历源于14世纪，当时是为了让大家知道一天工作的结束时间，而在晚上6点撞响大教堂内的钟。这种古老的活动逐渐演变并发展成了今天的风俗。星期天晚上，孩子们穿着古装，或是通过自己的想象而制作的衣服参加游行。棉制的雪人跟随在孩子们的后面。

卢加诺葡萄节

意语区的卢加诺本来没有葡萄节，后来从法语区引进了这个"传统"，也在10月初的第一个周末庆祝，因此它与本地区收葡萄的季节并不一致。原来，提契诺州内有个卢加诺，还有个洛迦诺。两个城市一向互相攀比竞赛，谁也不甘落后。洛迦诺有个相当古老的花节，卢加诺便引进了葡萄节与花节相抗衡。葡萄节的庆祝方式也是大游行：彩车上覆盖着鲜花，车上的女郎们不住地向观众投掷花朵。在过去还有布置着田园风光的牛拉彩车上街游行。

着装

瑞士人的传统服饰大致为：男人穿着过膝的长裤、袖子宽大的衬衫和短夹克，女性则穿丝质上衣、长裙、天鹅绒背心。除了在商场柜台上工作的人员外，一般上班人员并非人人穿西装打领带。但接洽商务或赴宴时，仍需穿着整洁的西服并打领带，以示重视。

祭典

瑞士的天主教祭典流传至今。在祭典日，人们穿着民族服装，唱歌、跳舞和祈祷。在山岳地带，村民们也穿上华丽的服饰奏乐舞蹈。儿童节祭典又称疯狂的祭典，参加的人戴上假面具，把装有青豌豆的袋子绑在裤子上，互相追打。此时连神

甫也戴上假面具，和人们一同参加祭典。祭典完毕，神父还要到居民家为人和牲畜
的兴旺而祈祷、祝福。

伯尔尼

　　瑞士首都伯尔尼位于瑞士的中央，被莱茵河的支流阿尔河从三面环绕。自从
1848 年瑞士建立联邦政府以后，伯尔尼就成为全国的政治和文化中心。城市面积中
30%都是树木和公园。建筑风格大体保留中世纪时期的浪漫风貌，城市街道两旁的
拱廊独具特色，古老的钟楼及大教堂更是为整个城市添加了古香古色的韵味。伯尔
尼的旧城区已经被联合国教科文组织列入世界文化遗产。现在的伯尔尼是一个世界
知名的文化和旅游城市，拥有众多历史、自然和艺术博物馆，同时它也是世界行政
和银行中心，万国邮政联盟和国际铁路运输总局都设在这里。新旧建筑在这个城市
得到了和谐的统一，从位于城市边缘小山丘上面的玫瑰园，可以俯瞰整个城市。

伯尔尼

熊洞

　　熊是伯尔尼人最喜爱的动物，在伯尔尼到处都能看到以熊为装饰图案的工艺。
古建筑的浮雕、中心喷泉的雕塑、楼台的古画上关于熊的形象比比皆是。就连伯尔
尼的州旗上也绣着一只壮硕的黑熊。

　　不过要看真正自然界的熊，就必须到旧城东部的郊外一个叫熊洞的地方观赏
了。与其称之为熊洞，倒不如叫它熊沟更为合适，因为那是一个 3.5 米深的壕沟。

壕沟被一些矮墙围绕着，里面有很多美丽的山石林木，像是露天的低地花园。在这个熊沟里没有人们常见的铁丝网围绕，也没有其他任何屏障。有的只是悠然自得的几只熊，它们或在院子中央的水池里嬉戏，或三三两两地散步，或在树下酣睡，全然不顾几米高处人的注视。动物与人类能够如此和谐地近距离生活，这也是瑞士人生性淡泊的一种表现吧。

大教堂

伯尔尼大教堂即芒斯特教堂，始建于 1421 年，是一座哥特式的大型建筑，19 世纪末期，教堂顶上修建了近 100 米的尖塔，是伯尔尼最有代表性的建筑之一，也是瑞士最高的教堂。教堂最著名的是正面《最后的审判》的浮雕和 15 世纪时的彩绘玻璃。教堂内有一架 1726 年建造的管风琴，它有 5404 根铜管，是瑞士最大的管风琴，现在依然能够弹奏出美妙的音乐，教堂举行定期音乐会或圣诞节时仍会用这架管风琴演奏一些传统音乐。如果天气好，沿着 254 级台阶的楼梯上到教堂高塔上，能够看到整个伯尔尼风景。在大教堂的广场上，每个月的第一个星期六，还会举办一些很有意思的手工艺品展销，很多游客都会在这里挑选自己喜爱的瑞士手工艺品带回去做留念。

爱因斯坦博物馆

坐落在伯尔尼克拉姆街 49 号的爱因斯坦博物馆是爱因斯坦的故居改建的。爱因斯坦曾在伯尔尼住了 7 年，这个小公寓是他 1903~1905 年与其第一任妻子居住的地方。那时爱因斯坦正在波恩大学任教，业余时间苦心钻研物理学，并在那个时期提出了著名的相对论。现在馆内依然保持着爱因斯坦当初生活时的某些格局。来这里的游人不仅可以看到爱因斯坦读书时的成绩单，还可以听到爱因斯坦上课时的录音带。在博物馆的一间朴素而狭窄的小房子里，仍旧摆放着这位伟人 100 年前使用过的书桌。桌子前面的墙上贴着那个经典的相对论公式：$E = mc^2$。公式的下面还写了一行小字：1905 年，突破性的一年。在这间小房子的另一面墙上，悬挂着爱因斯坦的一段自述："狭义相对论是在伯尔尼的克拉姆街 49 号诞生的，而广义相对论的著作也在伯尔尼开始。"这也是伯尔尼人最引以为荣耀与骄傲的地方。

钟楼

伯尔尼钟楼的前身是 13 世纪的城门。当初建它时，是为了作为连接城市与外界的一个出入口，后来一场大火将城门烧毁。16世纪，瑞士人又在旧城门的基础上修建了钟楼。作为伯尔尼这个城市最古老的建筑物之一，钟楼一直是世界知名而且最具有吸引力的旅游景点。每一位来这里的游人，走到内部参观时，都会为这古老又精确无比的机械设备而震惊。第一层的天文钟建于1218年，楼台四周刻有贵族狩猎和建造城市的古画。在天文钟的钟面上，不仅能够看出钟点，还能看出包括季节、月份、星期甚至还有月亮圆缺变化的所有时间显示。钟楼最引人驻足的是每次整点前三分钟开始的时钟表演节目，有着500多年历史的古钟，用小丑敲钟、公鸡打鸣、小熊走灯、武士巡游等一整套热闹繁复的程序展示着它经久不衰的吸引力。

泊尔尼美术馆

伯尔尼美术馆收藏有8个世纪以来的杰出美术作品，包括3000幅油画作品和雕塑以及近4.8万幅素描、版画、照片和电视片。主要类别有：意大利14世纪的作品，自15世纪以来的瑞士艺术品，19~20世纪初期的国际油画作品，这里也是全世界收藏保罗·克利作品最多的美术馆。国内和国际的艺术潮流也在这里得到展示。此外，塞尚、马蒂斯、布拉克、毕加索、康丁斯基等许多画家的作品也在这里常年展出。美术馆主楼后面，有个小型电影院，放映的都是艺术电影以及与展览会有关的电影。

联邦大厦

联邦大厦始建于欧洲政治最为纷乱复杂的1848年，完成于1902年。它是瑞士联邦议会办公的地方。瑞士是联邦制国家，联邦委员会是国家最高行政机构，而联邦议会是国家的立法机构。联邦大厦的建筑风格是文艺复兴式的对称式，其最为独特的就是它的绿色圆形铜制的屋顶。如果站在玫瑰园俯望伯尔尼，那绿色屋顶在整个城市色调中非常突出，很容易就能找到。相传联邦大厦内部所有的建筑材料都取自瑞士本土，就连参与大厦设计的大师们也都是瑞士本国人。现在大厦免费为世界各地游人开放。大厦门前有一个广场，广场两边全都是热闹的餐馆和咖啡店，广场中间经常摆摊设点，是城里最为热闹的地方。

通讯博物馆

伯尔尼通讯博物馆是世界上最大的收藏珍贵邮票的博物馆之一，展览的主题是回溯瑞士邮政及电报电话业务的发展，其中还有邮政通讯史的展览。在这里，旅游者可以看到 1830 年最初翻越圣哥达山口的邮政马车、瑞士第一个电话交换局的机器等实物，从中了解到技术的发展。该博物馆地下室还有瑞士及外国邮票展览，这里珍藏着很多精美又古老的邮票，不单单是瑞士本国和其邻国列支敦士登的邮票，还有世界各国的珍稀邮票。

古尔腾山

古尔腾山是伯尔尼南部一个海拔 858 米的小山丘。伯尔尼城市的海拔就有 542 米，因此两者之间的高度差不是很大。在伯尔尼南部的瓦波恩小区有缆车可以上山，每半小时发车一次，10 分钟就可到达这里的山顶。站在平坦又宽阔的山顶，除了可以一览市区全景外，还能欣赏到伯尔尼地区的阿尔卑斯山及其各个山峰。山顶上还有石刻的山峰全景图，旅客在这里可以一面观景，一面按图索骥找到山峰的名称和山峰的高度。

因特拉肯

因特拉肯这个名字起源于拉丁文，意思是两个湖泊之间的平地。它位于瑞士中部，在布里恩茨湖与图恩湖之间，是瑞士人心目中的避暑山庄，也是世界游客最喜爱的疗养胜地之一。这里处在少女峰的脚下，因此可以乘坐高空缆车直接登上阿尔卑斯山的高峰去一览天然奇观。

因特拉肯湖光山色，环境优美，在维多利亚时代就是一座充满文化气息的城镇了，城内有很多中世纪的建筑和堡垒。因特拉肯同时还是一个运动胜地，因为这里整年气候温和，因此各种消闲的活动与运动，如夏季的爬山、冲浪、游泳、划船，冬季的越野滑雪、冰上溜石、轮鞋溜冰等，都可以找到适当的场所。

因特拉肯出产著名的手工纺织的精细网织品，却谦虚地将其命名为抹布。同时这里的传统手工彩陶制品也非常有名，图案有当地乡村特色，也有现代风味，很受游客青睐。

图恩湖

图恩湖被美丽的阿尔卑斯山环绕。阿尔卑斯山融化的雪水形成的溪流奔流而下，溪水呈湖绿色，在阳光下色彩明亮夺目，一旦汇入静静的湖泊，便变为深沉的蓝色，湖水清澈见底。图恩湖宁静而精致，有风吹来时，湖面荡起层层涟漪，波光闪闪，蓝天、白云和四面山色都层次分明地倒映在水中。阳光下的图恩湖明媚亮丽，在上面进行水上观光很是不错。随船而行，展现在游人面前的就像是一幅连绵不断的风景画，那波光粼粼的湛蓝湖水、晦明变化的连绵山峰、浪漫的古堡、古老的教堂、风格各异的鲜艳民居，以及远处的耀眼雪峰，构成壮丽又清平的佳境，使人心旷神怡。

湖的西北端，有一个与湖同名的古城，城内有个 12 世纪末的古堡，是一个碉堡建筑群，主体建筑成一座方形塔，四角各有一个角塔，是策林格家族打败当地贵族后建造的。

布里恩茨湖

与图恩湖有姐妹湖之称的布里恩茨湖湖形狭长，略向北翘，与图恩湖连在一起像一弯中断开的新月。布里恩茨湖静谧深沉，湖水湛蓝细腻，晶莹剔透，是全瑞士最洁净的湖。湖岸四周被茂密的森林、陡峭的山崖、飞流直下的瀑布所环绕。湖附近有两个著名的瀑布。一个是盖斯巴赫瀑布，它由 14 个小瀑布组成，在附近森林茂密的地方有一个极富浪漫隋调的蜜月饭店；另一个叫莱申巴赫瀑布，是柯南道尔侦探小说中福尔摩斯与他的死敌同归于尽的地方。湖东岸的布里恩茨湖镇与湖同名，是瑞士木雕工艺的中心，伯尔尼高地出售的木雕，十有八九出自这里，就连这里的房屋，乍一看上去都像是雕刻而成的。

弗里堡

弗里堡位于伯尔尼西南，建筑在悬崖之上，地形坡高谷深，非常复杂。它最早建于 1157 年，是瑞士最漂亮的城市之一，古建筑大多数以当地山岩为材料，市区内的哥特式房屋依山而建，高低错落有致，像一个立体的花园。之所以又被称为桥城，是因为市里最好看的地方在河上的策林格桥。从桥往上可以看到陡坡上的古城墙，往下可以看到河上的廊桥。深绿色的河水从两岸的红顶房檐之间流过，色调搭配得十分巧妙，有人工的心思，又像是大自然的天成。

1997 年，这里成为环法自行车赛的一站，从而被世界游人向往，每年来参观的人越来越多。

少女峰

少女峰海拔 4158 米，拥有欧洲之巅的美名。在瑞士的群山中，少女峰是最受欢迎的一座山峰，她宛若一位亭亭玉立的少女，终年不化的积雪犹如她雪白的长裙，使她在众多山峰中俏丽挺拔，格外出众。

古老传说

关于少女峰的由来，有一则古老而美丽的传说。相传有位年轻天使来到人间，看到雪山的英俊顿生爱慕之心，在为雪山铺上了无尽的鲜花和森林之后，决定化作冰清玉润、清丽俊俏的山峰留下来永久相伴。这才有了现在如诗般景色的少女峰。

特色景点

少女峰有欧洲最高的火车站，海拔 3454 米。游人可以坐在火车里，跟随火车在隧道里穿梭，这里的隧道很多路段都挖有窗户样的洞。另外，早在 1996 年，这里就启用了欧洲最高的观景台及瑞士最高速的升降机，让游人可以欣赏到笔直的岩壁下的风光。

在海拔 3571 米高处，斯芬克斯观景台给游客提供 360 度的视角，由此可观赏到阿尔卑斯山惊心动魄的全景图。在这幅著名的全景图中，包括震慑人心的阿莱契冰川。它是阿尔卑斯山中最长的冰川，长达 23.6 千米，覆盖了 100 多平方千米的面积。在晴朗的天气，这幅神奇的全景图还把远在法国境内的浮日山脉及德国境内的黑森林也都囊括在内。

在观景台赏玩雪景后，游人还可以参观著名的冰宫。巨大的冰厅内隐约闪烁着蓝光，数座栩栩如生的冰雕次第排开：鹰、企鹅、北极熊、日本相扑手……在少女峰，游览的其他活动还包括乘坐雪橇、光顾精彩的影视厅及展览厅等。

美丽风光

少女峰的美就像她的名字一样充满了活力和变幻。从山下到山顶，景观层次截然不同，很有绿野仙踪的味道。山顶上常常寒冷异常，雪花弥漫，密得让人睁不开眼；而山腰以下，从雪峰深处却延伸出无尽的翠绿，鲜亮的明黄；和缓的山坡上山花烂漫，村落安详，郁金香、紫云英、雏菊开得娇艳，美得让人迷醉。天暖的时候，山间人来车往，到处是来此滑雪度假的人们。人们穿着色彩缤纷的滑雪服，像鹰一样在雪地高坡上自由翱翔。许多技艺高超的滑雪游客，穿梭于绿野与雪峰之间，使得白雪皑皑的雪山一下子充满了彩色画面，立刻生动活泼了许多。

日内瓦

日内瓦是一个历史悠久的城市。它坐落在风景如画的日内瓦湖（莱芒湖）畔，南、东、西三面都与法国接壤。安静的罗纳河穿城而过，刚好将老城与新城按南北方向分切开来。山区上老城典雅的建筑群与新城区现代化的楼房形成了鲜明的对照，清晰地记录了这座中世纪古老的小城发展成为现代化国际都市的辉煌历程。然而无论是在老城或新城，郊区还是旅游景点，到处可见翠绿的草坪和美丽的花卉。

日内瓦还是一个国际和平城市。自从 1920 年国际联盟总部设在这里之后，日内瓦就成为召开各种国际会议和谈判的重要场所。设在这里的国际组织和人道主义组织超过 200 个，其中就有最著名的国际红十字会、联合国欧洲总部、红色新月国际委员会等。

日内瓦更是一个文化艺术城市，大大小小的博物馆、展览馆有 10 多个。尤其是位于老城区的艺术历史博物馆，陈列了各种各样的文物、兵器、工艺品、古画和许多历史名人的画像。历史上很多名人都曾在这里居住，如法国启蒙思想家卢梭、英国诗人拜伦和浪漫诗人雪莱等。

圣彼得大教堂

坐落于市政厅街的圣彼得大教堂建于 1160~1232 年间，这是老城区给人印象最深的标志性建筑。大教堂是由一个简单的小礼拜堂逐渐加修而成的，因此它由多种建筑风格融汇而成。它的主体建筑是以罗马式风格修建，教堂的拱门是哥特式的，18 世纪后加建的正门又有希腊—罗马式圆柱和类似罗马万神殿的穹顶。作为法语区宗教改革中心人物的加尔文，曾在这个教堂宣传新教教义。由于加尔文的活动，日内瓦被誉为新教的罗马。教堂里面有加尔文曾经用过的椅子和圣职人员的座位等。

在地下有欧洲最大的考古学发掘展示处，那里有大教堂基址上以前的宗教建筑物的基石和欧洲最大的对公众开放的水下古迹，游人可从此了解到大教堂的建筑历史。另外还有许多令人惊叹的奇迹，如建于 4 世纪的洗礼堂和 5 世纪的镶嵌图画，这些图画反映了不同时期不同社会阶层的面貌，使得圣彼得大教堂成为精妙绝伦的图画展示之地。

市政厅

位于日内瓦市中心的市政厅就在圣彼得大教堂的西侧，这里是 15 世纪日内瓦最高议会所在地。市政厅有四合院式的中古建筑，上下都是古典列柱拱门式的骑楼；右侧哥特式楼房旋梯采用斜坡而不是阶梯，是为当时骑马的信使进入方便而设计的。1864 年，在这里签订了第一个日内瓦公约。1871 年，美国南北战争中阿拉巴马号战舰沉没引发争议，在此举行了一场国际法庭仲裁会，从此日内瓦才成为国际重要会议中心。1876 年美国独立百年纪念日时，为感念瑞士的贡献，美国官员捐出了他们的剑，并将剑铸成梨头的形状，陈列于市政厅中央的阿拉巴马厅中。市政厅附近的柏格广场是日内瓦最古老的广场，也是最具人文气息的地方，在古罗马帝国时代，这里一度是公众集会的场所，后来发展成中古世纪时的市场。现在广场上摆满了露天咖啡座，是最受当地人喜爱的广场。

艺术历史博物馆

艺术历史博物馆是日内瓦最重要的博物馆之一，位于旧城中英国公园正南。从查理·加朗街入口，馆内展品显示史前期直到现代文明的发展，以考古发现、美术及装饰品为主。其中以一楼的考古及二楼的绘画最为重要。馆内充满了神秘色彩，共有 50 万件展示品，包括雕像、房间摆设等多种作品，另外还收藏了许多古埃及、古希腊的美术作品和 15～20 世纪瑞士画家的作品，可以说是研究瑞士艺术发展史的最佳处所。其中最有价值的一件是 1944 年康拉德·维茨为日内瓦大教堂创作的题为捕鱼奇迹的圣坛画，据说这是欧洲艺术史上第一幅可以辨出原景的绘画。博物馆还有一个货币部，藏有大量古币。其他展品还有埃及木乃伊、中世纪的织布机、本地区的古代家具、彩绘玻璃等。除此之外，还展出有一个古城堡中几个房间的家具和复制品。

宗教改革纪念碑

这是一座为纪念宗教改革主要人物而建的长约 100 米的大型壁雕。石碑上雕刻的人有：加尔文、法勒尔、贝茨和诺克斯。壁雕两旁记录了对宗教改革做出贡献的人的名字和相关的重大事件。

最早的瑞士不信基督教。后来由于被罗马帝国征服，这种信仰随商人和罗马部队传入瑞士。但是由于瑞士各地区的语言并不相同，因此这种信仰也只限于几座城市。随着新教运动的不断发展，16 世纪时，瑞士开始由于新教的传播，逐步扩展到瑞士各州。其中最有影响力的就是加尔文。他深受马丁·路德的影响，一心献身于宗教改革。1536 年，加尔文来到日内瓦，开始建立新教会，提倡废除主教制度，并在日内瓦实行了政教合一的统治。日内瓦宗教由此开始发生巨变。日内瓦的巨变又引起了瑞士法语地区宗教的巨变。因此加尔文所倡导的宗教革命，为西方宗教掀起了一场前所未有的革命，对后世的西方宗教有着不可磨灭的影响。1909 年，在加尔文诞生 400 周年时开始在现今日内瓦大学里建造这个纪念碑，用以向后人展示加尔文对宗教所作的贡献。上面刻有"经过黑暗，光明终于来到"的文字，表达了日内瓦人对加尔文的极大推崇。

花钟

花钟是日内瓦著名景点之一。在这个有着"世界花园"与"钟表王国"之称的国度里，精致的瑞士人将花卉的魅力同钟表的制造工艺完美地结合起来，设计出了"花钟"。花钟坐落于日内瓦湖畔，直径约5米，是一种既能供人欣赏又能展示时钟功能的设施。它的机械结构设置在地下，钟面上有平整的绿草覆盖，数字由浓密的花簇组成；有时钟面也会开满艳丽的花朵，那数字就会换成鲜嫩的翠绿色。花钟每个季节装点不同的花色。当组成钟面的鲜花盛开期过后人们就改种另一种鲜花，使钟面形成新的图案。花钟的时针与分针和普通钟表一样，总是自行准确地移动。在观赏这巧夺天工的花钟时，每一位游客都会情不自禁地对一对自己的手表。

瑞士人民对花钟的设计十分自豪，日内瓦市的地图就用它作为该市的标记。其实在瑞士，花钟并不是日内瓦唯一拥有的景观，但因为日内瓦的花钟是最早设置的，所以在世界上也最为有名。

国际红十字会

为了提倡在国际范围内组织和协调卫生救护活动，1919年2月1日，由美、英、法、日、意5国组成的红十字会委员会成立。随着参加的成员国家越来越多，尤其是伊斯兰国家的加入，1983年的日内瓦红十字大会决定改名及修改徽章。为了纪念曾经为世界人民做出贡献的这个非政府国际组织的活动，在国际红十字会和红色新月国际组织的总部日内瓦修建了博物馆。博物馆主要介绍国际红十字会从成立一直到现在的历史进程中，为许多人提供无私医疗救助的国际红十字会和红色新月的活动。来这里参观的人们更能体会到这个国际组织关于"人道主义共同行动计划，特别关爱武装冲突的受害者，减少自然灾害与疾病对弱势人群的危害，以保护人类尊严"的宏伟主题。

万国宫

万国宫是日内瓦著名的建筑之一，这里曾经是第二次世界大战前国联大厦旧址，现在是联合国驻日内瓦办事处所在地，又称联合国欧洲总部。这里经常召开重要的国际会议，会议多时，要容纳近5000~6000人在里面工作。万国宫不仅因为国际机构荟萃被称为"万国"，它的建筑装修也处处体现"万国"的特色。这里汇集了意大利的石灰，法国和瑞典的大理石，菲律宾的棕麻地毯……每一个成员国也为它捐献了富有本国特色的各种装饰、陈设物品，其中西班牙画家保赛·马利亚·塞特描绘的征服战争、歌颂和平的组画最引人注目。中国捐送的是绘制了天坛图案的丝织挂毯，挂毯运用光学原理，使得无论从哪个角度看，都能感觉到天坛的登坛台阶对着观赏者。

多样化的语言

瑞士没有统一的语言，现在使用的有 4 种主要民族语言，64%的瑞士人讲德语，19%的人讲法语，约 10%的人讲意大利语，不到 1%的人讲拉丁罗曼语，剩下的居民讲不同的地方语言。

4 个语言区

异族入侵的历史是造成瑞士语言文化多元化的原因之一。公元前 1 世纪时，瑞士被古罗马帝国征服，拉丁语成了官方语言，长达 500 年之久。到 4 世纪末，日耳曼人中一个叫做勃艮第人的分支，先居住在日内瓦湖南岸一带。5 世纪中期随着古罗马帝国的衰落，他们逐步往北扩张，到了阿勒河一带，占据了瑞士的西部和南部。勃艮第人和原来这一带已经罗马化的居民融合，发展了一种法语方言，他们的后代逐渐演变成为现今的法瑞。在勃艮第人从南面深入的同时，日耳曼人的另一分支阿尔马尼人从北面和东北越过莱茵河侵入瑞士，摧毁了罗马文明，占领了瑞士北部及东北部广大地区。阿尔马尼人操日耳曼语，也就是古德语。这片地区后来成了瑞士的德语区。阿尔马尼人入侵时，有一部分难民逃入了东部阿尔卑斯山偏僻的河谷地区。这批人在格劳宾登州内保留了一种属于拉丁语系的语言，成为拉丁罗曼语。此外，地处提契丁诺州，原来就是意大利移民的居住区，说意大利语，但自中世纪起就和瑞士有特殊关系。1803 年正式加入联邦后，成为瑞士的意大利语区意瑞。

平等与共存

在法律上，法、德、意、拉丁罗曼语 4 种语言都是国家的正式语言。瑞士的电视、广播、报刊、和其他新闻媒体，都是 4 种语言兼而有之。国家的法律规定和文件，只要是提交议会讨论，一般都要同时印成 4 种文字，联邦议会召开时，各议员从来不讲统一语言，而是各用各的民族语言发表讲话。

另外，瑞士周边环境和文化氛围也决定了瑞士 4 种语言的长期共存。在瑞士境内虽然没有整齐的界限划分语区，但千百年来，瑞士周边，德、法、意三种语言的界定区域却相对固定。这也决定了瑞士 4 种语区的居民与邻近的国家有着同民族、同语种、同文化的姻缘关系。

瑞士是由国家联盟走向联邦的，没有形成统一的民族，也就决定了瑞士很难形成统一的民族语言。例如拉丁罗曼语，目前虽然只有近5万人在说，且居住分散，另外这同一种语言中方言还各异，但法律仍赋予它平等的地位。瑞士这一独特做法是瑞士各民族长期共存的一种需要，这虽然不能保证产生一个统一的民族和统一的语言，但对瑞士联邦的存在和瑞士各民族的相互依存产生着极大的积极作用。

麻烦的语言

虽然各语言的存在没有造成民族间的矛盾和冲突，但语言混乱对于交流来说必然是障碍重重。如德瑞人所说的德语与标准的德语又有不同，而且各地方都有自己的土德语，学会伯尔尼德语到了巴塞尔也不能交流，巴塞尔德语到了苏黎世也不能用，作为德瑞人本身也仅仅会讲和听故乡的土德语，复杂得令人费解。而且所有官方文本要翻译成4种语言，再将拉丁罗曼语翻译成5种此语的方言，工作繁多而且资金浪费，因此现在英语逐渐成为非正式的官方语言。

阿里亚纳博物馆

阿里亚纳博物馆建于19世纪后期，建筑本身非常漂亮。位置就在联合国欧洲总部的后面，因此参观完万国宫就可以直接去参观博物馆了。阿里亚纳博物馆是瑞士唯一的展示制陶业、玻璃和瓷器制造工艺的博物馆，它也是欧洲非常重要的以展示这一类艺术品为主的博物馆之一。馆内收藏着从中世纪到现代的1.8万多件从历史的角度来看非常珍贵的陶瓷器和陶制人像。从收藏数量来说是欧洲最大的。展品展示了近7个世纪来日内瓦、瑞士、欧洲和东方的制陶术的发展。主要的制造工艺在此都有体现：陶器、瓷器、土器、精瓷、陶瓷等。博物馆同时还展览自20世纪以来的陶瓷艺术品。

钟表博物馆

瑞士是钟表的王国，世界名表几乎都在这里诞生。在日内瓦马拉纽街15号的钟表博物馆，展出的主要是有关"计时器"从原始至现代的发展史和时间度量衡的演化过程。有15~18世纪的沙漏、日晷；17~18世纪的早期钟表；19~20世纪的珐琅表；19世纪后期镶嵌珍宝的饰物手表等，多为日内瓦本地产品。除了展出钟表外，这里还展出各种制造钟表的工具，另外还有珠宝、鼻烟盒、微型肖像等高级装饰品。博物馆内的钟表各式各样，令人目不暇接。而且被展出的钟表造型也千姿百态。其中最贵重的藏品是一块镶嵌在一个精美的金质袖扣上的小表，周围还装饰着各种宝石。这些钟表每一块都有独特的故事，它们不仅展现了钟表匠的丰富想象力，更表达了不同钟表匠自身的各种情感。在这里参观门票是免费的，游客还可以预约导游为自己讲解。

日内瓦湖

如梦如幻的日内瓦湖终年蓄满了阿尔卑斯山和汝拉山脉上的纯净雪水，清澈无比。天气晴朗的日子里，碧波荡漾的湖面上海鸥、野鸭、天鹅成群自在地嬉戏；挂着彩帆的小船、缓慢的游船、华丽的游艇川流不息，游人在上面轻松浪漫地欣赏湖光山色。在湖的两边，围绕着许多美丽的公园，有珍珠公园、玫瑰公园、英国公园等。每一个公园都是绿树参天，百花争艳，供人随便参观和散步。两旁的湖滨小道更是树木茂盛，草坪青青，花坛遍地。两旁的特色宾馆和稍远些的豪华别墅倒映在水中，为这繁花锦簇的真实世界增添了朦胧的幻想。一切美丽得就像是一首隽永的诗。

为了吸引更多的游客，每年8月，日内瓦还会举办湖滨露天电影晚会。到这一晚，到湖边观看烟火的人群如潮水一般。大概晚上9点钟，日内瓦湖边的高大建筑上的灯火统一熄灭，在湖中长堤和两岸指定地点放射出各式各样的焰火，焰火覆盖了湖面的上空，如繁星璀璨，光芒四射。同时，装有彩灯的游艇在湖上快速穿梭，两岸山丘上燃起堆堆篝火，照得日内瓦湖的夜晚如同仙境一般，令人流连忘返。

大喷泉

说到日内瓦湖就不能不提到大喷泉，杰特大喷泉由130马力的电力推动，以每小时200千米的速度喷射，喷射高度达145米的银色水柱笔直冲向云霄，在半空中突然停住，然后化成扇状的细雨倾泻下来，落到湖中，与湖面各种色彩的船只游艇、湖边各色争奇斗艳的花卉，连成了一幅立体的景色。

大喷泉最初位于罗纳河下游，是一家水电厂的安全闸阀。后来被设计师转移到日内瓦湖中心。当初还担心会破坏湖中的景色，没想到它与湖景相映生辉，还成为世界上最高的喷泉，更成为日内瓦城市的象征。

卢梭岛

宽不过三四百米的日内瓦湖尾部，有一座供人行的贝克桥，桥的北侧，一条狭窄的木桥连着白杨树环绕的一个小岛，岛上立有法国最伟大的启蒙思想家卢梭的铜像。卢梭曾在这个小岛上生活了两个月，后来，日内瓦人民为了纪念这位大思想家，将该岛命名为卢梭岛。

诗隆城堡

日内瓦附近小城蒙投的诗隆城堡，是瑞士境内最知名的历史古迹。城堡像一座湖上浮宫飘浮于日内瓦湖畔，在薄雾与雪山衬托下，如梦似幻，令人迷醉。城堡建于公元9世纪，最早筑起的是城堡的围墙，直到十二三世纪扩大规模并且重建其中一部分。城堡开始曾为诗隆主教的财产，12世纪之后则隶属法国萨瓦伯爵所有。在萨瓦伯爵二世时期，建成今日所见的大部分规模与外观。1536年，诗隆城堡被伯尔尼人占领，由法国人的手中转为瑞士人所有。在1798年沃州革命时，才变成沃州的财产。城堡的整个地基是由当地所采的巨型石块，构筑在日内瓦湖300米深的湖底之上。城堡内部广阔，整个建筑包括庭院、瞭望塔、大厅、卧室、城堡主塔等，其中大厅以整棵橡木所筑成的梁柱颇为引人注目。还有很多宽敞的大厦和房间，穿插于长廊与高塔之间，令人趣味盎然。城堡美丽的外形下还隐藏着一个阴森可怖的地下牢房。英国浪漫诗人拜伦曾在洛桑写下《诗隆的囚徒》一诗，令此堡更加闻名遐迩。除了最为著名的监狱外，城堡内还设有一些博物馆，展示各种武器与战袍。站在塔楼顶部，可以饱览日内瓦湖的绝色美景。诗隆城堡提供中文导游，可以提前预约。

迪亚布烈斯

迪亚布烈斯海拔3210米，位于格施塔德西南的皮永峡谷之上，可以从蒙投乘火车前往迪亚布烈斯村，再乘巴士前往。这里的活动绝对多姿多彩，山下的瑞士蒸汽火车公园、距火车公园不远的水上乐园、海盗世界，各具特色，让任何人都可以尽兴游玩。每逢温暖季节，山坡上的植物恢复生机，茂密森林伴随着零星湖泊，组成如诗如画的远足天堂。而从皮永峡谷可乘吊车前往3000米的冰川，这里夏天也永久积雪，在此不但可滑雪，还可看到极壮丽的景观。

迪亚布烈斯还有"魔鬼冰川"之称，之所以称其为魔鬼冰川，是因为这一带的山区一直被传说是魔鬼和精灵的大本营，附近牧羊人经常听到在隐秘的山峰间，有人用石球玩古老的撞椿游戏，发出隆隆怪声，令人不寒而栗。虽然现在这里已经成为现代游乐场所，但古老的村民依然相信那吹短笛的小妖，不时会幻化人形，与农民在节庆中跳舞直至天亮。山地村民们的传统节庆聚会层出不穷，七八月更是高峰期，这个时候来游玩，有很大机会在山区碰到极具乡土特色的欢乐场面。

洛桑

　　洛桑是瑞士沃州的首府，也是瑞士第二大讲法语的城市。它位于日内瓦湖旁边，依山傍水，有着浓厚的文化艺术气氛，是瑞士法语区的文化中心。这里有瑞士联邦最高法院、洛桑大学、国际学校，城市的酒店学校和芭蕾舞洛桑奖都是闻名于世的。另外大家都非常熟悉的国际奥林匹克委员会总部也在这里。

　　洛桑是一个古都，城市的历史源远流长，在罗马时代已有人居住，中世纪时代曾为萨伏依及伯思所占领。现在的洛桑中古建筑鳞次栉比，走在街上有如身处于中古世纪的城中。历史上很多文人，如拜伦、狄更斯、伏尔泰都曾到这里找寻过灵感。

　　洛桑是一座山城，城市不大，层层叠叠的美丽房屋，沿着湖岸向上伸展，有点儿似中国香港的石板街，但又保留着瑞士独有的和谐与宁静。在日内瓦湖与阿尔卑斯山的烘托下，洛桑城充满法国式的浪漫。这里还是一个生产葡萄酒的地方，整个城市布满了葡萄园。

　　按风味的不同可以将洛桑分为两个部分：湖边的奥奇及山腰上的旧城，前者悠闲、现代、讲究生活品位，后者怀旧、古老、散发历史内涵。洛桑的商业活动集中在旧城，许多历史古迹及商店街都环绕着圣母大教堂而生。

圣母大教堂

　　位于旧城区的圣母大教堂建于 1150 年，共耗费 82 年的时间，于 1232 年完成。这栋被称为瑞士最美丽的教堂有着哥特式的建筑外观，教堂大门以《圣经》中的圣徒为主要雕刻主题的雕像，虽然许多颜色已经斑驳，但精致的程度仍叫人喟叹。教堂内部非常庄严肃穆，许多石柱上都留有 13 世纪的彩绘，各种图案与故事所构成的彩绘玻璃，在阳光照耀下投影在教堂的地上，形成另一种庄严之美。这里最有名的彩绘玻璃——玫瑰窗是 1240 年所建，上面的图案以不同季节与月份所形成的宇宙意象为主题。

　　大教堂通往北方钟楼共要走 232 级台阶，钟楼相当高耸，参观的人可以从此地俯瞰优美的洛桑市。在中古世纪时，城市多以木造建筑为主，一旦发生火灾，整个城市往往毁于一旦。为了防止火灾，各地教堂设立了守夜人从钟楼上向全城报时的习俗。现代洛桑的大教堂保留了这项独特的传统。从每天晚上的 10 点至凌晨 2 点，

圣母大教堂

每个整点守更者都会站在四方形的钟楼上，用法语向四方报时。

圣梅尔城

圣梅尔城是一座用石头建造的很牢固的城堡，由传教士团体于 14 世纪后期到 15 世纪建造。原来是洛桑主教的地方，位于洛桑大教堂以北约 200 米处。这里曾是传教士的修道院，现在则是沃州政府所在地，游客不能进去参观。圣梅尔城的四个角落都有塔，乍一看仿佛与意大利佛罗伦萨的旧宫颇为相似，后经证实，正是来自于意大利的工匠之手。圣梅尔城的后面有一座在沃州独立战争中牺牲的达维尔的雕像。

乌契

去乌契必须坐船，因为它最早是日内瓦湖边的一个小渔村，后来随着日内瓦湖风景在世界逐渐闻名，这个小渔村也变成了现在休闲酒店的集中地。这里不仅是洛桑居民喜欢的休闲之处，更成为世界游客喜爱的度假场所。

环绕日内瓦湖畔的乌契地区不但有绿意盎然的公园与广场，还有很多大人与小孩都适合的游乐设施。在天气晴朗的时候，慢跑的、溜直排轮的、骑脚踏车的、玩跳棋的、荡秋千的、坐在湖边或露天餐馆椅子上享受日光浴的、在湖边喂天鹅的，各类运动或游玩的人都有，充满了无限生机，真可谓是一种特殊的悠闲享受。而且无论走到哪里，总能感受到这悠闲自在的气息，让人体会洛桑愉悦明亮的色彩。

面包博物馆

面包博物馆坐落在洛桑附近卡勒尼镇的镇议会厅旁，一踏上议会厅广场，就可以闻到刚出炉面包的香气。面包博物馆里，展览的是一切与麦子有关的东西，包括各种年代与地区不同的种麦、割麦、打麦的过程与工具，有些工具甚至可追溯至公元前2400年。这里还收集了世界各国以麦子为图案的钱币与邮票。还有用幻灯片制成的多媒体讲述麦子对世界各国不同人种的意义。还有一些以模型塑造的做面包的过程也相当生动有趣。如果想亲眼一见面包师傅的手艺，楼下的面包店后方就有一处开放的空间，可以看见面包师傅制作面包的过程。

莫尔日

这是个位于从洛桑前往日内瓦途中的小城市。从洛桑坐普通火车需要7分钟，从日内瓦出发则需要30分钟。夏天有许多人聚集到这里，到日内瓦湖游泳、洗湖水浴。从小镇的火车站朝着湖边走10分钟左右，能看见一座建于13世纪、外观宏伟的城堡，城堡里面的军事博物馆展示着武器、大炮和军服等物品，对喜欢军事的人来说是个不可多得的好去处。城堡前面的广场上有一个现代风格的喷泉，造型很奇特，被称为"莱芒湖珍珠"。小城每年都举行名为"笑声中的莫尔日"的幽默节。当四五月间的郁金香节开始时，这里又成了一片花的海洋。

苏黎世

苏黎世是瑞士第一大城市和经济中心，城里集中了几百家银行，也是全欧洲最富裕的城市。苏黎世被称为湖上的花园城，市内很多精心修整的花园，鲜花绿草与别致的建筑物相互辉映。这里也有很多重要的图书馆、博物馆，保存着大量珍贵的手稿和文物，为研究者提供宝贵的资料。利马特河穿城而过，注入苏黎世湖，沿河畔筑有中世纪式的卵石小径可供游人漫步。乘坐观光小船游览苏黎世，一路上山势峻峭，森林葱翠，远处点缀的是富庶的葡萄园和浪漫的古堡。

苏黎世还被誉为美食之城。全城1300所餐厅尽揽世界名厨美食，提供任何可以想象得到的各国佳肴。瑞士人对甜品有特殊的偏好，这里瑞士风味的乳酪火锅、烤乳酪及煎马铃薯饼口味醇香，其他佳肴如法国莱、地中海小食、日式料理、中国酒楼等，也是与众不同。当地的特色美食配上夜晚传统的歌舞表演更是令人流连忘返。

班霍夫大街

班霍夫大街是苏黎世城最繁华的街道。公元前 15 年罗马人在苏黎世湖畔建城时，这条街道就逐渐发展为兴旺的商贸中心。目前这条大街长 1.4 千米，是瑞士全国最大的购物街。两旁商店林立，装潢高贵，陈列着名贵皮革、高级时装，以及手表、珠宝、首饰、法国香水等，绝对是追求顶级名牌者的圣地。班霍夫大街不但繁华时尚，而且整洁清新，街面明亮如镜。这里的楼房一般不超过 5 层，多是 19 世纪的建筑，显得古朴典雅。

更令班霍夫大街显赫的是全市各大银行都汇集在这里，鳞次栉比竟有 200 多家银行在此争奇斗勇。正是班霍夫大街以其无与伦比的富贵、高档、名流，使苏黎世成为瑞士的经济之都，更成为世界的经济之都。

瑞士国家博物馆

位于苏黎世的瑞士国家博物馆是瑞士最大的博物馆，它开办于 1898 年，是一座维多利亚式的大建筑。该馆以介绍瑞士文化、艺术、历史为主题。在这座如迷宫般的建筑里有 100 多间不同的陈列室，摆放着早期考古学的发现、罗马时代的遗迹、异教文化工艺品、盾形徽章等。陈列室和大厅都被装饰成 15~18 世纪的风格。博物馆楼上是一个大厅，规模之大足以和大教堂媲美，展出的是历代武器、甲胄、军旗等。博物馆中还展出旧日房屋的内部装饰，是旧房内实物移置到馆内的。其他展品如中古宗教经文、绘画、彩色玻璃窗饰、取自古教堂及房舍的壁画、圣坛祭品、家具箱柜、古代钟表、金银饰物、民间服装……几乎应有尽有。在瑞士国家博物馆可以浏览到欧洲几千年的文化史。1910 年列宁侨居苏黎世时，就利用这里的丰富资料撰写了不少有名的著作。

罗马大教堂

罗马大教堂于 11 世纪到 12 世纪初叶改建成现在的大教堂。它是瑞士最大的罗马式大教堂，有两座塔，建筑样式非常独特，是苏黎世城的重要标志。教堂据说是在 9 世纪时卡尔大帝建造的基督教堂的基础上建成的。教堂的彩画玻璃，是瑞士现代艺术大师贾科梅蒂的作品。楼上的圆顶是 18 世纪后加的部分。这里是德瑞地区宗教改革的发祥地，教堂的地下室还有一个关于宗教改革主题的博物馆。

市立美术馆

位于旧城区的市立美术馆，在罗马大教堂东方不远处。美术馆门口有一个罗丹著名的雕塑作品《地狱之门》。其馆内主要收藏上至中古下到本世纪的西欧绘画、雕塑以及版画作品，尤其着重为 18~20 世纪瑞士画家的作品。如 18 世纪的博斯利，19 世纪的勃克林及贺德勒等。雕塑则以表现派的贾柯麦蒂为主。美术馆除欧洲各国大师如莫奈、塞尚、凡·高、毕加索等人的作品外，还搜集了相当数量的蒙克的作品，是除了斯堪的纳维亚半岛外收藏蒙克作品最多的美术馆。夏高尔的作品也很丰富，独占一整间展厅。另有一个展厅专门展出达达主义的作品。

妇女大教堂

传说早在中世纪，苏黎世已存在不少宗教流派，因此市内教堂林立。直至 1536 年，苏黎世被皈依新教的伯尔尼人占领，一轮宗教改革纵然令大部分教堂消失于城内，当中一座建于 12 世纪中叶、被誉为全瑞士最美丽的哥特式建筑——妇女大教堂却被保留下来。

妇女大教堂的前身是卡尔大帝的孙子卢特维希国王的母亲西尔特加尔特，在公元 853 年建立的一个修道院，主要用于苏黎世贵族妇女养老。其中比较著名的景观有：罗马式的唱诗班席位以及挑高的圆拱形长廊；教堂的中殿曾于 1911 年时做过一次整修，之后一直到 18 世纪时，教堂再度进行整建，将北面的塔楼增高、并除去南面的塔楼。此外，教堂里存有整个苏黎世州最大的管风琴。而教堂本身最著名的是圣坛上的玻璃窗，那是马克夏家耳 1970 年的作品，世界闻名，也是吸引游人的焦点所在。

圣彼得教堂

这是苏黎世最古老的教堂，在公元 857 年的历史文献中，已经可以查到它的名字。使这个教堂出名的是建于 1534 年的钟楼。塔楼上有欧洲最大的教堂钟指针盘，钟的盘面直径有 8.7 米，时针长 3 米，分针长 4 米，虽然已运转了 400 多年，现在仍走得很准确。钟楼是用于监视火灾的，曾经有看火人住在里面。

圣彼得教堂建筑上的重要特色还有 13 世纪初期的唱诗班席位、建于 1705~1706 年间的巴洛克风格中殿。苏黎世的第一位市长于 1360 年葬于教堂的唱诗班席位之下，这里还埋葬了一位改革时期的牧师，他对苏黎世最大的贡献是首次翻译

《圣经》，为苏黎世带来第一本德文版《圣经》。

贝耶钟表博物馆

机械钟表最早诞生于 13 世纪的欧洲。当时的座钟体积庞大，一般用于教堂或民间管理部门。钟表每小时自动报时，协调整个社区的社会生活。后来随着技术的不断改进，钟表由大变小，由富贵之所走向贫民大众。贝耶钟表博物馆在一家商店的地下，这里展示着 16～20 世纪犹如美术品一般豪华的钟表。那些 100 多年前的钟，至今仍然走时准确，其中还有一些非常珍贵的钟表。这些艺术精品凝聚着钟表艺术大师们超凡绝伦的精湛技术，而其中孕育的艺术和文化气息更是代代相传，愈久愈浓。

苏黎世歌剧院

苏黎世歌剧院创立于 1834 年，是一座新巴洛克建筑风格的剧院。在这里首次公演的歌剧有兴德米特的《画家苟蒂斯》（1938 年）、勋伯格的《莫塞和艾伦》（1957 年）。苏黎世歌剧院虽然规模不大，剧场只有 1200 多个座位，却绝不输于超一流的歌剧院，而且正因为小，才可以体会到重奏的妙趣以及其细微之处。据说这里也是第二次世界大战期间在德语区剧场中唯一没有受到演出限制的。剧场的保留曲目包括从巴洛克时期到莫扎特再到现代的作品。因此苏黎世歌剧院和法国里昂歌剧院一样，是当今最受瞩目的剧院。游客最多的时候，是从 9 月到次年的 6 月末，其中也有芭蕾舞表演和朗诵会。在旺季结束的 6 月下半月，会有一次"6 月庆典周"，演出节目都是绝对珍藏版，因此很受人关注。

艾西德伦修道院

艾西德伦离苏黎世市区较远，坐火车大概需要 50 分钟时间，是瑞士最有名的天主教巡礼地。这个城市 10 世纪时在这里建立修道院，修道院经历了数次火灾，到了 18 世纪前期，变成了现在这样一个辉煌的修道院和教堂。教堂分为两个部分，像庄园城堡。大门两旁竖有两座塔楼，房顶是传统的红黄色，除了门口塔楼，其他楼都为五层建筑。教堂门口有一个花环形的广场，四周种满了绿树和小草。教堂内部是相当豪华的巴洛克式建筑，金碧辉煌，那漂亮的装饰不仅在瑞士，在那些邻近国家也非常有名。大堂中间有一个黑色小房，是著名的忏悔场所。两旁的边廊为白色，里面有很多神职人员。许多巡礼者为了观赏圣母马利亚像而来到这里，如果运气好，还能听到修道士们的歌声。

苏黎世湖

从地图上看，苏黎世湖很像一头桑蚕，头在市区，身子朝东南斜卧，全长 39 千米，宽 4 千米，面积达 88 平方千米，水深达 143 米，最深处有 406 米。宁夫河从格拉鲁斯流经华仑湖最后流入苏黎世湖。苏黎世湖两岸风景极美丽，乘船穿梭于两岸的美丽小镇，是极惬意的享受。沿途可见洋溢着异国风光的村落、延绵的果园、引人遐想的乡村小店、精美的别墅，参差错落，竞相媲美。苏黎世湖有很多美丽的小镇小村，东北岸有拉珀斯维尔、美伦、斯塔法、文尼多夫、古斯纳特；南岸有塔尔维尔、贺根、晋费菲孔。站在湖水前面一眼望去，湖水波平浪细，绸缎一般光滑，偶尔有白帆摇曳其上，或大鸟掠过水面。湖畔绿树成荫，建筑和雕塑也极富艺术气息。美丽的景色为苏黎世湖引来游人如织。

苏黎世湖水上娱乐项目也非常丰富，在这里可以游泳、划帆船、乘游船欣赏湖上风光。

温特图尔

从苏黎世坐特快列车，不到半个小时车程便可到达温特图尔，这里是除苏黎世外的最大保险中心，更是一座艺术之城，市内有不少收藏丰富的博物馆。尽管温特图尔是一座非常现代化、很有活力的城市，但是城里有一个老建筑集中的街区，留存了 19 世纪繁荣时期的遗迹。

温特图尔最有名的是阿尔班节。阿尔班节起源于 1264 年 6 月 22 日的历史事件，当时温特图尔得到哈布斯堡的鲁道尔夫的承认升级为自治市，由于这天是阿尔班日，因此该节日就成了阿尔班节。但节日自 18 世纪起中断，现在的庆祝是从 1971 年开始的。每年 6 月的最后一个周末，温特图尔市中心的老城区将成为类似中国庙会的集市。这里有许多的露天餐厅、20 多个舞会和管弦乐队、观赏席等。在该城市居住的外国劳动者也会制作一些体现自己国家特色的风味食品。

卢塞恩

卢塞恩位于瑞士的中部，坐落在罗伊斯河与卢塞恩湖汇合之处。城市依山傍水，到处浓荫绿地，风景如画，被公认为是瑞士最美、最理想的旅游城市。

卢塞恩可游玩的地方很多。除了著名的廊桥之外，另有具备巴洛克宗教建筑特色的耶稣堂教堂，哥特式风格的芳济堂，热闹的市政厅，保存最好最长的欧洲古代防御工事穆塞格城墙，狮子广场与狮子石雕，留有 2 万年前冰川遗迹的冰河公园等各具特色的景点。而在卢塞恩最惬意的莫过于在卢塞恩湖上乘游艇观光。郁郁葱葱的草木与远方白雪皑皑的山峰层次突出，人字形屋顶的农舍与优雅的花园别墅相间于湖旁，望过去就像织锦上色彩明晰的画面。伴随着湖上清风吹拂，绝对的清新赏目。

卡贝尔桥

建于 1333 年的这座 200 余米长的古老木桥，横跨在罗伊斯河上，是卢塞恩市的象征，也是瑞士古建筑中的瑰宝。桥的特殊在于它的上面修建了木头屋顶，因此又称廊桥。1993 年 8 月曾遭火灾，致使木桥一半被烧毁，不过在火灾第二年后，即重建复原卡贝尔木桥的美丽。木桥外侧种有色彩艳丽的天竺葵花，湖上天鹅水鸟悠游，形成一幅美丽的画面。桥的横楣上绘制了百余幅宗教历史油画，内容多是卢塞恩市历史知名的英雄人物和大事件。在桥身中央的地方有一个八角形尖顶建筑，名为水塔，中世纪时是观察敌情的瞭望台。水塔下部在水中的地下室曾被用作监狱、档案馆和藏金库。水塔现在成为游客最爱在此留影的地方。这两座建筑在水中一横一立，入夜在彩灯的映照下非常浪漫，正好构成奇妙的景致。

基督教堂

廊桥往昔与市政厅隔河相望处有一个基督教堂，即耶稣教堂。它始建于 17 世纪 60 年代，是瑞士最早的巴洛克式宗教建筑之一，也是其中最完美的一座建筑。堂内色调以白色和粉色为主，其中圣坛用红色大理石装饰，非常耀眼。堂内壁画多为 18 世纪 50 年代以后的作品。教堂外部有两个醒目且极具代表性的拱顶装饰。教堂最早的捐献者布罗逝世后就葬在教堂内。

霍夫教堂

位于卡贝尔桥的东方，卢塞恩湖西南郊的岸边有一座教堂名为霍夫教堂。教堂最初建于 8 世纪，为罗马式建筑，1645 年重建后不久即遭遇火灾，后又重建。因此这座哥特式风格的建筑，除了两座秀丽挺拔的尖塔属于 14 世纪建造外，目前呈现的文艺复兴晚期风格都是火灾之后的杰作。现在霍夫教堂是卢塞恩最重要的教堂及居民信仰中心，还经常举行不定期的音乐会。值得一提的还有教堂的管风琴，1640年制造，共有4950根风琴管，至今仍在卢塞恩的夏季音乐节上使用。

狮子纪念碑

位于卢塞恩湖边的狮子纪念碑是一位丹麦雕刻家设计于1821年，在天然岩石上雕刻而成的。雕塑外形为一支长矛深深刺进雄狮体内，雄狮生命垂危，露出痛苦的神情，前爪抓住盾牌和长矛，盾牌上刻有瑞士国徽。这个悲壮的雕像是为了纪念在1792年法国大革命中，为保护路易十六和法国皇宫而战死的800名雇佣兵。既是在怀念壮士们的坚贞不渝和舍生忘死的精神，又意在祈求世界和平。纪念碑下方有文字描述这一历史事件的经过。整座纪念碑给人以强烈的艺术感染力，马克·吐温曾称它为"世界上最哀伤、最感人的石雕"。

冰河公园

冰河公园里保留了罗伊斯河在约2万年前流经此地时，留下的一个9米深的旋涡状洞穴、被冰河带来的石块及其他的冰川遗迹。公园里的冰河博物馆内还有图画和小型模型来演示冰河现象，游人可在这里更加深刻地感受冰河的力量，同时还能了解到瑞士地质环境的总体情况。这里还有一个高高的瞭望塔和建于1896年的阿拉伯风格的镜子迷宫，很值得一看。

谷糠桥

这座桥名的由来是因为早期人们都在这座桥上将糠秕倒入河中。它位于卡贝尔桥的西侧，也是带顶的木桥。建于1408年，长度比卡贝尔桥短，只有80米。这座桥顶上的壁画为1625~1632年的作品。廊顶上有三角形木版画《死亡之舞》的图画故事。14世纪的欧洲处于多难的时期，鼠疫和英法百年战争威胁着生命。由此，死亡对任何人都是不可抗拒的思想就很自然地形成。这一普遍的思想，作为一种精神或一个观念，为宗教增添了新题材。《死亡之舞》便是那时候形成的中世纪流行的宗教主题。

毕加索博物馆

在卢塞恩古城窄巷的老民宅里，靠近旧市政厅的位置有一座建于1616~1618年文艺复兴时期风格的建筑物，这里就是毕加索博物馆。馆内收藏和展示了巴伯罗·

谷糠桥

毕加索生前最后 20 年的画、彩陶小雕塑、彩陶器皿等作品和摄影师戴维·道格拉斯当肯为毕加索拍摄的 200 余幅记录毕加索作画及生活情境的摄影作品。

巴伯罗·毕加索，西班牙画家、雕塑家。他从 19 世纪末从事艺术活动，一直持续到 20 世纪 70 年代，是 20 世纪最具影响力的现代派画家。20 世纪的大部分艺术史都可以按照他的成就来写。

布巴基大壁画

在卢塞恩狮子广场上，有一幅大型环形的全景壁画，是 1889 年创作的世界上为数不多的全景壁画。壁画描绘的是 1870~1871 年普法战争时期，战败的法国军队在布巴基将军的命令下，进入冰天雪地的瑞士收容营地的情景。参观者能够深刻地体会到战败的法国士兵在汝拉山脉中筋疲力尽和沮丧的样子，让人有一种身临其境的感觉。瑞士名画家贺德勒年轻时曾参与此画的制作。

瑞士交通博物馆

在卢塞恩湖北岸，有一座展示汽车、旅游业、邮电、航运方面的人类技术演变与创新的交通博物馆。馆内分铁路交通、陆路交通和航空技术、航天技术等几个部分。在航空技术馆里存放着数十架旧式飞机，还有苏黎世机场控制塔的实体模型。航天技术馆中有美国早期宇宙飞船中的实物和月球岩石碎块。铁路交通部分，有 60

余台真实机车，还有一段圣哥大铁路的模型。在馆内的天文馆，游人可以看到关于天体运行情况的影片。博物馆中还有一个环状银幕，用来放映瑞士人民的文化传统、经济生活等各方面情况，是外国游客不可错过的对瑞士全面了解的特别机会。

瑞士交通博物馆是全欧洲博物馆中规模最大、展品最丰富的一个，它还是将现代化的引擎喷气式客机当成展品的第一家博物馆。

瑞士教育

瑞士的教育事业十分发达。由于实行联邦制度，瑞士教育职能的分配相对来说是比较复杂的。联邦当局只有原则性立法，学校的管理权则在地方政府手中，因此各州在学校教育方面享有最高权利。这就决定了瑞士的教育各州是不统一的，但从级别上可以统一划分为初、中、高三级。

义务教育

无论各州的教育制度如何，在瑞士的义务教育年限为 9 年，并且是免费的。学生的年龄从 6~7 岁到 15~16 岁。部分州也提供第十年的教育。在瑞士的大部分州，小学教育年限从 4~6 年不等，初中的教育年限从 3~5 年不等。除了提供进入普通高中的学习以外，部分初中提供进入师范高中或者职业高中、技术学校的教育。

中学教育

瑞士的后义务教育根据初中教育的不同类别也分为 3 种：业士预备教育（普通高中）、文凭中学以及师范中学。

业士预备教育 学生必须在初中时已经接受非常严格的教育。所谓业士预备教育指的是为大学培训合格的入校生的高中，这些高中生通过业士考试之后可以直接升入瑞士的大学。一般来讲，业士教育年限至少为 4 年。主要学科中包括母语、第二种瑞士的语言、数学、历史、地理、物理、化学、生物、音乐、绘画、体育等。

文凭中学 文凭中学是为那些在初中时选择了较为宽松的学习的学生准备的，它直接为学生提供 2~3 年的后义务教育，主要的方向有：师范、健康、社会学、行政管理、艺术等。通常文凭中学的学生毕业后可以取得直接踏入职业生涯的文凭。

师范中学 师范中学为各州的幼儿园和小学培训教师。

高等教育

在瑞士联邦的国土上共有 10 所不同类型的大学机构。4 所州立综合性大学（巴塞尔、苏黎世、伯尔尼、圣加伦）以及苏黎世联邦高等工业大学位于瑞士的德语区；其他 4 所州立综合性大学（洛桑、日内瓦、纳沙泰尔及弗里堡）以及洛桑联邦高等工业大学在瑞士的法语区，其中弗里堡提供德语及法语双语教学。

瑞士不存在统一的大学录取机构，被录取与否直接取决于学生选择的大学。大学学习费用根据地区、专业及时间长短不同而不同。学费及杂费也可能由于学生的来源不同（本州的、联邦的、国外的）而不一样。

学徒制

瑞士学徒制起源于中古时期的行会。现在成为瑞士教育体制中培训青少年的主要方式。全世界除了德国以外，也只有瑞士在国家监督下通过学徒制培训各行各业的工人。

瑞士的学徒制几乎覆盖了各行各业，包括农业。做一个耕作手也需要学徒证书。所以学徒制已经成为瑞士社会生活的一个重要组成部分。

彼拉图斯山

彼拉图斯是判处耶稣上十字架的古罗马驻耶路撒冷的总督，当地居民一直传说他的鬼魂常在山上出没，便以此为山取名。彼拉图斯山位于卢塞恩的西南15千米处，海拔2129米，在峰顶向东可以看见大尾鸟状的卢塞恩湖，向南可以看见白雪茫茫的阿尔卑斯山，向北可以看见德国黑森林。

彼拉图斯山以拥有世界最陡的登山列车和金色环游项目而成为世界级的景点。游览的最佳路线是从卢塞恩出发，走水路，舟行卢塞恩湖上，迎着微风陶醉于两岸风光之中。一个半小时后，弃舟登岸，搭乘缓慢地在世界上最陡峭（48度）的山壁齿轮铁道上爬升的齿轮列车到达山顶，沿途能欣赏到高山植被的变化、雄奇的山体和偶尔从眼前掠过的羚羊。山顶有餐厅、酒店、纪念品商店、观景台和名为龙之论坛的设备完善的会议大厅。欣赏完阿尔卑斯山的73个山峰和无数的湖泊后，下山可以选择缆车，有大小两段索道，乘上缆车，可眼见卢塞恩古城逐渐地靠近。下山后可以步行或坐公交车回卢塞恩老城。

瑞吉山

瑞吉山位于卢塞恩湖和楚格湖之间，海拔1798米，山势幽雅舒缓，被称为山峦皇后。游客可以从菲茨瑙、高尔道、韦吉斯三处或坐登山列车，或乘缆车上山一览胜景。从卢塞恩码头坐船不到一小时就能到达在菲茨瑙的登山列车车站，然后再乘坐齿轨铁路或空中索道上山。这里传统的旅游项目就是观赏阿尔卑斯山的日出，如果碰上天气晴朗，朝霞更是美丽迷人，在山顶的瞭望台上可以欣赏到阿尔卑斯山脉的全景和延伸到德国的黑森林，还有法国的平原。

铁力士山

铁力士山位于离卢塞恩不远的英格堡区，海拔 3020 米，是阿尔卑斯山最有名的风景点。以终年不化的冰川和冰川裂缝闻名世界。从英格堡山麓搭车上山约 45 分钟时间，沿途要换三种不同的缆车。从史坦德搭的第三段缆车是世界首创的 360 度旋转缆车，缆车每程都会旋转 360 度，令乘客既可看到白雪覆盖的群山，又可看到千年不化的冰河，美美地饱览周围景色。

值得一提的是，当地的救援勇士——圣伯纳狗，它们凭着敏锐的嗅觉可轻易找到遇难者。出动时，它们头上挂着的小木桶里藏着蓝姆酒，可供遇难者暖身体。

列支敦士登

列支敦士登概况

列支敦士登是个非常奇特的国家。第一没有军队，有主权又毫无力量，国防也由没有常备军的瑞士承担；第二没有货币，法定货币就是瑞士法郎；第三没有机场也没有火车；第四没有城镇，只有 11 个村庄，按习惯将南面 6 个村庄称为高地，将北面 5 个村庄称为低地；第五律师奇缺，因为该国对国际贸易公司采取优惠政策，不征收所得税和公司税，而只要求有一个主宰列支敦士登的代理人，于是这里就成为律师的乐园，而且在这里成立外国公司，不用办公场地，只要在邮局有个信箱号码就足够了；第六没有日报，没有大学，也没有文盲。在大国争雄的世界，列支敦士登虽然没有实力却依然维护着自己的独立特色，让人新奇又充满羡慕之情。

瓦杜兹

列支敦士登的首都瓦杜兹与世界任何一个国家首都大都市化的形象迥然不同，它是坐落在高地最北的一个村庄，人口不超过 5000 人。这里没有机场，没有火车站，也没有高层建筑，与现代的瑞士村镇很像，只是个恬静、舒适、清洁而又有绿坡屏蔽的村庄。游客站在大马路上，首先看到的就是皇家城堡。城堡是一组楼塔相接、房顶错落的建筑群，矗立在大街东侧一个数十米高的悬崖上，四周树木繁茂。这里曾是最高统治者居住的地方。

邮票和邮戳

列支敦士登不管理自己的邮电事业，却不时地发行自己的邮票。这些邮票都是为收集而发行的，很少有人为了发信使用。国外长期固定邮购邮票的订户名单有近10 万人，邮票收入占其财政收入的 1/5。

这里的邮票和邮戳作为一大特色而成为旅行者的收藏珍品。在这里，游客拍照后，经过计算机处理，可以将照片输出到四方联邮票上，邮票嵌在印有皇家城堡、国王、王后、王子、王妃照片和皇室徽章等图案的卡片上。制作一份只需 5 分钟时间，费用也不贵。拿到印有自己照片的邮票，千万别忘了再去旅游局盖个戳，在四方联下方印上一个刻有"列支敦士登某年某月某日"字样的椭圆形图章。这个纪念品该是世界上最为奇特的一种了。

丹麦

丹麦概况

丹麦王国地处北欧，是一个热情好客、美丽富饶的国家。在丹麦语中，"丹"指丹人，即早期居住的哥德人，"麦"是"国家"或"土地"的意思，"丹麦"就是"丹人居住的土地"。丹麦是世界上最古老的王国之一，连同它的国旗，已经有1000 多年的历史了。早在 985 年，丹麦就形成了王国，并不断向外扩张。11 世纪时，丹麦就征服了整个英格兰和挪威。14 世纪，丹麦走向了强盛，不仅占领了整个英格兰和挪威，还统治了瑞典以及芬兰的一部分。直至 16 世纪，丹麦王朝开始衰弱，挪威、瑞典、冰岛等地才从其领土中分割出去。

同别的欧洲国家一样，丹麦也是个非常注重保护历史文物的国家，它完整地保存了许多中世纪时期建造的教堂及其他历史建筑。同时，丹麦也是个非常注重文化的国家，这里每年都要举办很多各种类型的音乐节，从摇滚、爵士乐到古典和乡村音乐应有尽有，吸引了不少的游客。

出入境须知

护照与签证

如果没有其他附注、持有申根签证有权在所有"申根国家"旅游（奥地利、比利时、荷兰、卢森堡、德国、法国、意大利、西班牙、葡萄牙、希腊、挪威、瑞典、芬兰、丹麦和冰岛）并相应允许一次、两次或多次入境。负责使馆，为主要旅行目的地的国家驻华使馆。持公务护照（包括外交护照、公务护照和因公普通护照）者的签证申请，须按规定经由部委或其他具有照会权的外事部门递交。使馆受理签证申请的前提是同时已递交所有所需材料。签证申请须提前3周递交到使馆。

出入境携带

丹麦海关规定

旅客出入境携带的购自他国（欧盟国家除外）的商品（包括机场免税店和机上所购）总值不得超过1350克朗（不包括一定数量的烟酒、香水）等。

交通概况

飞机

丹麦国内航线多由美施克航空（Maerk Air，电话为32-31-45-45）飞航，连接哥本哈根与比隆德、艾斯杰格、欧登塞、罗纳、孚彦斯等城市。

北欧航空飞航哥本哈根往奥尔堡及奥尔胡斯航线，每天各有约12航班。单程票价625克朗，如在7天前购买，来回票价为650克朗。

火车

除了几条短程的私有铁路之外，丹麦国铁经营所有的火车路线。国铁连接哥本哈根与欧洲各国的首都，每天都有固定的火车班次。长途火车有两种，但票价相同。一般而言，搭乘市际列车必须订位，除非是在晚上8点以后乘车，或搭乘奥尔堡与腓特烈港之间的列车。区际列车比较老旧，速度也慢一点，除了周末几个接上西兰岛与富能岛间渡轮的班次外，也不需要订位。北欧火车联票、欧洲火车联票，以及其他火车联票皆可用于搭乘丹麦国铁经营的渡轮和火车，但不能用于私有铁路。

长途汽车

丹麦有数条长途汽车路线，其中包括哥本哈根往奥尔堡或奥尔胡斯的路线。搭乘长途汽车比搭飞机约便宜1/4。

自行车

骑自行车游丹麦是一种不错的选择方式，四通八达的自行车道连接全国各乡镇。租自行车一天约 60 克朗。

渡轮

丹麦有众多岛屿，除了大桥之外，轮渡是连接各岛屿的重要交通工具。丹麦的大部分轮渡载人也载车。大型的轮渡还配备餐馆、商店、儿童游乐处等设施。游客可以在丹麦各火车站查询轮渡时刻表或购买船票。轮渡票最好预订。

市内交通

公交

丹麦的路与其他欧洲国家一样，人行道和自行车道分开，公交车道并不宽，大都是单车道。公交车都是德国的奔驰或是瑞典的沃尔沃，3 个车门，前面上人，中间可以推婴儿车，也可以下车。车内都有暖气、沙发座椅，整个感觉就是干净、宽敞、舒适。但是丹麦的车票很贵（与丹麦人的收入相比还是很便宜的）。多数人买月票，1 个区 110 克朗（丹麦的市区按交通距离被分成几个区），还有一种乘 10 次车 70 克朗的通票。车票上都有时间，在 1 小时内可以免费换车。车上都装备有下车按钮，如果到站没人下车或上车，司机就不停。

出租车

丹麦的大部分城镇都有出租车，空车会在窗口展示"FRI"的告示。哥本哈根的出租车收费是起步费 24 克朗，周日白天收费每千米 10.2 克朗，下午 6：00 到次日早上 6：00 和周六收费每千米 12.6 克朗。大部分出租车接受信用卡支付。

自行车

在丹麦，自行车是十分便捷的交通工具，在道路上都会另设自行车车道。游客可以在丹麦任何地方按日或周来租车。当地的旅游信息中心会告诉旅客如何前往附近的自行车出租处，租车费用为每天约 60 克朗或每周 150~400 克朗。在哥本哈根，也有免费的市区自行车出租。自行车可以被带上轮渡、火车和长途客车，但都须另外付费。

丹麦住宿提示

丹麦的酒吧、餐馆由旅游业雇主协会管理，旗下约有四五百家酒店会员，全部按照客观标准颁予一星至五星的级别。非会员酒店得不到任何级别分配。旅游可以在丹麦找到各种价格的酒店。大部分的酒店房价都包含早餐。一星级的宾馆以 550 克朗/日左右的价格起价。市面上有不少特约安排，许多酒店和宾馆都可以提供可观的折扣或优待。

乡村客栈

在丹麦，还可以看到许多具有上百年历史的乡村客栈。备浴室的双人房一般在350~550克朗/日。丹麦客栈与酒店协会拥有85家会员，协会提供专用折扣票，在入住时购买，可享受九折优惠。

青年旅舍

分布于丹麦全国各地的青年旅舍约有百家，是游览丹麦最实惠的选择。在那里，旅客可以选择家庭房或宿舍。家庭房可容纳1~6人，收费在150~708克朗/日。旅舍的最高收费为118克朗/日。

此外，丹麦的家庭旅馆都在当地的旅游办事处挂牌登记，旅客到达后都可查询得到。在菲英岛，岛面路标提供十分清楚的指引，可找到这些被当地人称为"床和早餐"的家庭旅馆。此类旅馆价格一般在125~300克朗/日，不含早餐。早餐价格为25~50克朗。

风俗与生活习惯

圣露西亚节

12月13日是丹麦一年中黑夜最长的冬至，这天举行的圣露西亚节（又称为迎光节）就是要对抗漫漫长夜的节日活动。这一天全国都要放假一天，所有人都要在门口点起火柱一起狂欢等待日出。清晨家里的女主人担任圣露西亚，在烛光中给家人分送早餐。当天的重头戏是让选出的美女扮演圣露西亚，头上戴着蜡烛火环，乘着敞篷车在街上游行。

婚俗

在丹麦的一些地方，很多男人喜欢送给自己未婚妻刻满情诗、木制的棒槌，他们认为这是很吉利的，因为棒槌能带来好运和美满。在筹办婚礼时，必须要秘密进行，因为公开筹办会触怒鬼怪或引起它们的嫉妒。在婚庆快要结束的时候，人们把一大坛啤酒抬到园子里。新郎新娘的手握在酒坛上方，然后酒坛被打得粉碎。在场的适婚女子会把碎片捡起来，捡到最大的碎片的女子注定会第一个结婚，而捡到最小的注定会终身不嫁。

社交礼仪

丹麦人在正式社交场合很注意着装整齐，通常都会穿西装和套装之类的。举行盛大晚宴时，人们还习惯穿晚礼服。但是，在日常生活中丹麦人衣着非常随便，除了爱穿各式流行服装，还有不少人喜欢穿运动服。丹麦人在社交场合与客人相见时，一般都以握手为礼。有的丹麦姑娘还保留一种古老的习俗。她们在高雅的场合与有身份的男子见面时，常施屈膝礼，有的还将手伸出，手掌自然下垂，这是让对方施吻手礼的表示。

用餐礼仪

在餐桌上，丹麦人敬酒有许多规矩。客人不应先敬酒，要等主人敬酒后才能敬酒。另外，主人没说"请"之前，任何人不应碰酒杯。丹麦人非常喜欢喝酒，有些丹麦人待客饮酒热情得简直让人难以接受，甚至常趁客人不注意，往低度酒中添加烈性酒，以示他们的诚心实意。但是每次宴请客人时，他们总要指定一个人当司机，他滴酒不沾，否则不论喝多少，都不准开车。此外，在丹麦的饭桌上有个不成文的习俗，那就是憋死也别打嗝！打嗝在饭桌上是个很不礼貌的举动。如果实在憋不住打了，那就必须要对在场的人说对不起。

忌讳

丹麦人不喜欢甚至忌讳4人交叉握手，他们在招待朋友时还认为用一根火柴或用打火机打一次火给3个以上的人点烟是不吉利的。当他们在一起交谈时，通常都会离得稍远些，一般以1.2米左右较为适宜。这只是一种民族习惯，并不是有意疏远对方。丹麦人从不大声说话，也从不显出焦急慌张。在餐厅的饭桌上，在公共汽车里或者在火车站的候车室里，甚至在通电话时，都放低声音说话，从不指手画脚，旁若无人。他们认为在大众面前暴露自己，是缺乏教养的粗俗行为。如果应邀到丹麦人家中做客时，应于约定时间前的1刻钟内到达。进门后如果主人请客人脱大衣，则表明主人愿意久留这个客人，否则就是主人不想久留那人。

客人去主人家做客时，按惯例应给女主人送一束鲜花，或巧克力、酒等作为礼物。送花也要非常讲究，丹麦人特别喜欢由三四朵康乃馨包扎成的花束，它代表着感谢的意思。白色的花除了葬礼、结婚典礼时的新娘和接受洗礼时使用外，其他时候均被视为禁忌。给客人要送黄色的花，给出门旅行的人送红色的花。

哥本哈根

丹麦王国首都哥本哈根是北欧最大的城市，也是著名的古城。它位于丹麦西兰岛东部，与瑞典第三大城市马尔默隔海相望。哥本哈根城非常古老、纯朴，却又不乏现代气息。市内新兴的大工业企业和中世纪古老的建筑物交相辉映，将古典美与现代美完美地结合在哥本哈根中。哥本哈根城里不仅有古老的城堡、雄伟的宫殿、大圆顶教堂、奇特的钟楼和艺术雕塑，还有20多个博物馆和10多个公园，每年吸引上千万人到这里来游玩。

哥本哈根

早在 11 世纪初，哥本哈根还是一个小小的渔村和进行贸易的场所。随着贸易的日益繁盛，12 世纪时洛斯基勒的阿布萨隆主教在此筑起了要塞，建立了商业城镇哥本哈根。在丹麦语中，哥本哈根就是"商人之港"的意思。从此，哥本哈根成为丹麦的大门、北欧的大门。铁路、港口和大型企业，如酿酒厂、造船厂、冶金厂等相继建成。1443 年，哥本哈根被指定成为丹麦的首都，整个城市都充满了蓬勃的朝气。

美人鱼铜像

一提及丹麦，大部分人都会想到安徒生，他的代表作《海的女儿》几乎成了众人皆知的童话。而在哥本哈根，游客还会看到《海的女儿》中的女主角，它就是位于市中心东北部长堤海滨一块巨大鹅卵石上的美人鱼铜像。美人鱼铜像已经成为哥本哈根的标志，吸引了无数的游客。人们流传着这种说法：不看美人鱼，不算到过哥本哈根。

据说，美人鱼铜像是由嘉士伯啤酒公司的创始人卡尔·雅可布森出资建造的。他聘请了丹麦著名雕塑家埃德华·埃里克森用青铜雕铸美人鱼雕像，并邀请丹麦皇家剧院芭蕾舞演员埃伦·普赖斯做模特，但是埃德华·埃里克森没能说服这位女演员为制作铜像而裸体，于是，他便让自己的妻子充当了裸体模特。

经过大家的努力，这座高约 1.5 米，基石直径约 1.8 米的美人鱼铜像于 1913 年在长堤海滨落成。美人鱼跪坐在鹅卵石上，头部微垂，眼神忧郁哀伤。她的整个上身到小腿都是人形，到脚腕处才变成了鱼鳍。

国立博物馆

在前王宫里，游客会看见一座白色的二层楼建筑，这就是丹麦国立博物馆。它是全国最大的博物馆，也是丹麦第一历史和文化精品收藏地。馆内主要收藏有从冰河时代到 17 世纪的文物，还有埃及、意大利和希腊的精美文物。这些文物被分为历史和民族学两大部分。

历史部分包括了丹麦古代到 17 世纪的文物，其中有冰川时期的遗迹，中世纪时的丹麦家具及海盗的器具，还有维京时代帐幕生活的实景、服饰、武器和船舶等，其中以青铜时代的短剑和铜像最为著名。民族部分则展示了格陵兰人、爱斯基摩人等有关民族学的资料。

市政厅广场

在哥本哈根市中心，是有着"丹麦的心脏"之称的市政厅广场。800 年前，市政厅广场是哥本哈根最古老的商业市场，所以当地人也叫它为旧广场。如今每到傍晚，也仍然有许多商贩在广场上摆摊卖纪念品。同时，市政厅广场也是哥本哈根人聚集庆典的首选场所。

1905 年落成的市政厅是市政厅广场上的主要建筑，它由建筑师马丁·纽阿普设计而成，同时兼具古代丹麦建筑风格与意大利文艺复兴时期的建筑风格。市政厅的正门墙上挂着哥本哈根城的创建者阿布萨朗大主教的铜像。走进里面，大厅非常宽敞明亮，被装饰得富丽堂皇，主要用于结婚典礼和官方接待。登上市政厅高 105.6 米的钟楼，能将整个哥本哈根市的美景尽收眼底。

圆塔

圆塔位于哥本哈根市中心一个古老的拉丁派建筑群中间，非常惹眼。它于 1642 年落成，是克里斯钦四世国王的一个杰作。克里斯钦四世国王致力于把哥本哈根变成北欧地区最美丽和最举足轻重的一个大都市。所以，即便只是座教堂，他都不想建得太简单、单调。于是，他亲自设计了这座比教堂高出一截、带有螺旋式斜顶的圆塔。有戏剧性的是，比圆塔先设计的教堂本身直到 1656 年才落成。而圆塔就是教堂的正门，又被用作天文观测台，同时还是建造在巨大的教堂顶楼的大学图书馆的入口。如今，外形粗短的圆塔配以每隔一刻钟报时一次的红顶教堂钟楼，互为衬托，成为哥本哈根市的一个标志性建筑。后来在 1728 年，哥本哈根市中心引发了一场大火，把教堂和图书馆的一部分给毁坏了，唯独质地坚硬的圆塔幸免于难。如今，每年都有许多游客慕名而来，由于众多游客带来的噪声，圆塔于 1861 年开始就仅作为一个观光景点，而不用作天文观测台了。

趣伏里公园

在市政厅广场的南面，就是世界上最古老的游乐园——趣伏里公园，于 1843 年 8 月 15 日首次对外开放，比美国的迪斯尼乐园还要早 100 多年。公园占地 8 万平方米，是丹麦乃至整个世界最著名的游乐园，有"人间仙境"和"童话之城"之

趣伏里公园

称。趣伏里公园的名字起源于意大利罗马的郊区小镇趣伏里。将它的名字给公园命名，则意味着这座公园是座高雅的游乐场所。有趣的是，将这个名字倒过来念，恰好和英文 "I Love it"（我爱它）一样。趣伏里公园一般是在每年 5 月 1 日开放，9 月中旬关闭。每逢周三，这里还有绚丽缤纷的烟火晚会。

步行街

步行街始建于 17 世纪，东起国王新广场，西至市政厅广场，横贯整个哥本哈根市中心，总长大约 1600 米，是世界上较长的步行街。

步行街上的许多房子都很古老，它们有的保持了古代丹麦的建筑风格，有的被翻新成意大利文艺复兴式的风格，还有的被改为极前卫的现代建筑。但不管是什么风格的建筑，这些沿步行街建造的房子都是紧紧挨着的各式商店，大概共有 200 多家。这些商店各具特色，有著名的上百年历史的北方商场、高贵的皇家商场，也有其他许多古朴风格的无名小店。而里面包罗万象、琳琅满目的商品会让并不喜欢购物的人也为之心动。

阿美琳堡王宫

阿美琳堡王宫位于哥本哈根市区东部的厄勒海峡之滨，现在是丹麦王宫所在地，也是欧洲最有吸引力的皇宫建筑之一。它建于 18 世纪中叶，由环绕阿美琳堡广场的四座相同样式的具有法国洛可可风格的建筑组成。每当女王玛格丽特二世身在王宫时，这四座建筑物上便会升起丹麦国旗。每天中午，阿美琳堡宫前的小广场还会举行卫兵换岗仪式。游客来这里参观时，可以和站岗的卫兵照相，不过必须要和卫兵保持 1 米的距离。

在 18 世纪中叶以前，王室的寝宫都在克里斯钦堡。后来，腓特烈五世国王决定在厄勒海峡之滨建一个新的中心。于是，他把这块地皮赠送给丹麦的四大贵族，并要求他们必须在此各建一座外观完全相同的宫殿，在宫殿前面还要为国王雕塑一座骑马铜像。于是，在建筑师尼古拉·伊格维德的精心设计下，这四座宫殿分别在 1754～1760 年间相继建成。法国雕塑家萨利制作的腓特烈五世骑马铜像也于 1768 年被放置在这四座宫殿前的八边形广场上。宝隆洋行还用对华贸易赚取的钱，为铜像修建了围栏。

大理石教堂

大理石教堂位于阿美琳堡王宫广场东西轴线的西端。1749 年时，丹麦王室为了纪念奥尔登堡皇族统治丹麦 300 周年，而打算建造一座用挪威大理石砌成的教堂。由于建造成本太高，这座教堂不得不停止修建，直到 100 年后，金融家 C. F Tietgen 买了建筑所有权后，才开始继续建造这座大理石教堂。之后，新的建筑师又在教堂上面修建了意大利巴洛克式的大圆顶，使得这座教堂更加宏伟壮观。1894年，大理石教堂终于竣工落成，在教堂四周底座和上层栏杆上都有着精美的装饰，一共有 32 座雕像，分别是圣经中的人物和著名的神职人员。走进大理石教堂里观看，圆顶建筑使整个教堂显得更加宽敞明亮。高大的拱顶直径有 30 米，高 40 米，上面还装饰有色彩鲜艳的耶稣 12 个使徒画像。

克里斯钦堡宫

1773 年，当时的丹麦国王克里斯钦六世不满居住的宫殿，便把祖先留下的王宫哥本哈根宫夷为了平地，并在旧址上建造了一座具有欧洲 18 世纪洛可可建筑风格的华丽宫殿，并命名为克里斯钦堡宫。宫殿自 1775 年落成后，屡遭大火，先后被重修了 5 次。游客如今所看到的克里斯钦堡宫实际上是在 1907~1908 年所建的。18 世纪中叶以后，王室把寝宫搬到了阿美琳堡王宫。1849 年，克里斯钦堡宫成了丹麦国家议会、丹麦最高法院和政府大厦所在地。

克里斯钦堡宫以白灰色为主调，整个宫殿看上去非常纤巧，装饰却很丰富。进入克里斯钦堡宫里面观赏，宫内皇室特有的奢华装饰会让每一个人为之惊叹。每个房间都用大理石或木头铺成地板，墙壁上或挂着厚挂毯，或挂着油画，天花板上都悬挂着晶莹剔透的水晶灯，高档法国家具上还摆放着各种艺术品。此外，在克里斯钦堡宫的后院还有一所王家驯马场，供皇室成员娱乐。

管风琴教堂

管风琴教堂的真名叫哥戎维教堂，它是为了纪念著名的神学家和赞美诗作家哥戎维而特意修建的。管风琴教堂极为素雅别致。可容纳 1800 人的教堂大厅几乎没什么装饰。但是教堂外部与内部的顶棚，支柱及窗框等都是用小块的黄砖砌成，造型非常独特，极具艺术美。后来人们做了个统计，整个管风琴教堂总共用了 6 百多万块黄砖。最特别的是，这些黄砖都是由特殊任命的 6 个砖瓦匠制作的。

另外，人们称这座教堂为管风琴教堂也是有原因的，不仅因为教堂的外形酷似管风琴，还因为教堂内有一个号称北欧最大的管风琴。这架管风琴最大的管子长 10 米，重 425 千克。而最小的高音管子仅长 5 厘米。整个管风琴共有管子 4052 个。游客在教堂内所能见到的管子仅仅是全部管子的百分之三而已。

罗森堡宫

罗森堡宫坐落在哥本哈根市北部的国王公园里，是丹麦最著名的城堡之一。

1606 年 2 月，克里斯钦安四世在哥本哈根东北面的城墙外购置了 46 块私人土地。他将这些土地连在一起就形成了一个休闲花园，并命名为国王公园。由于国王公园得天独厚的地理位置，里面有许多天然的小湖和别致的雕像，再加上红花绿树的点缀，使得国王公园的景色分外宜人。后来，克里斯钦四世又在公园的东北处建起了城堡，经过多次修建，终于在 1633 年建好了如今游客所看到的罗森堡宫。

罗森堡宫具有典型的文艺复兴风格。整个城堡被一整条护城河围绕着，北面的一座吊桥通向城堡的主入口，而从城堡南面花园里的绿桥也可以离开城堡。花园里建有一个 2 层高的楼，在顶部装有塔楼和旋顶的亭子。在亭子北面的冬屋中悬挂着克里斯钦安四世从安特为普买来的 75 幅油画。长厅中原本放置了 24 幅克里斯钦安用来教育子孙的油画，后来被弗雷得里克四世改变成反映战争和政治主体的绘画穹顶。

1648 年，克里斯钦安四世在这里逝世。而罗森堡宫也成为腓特烈四世之前历代国王的夏季行宫。自 1740 年之后，罗森堡宫一直被用作展示皇家珍品的珍宝馆。1833 年弗雷得里克六世将城堡改为了博物馆并于 1838 年对外界开放。宫内陈列着历代国王的王冠、金银首饰，从象牙加冕宝座到王子的婴儿鞋，以及珍贵的硬木家具和其他一些价值连城的珍宝。

厄勒海峡大桥

厄勒海峡大桥位于哥本哈根正西 120 千米处。这座桥被世人称为"瑞典通向欧洲的大桥"。原来，厄勒海峡大桥横穿丹麦厄勒海峡，将西兰岛和菲英岛连接在一起，也就是将哥本哈根和瑞典第三大城市马尔默连接在了一起。大桥于 1987 年 6 月开始动工兴建，经过工程师和建筑工人非常艰辛的努力，终于在 1998 年的 6 月 14 日正式通车，丹麦女王玛格丽特二世亲自剪彩庆贺。此外，厄勒海峡大桥的造价也不菲，以 1988 年的价格来计算，厄勒海峡大桥实际耗资 337 亿丹麦克朗，约合为 48 亿美元，是欧洲当时预算最高的桥梁工程。也因此，厄勒海峡大桥成为丹麦第一条收费公路线。

该桥全长 16 千米，由西桥、中间的斯普奥人工岛和东桥三部分组成。西桥从菲英岛到斯普奥岛，跨度 6.6 千米，是一座铁路和四车道高速公路并行的桥梁。东桥连接斯普奥岛和西兰岛，是整个大桥建设重心和最复杂的工程。东桥全长约 8 千米，分为海上公路桥和供火车使用的海底隧道。海上公路桥长 7845 米，是悬索式双塔结构，桥上为 4 车道高速公路，中央跨度达 1624 米，是世界上跨距第二大的吊索桥。此外，桥面最高处距海平面 65 米，不会影响到海峡上的航运船只；海底隧道为铁路专用隧道，全长 7410 米，由两条相互平行、间隔距离为 16 米、直径 7.7 米的主隧道组成。两条主隧道之间每隔 250 米有一紧急疏散通道相连。为安全和维修方便，海底隧道全程共设了 31 个紧急疏散通道。在公路桥与海底隧道之间是斜拉索桥，跨度 490 米，高度 55 米，是目前世界上承重量最大的斜拉索桥。

克隆堡宫

克隆堡宫坐落在西兰岛北部赫耳辛格市的海边，厄勒海峡最窄的出口处。地势非常险要，特别有利于防守。带有文艺复兴时期建筑风格的宫殿全用岩石砌成，褐色的铜屋顶，气势磅礴，宏伟壮观。国王非常满意，并将它命名为克隆堡宫，丹麦语中是"王冠之宫"的意思。1629 年 9 月的一天晚上，一场大火将王宫付之一炬，新的克隆堡宫于 1637 年落成。与之前的宫殿不同，带有巴洛克建筑风格的新宫殿屋顶由原来的圆形螺旋塔顶改为尖锥形塔顶，厅室也比以前的更加高阔。后来在"北欧七年战争"的 1658 年，瑞典人占领了克隆堡，3 年的时间，不仅宫殿遭到破坏，连宫内的宝物也被洗劫一空。当克隆堡宫被丹麦人收复后，国王菲德烈四世重新整修了宫殿，同时加强了克隆堡宫周围的防御工事。由于克隆堡宫得天独厚的战略地势，1785 年，它便被用作兵营，宫外装置了火炮，宫殿下面还修建了一个地下宫室。另外，在地下密室里还有一座身穿戎装、按剑坐睡的"丹麦人霍尔格"石雕像，传说他是海盗时期的一名勇士，曾在保护丹麦的战争中立下了许多汗马功劳。和平时期他就扶剑而睡，随时准备着在战乱时起身卫国。克隆堡宫被改为历史博物馆对外开放。这里主要收藏一些精美的挂毯和名画瓷器。大多数挂毯都有 400 多年的历史，其中最为有名的是用羊毛和丝线织成的奥拉夫国王肖像挂毯。

罗斯基勒

罗斯基勒城位于丹麦西兰岛的中心部位，考古学家从这里的古墓考古发现，罗斯基勒城在古代就是个人口密集的地区。可追溯到 960 年的北欧维京海盗时期，罗斯基勒城就是丹麦的首都了。丹麦国王哈拉德·蓝牙是罗斯基勒城的创造者，最早他在城中心建造了第一座木制教堂，使这座城市成为当时丹麦的政治和宗教中心。之后，罗斯基勒城不断发展扩大，到中世纪时期，罗斯基勒被公认为是北欧地区最大和最重要的城市之一。如今，它已经成为丹麦商业、工业和旅游的中心。

罗斯基勒教堂

12 世纪 70 年代，大主教阿波萨隆在当初国王哈拉德·蓝牙建造的木制教堂处，重新建造了一所红砖教堂，也就是人们如今看到的罗斯基勒大教堂。它是丹麦最古老、最杰出的建筑文物之一。在红砖教堂上有着精细的尖尖的屋顶，这种典型的哥特式建筑风格首次出现在北欧地区的教堂里，从此，它引领了几乎所有北欧教堂的建筑流行风潮。后来，丹麦历史上著名的女王玛格的特一世约于 1415 年被埋葬于罗斯基勒大教堂，从此，这儿便成为丹麦王室的皇家陵寝。

到现在，罗斯基勒大教堂共安葬了丹麦 38 位君主和王后。也因此，教堂屡次被扩建，游客所看到的教堂旁边的门廊和小礼拜堂等建筑物就是从 1415 年到 19 世纪末先后增建上去的。整个教堂本身也就成为欧洲宗教建筑发展的一个缩影。

维京船博物馆

建于 1968 年的维京船博物馆位于罗斯基勒的海湾边，展出着 1000 年以前维京海盗的遗迹。博物馆里最抢眼的是在博物馆正中那艘已经腐朽的海盗船。这只船位于一座呈馒头形的土丘当中，船虽然已经腐烂了，但是形状还比较完整，是一艘两头高翘的菱形木船。

维京船博物馆除了展示这些海盗遗迹外，还经常举办一些同北欧海盗时期有关的展览。在博物馆附近，还有造船工的现场表演。每到夏天，游人可以乘坐复制的海盗船在的罗斯基勒海峡航行，还可以当一次水手，领略一下 1000 多年前的海盗生活。

奥胡斯

奥胡斯市丹麦最古老的城市之一，已有 1000 多年的历史，它的名字最早见于公元 948 年的编年史。同时，奥胡斯市也是丹麦的第二大城市和主要的港口城市。由于奥胡斯得天独厚的地理位置，使它成为连接挪威和丹麦其他城市的交通枢纽，也成了日德兰半岛的贸易重镇和文化中心。这里云集了许多高等学府，包括奥胡斯大学、音乐学院、社会学院、旅游学院和建筑学院等。奥胡斯人非常注重文化艺术。1982 年修建的奥胡斯音乐厅经常上演交响乐和歌剧。而在每年一次的奥尔胡斯文化节，会使整个奥尔胡都沸腾好几天。因为除了奥尔胡斯音乐厅之外，奥尔胡斯的大街小巷、公园、广场到处都有丰富多彩的音乐会。

老城博物馆

建于 1914 年的奥胡斯 "老城"，其实是一座展示古丹麦城市文化的博物馆。不同于别的博物馆，老城是世界上第一个展现城区建筑文化的室外博物馆。据说，在很久以前，这里曾真的是一座城市，后来随着城池的扩大。人们就把这里划为一个活博物馆。并选出 75 座来自丹麦各地的具有历史意义的房子搬到这里。在搬迁后的复原过程中，每一块砖瓦都必须准确地放置回原来的位置。这些房子有邮局、酒吧、港口、自行车修理铺、厕所、厨房、客厅、花园……全都保持着当初的风貌。而且这些房子大多都不是在同一个历史时期建造的，因此，建筑风格也各有特色。

走在老城青石地上，穿过石板桥，看着那些矮矮的房子和硕大的木马车，会有一种穿越时空的错觉。老城的每间屋子都可以随便进去，里面古老的家具、装饰品都没有被东西隔离开，游客可以近距离欣赏这些古物。

欧登塞

安徒生的故乡欧登塞位于哥本哈根和日德兰半岛之间的菲英岛上，是哥本哈根通往日德兰半岛的必经之地。于公元 988 年 3 月 18 日成立的欧登塞城是丹麦最古老的城市之一，距今已经有 1000 多年的历史了。11 世纪时，欧登塞已经发展成为兴盛的商业中心，市内一片欣欣向荣的景象。到了 15 世纪，欧登塞已经发展成为一座相当发达的城市，并给北欧五国提供举行会议的场所。此后，著名童话作家安徒生的成名将欧登塞推向了全世界。一夜之间，欧登塞变成了家喻户晓的城市。除了安徒生外，欧登塞还出了一个著名的作曲家卡尔尼尔森。他的作品对丹麦甚至整个北欧的音乐都产生了深远的影响，被誉为丹麦音乐史上最伟大的音乐家。

如同别的丹麦小镇一样，欧登塞也是一个非常静谧迷人的小城。市内有着典型欧洲风格的建筑，非常古朴典雅。具有传统丹麦风格的低矮木制建筑。让人看上去就有一种非常温馨的感觉。

安徒生故居博物馆

在 1905 年时，为了纪念丹麦伟大童话作家安徒生诞生 100 周年，欧登塞市在安徒生故居上建立了安徒生博物馆。它坐落在一条鹅卵石铺砌而成的小街上，由一排六七间相通的红瓦白墙的平房组成。这些房间都很小很低，也很简陋，外观基本都保持了 19 世纪初的老样子。

走进安徒生博物馆，墙上镶嵌着厚大的玻璃柜子，里面陈列着一些关于安徒生的资料和作品。博物馆里总共有 18 间展厅。前 12 间展厅按时间顺序，陈列了安徒生的介绍资料和各个时期的作品，还有一些保存完好的安徒生的手稿、信件、童话出版合同、有关人物介绍和画像等珍贵的资料。而房间的家具摆设则依然按照当年安徒生生前的模样放置。游客在这里还可以看见安徒生日常生活中所用过的东西。

安徒生

安徒生生平

19 世纪著名的丹麦童话作家安徒生，于 1805 年 4 月 2 日出生在欧登塞城一个贫苦的鞋匠家里。在他 11 岁那年，父亲病故了，母亲不久也改嫁他人。安徒生从小就过着贫困潦倒的生活，先后在几家店铺里做学徒，也没受过正规的教育。少年时代，安徒生开始对舞台产生极大的兴趣，并希望能当一名歌唱家、演员或者剧作家。于是，在 14 岁时，安徒生只身来到首都哥本哈根，并在哥本哈根皇家剧院当了一名小配角。后因嗓子失润被解雇。他从此开始学习写作，经过多年的努力，安徒生终于在诗剧《阿尔芙索尔》中崭露才华。1822 年得到剧院导演约纳斯·科林的资助，安徒生才有机会去斯莱厄尔瑟的一所文法学校受正规的教育。5 年后，安徒生升入哥本哈根大学继续深造。毕业后，安徒生开始了他的流浪生活，遍游欧洲大陆，广交文友，靠稿费来维持自己的生活。他常常说"旅行即是生活"，一生在欧洲各国来回了 29 次，就是在这些漂泊的历程中，安徒生写出了 168 篇脍炙人口的童话和故事。安徒生一直在搬家，也没结过婚，直到 1875 年 8 月 4 日，他在朋友梅尔彻的宅邸去世，结束了自己流浪的生涯。

安徒生作品

安徒生真正的文学生涯是从 1829 年开始的。他在哥本哈根读书时，出版了一部叫《1828 和 1829 年从霍尔门运河至阿迈厄岛东角步行记》的游记，这本游记充满了幽默感，颇有德国作家霍夫曼的文风，同时也得到了社会的初步承认。此后他继续从事戏剧创作。1833 年，安徒生在意大利写了一部诗剧《埃格内特和美人鱼》和一部以意大利为背景的长篇小说《即兴诗人》。小说出版后不久，就被翻译成德文和英文，使安徒生得到了世界的肯定。

由于幼年受到父亲和故乡民间故事的影响，安徒生许多童话故事的素材都来自童年的记忆和遭遇。在安徒生早期的童话作品中，大多是现实主义和浪漫主义风格相结合，极富想象力和乐观的态度。安徒生中期的童话中，虽然也带有浪漫主义，但现实主义明显占了上风。作品里大多在鞭挞丑恶、歌颂善良，并憧憬着美好的生活，另一方面也流露出缺乏信心的忧郁情绪。晚期童话比中期更加面对现实，着力于描写底层民众的悲苦命运，揭露社会生活的阴冷、黑暗和人间的不平。作品基调低沉。这位童话大师一生坚持不懈地进行创作，把他的天才和生命献给了"未来的一代"。直到1843年去世的前三年，安徒生共写了168篇童话和故事。

格陵兰岛

格陵兰岛位于北大西洋，是丹麦的属地，首府名叫努克。看过日本漫画《圣斗士星矢》的人，应该还有印象，这里就是双鱼星座黄金圣斗士阿布罗狄的故乡。

格陵兰岛面积约为218万平方千米，是世界上最大的岛屿。它比排在其后的三座岛屿（新几内亚岛、加里曼丹岛、马达加斯加岛）的面积总和还要多出5万多平方千米。格陵兰岛南北之间相距约2670千米，东西最宽处超过1000千米，三分之二的面积处在北极圈内，最北端距北极点不到800千米，岛上大部分地方都被冰原覆盖。冰原几乎占了全岛面积的85%，其规模仅次于南极洲。这些冰平均厚度有1500米，最厚处约3000米。

除了西海岸南部地区的15万平方千米的土地上住着人外，其他地方都基本无人居住。关于这个居住的地方，还有段小典故。据书记载，约在公元982年，北欧人埃里克和他的伙伴从冰岛出发，向西北航行，去寻找新大陆，却意外发现了一个大岛。经过两个夏季的考察，终于在该岛西南沿海地段找到了几片平坦之地。这几片平坦的沿海土地不仅可以防御北极寒风的袭击，而且还能在北极短暂的夏季长满青嫩的花草。面对四周一片冰天雪地的荒原，埃里克兴奋地将这块土地命名为"格陵兰"，意为"绿色的土地"。如今，确实有许多人在这里定居了，五彩缤纷的小屋子无规则地伫立在小路两边，使这块寒冷的土地看上去特别温暖。岛上的人们都利用雪橇和小型飞机来与彼此和外界联系。

由于格陵兰全境大部分地区位于北极圈以内，所以这里气候特别寒冷，而且还狂风凛冽。格陵兰年平均温度低于零度，夏季温度也很少超过10℃，该岛北端历史最低气温为-70℃。如果游客想玩冰上游戏，最好在3~4月份来格陵兰岛，可以避开最冷的时候。

此外，每到冬季，格陵兰岛会有持续数个月的极夜，9~10月是欣赏北极光的最佳时节。而在夏季6~8月，格陵兰岛会出现极昼。这时也是欣赏浮冰的好季节。但是由于格陵兰气候变化无常，看浮冰最好选无风无雨的时间。

瑞典

瑞典概况

瑞典位于北欧斯堪的纳维亚半岛东部，约有15%的面积在北极圈内。它的名字由中世纪瑞典南部的"斯维亚国"一名演变而来，瑞典语有"亲属"的意思，又称欧洲锯木场。公元1100年前后，瑞典开始形成统一的国家。后来被丹麦占领了，独立后逐渐强大起来。在1600年至1718年间，瑞典达到了一个"全盛时期"，先后占领了芬兰、爱沙尼亚、拉脱维亚、立陶宛、波兰、德国和丹麦的部分地区。19世纪时，芬兰脱离瑞典的控制。之后，瑞典未卷入任何战争，在两次世界大战中均保持中立。1995年1月1日成为欧盟正式成员。

瑞典是一个春秋短暂、冬夏分明的地方。因受北大西洋暖流和波罗的海的影响，瑞典不算很冷。但瑞典北部有些地方在北极圈内，所以这里有许多昼夜不分的奇观异象。夏天可看到午夜的太阳，亲睹神奇迷人的北极光；冬季则看不见太阳，暗无天日。尽管如此，瑞典每年还是吸引了众多来自世界各地的游客前来体会独具特色的北欧风情。

出入境须知

护照与签证

如果没有其他附注、持有申根签证有权在所有"申根国家"旅游并相应允许一次、两次或多次入境。负责使馆，为主要旅行目的地的国家驻华使馆。持公务护照（包括外交护照、公务护照和因公普通护照）者的签证申请，须按规定经由部委或其他具有照会权的外事部门递交。使馆受理签证申请的前提是同时已递交所有所需材料。签证申请须提前3周递交到使馆。

出入境携带

欧洲内部市场建立之后，欧盟就非欧盟成员国入境旅客向欧盟国家携带物品制定了统一的规定。瑞典是欧盟国家，因此，旅客在前往瑞典时，需要注意以下几个规定。

1. 免税物品数量

（可免税携带进入欧盟的物品数量。物品数量适用于 17 岁以上的成年人）

烟草：香烟 400 支或小雪茄 100 支（3 克/每支），或雪茄 50 支。

酒：烈性酒 1 升（酒精度 > 22%）或香槟、甜烧酒或葡萄酒 2 升（酒精度 < 22%）。

2. 旅行物品税率

175 欧元以下：通过欧盟国际机场入境的旅客可免税携带价值 175 欧元以下日常物品。

175~350 欧元：乘机入境携带的所有物品税率均为 13.5%（特例：咖啡、酒精制品、烟草制品、燃料）。

350 欧元以上：所有进入欧盟，价值超过 350 欧元的物品均须纳税，进口物品除了交纳增值税之外，还须支付商品税。商品税在 2%~15% 之间。例如自行车和服装的商品税分别为 15% 和 3%。

1000 欧元以上：价值超过 1000 欧元的进口物品均应书面报告。

特例：通过陆路和海路的方式进入欧盟境内的物品，价值超过 125 欧元的，须交纳关税。（例如通过波兰或捷克进入欧盟）。

3. 汽油和柴油

非欧盟国家旅客可免税携带 10 升燃料入境。超额数量应交纳规定的关税。

4. 古董及动植物入境规定

古董：被证明超过 100 年的所有物品均被视为古董，并应交纳 16% 的营业税。

动植物：携带入境的动植物应依据《华盛顿物种保护协议》（CITES）出示 CITES 证书。根据该协议动植物被分为 4 个濒危类别（A-D）。A 类为所有面临灭绝的动植物物种及所有有危害的物种，这些动植物不得带入欧盟。其他 B，C 和 D 类动植物只有经政府严格检查后，方可带入欧盟一国。

此外，携带现金超过 6000 瑞典克朗时，必须向海关申报。

交通概况

飞机

瑞典国内航线大多以斯德哥尔摩的阿兰达（Arlanda）机场为转运站。北欧航空是瑞典境内最大的航空公司，而且大多数的航线都与 SAS 合作转运。瑞典的机票非常昂贵，但是有基本的折扣，例如回程票在 7 天前登记，或者团体票及老人票等都有优待。

火车

瑞典火车系统很现代化，行车平缓，所以搭夜车是不错的选择。游客可以睡得很舒服，列车内还有电影车厢，放映最新的电影。如果以北欧为一个旅游区域，可以选择北欧四国联营火车票。建议游客购买 1 个月选 10 天的票种。行程确定后，可以先订位，订位费另计。行程中如有搭夜车，可加订卧铺，不过得另外加费。搭乘渡轮时，请记得出示联营火车票，可享有 80%～50%优惠折扣。

长途汽车

瑞典的长途汽车系统非常方便，但是由于交通系统复杂，旅客可以选择 tagplus 卡，一张票可同时在火车和长途汽车使用，但使用 tagplus 卡就无法合并使用其他优惠。

市内交通

瑞典大部分城市内的交通工具都是公共汽车、电车、地铁和出租车。短期游客可买 100 克朗左右的公交联票，比上车买票便宜。如果完全是自助旅游，去当地旅游局对外接待办公室买一张 300 克朗左右的旅游套票最为划算，这种套票一般 3 日内有效，凭票可免费乘坐各类公交车并参观主要旅游景点。另外，游客需要注意的是，在瑞典搭公车、计程车、电车的时候，只要携行李，就必须另收行李费。

住宿提示

在瑞典住宿非常方便，从星级旅馆到青年旅舍都应有尽有，游客可以找瑞典旅馆协会，他们提供各具特色的旅馆，而且价钱不贵。瑞典的酒店通常有点贵，一般要 700 瑞典克朗以上。大城市有提供旅游套餐特惠，内容包括住宿折扣、免费当地交通，及所有景点交通费，甚至于回程铁路车票优惠。相对于酒店，青年旅舍就比较便宜实惠了。瑞典外国游客组织提供青年旅馆指南，每本 99 克朗。瑞典全国有400 多个官方登记在案的青年旅舍，其中 318 家属于官方的 HI 联盟，持有国际青年旅舍卡可享受折价优惠。价钱在 115～220 瑞典克朗。它官方网站是：www. meravs-verige. nu。另外有 120 间青年旅馆属于 SVIF 联盟，不需要会员卡，价钱在 60～160 克朗。瑞典的青年旅舍大多可以自行烹饪。不过，在 12 月份去瑞典的游客要注意，必须确认前往的青年旅舍，在圣诞节及新年期间是否营业。6～8 月是旺季，最好提早预约，以免客满。而且在订床位时，最好告知柜台抵达时间，同时记下订位号码，以防万一。大部分青年旅馆还提供早餐，收费 40 克朗。记住，离开时要将房间整理干净，否则有些青年旅舍会强制收取 200 克朗的清洁费。另外游客要注意的是，瑞典旅馆的接待柜台只在每天下午 5～7 点开放，其他时间都大门紧锁。所以最好提前在接待柜台开放的时间打电话去预订，他们会给顾客一个 4 位数的开门密码，还会告诉顾客进了密码门后到哪里领取房间钥匙。

瑞典风俗与生活习惯

风俗

瑞典四分之三的小孩都受过洗礼，之后就自动成为瑞典教会成员。这样洗礼就不单纯意味着一个取名仪式。孩提时代未受过洗礼的人日后若愿意也可登记成为教会成员。决定权起初在父母，但从 15 岁起个人可自己做出选择。洗礼通常在星期天的早礼拜之后在教堂进行。中世纪在孩子的取名周年纪念日，牧师会送给孩子家人一支"取名蜡烛"并将其点燃，这一风俗最近又复兴了。若在家里庆祝，朋友亲戚常会送上命名礼物。孩子的出生地不同，庆祝方式也各不相同。

瑞典大约有 55% 的 11 岁孩子受坚信礼。在真正的仪式上，参加者要身着教堂提供的斗篷式长袍。除了领取第一份圣餐之外，坚信礼还包括参加基督教教义的考试，而且通常还要演出一幕"教堂戏剧"。如果坚信礼在当地而非在坚信堂举行，通常坚信礼之后参加者还要在家里开一简单的招待会，提供咖啡和蛋糕，并接受朋友和亲戚送的礼物。

瑞典人有两件大事：一是成人，二是结婚。成人是个分水岭，孩子们在成人后就要经济独立自主，既不再受父母约束监管，也不能再向父母伸手了。而且在瑞典，一旦孩子年满 18 岁，就可以搬出家里居住，同时还可以向政府申请 5000 克朗的贷款，如果是大学生每人每月还有 2800 克朗的补助。

瑞典人婚礼有宗教婚礼和非宗教婚礼两种形式。宗教婚礼一般按福音路德教的礼仪进行，非宗教婚礼则由法官或其他有权主持婚礼的人主持，同时要有两位证婚人。多数瑞典人信奉的路德教派不反对再婚，加之结婚手续简便，离婚手续也简便，所以瑞典人视离婚和再婚为寻常之事，无可非议，久而久之渐成传统，延续至今。

每年的 12 月 13 日举行的露西亚节，原叫迎光节，又叫小女儿节。节日这一天，瑞典所有的机关、学校、工厂、商店都要选出一名最漂亮的姑娘扮作女神露西亚，举行庆祝活动。瑞典地处北欧，冬季寒冷漫长，而露西亚节之夜又是一年中最长的夜晚，迎光节的意思就是度过长夜，迎接光明。据旧历这一天是一年中最短的白天，并且从这一天开始进入圣诞季节。露西亚由 6 个女孩跟随着，也就是她的随从，她们也穿着白色长袍，头上戴着闪光的花环而不是装有蜡烛的王冠。在露西亚节和圣诞节期间，露西亚和她的随从们到学校、商店、养老院和教堂，演唱传统的露西亚歌和其他圣诞颂歌。在露西亚节这一天，人们尽情享用藏红花面包、姜汁饼干、咖啡和加热放有葡萄干和杏仁的圣诞酒。第二天，露西亚姑娘得很早起床，去给亲朋同事送咖啡，以示祝福。

生活习惯

瑞典的传统民族服装样式是，男子上身穿短上衣和背心，下身穿紧身裤子。少女一般不戴帽子，已婚的妇女戴式样不一的包头帽。在正式礼仪场合，男子一般是西装革履，加上一件长外套。女子一般是西服上衣配短裙，或穿低胸露肩的长裙。在瑞典，熟人见面时都会主动打招呼，并互相问候。与外国客人相见时，通常以握手为礼，有时也行接吻礼。瑞典的拉普人见面以互相擦鼻子为礼节，萨摩亚人则以鼻子彼此嗅闻为礼，瑞典的爱斯基摩人熟人间见面，喜欢用拳头捶对方的头和肩，以示礼貌。在一般情况下，互不相识的人初次交往时要做介绍。其介绍的原则是把男子介绍给女子，把年幼者介绍给年长者。瑞典人在与客人交谈时，一般保持 1.2 米左右的距离，他们不习惯靠得太近。他们喜欢在交谈时直视对方，认为这样既显得重视对方，又表示相互间的亲密。

斯德哥尔摩

斯德哥尔摩地处波罗的海和梅拉伦湖交汇处，面积 200 平方千米，由 14 个岛屿和乌普兰与瑟南曼兰两个陆地地区组成。70 余座大小桥梁把这些陆地联为一体，瑞典也因此被称为"北方威尼斯"。斯德哥尔摩在英语里的意思是"木头岛"。早在公元 13 世纪中叶，当地居民常常遭到海盗侵扰，于是人们便在梅拉伦湖入海处的一个小岛上用巨木修建了一座城堡，并在水中设置木桩障碍，以便抵御海盗，因此这个岛便得名为"木头岛"。1436 年时，这座美丽的小岛被定为瑞典的都城，并逐渐发展成为瑞典的第一大城市。

同别的欧洲国家一样，斯德哥尔摩城市的规划井然有序，分为老城区和新城区两部分。在老城区，大街小巷都采用石头铺筑，最宽处不过 5~6 米。瑞典王宫、皇家歌剧院、皇家话剧院、议会大厦以及斯德哥尔摩市政厅等中世纪的建筑都聚集在这里。而在新城区，则是高楼林立、街道整齐，临湖一带的景色尤其优美。

斯德哥尔摩是一座文化名城，市内有 50 多座博物馆，如民族、自然、美术、古文物、兵器、科技博物馆等，分门别类，各有千秋。还有藏书达 100 万余册的皇家图书馆和拥有 100 多年历史的斯德哥尔摩大学等。斯德哥尔摩还是诺贝尔的故乡。

斯德哥尔摩市政厅

市政厅位于市中心以西的国王岛东南端，面临美丽的梅拉伦湖。它由著名浪漫派建筑师热纳奥斯伯设计，1911年动工，于1923年建成。它的落成仪式于1923年6月瑞典第一个国王古斯塔夫瓦萨就任400周年纪念时举行。市政厅是一座棕红色砖结构建筑，被认为是北欧最美的建筑物，是斯德哥尔摩的象征。竖立在市政厅上的106米高的钟楼顶上是金色的三王冠，象征当年组成卡尔马联盟的三个成员国——丹麦、瑞典和挪威。每天12点和18点，钟楼两侧镀金的圣乔治和龙的形象就会活动起来。游客在钟楼塔上可以观赏到斯德哥尔摩市全景。

市政厅内有两个著名的大厅：蓝厅和金厅。一楼的蓝厅就是宴会厅，最初设计时本来打算将宴会厅漆成蓝色，后因红砖极美，建筑师临时改变主意，保留了红砖的颜色，仅柱廊被漆为了蓝色。宴会厅内可安排1300位宾客就餐，每年诺贝尔奖颁发之后，国王和王后都要在这里为诺贝尔奖获得者举行隆重盛大的宴会。宴会厅楼上的就是世界著名的金厅。它是为招待重要人物和客人而举办舞会的地方。

斯德哥尔摩老城

斯德哥尔摩的老城位于市中心的小岛上，小岛占地仅500平方米，距今已经有700多年的历史。早在13世纪中叶，这里就建立了格姆拉斯坦城，如今的老城就是在它的基础上发展而成的。游客走在老城里，就像回到了中世纪时期。城墙内的房子窄小拥挤，多由橙、黄色调组成。城市里的街道多由石头铺成，路面狭窄，最窄处仅90厘米，最宽处也不过5~6米。道路两旁布满了古朴别致的小商店，包括陈列着精美绝伦的手工艺品的礼品店、古玩店、咖啡店、餐馆等。除了这些特色小店外，老城还集中了许多宏伟的历史建筑，如北面的王宫、大教堂、广场和老交易所等。

瑞典王宫

瑞典王宫位于中央广场旁，从诺尔马尔姆岸边看去，王宫似乎建在水上。这座德国文艺复兴风格的王宫建于17世纪，王宫正面大门前，两只张牙舞爪的石狮子分立两旁，门口站着数名头戴一尺多高的红缨军帽、身穿中世纪军服的卫兵，显得威严逼人。每天中午12：15~13：00，身着华丽服饰的卫兵们都要举行隆重的换岗仪式。王宫并不是国王居住的地方，它只是国王接待国家和公众客人，进行外交授权仪式和举行庆典的场所，也是斯德哥尔摩主要的旅游景点。王宫共有 608 间房间。目前，皇宫只对外开放含教堂和陈列厅在内的四个厅。

瑞典王宫

瓦萨沉船博物馆

位于尤尔格丹的西北岸，坐落在斯堪森岛上的瓦萨沉船博物馆是斯德哥尔摩 50 多座博物馆中较有名气的一座水上博物馆。它是专为展览一艘从海底打捞上来的瓦萨号沉船而建立的。1625 年时，瑞典海军计划修建一艘单层炮舰。在修建过程中，瑞典国王古斯塔夫二世得知海上劲敌丹麦已修建成双层炮舰，便不顾当时本国的技术条件，下令把炮舰改造为双层。1628 年 8 月 10 日，瓦萨号建成，并举行了隆重的下水首航仪式。然而，瓦萨号刚行驶数百米，就遇到一阵风，船体一阵剧烈的晃动后，海水突然从左舷舱涌进，不久，瓦萨号便慢慢沉入 36 米深的海底。由于当时打捞技术不够，瓦萨号在水下一直沉睡了 300 多年。1959 年，瑞典开始着手打捞瓦萨号。1961 年 4 月 24 日，这艘沉船终于露出了水面。这是一艘有着 5 层甲板的军舰，船长 62 米，宽 12 米，主桅 52 米，排水量达 1300 吨，船上有 64 门铜炮。船首、船尾、门窗和舱壁都装饰有精致的镀金木雕。最壮观的是船尾的龙骨，它有 6 层普通楼房那么高，分 50 多层，精心雕刻了 700 多件雕塑品。这些涂色或镶金的雕塑品，有威武的戴盔披甲的骑士，有婀娜多姿的美人鱼，有挥剑砍杀的罗马士兵，有神话里的各种人物，有形形色色的纹章和基督教的《圣经》，还有象征着美好和纯洁的裸女。雕塑品的最上部，则是满布金箔的瑞典皇家盾形纹章上的雄狮。

皇后岛宫

在斯德哥尔摩西效梅拉伦湖上的皇后岛距斯德哥尔摩市中心15千米。国王居住的皇后岛宫就在这座岛上。据说在400多年前，瑞典国王约翰三世在此修建了一座名叫"石头房子"的宫殿，国王喜爱这里就像喜爱皇后一样，因此将这座宫殿命名为"皇后岛宫"。可惜在1661年，这座"石头房子"被大火化为灰烬。后来，瑞典国王想在岛上修建一座夏宫，于是聘请著名的瑞典建筑世家泰辛家族规划建造。大泰辛主要规划王宫基础结构，小泰辛则负责设计庭园，历经两代建筑大师的心血，终于建成了皇后岛宫。

中国宫

离皇后岛宫不远处，有一座建于1753年的中国宫，也有人叫它"瑞典王宫里的蒙古包"。它是当时国王福雷德里克为庆祝喜爱中国艺术的王后乌尔利卡的生日而建造的。宫殿最初为木质结构，规模也小。10年后，国王下令以木石结构重新修建此宫，于1769年建成。20世纪50年代，中国宫又被大规模的翻修。如今游客看到的中国宫是一座融合了中国式和法国洛可可式的建筑，兼具东方建筑的典雅与西方建筑的华丽。整个建筑呈弓形，主体色调为红色，门窗及拐角的中继线涂成黄色，红黄相间，色彩亮丽。宫殿顶部铺的是绿色铜砖，门窗上雕刻着中国龙的形象，但没有琉璃瓦。位居中央的主殿高两层，主殿左右各有一座侧殿，以回廊与主殿相连。室内则摆设着中国式瓷花瓶、屏风、象牙宝塔、泥人、宫灯、文房四宝和茶具等，四壁墙面上则挂满了中国山水花鸟鱼虫的画卷和书法条幅。

斯德哥尔摩大教堂

坐落在瑞典王宫背后的大教堂是斯德哥尔摩城中最重要最古老的教堂。早在1279年，斯德哥尔摩大教堂就存在了。大教堂的外表是巴洛克样式，内部是后哥特式风格。共有五个中殿，里面陈列了许多卓越非凡的作品，像左殿的描绘圣乔治和龙的木雕群像。这是大师鲁贝卡本·诺克的作品，完成于十五世纪末，被认为是北欧最珍贵和最古老的雕刻群像。十五世纪的美丽的耶稣受难雕像是大师鲁贝卡的另一件作品，位于圣洗池和德拉伽地的豪华坟墓的右侧。

斯德哥尔摩地铁

斯德哥尔摩的地铁被誉为"世界最长的地下艺术长廊"。地铁的每一个站都是由 100 多位艺术家分别用自己的风格和艺术构思来精心设计装点的。因此，在地铁站内，游客可以欣赏到各种风格的绘画、壁画、雕塑以及各式各样的艺术表现手法。其中，最美的一站是 T-Central 站。月台和铁道都从岩石中凿开，蓝白色的墙壁上画满蓝色的巨型树叶，再加上特殊的照明效果，使人置身在神话里的洞岩之中。

斯康森露天民俗博物馆

位于新老城区交界处的斯康森民俗博物馆是世界上最早的露天博物馆。"斯康森"是瑞典文"多角堡"的意思。正如它的名字一样，博物馆从多种角度向人们展示了昔日瑞典民俗生活，浓缩了瑞典 500 年的生活场景。150 幢不同时期的建筑从瑞典各地搬迁而来，有南方斯格耐地区的草顶木房或砖房，有北部拉普兰民族的圆锥形木屋，还有教堂的尖塔和钟楼等。其中，在用粗大树干搭建成的房屋里，有非常简单的家具、灶炉、农具、纺车和生活用品。屋里年迈的妇人穿着花格裙，头顶上悬挂着一长串薄饼，并按照古老的方式，为游客表演织布、编织，解释其故乡的器物和风俗习惯。

骑士岛

在斯德哥尔摩老城西面，有一座骑士岛，岛上的建筑都是古瑞典时期的遗迹，是权力的象征。其中，建于 13 世纪的骑士岛教堂就是埋葬瑞典君主和贵族的地方。1270 年时，当时的国王马纽一世拉杜拉要求为方济各会士修建一座修道院，于是，骑士岛教堂就诞生了。后来教堂几经整修，一些小堂就是 15 世纪时加上的，而那座极高的钟楼是在 1846 年添加的。如今，教堂里有三个中殿，里面装饰着许多六翼天使骑士会徽章、战利品装饰和会旗。其中，由老特信设计、卡尔哈勒曼完成的建于 1738~1743 年间的一个墓室内，葬着国王卡罗十世古斯塔夫、卡罗十一世、卡罗十二世和他们的王后。此外，在骑士岛教堂的旁边，就是伯格吉尔广场的雕像，是 1854 年由弗格伯设计而成的。

球形体育场

在斯德哥尔摩城里，有一个非常特别的巨大建筑，那就是被认为是斯德哥尔摩现代象征的球形体育场。它对于斯德哥尔摩的意义就像悉尼歌剧院对于悉尼一样。这座建成于 1989 年的体育馆是一座白色圆球屋顶的建筑。覆盖体育馆的巨大的球面屋顶直径有 110 米，是世界上最大的球形建筑，同时也是北欧最大、最好的体育场之一，能容纳 13000 多人。如今，高水平的文化、音乐和体育活动都在这里举行，像世界冰球锦标赛之类的。

米勒斯雕塑花园

瑞典著名的雕塑家卡尔·米勒斯（1875~1955），曾经在 1906 年买下了斯德哥尔摩城东北面利丁岛上的一块山坡地，并在这块坡地上修建了别墅和自己的工作室。1955 年米勒斯去世后，为了纪念这位著名的雕塑家，瑞典将这里辟为博物馆，展出雕塑家的艺术作品和他广为收藏的古希腊罗马雕塑，包括有中国的唐三彩及明朝的石雕等。后来，沿着石坡的地方还被拓建成一座漂亮的花园。整个花园面向碧波万顷的大海。花园内景致怡人，秀色可餐，米勒斯的雕像石柱和雕塑喷泉散落在花园的各个角落。其人物雕像更以具有古典和民间色彩而引人注目，每年都吸引了许多游客前来，中国的郭沫若也曾经到访过这座花园，并留下了他的亲笔题诗。

音乐厅

在中央火车站北边不远处，有一座外墙通体蓝色的建筑，它就是建于 1926 年的音乐厅，也是每年举行诺贝尔奖颁奖仪式的地方。在音乐厅前面，有一座瑞典著名的雕塑大师米勒斯雕刻的手拿竖琴的俄耳甫斯雕像，俄耳甫斯是希腊神话中的歌手。雕像后面，就是古色古香的音乐厅，八根通天巨柱从地面直通楼檐，高高的石台阶从大门前倾斜下来。每年 12 月 10 日是诺贝尔的忌日，也是举行诺贝尔奖颁奖的日子。每年这天的下午 4 点，音乐厅都被布置得庄严典雅，舞台正中白色帷幕下诺贝尔半身铜像在柔和的灯光下奕奕闪光。舞台上放着 10 只花篮，音乐奏起时，颁奖典礼也就开始了。除了举办诺贝尔奖颁奖仪式外，音乐厅还是瑞典皇家爱乐交响乐团的演出场地。

北欧博物馆

在斯德哥尔摩尤耶登区的东区通向北欧的大桥附近，有一幢灰砖文艺复兴式建筑，它就是北欧博物馆。这是一座展示瑞典传统文化、部落历史和古瑞典人生活实景的博物馆。早在 1872 年，瑞典博物学家、露天博物馆创始人赫赛里乌斯就着手筹备建馆，直到 35 年后的 1907 年才正式建成。如今，北欧博物馆大楼总共有 3 层楼，底层主要展出瑞典农、牧、渔等方面的实物，有农民的居室、捕鱼、打猎，还有少数民族拉普人的生活图景。一层楼展出显示各地奇风异俗的有关物品和家用家具。二层楼展出的物品较杂，有乐器、木偶、玩具、上流社会人物的衣饰以及食品和饮料等。三层楼为家具陈列厅，主要展出北欧文艺复兴时代、巴洛克式、洛可可式、法国路易十六时代等各种家具。

北海草堂

位于城市以东的沙丘巴登地区曾是中国近代史上著名的维新派领袖康有为居住过的地方。1898 年戊戌变法失败后，康有为开始流亡国外。他于 1904 年来到了瑞典，立即被这里的风景深深吸引。他曾在游记中写道："瑞典百千万亿岛，楼台无数月明中……岛外有湖湖外岛，山中为市市中山……欲徙宅居之。"他买下了沙丘巴登地区的一个小岛，并于 1909 年在岛上建起中国式园林，取名"北海草堂"，赖以寄托他身在异国、缅怀故土的伤感思绪。直到 1907 年，康有为才依依不舍地离开这里。

哈加公园

位于斯德哥尔摩城北约 1 千米处的哈加公园，是古斯塔夫三世国王最喜爱的地方，也是世界第一个位于市内的国家生态公园。它是由 18 世纪著名的园林艺术家皮波尔设计而成的，整个公园沿湖延伸大约 2 千米，园内建筑古色古香，大多是古斯塔夫风格，植被也很丰富，一年四季都有春天般的生机，是游客散心闲逛的好去处。在哈加公园里，有一个闻名遐迩的栽满奇花异草的暖房，暖房里的蝴蝶飞来飞去，特别好看。建于 19 世纪的皇后楼，现称哈加宫，过去是皇家的活动场所，现在是瑞典政府经常举行重要会议的地方，或供外国贵宾来访时居住。此外，园内还有一些以土耳其建筑为主的东方式建筑物。在湖边的高冈上建有一座"中国楼"，是当时国王卫兵居住的"铜帐篷"。

哥德堡

位于瑞典西部的哥德堡，是瑞典第二大城市，也是最重要的工商业城市。自古这里就是瑞典和丹麦军队争夺出海口的地方。1621 年 6 月 4 日，瑞典国王古斯塔夫二世阿道夫下令在此兴建城市。不久，哥德堡就成为一个军事要塞。随着丹麦人战败，哥德堡的军事地位逐步被瑞典重要的商业贸易口岸地位所替代。在拿破仑时代，法国封锁了英国对欧洲的贸易，哥德堡成了英国对欧洲大陆贸易的唯一港口。哥德堡从此便迅速繁荣起来，不久就成为北欧地区最大的港口。如今，哥德堡是瑞典最繁忙的港口和商业中心。集中了瑞典、丹麦、挪威三国50%的工业。这里有著名的沃尔沃公司、SKF轴承公司以及爱立信微波系统公司、萨伯·爱立信空间技术公司等知名企业。此外，哥德堡还建有大学、海洋学研究所及其他各种文化设施。同时，哥德堡也是个旅游胜地。城内有17世纪建造的皇家住宅，1699年建造的旧市政府和1815年建造的大教堂等历史古建筑，每年都吸引着众多来自世界各地的观光旅客。

瑞典东印度公司

1731年在哥德堡成立的瑞典东印度公司是瑞典第一家国际贸易公司。这家公司主要从事进出口贸易，还从瑞典王室获得了关税等方面的诸多特权。瑞典东印度公司首先将本国的木材、柏油、铁、铜等出口到西班牙换取银币。然后再派人航行到中国，用银币购买中国上等的茶、丝绸、瓷器等奢侈品。这些从事远洋贸易的船只返回哥德堡港后，船上大部分中国货品会被拍卖，或者运到其他欧洲港口卖掉。瑞典东印度公司从中赚取了大量的利润，超过了当时瑞典的国家预算，为瑞典带来了巨大的财富。同时，瑞典东印度公司为了逃避有关机构的审查，每次航行后，账本都会被烧掉。

哥德堡歌剧院

位于哥塔河小博门码头旁的哥德堡歌剧院建于1994年。整个建筑模仿停泊在水中的海盗船，使歌剧院具有粗犷的船式外形。整体为暗红色，设计思路和悉尼歌剧院同出一辙。在歌剧院里面，有三层看台，1300多个座位，配有升降舞台等先进设备。到了晚上，歌剧院外面的装饰灯全部打开。从对岸望过去，仿佛是一只即将起航的海盗船，非常瑰丽。如今，歌剧院因内部良好的声音效果而得到众多歌舞团的青睐。同时，哥德堡歌剧院还有自己的演职队伍，每年演出频繁，以歌剧和芭蕾舞为主。

哥塔广场

哥塔广场是1923年为举办世界博览会而修建的。如今，哥塔广场是哥德堡的文化中心，它的南侧是艺术博物馆，藏有大量19世纪斯堪的纳维亚艺术品；西侧

哥德堡歌剧院

是音乐厅，久负盛名的哥德堡交响乐团就是在这里演出的；东面是市剧院和市图书馆，里面的藏书量超过 40 万册。广场中间是建于 1931 年的瑞典著名的雕塑家米勒斯雕刻的希腊神话中海神波塞顿雕像喷泉。与别的欧洲城市里的波塞顿雕像不同的是，米勒斯手下的波塞顿有着典型北欧男人高大粗壮的形象，是哥德堡城海洋时代权力的标志，也是哥德堡城市的标志之一。

园艺协会花园

在哥德堡，有一座异常美丽的花园，它就是建于 19 世纪 30 年代的园艺协会花园。这座花园最早由园艺协会投资兴建，因此，花园的名字就被命名为园艺协会花园。在花园里栽种着许多珍贵的名花名草，其中最出名的还数玫瑰园、花卉温室和蝴蝶屋的景致。在玫瑰园中，栽种着 2600 多不同种类的玫瑰，群花纷纷争香斗艳，景色甚为壮观。建于 1878 年的花卉温室则完全是伦敦水晶宫的复制品，里面种植着许多难得一见的奇花异草。而在蝴蝶屋里，则是另一番生动的场景。来自世界各地的 200 多只蝴蝶一起在这里翩然起舞，让整个花园都充满了动感。

利萨堡游乐园

1923 年，瑞典举办世博会时，修建了许多建筑，利萨堡游乐园就是其中的一个。如今，利萨堡游乐园是瑞典最大的游乐园。同别的游乐园一样，利萨堡游乐园里面也有许多传统的大型游乐设施及国际艺术家的歌舞表演。除此之外，利萨堡游乐园里还有一个北欧最大的三维立体电影院，游客到这里观看立体电影将体会到前所未有的感官刺激。

阿尔弗斯城堡

从小博门码头渡船，可以到达哥塔河出海口的一个小岛。这个岛是当年瑞典花重金买回来的。过去，丹麦为了扼制瑞典的出海口，就将这座岛占为己有，瑞典不得已，只能用大把的钱把这个关键的岛屿赎回来。16 世纪时，岛上修建了阿尔弗斯城堡，主要用来军事防卫。后来随着与周围各国关系的缓和，战争逐渐消除了，阿尔弗斯城堡也就被改为监狱。此外，在这里还有个小教堂，哥德堡许多新婚夫妇都喜欢选择在这里举行婚礼。

马尔默

马尔默坐落在瑞典的最南端，波罗的海海口厄勒海峡的东岸。海峡对面便是丹麦首都哥本哈根，两城相距仅 26 千米。据记载，马尔默最早叫 Malmhauger，是"沙堆"的意思。早在公元 12 世纪，这里就已经从原来的渔村发展成为贸易的中心。马尔默自古以来就是贸易和防卫的重要据点。由于它的重要的地理位置，马尔默成了丹麦、瑞典和德国汉萨联盟争夺的对象，曾经有 300 年一直属于丹麦的领地。到了 16 世纪初，马尔默进入黄金时代，最繁荣的时候成为丹麦仅次于哥本哈根后的第二大城市。1658 年瑞典国王卡尔十世率军队战败丹麦并占领了附近的斯科纳地区，马尔默开始正式成为瑞典的城市。如今，马尔默已经是南瑞典最大的城市，同时也是瑞典第三大城市、海军基地和交通枢纽。

马尔默同别的欧洲大城市一样被规划得井然有序。城市分为两个部分，一部分是濒临海洋，为运河环绕的老区，这也是现存斯堪的纳维亚的最古老的古城。另一部分则是向腹地延伸的新城。新城虽然云集了许多现代化的建筑，但也依然保留着马尔默许多 16 世纪时期的精美建筑物和众多中世纪以来的石材建筑。同时，马尔默地区还有许多从事高等教育、研究和发展的机构。最主要的是隆德大学，该校在尖端技术方面同私营企业开展合作。联合国进行航海管理和海上安全问题教育的世界海洋大学也设在这里。总之，马尔默是一个将海港、工业、商业、科技、娱乐集于一体的城市。在这个城市里，游客能感受到它诸多与众不同的气质。

马尔默胡斯

早在 15 世纪，马尔默人就在马尔默胡斯上修建了城堡。丹麦占领马尔默后，将城堡改建成为皇家的行宫。瑞典收复马尔默时，又在这里加固了城池。也就是如今游客看到的由马尔默胡斯城堡、城堡花园、国王公园、城堡公园及周围的几个博物馆组成的马尔默胡斯。其中，马尔默胡斯城堡被两层护城河环绕。1937 年，它被改建成了博物馆，其中包括自然史博物馆、市博物馆、美术馆、科技博物馆和航海博物馆。在这个博物馆里，可以看到各种艺术收藏品，民俗风情和自然历史，一年当中还要举办各种特别的展览。

柳塘公园

马尔默最大的公园是柳塘公园。公园里有大片树林、绿地、池塘和小湖，是游客亲近大自然的好去处。此外，公园里还有一个叫玛格利特的亭子，是国王斯塔夫六世为了纪念他的爱妻而建的。如今，每逢节假日，公园里都有许多踏青的人，或者散步，或者坐着看书，享受最清新的空气和最宁静的空间。

大广场

大广场是马尔默市里最古老的广场，早在 470 年前，当时的市长库克就下令在此兴建一个宽阔的大广场。如今，在广场附近就有库克的故居，这是一座典型的汉萨风格的棕红色建筑。在广场中间，竖立着瑞典国王卡尔十世的骑像，当初就是他战胜了丹麦把马尔默彻底变成了瑞典的城市。在大广场一角，还有一个 400 多年历史的古老"狮子药店"，整个建筑有着漂亮的棕红色。此外，在广场附近还有建于 1546 年荷兰文艺复兴式样的市政厅和 17 世纪的政府官邸等著名建筑。

圣彼得大教堂

在马尔默保存下来的最古老的建筑就是圣彼得大教堂。它是在 14 世纪时，以德国吕贝克的马利亚教堂为样本而建造的一座哥特式教堂。在建造的时候，马尔默还在德国汉萨同盟的控制之下，所以一座具有德国气息的教堂就这样诞生在马尔默了。

乌普萨拉

乌普萨拉地处瑞典东部、斯德哥尔摩的正北方，濒临费利斯河和梅拉伦湖。交通非常发达，有铁路南与首都斯德哥尔摩相接，北与海港耶夫勒相连，还有飞机提供便利的航空运输。早在 12 世纪时，瑞典各公国经常在此召开会议。乌普萨拉也是当时著名的宗教圣地，北欧最古老的乌普萨拉教堂就建在此城。但是后来，城市慢慢地向邻近的一个渔村发展，至 13 世纪后半叶，这个渔村已成为乌普萨拉新的商业和手工业中心。如今，乌普萨拉是一座具有浓厚文化气息的城市。瑞典历史最悠久的大学——乌普萨拉大学就建于此地。乌普萨拉大学附设有众多研究所，其中有享誉世界的地震观测所，乌普萨拉城因此而名扬世界。同时，这座城市还建有博物馆 10 多个，其中包括专门展出中国展品的中国瓷器馆和中国化石馆。此外，乌普萨拉城内还保留有不少著名的历史建筑，如 1287 年始建的哥特式砖造大教堂、12 世纪建成的圣三一教堂、16 世纪建筑的城堡以及古斯塔夫一世等历史名人的陵墓等。

乌普萨拉教堂

位于乌普萨拉城中心的乌普萨拉教堂是历代瑞典国王举行加冕典礼的圣地。这是一座红色的雄伟建筑物，两座高大的塔尖耸入云霄。教堂门楼上有一风管粗如碗口般的大风琴，令人叫绝。然而，游客眼前的这座教堂并非当初修建时的模样。据说早在 13 世纪时，这座教堂就落成了。教堂的设计师是曾经参与修建法国巴黎圣母院的建筑家波尼优尔。后教堂因火灾屡经修建，19 世纪末连其外观都被重新修葺了。因而游客无法再看见当年乌普萨拉教堂的风采。如今，教堂里还设置了陵墓，埋葬着瑞典国王古斯塔夫一世、著名的瑞典植物分类学家林奈和科学家韦登堡等一些历史名人。同时，在教堂的墙上，还刻有字画，记录了某些名人的生平以及他们参加过的战役。

诺贝尔

艾尔弗雷德·诺贝尔，1833 年 10 月出生于瑞典首都斯德哥尔摩，是炸药的发明者，诺贝尔奖的创立者。所学知识主要来自家庭教师的教育，16 岁就成为有能力的化学家，能流利地说英、法、德、俄、瑞典等国语言。

1850 年左右，他对甘油炸药发生了兴趣，便同他父亲一起进行研究。1863 年发明了雷管。1867 年，他发明了三硝基甘油和硅藻土混合的安全烈性炸药。1868 年与其父共获瑞典雷特司泰奖。此后，诺贝尔致力于提高炸药性能，又先后发明了胶质炸药、无烟炸药等品种。同时，他还是一位成功的实业家，在全世界都有炸药制造业的股份，加上他在俄国巴库油田的产权。由于拥有的财富巨大，他不得不在世界各地几乎是不停地到处奔波。他终身未婚，死时遗嘱规定将 920 万美元遗产设立基金，利息分为 5 份，奖励物理、化学、生理或医学、文学、和平五个领域中为人类做出贡献最大的人，即诺贝尔奖，发放日期定为他的逝世周年纪念日——12 月 10 日。

诺贝尔是一个乐善好施的人，他关心世人的疾苦和科学事业，经常资助慈善事业和科学研究。他母亲去世的时候，他就把自己分得的 1.5 万多英镑的遗产，用母亲的名字设立"安德丽塔基金"，全部捐赠给了瑞典的科学和福利机构。他本人成为富翁后，每年都要拨出巨额款项，救济穷人。为了扶贫济困，仅仅在 1884 年至 1886 年，他就支出了 200 万法郎。在 1892 年前后的几年内，每年都要开支 40 万英镑。在巴黎时，他遇见倍尔塔（后来她成了一位男爵夫人）为致力于和平事业四处奔走，同样也给她以慷慨的资助。在倍尔塔的影响下，诺贝尔也对和平事业热心起来。

1895 年，他在巴黎写成了后来闻名于世的遗书，捐出他的一切遗产，设立了诺贝尔奖。1896 年，诺贝尔的病情恶化了。然而，就在生命垂危的时刻，他还念念不忘所热爱的科学事业。这年 12 月 7 日，诺贝尔在一封信中表示，等他病情好转一点，就着手进行新的科学实验。但仅过 2 天，12 月 10 日清晨，诺贝尔的心脏病突然发作，在意大利的圣勒莫与世长辞，享年 63 岁。次年 1 月 2 日，斯德哥尔摩的报纸将诺贝尔遗嘱的主要内容公布于众。这个反映诺贝尔崇高品格和精神境界的遗嘱，在社会上引起了极大的轰动和强烈的反响。诺贝尔辞世 5 年之后，1901 年 12 月 10 日，诺贝尔奖开始颁发，世界上贡献最大的科学家、文学家、政治家的名字从此与诺贝尔联系在一起。世人将永远记住这位瑞典的"世界公民"。

俄罗斯

俄罗斯概况

一提起俄罗斯，人们脑海中首先想到它是世界上国土面积最大的国家。它横跨欧亚两大洲，洲界线将它的领土分成了欧洲部分和亚洲部分两大块。但俄罗斯是公认的欧洲国家，欧洲部分是俄罗斯民族和俄罗斯国家的发源地，并且从古迄今一直是俄罗斯的政治、经济、文化中心。

俄罗斯国名是从"罗斯"一词演化来的，罗斯一词源于中世纪，当时由斯堪的纳维亚半岛南下的瓦兰几亚人来到东欧，斯拉夫人就称他们为"罗斯"。

俄罗斯境内，河流湖泊众多，沼泽广布。欧洲部分有伏尔加河，长 3690 千米，是欧洲最长的河流。亚洲部分有鄂毕河、叶尼塞河、勒拿河等，长度均在 4000 千米以上，这 3 条河流的大部分河段均可通航，遗憾的是，河流的结冰期太长，通航期往往不超过半年。最著名的湖泊有贝加尔湖和里海。贝加尔湖是世界上最深的湖，深 1620 米；里海是世界上最大的咸水湖，它位于俄罗斯与伊朗、土库曼斯坦和哈萨克斯坦等国之间，面积 37.1 万平方千米。

俄罗斯也是一个历史悠久的文明古国，自 9 世纪起，东斯拉夫人就联合起了周边的部落，成立了基辅罗斯，它是古罗斯民族的摇篮，形成了后来的莫斯科公国和俄罗斯帝国。

出入境须知

俄罗斯目前仍实行签证与住宿挂钩的政策，但若得到当地旅行社或公司的担保，游客就可豁免预订酒店的手续，而担保书的费用一般只需 10 美元。若是乘火车过境作两三天短暂停留，使馆有时会网开一面，在游客未预订酒店的情况下发出过境签证。

旅游签证所需资料

旅游签证所需资料包括：

1. 因私护照原件（签证日期截止后还有 6 个月的有效期，护照内有两张相连的空白页）；

2. 邀请函、订房单；

3. 签证申请表（如实填写，附照片）；

4. 二寸彩照两张。

出入关规定

出入境的手续相当简便，唯一要注意的是申报外币。若携带大量现金入境，除了在报关申请表上书写清楚外，还须由关员盖印证实。未有申报外币数目的游客出境时只可以带出 500 美元，其余数目必须向银行购买一张交易证明，并缴付金额的 3%。中方海关允许每位出境客人携带人民币 6000 元，美元 5000 元。客人随身携带的摄像机及高档相机需进行申报。在俄罗斯海关出入境时，各种货币种类及数量需严格、如实填写申报表。客人在双方海关应严格遵守海关规定，禁止携带违禁物品。此外，游客携带出境的纪念品，不论价值高低，若是数量太多，就可能要付税。鱼子酱属俄罗斯国宝，每人只准带出300克。

注意事项

游客应自行准备常用药物，以解决旅途中发生的身体不适状况。购买贵重物品时一定要索取收据或证明，以便海关检查时出具，特别是用美元购买的外国商品。遵守俄罗斯法律，尊重俄罗斯的风俗习惯。不要在公共场所吸烟。贵重物品一定要妥善保管。观看芭蕾、马戏、民族舞蹈等表演时，要求着装正规。着运动装者禁止进入赌场。

实用电话

电话区号

莫斯科：095

圣彼得堡：812

应急电话

火警：01

匪警：02

急救：03

天然气警报：04

国际医疗中心：095-9563366

机场电话

民航中央问事处：155-0922

中国国际航空公司驻莫斯科办事处：2925540，2923384

交通概况

俄罗斯是一个幅员辽阔的国家，它位于欧洲东部和亚洲北部，境内的各种交通设施非常发达和齐全，长达9288千米的西伯利亚铁路横穿整个俄罗斯的东西部。去俄罗斯旅游，无论是坐飞机、火车，抑或轮船都非常方便。在俄罗斯境内穿行，没必要担心交通的不便。

火车

俄罗斯的交通以铁路为主导，它是最重要的客运形式。从西欧乘火车到莫斯科的游客将抵达白俄罗斯火车站；从赫尔辛基到圣彼得堡的火车，则停在列宁广场地铁站的芬兰火车站；而那些从伦敦和柏林来的火车，则停在波罗的海地铁站的华沙火车站。

汽车

俄罗斯的公路在交通运输中也占有重要地位，以莫斯科为中心，共有 14 条公路干线，通向东西南北。近年来，俄罗斯的公路运输发展比较快，但同西方国家相比较，道路质量比较差，实载率低，而且分布不平衡，大多分布在欧洲部分，在西伯利亚和远东地区，公路里程相对较少。

飞机

俄罗斯航空运输以客运为主，与 80 多个国家有航线相通，全球有 30 多条国际航线通往莫斯科的谢列门捷耶沃 2 号机场。从俄罗斯城区到机场驾车要半个小时，从机场去市中心最好的方式是乘出租车，通常要付 40~50 美元。一个便宜得多但也慢得多、复杂得多的选择，则是乘坐公共汽车。

轮船

俄罗斯欧洲部分的许多河流在春季和秋季都可以通航，它有好几个港口承接国际客运航线。波罗的海岸边的圣彼得堡与伦敦、赫尔辛基、哥德堡、斯德哥尔摩和奥斯陆之间有客运航班，日本海岸的纳霍德卡与横滨、香港、新加坡和悉尼之间有客运航班。

俄罗斯住宿

俄罗斯有众多的宾馆，价格从几十美元到上百美元不等。然而作为外国公民去俄罗斯旅行，必须要得到俄罗斯宾馆的住宿地证明（落地签），而可以开出这样证明的宾馆并不多。所以在旺季，酒店常常拥挤不堪，不提早订房便会给你的行程带来巨大的麻烦。另一点值得注意的是，俄罗斯宾馆的设施条件与国内宾馆还是有一定差距的，比国内的可能要差一个星级，所以在入住前要做好思想准备，当然俄罗斯的五星级酒店的条件还是很好的，只是价格偏高。

此外，还有许多信誉良好的老式招待所，这类招待所一般规模不大，价格便宜。如果你打算在俄罗斯某地待一段时间，建议租当地人出租的房屋，不仅价钱不贵，还便于和当地人交流，更好地体验当地风俗。租房可以委托当地旅行机构代办。

宾馆内一般不供应开水。如果要带电器或充电器，要注意，俄罗斯宾馆内都是圆孔插座，与中国的扁形插头不匹配。

现在，莫斯科各大宾馆共拥有客房 3157 间，这对于莫斯科这个国际性大都市来说，显然是不够的，在欧洲主要城市中，莫斯科的宾馆客房拥有量是最低的。因而，现在莫斯科各大宾馆之间感觉不到有什么竞争，开房率一般都在50%以上，随着俄罗斯经济的复苏、社会秩序的稳定，来俄罗斯做生意、旅游的外国人越来越多。

俄罗斯风俗与习惯

俄罗斯是一个多民族国家，俄罗斯人占总人口的大多数。其风俗习惯，有继承其古老传统的一面，也有受现代西方礼仪影响的一面。

面包和盐

铺着绣花白色面巾的托盘上放上大圆面包，面包上放一小纸包盐，捧出"面包和盐"来迎接客人，是向客人表示最高的敬意和最热烈的欢迎。

亲吻

在比较隆重的场合，男人弯腰吻妇女的左手背，以示尊重。长辈吻晚辈的面颊3次，通常从左到右，再到左，以表疼爱。晚辈对长辈表示尊重时，一般吻两次。妇女之间好友相遇时拥抱亲吻，而男人间则只互相拥抱。亲兄弟姐妹久别重逢或分别时，会拥抱亲吻。而在宴会上喝了交杯酒后，男方须亲女方嘴。

称呼

俄罗斯的姓名包括三个部分，依次为名、父称、姓。女人结婚后一般随男人姓，有的保留原姓。在俄罗斯人当中，不同的场合、不同对象有不同的称呼。在正式公文中要写全称，非正式文件中一般名字和父称写缩写。表示有礼貌和亲近关系时，用名和父称。平时长辈对晚辈或同辈朋友之间只称名字。在隆重的场合或进行严肃谈话时，用大名。平时一般用小名。表示亲近时用爱称。对已婚妇女必须用大名和父名，以示尊重。工作关系中可称呼姓和职务，再加上"同志"的称谓。

做客

应邀做客时，进屋先脱衣帽，向主人及其他人问好。在主人家里，先向女主人鞠躬问好，然后坐在主人让给的位置上。

吃西餐

吃西餐时左手持叉，右手持刀，面包用手拿，一般只有在饮酒时才把刀放下。举杯饮酒要用右手。嚼东西时要把嘴闭上，不能嚼出声来。在宴会上男士须"绅士"一些，照顾身旁的妇女。

忌讳

俄罗斯特别忌讳"13"这个数字，认为它是凶险和死亡的象征。相反，认为

"7"意味着幸福和成功。俄罗斯人不喜欢黑猫，认为它不会带来好运气。俄罗斯人认为镜子是神圣的物品，打碎镜子意味着灵魂的毁灭。但是如果打碎杯、碟、盘则意味着富贵和幸福，因此在喜筵、寿筵和其他隆重的场合，他们还特意打碎一些碟盘表示庆贺。

元旦节

自1700年彼得大帝下令，将1月1日定为新年以来，俄罗斯人一直隆重地庆祝新年。到现在，元旦依然是盛大的家庭性的节日，并明显保留有古老传统的印记，庆祝活动一直要持续到1月6日的主显节，以寻找到春天的太阳告终。新年之前，每家都用枞树装饰房间。可以说，新年枞树是俄罗斯新年的象征。不论是成年人还是孩子，用彩带、饰物装饰枞树都是一件十分愉快的事情。人们会聚集在一株枞树周围，相互拥抱亲吻之后互相问候"新年好"，然后便纵情地吃喝。

洗礼节

俄罗斯东正教节日洗礼节在公历1月19日。这一天往往举行基督教的入教仪式，新生儿则在命名日受洗。在洗礼节那天人们除去教堂祈祷外，还要到河里破冰取"圣水"。1月18日晚是占卜日，女孩子在这一天晚上要占卜自己的终身大事。

谢肉节

在每年2月末3月初的时候，是俄罗斯的谢肉节，这是俄罗斯一个古老的节日。谢肉节一般持续一周，每一天都有一个名字。星期一称作"迎接"；星期二称作"游戏"；星期三称作"美食者"；星期四称作"狂欢"；星期五和星期六是出门做客、探亲访友的日子；星期日称作"告别"，在这一天，人们与谢肉节告别，与冬天告别。

妇女节

3月8日的前几天，人们就开始精心准备礼物，男人们往往一人要备几份礼物和几份鲜花，分送给女朋友、单位里的女同事、家庭中的女成员。男孩子们则为祖母、妈妈、姐妹、女教师献上礼物。妇女节这一天，女士们会收到许多鲜花，会听到许多悦耳的祝词。

圣灵降临节

在耶稣复活节之后第50天，是东正教重要的宗教节日——圣灵降临节。教徒用白桦树枝装饰院落、门廊，用野草装饰房间。人们习惯在清早去公墓，用鲜花和白桦树枝装点逝者的坟墓，以追忆逝者。人们会在田野、森林、山坡举行庆祝活动，唱起歌，跳起舞，吃鸡蛋馅饼。

劳动节

5月1日是劳动节。以往是以官方的游行示威活动来庆祝，苏联解体之后这个节日差点被废除，但最终还是作为纪念日被保留了下来。

"二战"纪念日

俄罗斯人在每一年的5月9日，当树木初披绿装、丁香花含苞欲放的时节来到公墓，来到纪念碑前，向在"二战"中牺牲的战士们敬献鲜花，以示哀悼和怀念。历经战火硝烟却幸运地活下来的老战士们身穿当年的军服，胸前挂满勋章，来到公墓，走上街头、广场，与昔日的战友叙旧、拥抱，一遍遍回忆往日的枪林弹雨，重温战争年代的生死友谊。晚上7点，全国默哀一分钟，已成传统。

莫斯科

莫斯科是俄罗斯的首都，也是俄罗斯的政治、经济、科学、文化及交通中心，素有"白石城""花布城市"之称。它位于东欧平原中部，跨莫斯科河两岸，人口约850万，至今已有800多年的历史。13世纪初成为莫斯科公国的都城，15~18世纪初为俄国首都。莫斯科身居内陆，却拥有"五海港口"之誉，其运河沟通白海、波罗的海、黑海、亚速海和里海。

莫斯科是一座古老的历史名城，整个布局以严整的克里姆林宫和红场为中心，向四周辐射伸展。全市有5条环形道及2500多条大小街道，公共交通之便堪称世界第一。市内多处屹立着用青铜或大理石雕成的塑像和纪念碑。特维尔大街最为繁华，猎人街两侧有许多19世纪末至20世纪初的建筑物。花园环行路以内为中心区，集中了政府机关、名胜古迹、博物馆、剧场、大商店等。另外，莫斯科还是世界上绿化最好的城市之一，城内处处绿荫花香，城郊有银松林、希姆基、奥斯坦丁诺等翠林簇拥，清幽宜人。这座城市在800多年的历史中，经过了无数次的战争、异族入侵、流行病和叛乱等灾难，但每次它都能从废墟中站起来，自行重建，并且比以前更美丽，更有力量。

红场

红场位于莫斯科市中心，它是莫斯科最古老的广场，与克里姆林宫毗邻。其知名度可以与北京天安门广场媲美。它的地面非常独特，由巨大的青砖铺成，整齐地向远处伸展着，显得古老而神圣。它经历了无数次的风风雨雨，也见证了俄罗斯的发展历程。因而，红场在人们心目中总有一种神秘感。

虽说现实中的红场并没有在电影、电视上看到的那么大，也远不如北京天安门广场开阔，但是由于游人众多，颇有气吞山河、八面来风的气势。广场的一侧是著名的古姆百货，这里有来自世界各国的商品。另外一面就是克里姆林宫，在这一侧的中部有一个像积木垒在一起的阅兵台，当年的苏联领导人就是在这里检阅苏联红军的。可以想象得出，当时的情形应该是非常壮观的。

克里姆林宫

克里姆林宫是莫斯科的历史中心，由许多教堂、宫殿、塔楼等组成。这是一个世界闻名的宏伟建筑群，享有"世界第八奇景"的美誉。12 世纪上半叶，多尔戈鲁基大公在波罗维茨低丘上修筑了一个木结构的城堡，克里姆林宫就是从这个城堡逐步发展起来的。

克里姆林宫

克里姆林宫是一座包括教堂、皇宫、钟楼及办公大楼在内的建筑群，色彩缤纷而又和谐。它的宫墙全长 2235 米，高 5~19 米不等，厚 3.5~6.5 米，共 4 座城门和 19 个尖耸的楼塔。克里姆林宫的西面，是亚历山大花园和无名烈士墓，新婚伴侣都要来这里献花。现在又修建了马涅什地下商场和广场，与花园浑然一体。喷泉、雕塑随处可见。庄严肃穆的无名烈士墓修建于 1967 年胜利节前，是为了纪念"二战"中牺牲的人们而建。墓碑上的长明火，自点燃起一直燃烧到今天。

瓦西里·勃拉仁内大教堂

瓦西里·勃拉仁内大教堂位于克里姆林宫前面红场之南，又称"沟边"鲍克罗夫大教堂。它是伊凡大帝为了纪念 1552 年战胜喀山鞑靼军队而下令修建的。无论谁看到这座教堂，都会被它独特的建筑风格所吸引。这座教堂中间是一个带有大尖顶的教堂冠，8 个带有不同色彩和花纹的小圆顶错落有致地分布在它的周围，再配上 9 个金色洋葱头状的教堂顶，绝妙无比。伊凡大帝为了让别处不再出现这样美丽的教堂，下令弄瞎了建筑师的双眼。

整个教堂的结构极具俄罗斯建筑特色，9 座教堂巧妙地结合在一起，中间高隆起的一座略大，周围 8 座略小，且层次分明，错落有致，如众星拱月，团团围住中央的教堂，构成一个精美的整体。教堂整体为砖和白石结构，9 座教堂的地基均相连，且有通道，曲折迂回。从其结构看来，似乎是为了抵御敌人入侵克里姆林宫时，作为外围建筑的通道。最有趣的是每座教堂的圆顶形式各不相同，有肋骨形、螺旋形和菱形；颜色也多种多样，有红、黄、绿多种颜色，晨光下，五光十色，各放异彩。

圣母升天大教堂

圣母升天大教堂富丽堂皇，巍峨壮观，是俄罗斯最重要的教堂。它是以弗拉基米尔的圣母升天大教堂为样本，并在意大利建筑师阿里斯托特·费奥洛万提的领导下建造完成的。这座俄罗斯现存最古老的教堂，坐落在克里姆林宫中心的教堂广场。它是 12 世纪俄罗斯建筑中伟大的创造之一。

此教堂以 12 世纪本地流行的"无色人工宝石建筑结构"而闻名。在 12~15 世纪期间，所有沙皇都在此进行加冕。13 世纪时，教堂因鞑靼军队入侵而遭到严重破坏。后来教堂经过修复，现仍保存了 12 世纪、15 世纪、18 世纪留下的彩色壁画，其中又以 15 世纪画作的收藏最为丰富。圣画家安德列·鲁布洛夫的名作《圣母圣像》，也被移到此处珍藏。

整个大教堂都是用切削整齐的白石建成，堆砌严密，最初为 6 柱 3 中殿单圆顶建筑。当时的弗拉基米尔大公伏谢沃洛德三世，在其兄长安德烈建的圣母大教堂四周建起了 2 层封闭式回廊，并在上面竖起 4 个圆顶，与中央圆顶组成了镀金 5 圆顶。尽管它历经 800 余年的风霜雨雪和战火硝烟，但建筑的完美、古老的历史价值使其依然光彩熠熠。

圣母升天大教堂

列宁墓

列宁墓是红场上最重要的建筑，它位于红场的西侧正中，初建时为木结构，1930 年改用红色花岗岩和黑色大理石建造。陵墓一半埋在地下，一半露出地面，墓内墙壁上饰有透明的蓝色石头。中间庄严肃穆地摆放着装有列宁遗体的水晶棺，供游人瞻仰。墓上是检阅台，两旁有观礼台。

墓内气氛肃穆，只能听到脚步声。下几步台阶就到了灯光辉煌、四壁镶嵌玻璃的地下陈列室，只见列宁遗体身穿整齐黑服、白衬衫，打着黑领带、面容逼真。据说，这里一年之中瞻仰列宁遗容的人们络绎不绝。

钟王

钟王是俄罗斯 18 世纪遗留下来的古迹，现安放在莫斯科克里姆林宫中。重 200 余吨，比北京永乐大钟还重 4 倍半。连同钟耳高 6.14 米，直径 6.6 米，钟壁厚 0.7 米。此钟号称世界第一大钟，是世界上最重的钟。钟体环饰以精致浮雕、肖像，并刻有文字。此钟是 1733～1735 年由俄罗斯著名铸钟匠师马托林父子铸造。

1737 年，莫斯科城内发生了一次大火，当时钟还放在铸造坑中，当人们扑灭大火时，曾将水泼在了炽热的钟上，结果一块重 11.5 吨的巨大铜片从钟身脱落，此后钟身埋于坑中达 99 年之久，直到 1836 年才又重新安置在石座上。现钟王陈列在伊凡大帝钟楼附近。因为太重，不能悬挂于任何钟楼之上，所以铸成以来从未敲响过。

钟王旁边是白石头建成的伊凡大帝钟楼，高达 81 米，过去是莫斯科的最高点。楼内悬挂着十几个大小古钟。敲响时，很远都能听到。

炮王

炮王是俄罗斯 16 世纪铸造的艺术文物，至今已有 400 多年历史，现保存在克里姆林宫中。此炮为 1586 年俄罗斯杰出铸炮匠师安德烈·乔霍夫所铸，炮重 40 吨，炮身长 5.34 米，口径 89 厘米，炮架上有精美的浮雕，还有沙皇费多尔的像。炮口可同时爬进 3 人，炮弹重 2 吨。由于太重太大，从未使用过。1835 年又铸造了装饰性的青铜炮座，炮座正中是一只张口怒吼的雄狮。炮座安装在炮车上，车轮有一人高。此炮原为保卫克里姆林宫而铸造，16~17 世纪时，为了保卫莫斯科河渡口，此炮被放置在中国城，后安放在克里姆林宫中 12 圣徒教堂旁边，附近还放置着几十尊缴获自拿破仑军队的大炮。

普希金广场

普希金广场坐落在莫斯科市中心，旧称苦行广场。1937 年，为纪念伟大的诗人普希金而改为现名。广场上竖立了一尊 4 米多高的普希金青铜纪念像，此像 1860 年预定建于沙皇村，拟在普希金读书的中学成立 50 周年纪念日揭幕，后改建于莫斯科，并于 1880 年 7 月 18 日为纪念像举行了揭幕仪式。广场上有小花园，园中有花岗石台阶、红色大理石喷泉、饰灯等，景色优美。

亚历山大·谢尔盖耶维奇·普希金在俄罗斯文化中占有特殊的地位，他是伟大的俄罗斯民族诗人，俄罗斯文学语言的创建者和俄罗斯近代文学的奠基者。他被誉为俄罗斯诗歌的太阳、文学之父。代表着俄罗斯的精神生活。广场上前来参观瞻仰的游人常年络绎不绝。

大剧院

大剧院坐落在离红场不远的市中心，是俄罗斯乃至世界音乐、戏剧和文化著名的中心之一，被誉为"俄罗斯歌剧和舞剧的摇篮"。大剧院创建于 1776 年，历经修复、改建，成为 19 世纪中叶俄罗斯建筑艺术的典范。剧院外观既雄伟壮丽，又朴素典雅，内部设备完善，具有极佳的音响效果。观赏大厅有 5 层，可容纳 2000 余名观众。整个大厅采用金色的艺术品和浮雕装饰，显得金碧辉煌，豪华庄重。剧场整个内部装饰完全是宫廷式的，房顶的大吊灯和无数小烛台把剧院照得闪闪发光。大剧院拥有一支著名的歌剧、交响乐管弦乐队。曾上演外国和俄国最早的歌剧，并演出一些著名剧作家的歌剧和芭蕾舞名剧。20 世纪初开始演出的俄罗斯声乐艺术和俄罗斯芭蕾舞获得了世界声誉。

胜利广场

1995 年 5 月，莫斯科人民又迎来了一个全新的游览胜地，这就是胜利广场。它是为了纪念世界反法西斯战争胜利 50 周年而修建的。广场上矗立着胜利女神纪念碑，高 141.8 米，象征卫国战争 1418 个战斗的日日夜夜。三棱形的碑身，每个棱面上用浮雕板表现了莫斯科等 12 个英雄城市周围的战斗情景。胜利广场向东，就能看见莫斯科的凯旋门，它与法国巴黎的凯旋门不相上下。

广场右侧是一组大型喷泉，左侧是常胜圣格奥尔基大教堂，广场的后面，有露天的展览，有各种火炮、坦克、飞机等实物。另一侧还有舰艇的展示，军事强国在这里初露端倪。整个胜利广场，绿树环抱，风景优雅。

新圣女修道院

新圣女修道院是瓦西里三世在 1524 年为纪念俄罗斯古城斯莫林斯克摆脱立陶宛统治而修建的。整个建筑群中的主建筑是斯莫林斯克圣母教堂。教堂有 5 个圆顶，在阳光照耀下金光灿灿，与修道院棕色的围墙和郁郁葱葱的古木辉映成趣。教堂内藏有大量 16 世纪的绘画和圣像，内容象征着 15 世纪末国家的统一。18 世纪初以前，新圣女修道院一直享受皇家庇护，也正因此它的富丽堂皇非同一般。修道院内辟有一片墓地，作为教会上层人物和贵族的葬身之地。

基督救世主大教堂

基督救世主大教堂是莫斯科最宏伟的教堂，庄严而高雅，它位于莫斯科河河畔，离克里姆林宫不远。在大教堂的对面有彼得一世的雕像，它展示了一代伟人的风采。彼得一世是俄罗斯历史上最开放、最富有改革精神的帝王，是他身体力行，开始了俄罗斯的"欧化"，他的改革对人民是巨大的痛苦，但没有彼得的强制性改革，俄罗斯就不能完成自己在世界历史上的使命，也不能在世界历史上获得自己的发言权。大概这就是在基督救世主大教堂对面修建他的雕像的原因吧！

莫斯科大学

猎人广场街直通莫斯科河，如果顺着大街走就会经过莫斯科大学。它是俄罗斯的最高学府，建于 1755 年 1 月 12 日，也是俄罗斯历史最悠久的大学，是世界公认的世界十大名校之一，也是俄罗斯规模最大、系科最全、学术水准最高的高等学府。在俄罗斯，莫斯科大学的建校日是作为国家的"学生节"来庆祝的。最早的教学楼离大街还有一段距离，楼前有一个小花园。

现在的主楼位于麻雀山上，共有 39 层，高达 240 米。主楼附近是大学生和研究生宿舍，共有 5755 个房间。1996 年，莫斯科大学有 18 个系、5 个研究所、360 个实验室、4 个天文台、3 个博物馆和 11 个科学教研站。

莫斯科地铁

在别的地方，乘地铁也许是一件最平常不过的事情。但是，在莫斯科却完全不一样，这里的地铁往往是吸引游人来莫斯科旅游的主要原因。因为，莫斯科地铁不仅仅是莫斯科市最大的地下交通系统，同时以其宏大的建筑规模和华美的地铁站风貌闻名于世。在莫斯科，人们对他们的地下铁路系统极为自豪，当然莫斯科地铁也确实有他们值得自豪的地方。在地铁里面不仅可以看到精美的拱形圆顶，还有辉煌壮丽的景致可供欣赏。整个地铁的布局与地面的布局相一致，由市中心呈放射状延伸，间以环形线路，密布于城市地下，沟通市中心和郊区绝大部分住宅区，串联莫斯科 9 个火车站中的 7 个，以及市内的 10 多个广场。

整个莫斯科地铁系统有 100 多个车站，早期建成的车站均有其独特风貌，经过建筑师和艺术家的精心设计，以不同的历史事件或人物为主题，采用五颜六色的大理石、花岗石、陶瓷和彩色玻璃镶嵌出各种浮雕和壁画装饰，辅以华丽的照明灯具，富丽堂皇的大理石地面，美不胜收，故有"地下宫殿"之美誉。如 1972 年建成的街垒站，是为纪念 1905 年俄国起义工人在此设立街垒，抵抗沙俄军队而建的。其柱墩和隧道镶以红色大理石，拱顶白色，嵌以锯齿状壁灯，地基为花岗石，整体风格深沉肃穆。

全俄展览中心

展览馆占地 300 万平方米，围墙周长 35 千米，是一个规模十分宏大的展览馆。

它集科学性、知识性、娱乐性于一体，是开眼界、长知识的好去处。一出地铁，游客首先看到的是位于展览馆后的太空纪念碑，它建于 1964 年，是为纪念苏联宇航员首次完成人类走出地球、迈向宇宙的壮举而建。碑的造型为一支冲天而去的火箭，由金属材料制成，高 107 米。

展览馆的正门高大宏伟，顶端是男女社员簇拥着象征丰收的麦垛的塑像，展览馆内有工业、宇航等近百个分展览馆，各展览馆建筑风格各异。展览馆有展品十万余件，其中有人类历史第一颗人造卫星、第一个宇航员穿的宇航服等。全俄展览中心内的民族友谊喷泉十分著名，这不仅仅是因为它的规模十分宏大，更重要的是因为它的设计新颖别致、匠心独具。它的中间矗立着一个金灿灿的大麦穗，周围是 15 具在阳光下熠熠发光的镀金各民族少女铜像，每名少女代表苏联时代的一个加盟共和国。

托尔斯泰庄园博物馆

托尔斯泰庄园博物馆是世界上大型的博物馆之一，位于俄罗斯联邦图拉州的雅斯纳亚·波良纳镇，距莫斯科 195 千米。1828 年 8 月 28 日，伟大的作家列夫·托尔斯泰就诞生在这里。庄园里松柏挺拔秀丽，白桦亭亭玉立，呈现出一片青翠欲滴的绿色世界。庄园占地 338 万平方米，园中的房子小而别致，掩映在林木中。1910 年 11 月 7 日，列夫·托尔斯泰病逝，遗体被安葬在庄园内离塔楼一里半的森林谷地里。遵照作家生前的嘱咐，不设墓碑，不做任何装饰，墓地周围只有簇簇鲜花、古老的橡树和菩提树环绕掩映。

奥斯坦基诺庄园

奥斯坦基诺庄园位于奥斯坦基诺村，是谢列梅捷沃的庄园。它建于 1791～1798 年，1918 年改为宫殿博物馆。最初为农奴建筑师建造。建筑群中心是一幢全木结构的 3 层楼房，具有典型的俄罗斯风格。正中是剧场，有舞台、观众厅、休息厅、化妆室，是俄罗斯现存的唯一 18 世纪的剧场。左侧有意大利厅、埃及厅，内有大量的艺术品和 18 世纪的华丽家具。为了取得良好的音乐效果，这座楼房全部是木质结构。但它的外面用彩色灰泥和人造大理石作饰面，所以，除了木地板外，你反而看不到木头。宫殿外面是一个大公园，从路边看，已令你流连忘返。庄园的后面就是莫斯科最大的植物园。而前面有个红色的特罗伊茨教堂。

特列季亚科夫画廊

国立特列季亚科夫画廊是俄罗斯唯一的一家私人艺术博物馆，由巴·米·特列季亚科夫和谢·米·特列季亚科夫兄弟创办，它也是全国规模最大的艺术博物馆。1874 年，这座私人博物馆向公众开放，颇受欢迎。1892 年，特列季亚科夫将其全部藏品无偿捐赠给莫斯科市政府。

1918 年，列宁签署法令将该馆收归国有，原鲁缅采夫等博物馆及许多私人的收藏品皆并入该馆。百余年间画廊几经扩建，不断充实，成为欧洲最负盛名的美术博物馆之一。馆内珍藏着 10 万件俄罗斯绘画、雕塑以及古罗马和俄罗斯圣像画等珍品。画廊设有展厅、装帧及贮藏室，展厅达 60 多个。几乎俄罗斯所有流派的精英作品，在这里都有陈列，如伊万诺夫的《基督显圣》、彼罗夫的《三套马车》、克拉姆斯科依的《无名女郎》、列宾的《伊凡雷帝和他的儿子伊万》等。

凯旋门

当游客来到库图佐夫大街时，首先映入眼帘的就是路中央的那座凯旋门。

1814 年，为庆祝战胜拿破仑和俄军将士从西欧远征归来，莫斯科人在特维尔关卡建立了一个木制凯旋门。后来，木制凯旋门腐烂了。几经周折，才于 1968 年在库图佐夫大街建成了一座和原来一模一样的。这座凯旋门高 28 米，是按照古罗马康斯坦丁凯旋门样式建造的。门顶是一尊手执月桂花环、背生双翅、驱驾 6 套马车的胜利女神像。她的右手高擎着月桂花环，面向城市入口处。其下的武士，手执利剑或月桂花环和橄榄枝，象征胜利与和平。门柱之间，4 尊身披盔甲，手执盾枪的俄军士兵像，手指上刻着"驱逐法兰西，解放莫斯科"，整个建筑造型气势宏伟。

卫国战争纪念馆

卫国战争纪念馆位于库图佐夫地铁站，建于 1995 年 5 月，是为了纪念世界反法西斯战争胜利 50 周年而修建的。卫国战争纪念馆在胜利女神纪念碑后面，整个建筑呈扇形环抱状。1995 年 5 月 9 日，世界 50 多个国家的领导人参加了卫国战争纪念馆揭幕仪式。馆内的展品有历史文件和各种实物。大厅内有 6 幅大圆立体画面，描绘了莫斯科保卫战、列宁格勒反围困战、斯大林格勒战役、攻克柏林等著名战役的场景。荣誉厅的墙上，刻满了英雄的名字。纪念礼品中还有中国人民解放军和张万年上将赠送的礼品。

圣彼得堡

圣彼得堡旧称彼得堡，曾名列宁格勒，是俄罗斯的第二大城市，坐落在波罗的海芬兰湾东岸、涅瓦河河口，有 540 多万人口。

整个城市由 42 个岛屿组成，由 300 多座桥梁连接起来。其中的 21 座桥梁在凌晨 2：00~5：00 打开，让轮船通过，甚是壮观美丽。每到夏季夜晚，河边总是聚集着许多旅游者来观看吊桥开启的情景。由于其河渠纵横，岛屿错落，风光旖旎，因而圣彼得堡又有"北方威尼斯"之称。

圣彼得堡是一座景色秀丽的文化名城，东正教式的优美人文景观在这里比比皆是。无论是闻名的艾尔米塔什博物馆，独具大国恢宏气度的彼得宫，还是街角的画家，都透露出一种孕育于俄罗斯草原之上，异于西方国家的精致而独一无二的气息。

因为圣彼得堡位于北纬 60°，仲夏时节，日照近 20 个小时，落日余晖久久映照天际，即使到了黑夜，也只有短暂的黄昏，接着又出现晨曦朝霞，刚落下的红日又冉冉升起，这就是持续一个月的奇异、瑰丽的白夜。每年的 6~7 月间，常吸引着世界各地，特别是许多欧洲国家的游客专门前来欣赏白夜的美景和参加音乐节的活动。

冬宫

冬宫是昔日沙皇的皇宫，现为国立艾尔米塔什博物馆的一部分。它由意大利著名建筑师拉斯特雷利设计，是 18 世纪中叶俄国巴洛克式建筑的杰出典范。冬宫豪华、富丽、精美，单是它庞大的规模，就令人惊叹。最初，冬宫共有 1050 个房间，117 个阶梯，1886 扇门，1945 个窗户，飞檐总长近 2 千米。要想一眼纵览冬宫，必须要去远处的涅瓦河对岸眺望。然后，走到近处，随着视角的改变，冬宫不断变换面貌特点。在冬宫的绿色背景上，有着严整的两层白色圆柱、窗户雕花、爱神的头像、浮雕、屋顶雕像和花卉，格外引人注目。装饰之多，使人初看起来，觉得杂乱无章。然而，只要仔细观察，就会发现丰富多彩、层出不穷的艺术手法，包含着明确而清晰的构思。

彼得保罗要塞

在圣彼得堡游览，最适合去的地方是彼得保罗要塞，它坐落在市中心涅瓦河岸，是圣彼得堡著名的古建筑。1703年，由彼得大帝在兔子岛上奠基，后几经扩建，建成这座6棱体的古堡。古堡的墙高12米，厚2.4~4米，沿涅瓦河一面长700米。要塞中有圣彼得保罗大教堂、彼得大帝的船屋、造币厂、兵工厂、克龙维尔克炮楼、十二月革命党人纪念碑等建筑物。

由于彼得保罗要塞位于涅瓦河的分岔点上，因而具有战略价值，在这里可以有效地阻击敌人。1917年，这里的海军司令部大楼是布尔什维克向冬宫发动猛烈进攻的指挥部之一。现在，这里是大众喜爱的放松休闲之地。许多市民在阳光明媚的冬日和夏天蜂拥来到要塞前面的浅滩嬉戏。许多人禁不住美景的诱惑纷纷下水，甚至冬天也是如此。

夏宫（彼得宫）

夏宫建在夏季花园里，它是彼得堡的第一座花园，正式的名称为彼得宫。它坐落在芬兰湾的森林中，距市区29千米。夏宫是历代沙皇的郊外别墅，由彼得大帝于1710年建造，占地800万平方米。夏宫以其豪华壮丽，享有"俄罗斯的凡尔赛宫"之誉。

夏宫的主要建筑有：大宫殿、下花园、玛尔丽宫、奇珍阁、亚利山大花园和茅舍宫等。大宫殿前是被称作大瀑布的喷泉群。大瀑布分左右两边，从7层台阶上奔流下来。这里有37座金色塑像、29座浅浮雕、150个小雕像、64个喷泉及两座梯形瀑布。下面是一个半圆形的水池，中央是"掰开雄狮大嘴的参孙"的雕像，泉水从狮子口中冲天而出，水柱高达22米，为下花园中最大的喷泉。

夏宫所在的夏季花园的布局独具一格，笔直的林荫大道，修剪整齐的灌木丛，设有喷泉50多处，大理石雕像250座，还有花圃、珍禽笼、豪华的人工石雕以及许多其他"奇想怪作"，把花园装饰得美妙无比。

圣彼得保罗大教堂

这是一座早期俄罗斯巴洛克式大教堂。教堂带有镏金尖顶，外形像一艘驶向西方的军舰，象征着彼得大帝带领着国家走出封闭、走向欧洲的愿望。在涅瓦河的任何一个地方，都可以见到金灿灿的尖顶在碧空闪耀着炫目的光辉。

教堂的外表庄严肃穆，内部装饰富丽堂皇，有镀铜的吊灯和有色的水晶枝形灯架，教堂内壁装饰有43幅精雕细刻的木刻雕像。大教堂的钟楼高122米，钟楼尖顶上的天使塑像高3.2米，塑像双翼伸展3.8米，塑像头上的十字架高6.4米。金光闪闪的尖顶直刺蓝天，景色十分迷人。在教堂旁有一座小亭子，里面装饰有圆柱和航海女神的塑像。它是保存彼得大帝的一只小船的船屋。

艾尔米塔什博物馆

艾尔米塔什博物馆是由冬宫、小艾尔米塔什、新艾尔米塔什和旧艾尔米塔什4幢建筑组成的。它是世界四大博物馆之一，与巴黎的卢浮宫、伦敦的大英博物馆、纽约的大都会艺术博物馆齐名。该馆最早是叶卡捷琳娜二世女皇的私人博物馆。她热心于收藏，但比欧洲其他君主们动手都晚。她命令驻欧洲各国的大使们购买私人绘画，甚至购买整座收藏馆。她将它们收藏在她的私人藏品馆里，只有很少的一部分人才被允许欣赏这些藏品。

在第二次世界大战的大包围期间，博物馆里的许多艺术品被成功地疏散保存起来。包括13世纪早期的意大利作品、法国印象派作品在内的西欧艺术品，使艾尔米塔什闻名遐迩。其他藏品也很珍贵，尤其是那些史前的、东方的和古典的古董，这些工艺品分别陈列在350多个展厅中，所有展厅各具特色，其中最引人注目的是彼得大帝展厅，这里陈列着大量彼得大帝的生前用品，其中许多是他亲手制造的。

涅瓦河

对圣彼得堡来说，涅瓦河可以说是母亲河，它是哺育圣彼得堡成长的摇篮。乘游艇游涅瓦河，实在惬意。迎着习习海风，可饱览冬宫、夏宫花园、彼得保罗要塞、斯莫尔尼教堂、圣埃撒大教堂以及著名的青铜骑士像等，它们和涅瓦河形成了浑然一体、自然和谐的景观。那横跨在涅瓦河上的8座吊桥，无论从结构还是造型上，都堪称艺术精品。夜幕下，吊桥呈现别样风采，张开坚实的臂膀迎送往来的船只。跨越涅瓦河及支流的300余座桥梁风姿迥异。其中，喷泉河上的安尼契诃夫桥的桥头有4座"驯马"雕像；格利巴耶多夫运河上的两座世界知名的银行桥和狮桥最引人注目。银行桥桥身装饰有4座带金翅狮身的雕像；另一座桥身有象征着古埃及艺术成就的4座铁铸人面狮身像，狮桥因此而得名。

青铜骑士

从艾尔米塔什沿着涅瓦河堤走就可以看到著名的雕塑：青铜骑士。它位于十二月党人广场上，塑造的是骑在烈马上的彼得大帝。雕塑建于1766~1782年，是女皇叶卡捷琳娜二世特聘法国名家法尔科内雕塑的。其头像是由法尔科内的学生玛丽·科洛特雕塑而成的，但她却从未因这项创作而得到她应得到的承认。青铜骑士雕刻完成后，被安置在一块巨石上，骏马前腿腾空，彼得大帝安坐在坐骑上，两眼炯炯有神，目视前方，充满信心，显得严厉而自豪。该马象征着俄罗斯，而马蹄践踏着蛇，象征打败了敌人。这里的敌人主要指当时阻止彼得大帝改革维新的力量。从任何方向欣赏这座塑像，都可以强烈地感受到它的艺术魅力。伟大的俄国诗人普希金曾以它为题材，写下了他最出名的叙事诗《青铜骑士》。

伊萨基耶夫斯基教堂

位于市中心的伊萨基耶夫斯基大教堂，是世界第三高的圆拱形建筑物。教堂规模宏大，高 102 米，长 112 米，宽 100 米，整个建筑可同时容纳 1.2 万人。

教堂的四面各有 16 根巨大的石柱，成双排托起雕花的山墙。每根石柱就重 120吨。大教堂外墙用灰色大理石贴面，内部装饰用了大理石、斑岩、玉石、天蓝石等材料，光装饰用的黄金就达 410 千克。教堂自 1858 年建成后，100 多年来没有重新镀金，但穹顶依然光彩夺目。游人可以登上大教堂的屋顶，登高望远，圣彼得堡市的美景尽收眼底。此外，伊萨基耶夫斯基大教堂还设有一座博物馆。

俄罗斯博物馆

在涅瓦尔大街附近的艺术广场上有几座博物馆和一座剧院，其中最引人注目的就是俄罗斯博物馆，它是一座具有古典帝国风格的建筑古迹。博物馆收藏了大量不同时期的艺术珍品，包括 2500 多幅圣像画、两万多件民间工艺品，简直就是从 9世纪到今日俄罗斯民间艺术的百科全书。博物馆还藏有 18~20 世纪俄罗斯雕塑艺术的珍品，以及丰富的俄国学院派写生画收藏品，是收藏俄国绘画、版画、雕刻、艺术设计、民间工艺等最丰富的博物馆。

圣彼得堡夏花园

圣彼得堡夏花园是圣彼得堡的第一座花园，建于 1704 年。夏花园坐落在一个独立的小岛上，四周河水环绕。夏园中的许多景致都是由设计师珍妮·贝普蒂斯特·勒布兰德规划兴建的。这是一个真正的花园，有许多稀有的植物、树种，还有一个养鸟场和一个岩洞。多年来夏园的外观也发生了变化，园中增添了威尼斯式的雕塑，还有茶馆等建筑，童话寓言作家伊万·克雷洛夫的雕像也坐落于此。尽管如此，夏园仍是圣彼得堡最安静、最漂亮的地方。

花园最初的设计方案是彼得大帝本人提出的，他想拥有一座比"法国国王凡尔赛花园还好的花园"。在彼得大帝时期，花园是沙俄上层社会社交的场所。夏天，沙皇在这里举办招待会款待外国贵宾，并在此举办大型舞会。从 19 世纪 20 年代起，花园逐渐成为公众游玩与休息的场所。普希金和其他俄国著名的作家和艺术家，都是这里的常客。

普希金村

普希金村是圣彼得堡著名的大公园，原名沙皇村，位于圣彼得堡南郊 24 千米处。普希金村内建有一座金碧辉煌的叶卡捷琳娜宫，是彼得大帝 1708 年为妻子叶卡捷琳娜一世建造的。著名建筑师拉斯特雷利加建了皇宫教堂及作为行政管理之用的厢房，顶部加盖上 5 座金碧辉煌、颇具特色的洋葱形圆屋顶，墙面上添加了装饰性的雕像，使宫殿真正成为符合皇家气派的建筑。

在宫殿内，金碧辉煌的大厅一间接一间，组成了一条"金色的走廊"。各房间根据颜色的不同被命名为"红柱厅""绿柱厅"等。

拉多加湖

拉多加湖是欧洲第一大湖，在俄罗斯圣彼得堡市和卡累利阿共和国之间。峡湾里，松树、云杉、枞树、白杨、青柳繁多，层层叠叠，苍绿青葱。瀑布与溪涧潺湲于其间，回绝尘嚣。拉多加湖与多条河流相连，东有斯维尔河与奥涅加湖相通；西南岸有涅瓦河流出，通芬兰湾；南有沃尔霍夫河，自伊尔明湖北流，注入此湖；而拉多加运河则环绕南岸，沟通白海——波罗的海及伏尔加河——波罗的海两水道。湖中常有风暴，惊涛拍岸，湖中的礁石险崖，随风暴骤隐骤现，气象万千。

斯莫尔尼宫

斯莫尔尼宫是圣彼得堡市的重要胜迹，它建于 1806~1808 年，原为贵族女子学院。"斯莫尔尼"一词来自俄语"沥青"，初建时这里属于沥青厂。斯莫尔尼宫是一座外观典雅的三层建筑。正面长 220 米，主体建筑的两翼伸出，每翼各长 40 米，组成宫中的主要庭院。20 世纪 60 年代又在正门增建 8 根壮丽的圆柱和 7 个拱形门廊，和其右侧巴洛克式建筑风格的斯莫尔尼教堂融为一体，合称斯莫尔尼建筑群。1917 年"十月革命"期间，布尔什维克党军事革命委员会设在斯莫尔尼宫，作为十月革命司令部。1917 年 11 月 7 日，列宁在斯莫尔尼会议大厅发表对俄国公民的号召书，宣布一切政权归苏维埃。1917 年 11 月中旬至 1918 年 3 月，列宁在这里办公和居住。

大学滨河街

大学滨河街是圣彼得堡市内古老而又美丽的涅瓦河沿河大街之一。由于大街的建筑始于 18 世纪，因此它的建筑风格，既有巴洛克式的，又有古典风格的。闻名遐迩的圣彼得堡大学和列宾美术学院就坐落在这条宽阔的大道上。绿荫覆盖的街道，古色古香的楼房，川流不息的汽车和朝气蓬勃的大学生，古老与现代彼此融合，拉近了历史与现代的距离。

在大学滨河街上，有很多著名的建筑物。珍品陈列馆在滨河街的建筑物中占有特殊地位，它是第一家俄国国家公共博物馆。博物馆的大楼建于 1718~1734 年，楼的中央建有一个造型美丽的多层高塔。高塔两侧是外表完全一样的 3 层楼楼房。塔楼是俄国第一座天文台，两侧是博物馆的陈列馆和图书馆。科学院大楼建于 1783~1789 年，由意大利人设计，设计风格充分体现了古典建筑艺术的特点：庄严、宏伟。

大学滨河街上历史最悠久的建筑物是彼得大帝的宠臣和开国元勋缅希科夫的府邸。1981 年后，府邸成为国立艾尔米塔什博物馆的一部分。

圣彼得堡的桥梁

圣彼得堡是一座水的城市，也是世界著名的桥城。它的河流、岛屿和桥梁数量之多，居俄罗斯之冠。因此，圣彼得堡又被称为"千桥之城"。在这里，游客可以看到外观各式各样、建筑材料各不相同的几百座桥梁，有石砌的、有木质的、有弓背的，也有像一支箭那样平直的——这些杰作成了都市风光不可缺少的一部分。

千桥之城

没有谁知道，圣彼得堡到底有多少座桥梁。据史料记载，1834 年，圣彼得堡有 117 座桥梁，1863 年为 172 座，1941 为 387 座。现在，圣彼得堡及其郊区的各种桥梁至少有 500 多座。因此，圣彼得堡又被称为"千桥之城"。在这里，桥梁既是交通设施，又是出色的雕塑艺术品，其中有 4 座桥最为著名，即红桥、蓝桥、黄桥和绿桥，统称彩桥。红桥是一座铁桥，蓝桥是市内最宽的桥，绿桥是座吊桥，黄桥已改名为佩夫切斯若桥。

雕塑精品

圣彼得堡的桥无论在结构还是造型上，都堪称艺术精品。跨越涅瓦河的 300 余座桥梁风姿迥异。比如，坐落在涅瓦河的冬宫大桥，每当夜幕降临后，大桥中央的两段桥面高高吊起，以便让远洋巨轮通过。在银行小桥上，有一个镀金猎狗，造型生动，十分可爱。在冬宫小溪上，有一座弯弯曲曲的弧形小桥，别具特色。当然，最著名的还是阿尔奇科夫大桥，这里安放着克劳德特创作的 4 组"驯马师"雕像，这 4 组雕像造型生动，具有很高的艺术价值。另一座桥身有象征着古埃及艺术成就的 4 座铁铸人面狮身像，因而被称为狮桥。

文化载体

桥在圣彼得堡的城市建设中起着非常重要的作用，每座桥都有自己的风格，有关圣彼得堡的桥梁可以写好几本书。作为一种文化载体，它已成为历代画家、诗人、作家讴歌赞美的对象。它们在圣彼得堡人的生活中起着非同一般的作用，不仅是方便出行的工具，还成为一种内心的骄傲。可以说，没有了桥，圣彼得堡就不是圣彼得堡了。圣彼得堡的桥梁，采用了世界上最先进的建筑构思。它们融入城市的总体建筑风格中，与周围的景物相辅相成，构成一幅美丽的画卷，使所有见过圣彼得堡桥梁的人感慨万千。

白夜胜景

圣彼得堡市位于北纬 60°、东经 30°，靠近北极圈，这种高纬度的地理位置，加上濒临海洋，使城市具有许多独特的魅力。夏天的"白夜"现象就是一大景观。每当夜幕降临的时候，太阳迟迟不肯落下去，直到午夜 12 点，天空仍然近似白天。在这个时候，观看涅瓦河上的大桥就成了一大胜景，尤其是每年的夏至，北半球白天最长的一天，无数的圣彼得堡人和来圣彼得堡的旅客，济济聚集在涅瓦河畔观赏这一奇观。在这充满浪漫朦胧的时刻，谁不盼望像陀思妥耶夫斯基《白夜》中的主人公一样，也在涅瓦河邂逅一位美丽的纳斯坚卡呢？

喀山

喀山是俄罗斯的古城之一，现在是俄罗斯联邦鞑靼斯坦共和国首府，它位于伏尔加河中游左岸，古比雪夫水库的西北岸。"喀山"在鞑靼语中意为"锅"，因这座城市建于洼地，形似铁锅而得名。

远望喀山，青山环抱，江水如带，绿树成荫。喀山名胜古迹甚多，既有欧洲风格的教堂，也有亚洲格调的喇嘛庙。在建筑群中，斯拉夫式的拱门、罗马式的尖顶、蒙古包形的圆穹和中国式的雕梁画栋，五光十色，异彩纷呈，极富情趣。建于 16 世纪的"克里姆林宫"，与莫斯科的克里姆林宫极为形似，只是规模略小。宫外有一座名叫"苏尤姆别卡"的 7 层红色尖塔，是以鞑靼族的喀山汗国末代王后的名字命名的。城中有 18 世纪建造的彼得罗巴夫洛夫斯基大教堂，有带有鞑靼族建筑格调的喀山博物馆，还有建在城郊的伊凡雷帝纪念碑。

在喀山的城东，是大片森林，建有许多疗养院和休养所。建于 1804 年的喀山大学，一直是俄罗斯东部的自由思想中心，共有 60 个系和一个藏书达 200 万册的图书馆。列宁、托尔斯泰都曾在喀山大学读过书。

克里姆林宫遗址群

喀山城中的克里姆林宫遗址群是一处华丽的建筑群遗址，它凝聚着好几个世纪的建筑精华。遗址群的周围环绕着高大的白色石头墙，拥有独特的环形洞穴和 13 座具有斜脊的城堡。16 世纪中叶，喀山被伊凡雷帝征服，许多城堡都成为铁蹄下的废墟。在 1556~1558 年间，克里姆林宫得以重建。俄罗斯石匠们在当时的建筑大师伊希尔埃伊和皮雅克夫列夫的指挥下，对克里姆林宫的城墙及城堡进行了一次改建，并且在原有建筑物的基础上，增加了几个新城堡。现在的喀山克里姆林宫依旧焕发着昔日的夺目光彩，令人流连忘返。

苏尤姆别卡尖塔

苏尤姆别卡尖塔位于克里姆林宫的建筑群中，是其中最引人注意的建筑物。这个红色尖塔，共计有 7 层，高 58 米，其造型颇具特色，从各个方向看都清晰可见，并且与位于克里姆林宫另一端的斯帕斯基城堡构成了和谐的统一体。

苏尤姆别卡尖塔是喀山历史的精神象征和荣誉标志。时至今日，民间还流传着许多关于这个尖塔的神奇故事。传说当年莫斯科军队侵占喀山之后，鞑靼族喀山汗国末代王后苏尤姆别卡从最高处跳了下去，尖塔便以王后的名字命名。在正式的版本中，认为尖塔始建于 17 世纪，当时是俄罗斯军队的军事瞭望塔。

喀山被攻陷时，这个城市的其他建筑奇迹随之消失，只有苏尤姆别卡未受到战争的摧残，这在鞑靼的任何一个有关苏尤姆别卡城堡起源的版本中都没有提及。然而，对于每一种假说，都会有一种或多种的猜测，不过这对于一个美丽的景点来说，已无足轻重了。

伊凡雷帝纪念碑

伊凡雷帝纪念碑位于喀山的城郊，当时之所以要建立这么一个纪念碑，主要是为了铭记 16 世纪中叶，伊凡雷帝攻下喀山之功。伊凡雷帝是俄国历史上第一位沙皇，以严酷残暴、威如雷霆著称，并因此得名"雷帝"。他 3 岁即位，17 岁正式登基，便采用古罗马"恺撒"的崇高称号，宣布自己是"沙皇"。

传说中的伊凡雷帝是当时莫斯科最优秀的演说家，他博览群书，尤其阅读了大量历史书籍，擅长写作，对俄语有很高的造诣，是当时俄罗斯第一流的语言学家和作家，虽然大多数作品已经失传，现存的作品主要是政治性的，但他遣词造句的本领和尖刻讽刺的技巧却跃然纸上。

伏尔加格勒

伏尔加格勒是俄罗斯联邦伏尔加格勒州首府，也是俄罗斯著名的城市，有"英雄城市"之称。它位于莫斯科东南 1000 千米处，坐落在伏尔加河下游平原上，是伏尔加河下游古老的城市之一，国内战争时期曾在这里开展过"察里津"保卫战。1925 年改称斯大林格勒，伏尔加格勒正是以在第二次世界大战中的斯大林格勒战役而闻名世界，斯大林格勒战役作为第二次世界大战的转折点，保证了俄罗斯和它的盟国在二战中对法西斯战争的胜利。该城于 1961 年改称伏尔加格勒。

斯大林格勒战役全景画陈列馆

斯大林格勒战役全景画陈列馆是一座高大的白色建筑物，外形奇异美观。循大厅楼梯拾级而上至顶层三楼，一幅高 16 米，长 120 米的全景画扑入眼帘。此画描绘的是斯大林格勒保卫战进入尾声的一天，全景画的主战场就是马马耶夫高地。只见斜坡下弹坑累累，枪支满地，战火熊熊，草焦石裂。苏联红军兵分两路，从高地南北迂回冲向西面的德军。两军在高地上酣战，有的据壕射击，有的握枪拼搏，硝烟弥漫，烈火腾空，被击落的德军飞机坠向河面。描画逼真的画面仿佛将人们带入了当年的战场。

马马耶夫山冈的"宁死不屈"大型群雕

第二次世界大战结束后，马马耶夫山冈上修建了"宁死不屈"大型群雕，再现了苏联军民在斯大林格勒保卫战中的英勇形象。雕像后面是铺以厚花岗岩石板的坡道，坡道的两侧是类似反坦克路障的花岗岩石群，花岗岩上刻着在城市附近发生的所有重要战斗的日期。坡道的尽头是一尊 11 米高的手持冲锋枪和手榴弹的战士雕像。在他的后面开满红色鲜花的平地附近的宽阔台阶两侧，是战争中被炸毁的两堵残垣断壁。台阶通往象征俄罗斯母亲的一座大型女性雕塑，她的手中高举着一把利剑。离群雕不远的圆形烈士纪念厅正中火炬长明，厅内陈列有在斯大林格勒大会战中立过战功的死难官兵 7200 人的名字。

伏尔加河

伏尔加河是欧洲最大的河流，它发源于特维尔州，流经俄罗斯 13 个联邦主体，最后注入里海。伏尔加河全长 3690 千米，灌溉面积达 1.36 亿公顷，占俄罗斯欧洲地区面积的 1/4。伏尔加河流域居住着 6000 万居民，是俄罗斯人口的 2/5，农业、工业、渔业产值约占全国总产值的 1/4，航运货物量是全国水运的 70%。从以上数据可以看出，伏尔加河在俄罗斯的国民经济中，在俄罗斯人民的生活中起着非常重要的作用。因而，人们亲切地将它称为"母亲河"。

索契

索契是俄罗斯境内的一个旅游胜地，从苏联时期开始，就成为国家党政领导人所喜爱的度假之地，所以，至今还可以看到苏联政治家们在这里的乡间别墅。索契处于白雪覆盖的山峦向深蓝色的大海倾斜的斜坡上，北依大高加索山脉西段。市内主要大街——温泉林荫道与大海平行，延伸 10 千米，花园、花坛遍布各街区。在里维耶拉公园中的"友谊林间空地"，种有从世界各地来访的公众领袖、宇航员等亲手栽种的树木。

索契

1909 年，当时的沙皇在这里建成了索契市第一座疗养院——高加索"里维耶拉"疗养院。然而那时的索契市仍然只是一个很小的城镇，荒芜而杂乱，到处是沼泽，常流行疟疾。在 20 世纪 30 年代初，苏联政府批准了索契疗养地总计划，在很短的时间内便建成了一批规模较大的健康保健设施。

在索契市内，建筑师们利用山丘地形、临海的位置和有大片森林的特点，把这个滨海山城建设得秀丽多姿，别具一格。房屋一层层地排列在面向海洋的山坡上，错落有致；街道像阶梯一样忽上忽下，镶嵌在山峦、绿荫之中的建筑物式样各异。

奥斯特洛夫斯基博物馆

在奥斯特洛夫斯基博物馆内，展示的是革命作家尼古拉·奥斯特洛夫斯基的生平。由于他在战争中受了伤，无法亲自执笔创作，他只得将自己的小说口述给他的妻子，然后由她来整理完成。奥斯特洛夫斯基博物馆包括三个部分，其中位于保尔·柯察金街 4 号的奥斯特洛夫斯基故居藏有他的文学集，为瞻仰他的游客提供了丰富的人文资料和历史资料。如今，每一个去索契旅游的人总爱去奥斯特洛夫斯基的故居走一走，看一看，以便了解这位双目失明的作家是怎样凭着惊人的毅力，完成《钢铁是怎样炼成的》那部世界名著的。

库罗尔特大街

库罗尔特大街是索契的主要大街，大街的起点在北部里维耶尔公园的梧桐林荫道，有几条小溪穿过这条长街。到了夜间，这里便沸腾起来。在这条大街上，云集了整个索契好玩好吃的东西，不但每一个到索契旅游的人喜欢在这条大街上闲逛，就连当地市民也常常三五成群地来到库罗尔特大街消遣。

中央植物园

在索契，人们最喜欢的公园是中央植物园，这里有 1600 多种树，其中许多是果树，使植物园看起来更像一个果园。在这里，每一棵树都代表着一个来访的外国代表团，有 40 种不同的果树被移植到这里，其中有日本的蜜柑、意大利的柠檬、美国的橙子和印度的柚子等。

马采斯塔矿泉

马采斯塔位于索契以南 12 千米处，它是这个地区主要的温泉城。在当地的索卡西亚语中，马采斯塔是"像火一样热的水"的意思。据说这里的硫磺水能使沐浴者的皮肤变得格外的红润，并有助于治疗系统紊乱、皮肤溃疡等病。马采斯塔矿泉历史悠久，用大理石砌成的浴室还是沙皇时代的产物。

堪察加半岛

堪察加半岛是俄罗斯最大的半岛，面积 37 万平方千米。它位于亚洲东北部，东濒太平洋和白令海，西临鄂霍次克海。这里火山活跃，地震频繁，温泉广布，林木茂盛，动物种类丰富。著名的克柳切夫活火山海拔 4750 米，为半岛的最高峰，也是亚欧大陆上最高的火山。半岛上地广人稀，大部分地区未开发，保持着原始自然面貌。在行政区划上堪察加半岛属俄罗斯联邦远东区堪察加州，这里生活着 30 余万居民，多以渔猎，伐木为生。

火山与喷泉惊心动魄

堪察加半岛上的奇观有很多，但最为惊心动魄的要算火山与喷泉。在堪察加半岛上，火山遍布全境，达 160 余座，其中活火山 28 座，乘坐直升飞机观火山是近些年来堪察加半岛上新兴起的一个旅游项目。

另外，堪察加半岛上的冷热矿泉也很多，仅热喷泉就有 85 处，还有罕见的间歇泉。间歇泉中以"巨人泉"最为壮观，此泉喷发时间不长，但很强烈，巨大的水柱突然腾空而起，喷高可达 10~15 米。霎时间，整个河谷便笼罩在云雾之中，可谓惊心动魄。

濒临灭绝的棕熊

棕熊是世界上分布最为广泛的，也是世界上最大的熊，堪察加棕熊最大可达 780 千克。它们栖息在堪察加半岛的密林深处，夏季到海拔较低处，冬季则多在洞中冬眠。由于堪察加半岛接近北极，气候十分寒冷，一年之中，大多是冰雪覆盖，当地居民为了维持生计，大部分时间以狩猎为主。加之堪察加棕熊皮毛质地上乘，体大且出肉量高，因此当地猎人一直把棕熊作为首选的猎物。在不知不觉中，堪察加棕熊已经很少了，可是当时并没有引起人们的注意。直到 20 世纪初，当人们已经很难再寻觅到棕熊的踪迹时，才想到棕熊早应该得到保护。

神秘的动物死亡之谷

在堪察加半岛，有许多奇异的现象。比如有一个被称为"动物的坟墓"的山谷，就令来访的游客感到惊奇不已：许多活蹦乱跳的动物只要一进入山谷后就会突然丧生。这个被称作"动物的坟墓"的地方，就在基赫皮内奇火山的山脚下，这里的山谷中堆积着各种鸟类和狐狸、熊等动物的尸体和白骨。科学家经过考察认为：这个山谷三面都是山，只有一面和外面相通，山谷中充满了有毒的气体——硫化氢。当与外界相通那端有风进入时，硫化氢的浓度较低，动物能够进入谷内；风一停，硫化氢的浓度很快增高，动物就纷纷中毒身亡了。

新西伯利亚

新西伯利亚是西伯利亚地区最大的城市和新西伯利亚州的首府。现在是俄罗斯的第三大城市，仅排在莫斯科和圣彼得堡之后。作为一座年轻的城市，新西伯利亚1893 年以前还是一片荒凉，后来，随着西伯利亚铁路的兴建，建设者们需要在这里修建一座跨鄂毕河的铁路桥。于是，出现了临时性的居民点：新尼古拉耶夫斯克。1925 年，新尼古拉耶夫斯克更名为新西伯利亚。二战期间，苏联政府为了实现战略转移，将西部的工厂和居民进行了大规模的迁移，给新西伯利亚带来了又一次移民高潮，使这里逐渐成了现代化的大都市。

新西伯利亚是一座美丽的城市，市区的街道平坦宽阔，两侧绿树成荫，楼房林立。公园、街心花园、水池和喷泉错落城中，基本上实现了全城绿化。这里有西伯利亚地区最大的图书馆，有西伯利亚铁路上最大的车站，有西伯利亚最大的芭蕾歌舞剧院，以及很多有纪念意义的历史建筑物。

新西伯利亚火车站

新西伯利亚火车站是一座纯俄式建筑，内有高廊巨柱，上方尽是古式雕塑，外看错落有致、气派大方，是新西伯利亚极具代表性的景观，也是一件难得的精美艺术品。由于新西伯利亚地处中亚中部，是连接俄东西方的重要交通枢纽，为此，新西伯利亚市政府于 1994 年决定以世界高水平的标准重新装修新西伯利亚火车站。

现在的新西伯利亚火车站已焕然一新，重展当年雄姿。该火车站的装修水平，包括所用材料、装修档次可以与世界较先进的飞机候机大厅的水平相媲美。进入新西伯利亚火车站犹如进入一座既有现代化气息，又有俄罗斯古典风格的美丽殿堂，给人一种美的享受。在新西伯利亚的火车站候车厅内，不管人多人少，总是处于秩序井然的状态，犹如进入气氛肃穆的会议大厅一样，听不到人们的高声喧哗，更没有小贩震耳的叫卖声或小孩子的吵闹声。尽管大家都在忙着买票、问讯、进出候车厅，但厅内从来都是那么井井有条、安静有序。

科学城

新西伯利亚的科学城位于该市东南郊，始建于 1957 年，占地面积 1370 公顷，是一座布局紧凑、景色优美的小城。小城中不仅有现代化的科研机构、工业企业，而且有十分完善的生活、文化设施。进入科学城，首先映入眼帘的是一眼望不到边的白桦林。为了纪念当年科学城的建设者，入城的大道称之为"建设者大道"。沿大道进入城中，看到的仍然是森林，再往前走，有一片较大的建筑群，这里就是著名的新西伯利亚大学所在地。不远处有一所蓝色的建筑，是新西伯利亚驰名的"科学城展览馆"。漫步于科学城内，让人感觉到这里宛如一座天然森林公园，保留着大森林中特有的宁静和清新。森林里散落着 10 多幢别墅式的住宅，院士、教授都住在这里。

目前，科学城的科研人员共有 3.5 万人，其中博士 1500 人，副博士 7500 人。分院设在新西伯利亚的研究机构主要有：数学研究所、理论与应用力学研究所、核物理研究所、地质学研究所、地质物理学研究所等。

国立新西伯利亚歌剧舞剧院

国立新西伯利亚歌剧舞剧院是新西伯利亚最漂亮的建筑之一，自创立以来，共上演了 260 部歌剧和芭蕾舞剧，是俄罗斯排名第三的大剧院。国立新西伯利亚歌剧舞剧院始建于 1931 年，一直在俄罗斯享有盛名。目前该剧院共有员工 450 人，演员们经常去世界各地进行巡回演出。主演的节目有芭蕾舞剧《天鹅湖》和《一千零一夜》，音乐节目有柴可夫斯基的《罗密欧与朱丽叶幻想序曲》《降 B 小调第一钢琴协奏曲》和《E 小调第五交响曲》。

新西伯利亚国立大学

新西伯利亚国立大学位于著名的新西伯利亚科学城内，是集教学和科研于一体的科技人才培养中心。新大的办学宗旨很明确，就是培养数学、信息学和计算机技术、力学、物理学、化学、生物学、地质学等领域的专门研究人员。30 年来，毕业于新大的各类专家共有 10 多万人。

新大的教学原则，就是该校的每一个学生必须参加分院各研究所的科研实践，使学生有机会参加分院举办的各种讲习班和学术会议、熟知最新科研成果，了解近期内的一些重大理论问题。

符拉迪沃斯托克

符拉迪沃斯托克是俄罗斯滨海边疆区的首府，也是俄罗斯远东太平洋沿岸最大的港口，俄西伯利亚和远东地区仅次于新西伯利亚的第二大城市。历史上这里曾是中国的领土，在中国称海参崴。100 多年前这里出产海参，"崴"是洼地的意思，所以中国人称它为海参崴。在第二次鸦片战争中，俄国与清政府签订了不平等的《中俄北京条约》，清政府割让了乌苏里江以东包括库页岛在内的约 40 万平方千米的领土，其中包括海参崴。1862 年，沙俄政府将海参崴改名符拉迪沃斯托克，俄语意为"控制东方"。

符拉迪沃斯托克是一座山城，三面环山，一面朝海，风景如画。港口是这座城市的心脏，分为军港、商港和渔港，与世界很多国家都有海运往来。

另外，符拉迪沃斯托克还是西伯利亚大铁路的终点、远东地区重要的工业中心，以修理船舶、制造渔业产品、加工机械为主。

火车站

火车站是符拉迪沃斯托克这片土地上最具俄罗斯风格的一座建筑，车站不大，但造型别致，结构紧凑，颇有韵味。历史上的海参崴火车站经过了几次改造，现在的火车站大楼是按照弗科诺瓦洛夫的方案于 1912 年建成的。它外观精美古朴，充满贵族气息。主入口采用三联拱门形式，屋内为冰刀状屋顶，有许多小帐篷顶点缀其中，很容易让人联想起 17 世纪俄罗斯建筑艺术的代表作品。车站内部布置也很别致。天花板上的棚画是这栋建筑的特色之一，棚画的主题是"我们伟大的祖国"。上面有两组绘画，一侧画的是海参崴的市容景象，另一侧是莫斯科的城市景象，这幅画表现出莫斯科与海参崴始终保持着紧密联系的喻义。

港口

符拉迪沃斯托克是俄罗斯远东太平洋沿岸最大的港口，其港口的年吞吐量达到了 180 万吨，被誉为俄罗斯东方的海上之门。港口共使用了 200 多台汽车和叉车，载重量从 1~6 吨不等。此外港口还有直通西伯利亚的铁路主干线，当地铁路部门在港口区域铺设了 16 千米的铁路线，这条铁路线把港口和内地连接了起来。现在，每天经港口运输的货物主要有：冷冻鱼、肉乳产品、水果、罐头、成包货物、木材、钢材以及国际标准的集装箱等。

金角湾

金角湾就像一个楔子嵌入半岛，形成一片美丽的海景。其深入内陆，且水深岸陡，为天然的优良港湾。金角湾港口出海口的东南方为高尔多滨那半岛，西方为史格达半岛。巴斯夫拉海峡连接着乌苏里湾和阿穆尔湾，并使俄罗斯岛与大陆隔海相望。远远望去，美丽的金角湾，就其地形、地貌看，可与香港的维多利亚湾相媲美。沿阿穆尔湾一带分布着大量海滨疗养院，全俄少儿夏令营活动中心就设在这里。每当游泳季节，金黄的海滩，迷人的俄罗斯姑娘，海面的点点白帆，远处海天一色的自然景观，宛如一幅天然的油画，令人疑是在画中游览。

十月革命广场

十月革命广场在符拉迪沃斯托克的市中心，原名列宁广场。广场的中央是纪念碑，碑面正文刻着"为了远东苏维埃政权的战士"，碑的两侧有两组群雕，反映了 1917 年十月革命作战的情景。在广场右侧即是飘着俄罗斯国旗的滨海边区执委会办公大楼，它建成于 1983 年，现为滨海边区最高行政机关所在地。在该楼的前方则是符拉迪沃斯托克最繁华的大街——斯威特兰那大街。这条街的两侧集中了全市最大、最繁华的商店，如国立百货商品粮店、妇幼商店、外汇商店、金店等。

波兰

波兰概况

波兰位于东欧中部，也因为这个得天独厚的地理位置，使波兰一度陷入战乱与动荡之中。自从在 965 年建立封建王朝，16 世纪与立陶宛合并，成为欧洲第二大国以后，波兰就开始走向衰弱。分别在 1772 年、1793 年和 1795 年三次被沙俄、普鲁士和奥地利瓜分，之后也一直被邻国侵略。直到第二次世界大战结束，坚强的波兰人站起来重新建设自己的国家，才使波兰有了如今的繁荣。

所谓乱世出英雄，正是这样一个多难的国家，造就了许多伟人，像居里夫人、哥白尼、肖邦等，他们不仅在各自的领域取得了辉煌的成就，更有着一颗炽热的爱国之心。数百年来，众多游客慕名而至，在这个有着独特东欧风情的国度里，品尝着甘醇的伏特加，欣赏着古老的文明遗迹，寻找着那份赤诚之心。

出入境须知

对中国公民来说，去波兰旅行与到其他欧洲国家一样，无须特别关注不安全因素。迄今，波兰尚未受到任何形式的恐怖袭击，也未遭受过重大自然灾害和疾病（包括禽流感），因此，来波兰旅行是安全的。

中国公民到波兰遇到的主要是签证申办难、入境检查严的问题，请提前做好思想准备。

护照与签证

除与波兰签有相互或单方面 90 天免签证协议国家的公民外，大多数非欧盟国家公民入境波兰必须持有签证。其中，持普通公务护照和因私护照的中国公民均需事先向波兰签证机关申请签证，申请须按规定经由部委或其他具有照会权的外事部门递交。使馆受理签证申请的前提是同时已递交所有所需材料。签证申请须提前 3 周递交到使馆。

出入境携带

根据波兰有关规定，来自欧盟以外第三国的年满 17 岁的旅客入境波兰时：

携带白酒数量不能超过 1 升；葡萄酒不能超过 2 升；啤酒不能超过 5 升；

香烟不能超过 200 支；细雪茄不能超过 100 支；雪茄不能超过 50 支；烟叶不能超过 250 克；

香水不能超过 50 克；花露水不能超过 250 毫升；

医疗用品不能超过个人所需。

携带个人用品入境时，需要申报，申报可采用口头或书面形式（在一定数量范围内不需缴税），主要包括：衣服、首饰、卫生用品、相机、胶卷、摄像机、随身听、收音机、打字机、电脑、望远镜、残疾人用车、体育器材等。以上个人用品金额不能超过 5000 欧元，且出境时必须携带出境；入境时海关人员如要求登记时，旅客则需出示所带物品登记证明。

携带外汇出入境时，个人携带 10000 欧元以下外币或与之等值的兹罗提无须申报；若所携带外币超过此限，需出示外汇申报单或银行出具的外汇携带证明，否则海关有权予以没收并罚款。个人在波兰银行开设外汇账户时须凭入境外汇申报单办理。

携带动物入境时，须出示本国有关部门开具的动物健康证明。

禁止携带毒品；携带武器、弹药入境须波兰领事部门证明；携带武器、弹药出境须波兰警察部门证明；禁止携带濒危动物；携带艺术品入境须符合艺术品来源国法律，携带艺术品出境须波兰文化部或相关部门许可；禁止携带石棉制品入境；禁止携带废弃物入境（如废弃电子设备等）。

交通概况

飞机

波兰位于欧洲的中部，是欧洲的交通枢纽中心，航空业也非常发达，目前共有12个机场，2005年机场旅客流量为1100万人。其中主要的机场有弗里德里克·肖邦国际机场、格但斯克机场、克拉科夫的约翰保罗二世国际机场等。此外，波兰还将在2007~2013年的欧盟预算年内投资3.5亿欧元进行机场基础设施建设，另投资5000万欧元进行机场导航系统改造。同时，波兰国内的班机也十分发达，各大城市间有数班往返，但夏季除外，周日大部分航线都不能飞航，旅客安排行程时要特别注意，并应事先确定，以免进退不得。

火车

波兰境内的交通以火车为主，铁路局简称为PKP，价格便宜而又班次密集，是值得搭乘的交通工具。波兰的火车分为特快车、直达车与普通车，特快车需先订票，而普通车则不需要，但仅适合短途旅程。另外有一种Polrail Pass的车票，这是一种在一定时间内，可到任何地方的车票。

长途汽车

对短距离旅程来说，国营长途汽车比较便宜而且比较快。和火车一样，长途汽车也有直达车（红色）和慢车（黑色）的差别。购票通常都去长途汽车站，但是这里通常人都会很多；而有些地方的长途汽车则是规定要向司机购票。在一些小镇，有个像倒过来黄色宾士车标志的地方，就是长途汽车站，那是波兰国营交通（PKS）的标志。不过，游客挥手的话，长途汽车通常也会停。

市内交通

在波兰，公共汽车对于市区短程的交通，更是便捷快速。无论市区公共汽车到任何地方仅需3兹罗提，直达车10兹罗提。另外市营的电车只要3兹罗提，不但非常便宜，购票也十分方便，只要在写有Truchl的报摊都可购得。如果搭出租车，游客只要到招呼站或利用电话叫车就可以了。因为通货膨胀太快，波兰的出租车已不跳表而是议价，假日或夜间搭车要多付一半车费，离开市区要付来回车费。

住宿提示

在波兰旅行，住宿非常方便，这里不仅有星级宾馆，还有很便宜的旅馆和出租房。在波兰各地车站或旅行社前，都有许多民宅改的房间出租。住宿环境比较安全、干净，只是离市中心远一点。PTSM 是波兰全国青年旅舍。每晚 9~25 兹罗提。在克拉科每年 7~8 月大学宿舍会改成廉价团体房出租。华沙有个名为 Dom Turysty 的连锁旅馆，提供团体房、单人或双人房。平均旅馆每晚价格在 30~50 兹罗提之间。另外小木屋也是一个不错的选择，屋里一个床位租金才 5 美金。1 月算是波兰的旅游淡季，游客不难找到便宜而又物超所值的住宿。

风俗与生活习惯

复活节

波兰在公元 966 年成为天主教国家，它的宗教文化和传统非常丰富，特别是它的复活节的风俗习惯极具特色。波兰复活节的庆祝活动主要有被波兰人称作 SMIGUS 和 DYNGUS 的两种。SMIGUS，即在复活节星期一那天，人们纷纷走上街头，用绿色树枝敲击、鞭打或仅仅是触碰来往的人群，或者向他们洒水。人们以这些方式祝福他人健康、美丽并充满活力。DYNGUS 包括复活节季节的游行、乞求礼物（通常是彩蛋和其他各种各样的复活节食物），有的地方也加上互相泼溅水的游戏。现在，这两种风俗习惯逐渐融合成为一种叫 SMIGUS-DYNGUS 的庆祝活动，同时它也在发生变化，到今天，它主要形成一系列泼水的游戏。在 SMIGUS-DYNGUS 上，城市的、乡村的男青年都要向自己认为最漂亮可爱的姑娘泼水。所以，被水泼得最湿的姑娘也就最荣耀了。

圣诞节

圣诞节时，波兰也有着自己传统的风俗习惯。在节日的晚间吃饭时，波兰人通常要提前在桌布下边放一些草，以示耶稣的降生。晚饭虽然非常丰富，但人们不能吃肉。夜间 12 时后，全家都去教堂礼拜。圣诞节期间，一般不到别人家中做客，但主人盛情邀请者除外。

婚葬习俗

波兰人对婚礼非常重视，选择婚礼的日期一般要避开雨天。民间传说，如果婚礼当天下雨，将预示着"婚姻不美满"，婚后生活将"布满乌云"。波兰人的婚礼分为宗教婚礼和非宗教婚礼。不论何种婚礼都很隆重。婚礼上新郎新娘通常要互换戒指，婚宴多由女方操办，男方则提供宴会用酒。在婚宴场所，双方父母要献给新人面包和盐，祝愿他们未来生活富裕，万事如意。

在波兰，人死后不实行火葬而进行土葬。波兰人很注重墓地的修整，每块墓地都竖一个墓碑，碑上镶有死者的照片并刻有生死年月日。并于每年 11 月 1 日亡灵节进行祭扫。

生活习惯

波兰人的穿着打扮极有自己的特点。除正式场合要穿西服、套裙之外，波兰人日常着装的最大特点，就是崇尚个性，讲究与众不同。在与外人打交道时，波兰人对称呼极其重视。他们的习惯是要尽可能地采用郑重其事一些的称呼。对于男士，波兰人言必称"潘"。对于妇女，他们则非要称之为"帕那"或"帕妮"不可。按照波兰人的习惯，自己在交际场合被介绍给他人之后，必须要主动同对方握手为礼，同时还要报上自己的姓名，不然即为失礼。与波兰人握手是有讲究的。与妇女握手要轻一些，与男子握手时可略重些。禁忌一脚在门内一脚在门外与人握手。此外，波兰人对妇女有吻手的习惯，见面时在妇女伸出的手背上轻轻吻一下，表示尊敬，这与欧洲一些国家不同。在行礼时，男士宜双手捧起女士的手在其指尖或手背上象征性轻吻一下，假如吻出声响或吻到手腕之上，都是不合规范的。在波兰，亲人和朋友别后重逢时常拥抱，除爱人接吻之外一般人之间在拥抱时只亲脸，即在左右脸颊上亲几下，长者对幼者则亲额头。

波兰人在人际交往中非常喜欢请客吃饭。波兰人的饮食习惯与其他东欧国家大致相似。具体而言，波兰人平时以吃面食为主。他们爱吃烤、煮、烩的菜肴，口味较淡。在饮料方面，他们还爱喝咖啡和红茶。在饮用红茶之时，波兰人大都爱加入一片柠檬，并且不喜欢茶水过浓。在饮食禁忌方面，波兰人主要不吃酸黄瓜和清蒸的菜肴。

主人在宴请客人时也有不少的讲究。一是忌讳就餐者是单数。他们认定此乃不吉之兆。二是在吃整只的鸡、鸭、鹅时，波兰人通常讲究要由在座的最为年轻的女主人亲手操刀将其分割开来，然后逐一分到每位客人的食盘之中。三是不论饭菜是否合自己的口味，客人都要争取多吃一点，并要对主人的款待表示谢意。四是口中含着食物讲话，在波兰人看来，是很粗鲁的。

此外，在波兰打手势也颇有讲究。如果波兰商业伙伴举起右手握拳，是表示善意，说明谈判是成功的，签订的合同算数。如果波兰人用右手食指和拇指弹一下脖子，那是要请对方喝一盅。在波兰人面前切勿用手指头点太阳穴来表示自己头痛或正在思考什么事，尤其不能用食指和拇指弹太阳穴或额头，否则波兰人就会误以为对方把自己看成傻瓜。在波兰人家里做客时不要用手摸鼻子，如果鼻尖发痒，可用手帕或餐巾纸把鼻子捂住去痒。

华沙

位于维斯瓦河中游西岸的华沙，不仅是波兰的首都，还是目前世界城市绿化的"冠军"。

华沙距今已经有700多年的历史。自从1596年成为波兰首都后，华沙曾是欧洲的大都市。可惜在第二次世界大战中，希特勒下令把华沙从地球上抹掉，于是整个城市在很短的时间内被德国的工兵炸成了废墟。当时，华沙约有80万人丧生，85%的建筑被毁。战后，坚强的波兰人开始重新建设华沙。经过40年的辛苦努力，华沙终于以"东欧小美国"的美称展现于世。如今的华沙全市面积有446平方千米，拥有大小公园65处，依然保持着老城和新城的布局。各种历史纪念物、名胜古迹大都集中在老城区，特别是宏伟的宫殿、巨大的教堂，各式各样的箭楼、城堡等，每年吸引着大批来自世界各地的游客。而在新城区，则密集了许多现代化的高楼大厦，一幢连着一幢，各种商店、酒店比比皆是。

城堡广场

在华沙旧城区里，最热闹的是城堡广场。虽然广场并不是很大，但是周围红砖绿瓦的建筑和广场上飘着浓香的露天咖啡吸引着来自四面八方的游客。在广场南端，耸立着一根高22米的花岗石圆柱。乍看过去，这根圆柱并不起眼，很多游客都会忽略掉它，可它的来头却非同一般。它是在1644年瓦迪斯瓦夫四世为纪念其父泽格蒙特三世瓦扎迁都华沙而兴建的。于是，这根看似普通的圆柱便成为华沙最古老的纪念碑，也是华沙的象征之一。同时，在圆柱上面，还有座高2.75米的人像，他就是头戴王冠、身披战袍、手执利剑和十字架的泽格蒙特三世。在华沙，还有着一个传言，据说当国王的宝剑向上指是预示胜利和幸运，如果宝剑向下则暗示厄运和衰亡。

华沙美人鱼

这座高约2.5米的美人鱼铜像是在1934年由波兰著名女雕塑家卢德维卡·尼特斯霍娃开始设计建造的，1937年完成，1938年便竖立在维斯瓦河畔了。关于这座雕塑，其间还有段小波折。在希特勒德国侵占华沙的时候，华沙人把铜像拆卸掩埋，精心保护起来。波兰人民共和国成立以后，人们才把她重新竖立在维斯瓦河畔。如今，这座铜像已经成为游客到华沙旅行的必到之处。人身鱼尾的美人鱼右手举宝剑过顶，左手执盾牌护身，跃在汹涌的波涛上，双目凝视远方，眉目间隐约流露出一股英勇无畏的浩然正气，仿佛在述说着华沙伤感的过去，鼓励着华沙人民要坚强地面对。

华沙王宫

在城堡广场东侧的维斯瓦河畔，坐落着美轮美奂的华沙王宫。它不仅是波兰历史文化的象征，更见证了整个波兰的兴衰荣辱。

华沙王宫命运多舛，在 1939 年时，王宫遭到了德国法西斯的轰炸，最后变成一片废墟。可是，坚强的波兰人在战后以极快的速度创造了一个奇迹。他们不仅重新建设了华沙城，还将华沙大部分建筑复原，其中就包括华沙王宫。人们严格按照保存下来的原设计图纸重建王宫，十几万人参加修复工作，仅义务劳动量就达数十万工时。终于在 1984 年 9 月 1 日，王宫奇格蒙特塔的大钟停摆在 11 点 15 分的时刻，这儿隆重举行了王宫修复的竣工仪式。这不仅是华沙人的骄傲，也是整个波兰民族的骄傲。

华沙王宫

如今，当游客伫立在这五角形建筑面前时，再看不到任何战争所带来的创伤。它留下的，仅仅是在王宫画廊里，由波兰最著名的画家扬·马特伊科所描绘的关于波兰历史的油画。尽管经历了那么伤痛的过去，华沙王宫还是以最艺术的方式叙述着这里曾发生的，以及正在发生的。

老城集市广场

老城集市广场像个迟暮的老人，依然屹立在华沙的旧城区。

如今，游客只能靠想象来缅怀这里曾经的热闹繁华。走在广场上，不免有些空旷的感觉，抬头望去，在广场附近有许多装饰着壁画、石门、拱顶和游廊的房屋，分别是餐馆、礼品店、咖啡馆等。

华苏茨基广场

毕苏茨基广场在波兰的政治舞台上占据着非常重要的作用，它就像中国的天安门广场一样，不仅是波兰举行各种节庆、纪念仪式的重要场所，更是波兰国家举行重大集会及接待各国总统级人物来访的地方。

圣十字教堂

在华沙克拉科夫大街国家科学院的对面，有一座非常漂亮的对称的晚期巴洛克式的教堂，这就是华沙最有名的教堂——圣十字教堂。

如今，当游客走进教堂时，除了能看见庄严的基督像、铁制花窗格的布道坛和巴洛克式大理石洗礼盘外，还有拉杰约夫斯基的墓石。而在教堂左边第二根廊柱上，游客还能看见描述肖邦生平的雕刻装饰。原来，在这个廊柱中保存着著名钢琴家肖邦的心脏。据说肖邦曾经在这间教堂居住过，当他在法国巴黎去世后，人们按照他的遗愿，把他的心脏带回波兰，安葬在圣十字教堂的墙壁中，后因战争的关系曾一度被取出，最后便保存在教堂左边第二根廊柱中了。除了肖邦的心脏外，圣十字教堂的廊柱中还保存着诺贝尔文学奖得主雷蒙特的心脏。

瓦津基公园

瓦津基公园是波兰最美丽的公园之一，它具有典型的英国园林风格。然而，大多数到这里来的游客，都无心欣赏这里的自然风光。他们来这里的原因只有一个，那就是肖邦。原来在公园出入口的最高处，有一座巨大的肖邦雕像，高5米，重16吨，宽大的底座由浅褐色的花岗岩砌成，而肖邦的塑像则是用深褐色的装饰铜铸成。游客走近雕像细看，就能发现雕塑家精湛的技艺和诚恳的用心。两眼轻合的肖邦，眉头微皱，流露出一丝淡淡的哀愁。紧闭的双唇和面部刚劲的轮廓却显示出他内心的倔犟。第二次世界大战期间，这尊雕像曾被纳粹破坏。1958 年 5 月，肖邦雕像又重新在瓦津基公园立起。现在，每年 6～9 月，每逢星期六和星期日，肖邦协会都会在肖邦雕像下举行露天音乐会，吸引了众多音乐爱好者前来聆听。

维拉努夫宫

在华沙城南 10 千米处有一组造型别致、雕塑精美的巴洛克式建筑群。它就是有着"小凡尔赛宫"美称的维拉努夫宫。过去，维拉努夫宫是一座庄园。1677 年波兰国王扬·索别茨基三世购买了这座庄园，并请他的秘书、意大利裔波兰建筑师阿·罗齐做设计和指导，兴建一座华丽的郊外别墅，作为他的夏宫。

后来，维拉努夫宫又几经易主。到 18 世纪末时，当时夏宫的拥有者波托茨基在宫内创建了供人欣赏的欧洲绘画陈列馆、波兰人像陈列馆等，并集中财力人力搜集散失在国外的波兰艺术珍品。波托茨基以他的博学多才将维拉努夫宫打造成当时波兰第一大博物馆和图书馆。可惜，后来在 1794 年时，维拉努夫宫被沙俄军队占领，不仅宫殿部分被毁，里面的珍藏也遭到了严重的破坏。1802 年时，夏宫得到了修复，同时在王宫北侧还另修建了哥特式陈列馆，内有中国房间，收藏中国艺术品。1806～1821 年时，又在夏宫北侧花园内修建了中国式凉亭和罗马式桥梁。然而，不久之后，维拉努夫宫再次遭到侵略。第二次世界大战时，德国法西斯军队对维拉努夫宫更是大肆破坏，并将里面的珍藏掠夺一空。直到波兰解放后的 1945 年，维拉努夫宫才被设为国家博物馆分馆，重新对外开放。

涅伯鲁夫宫

去华沙旅行，如果时间充裕，不妨到距华沙市区 70 多千米的涅伯鲁夫宫逛逛。这里曾经是拉杰约夫斯基主教的贵族庄园，最早是在 17 世纪时，由荷兰建筑学家设计建造的一座巴洛克式的庄园。昔日贵族聚会的场所，如今已经成为华沙国家博物馆的分馆。馆内收藏了许多珍贵的古老印刷品和艺术珍品。其中，最为有名的艺术品是"尼俄伯希神"的古式头像。

钢琴诗人——肖邦

俄国大钢琴家卢宾斯坦说："肖邦是钢琴的灵魂，是钢琴的吟游诗人。究竟是肖邦把那样绮丽的音乐装入钢琴中？还是钢琴把那样迷人的生命给予肖邦？总之，肖邦与钢琴原是一体。"

肖邦生平

被誉为钢琴诗人的肖邦，以多变的音乐风格而闻名于世。他的音乐具有鲜明的个性，既没有传承先人门派，也没有受社会文化的直接影响，几乎完全得自天赋性格和个人境遇。因此，要聆听肖邦的钢琴，最好先了解这位钢琴大师的生平。

1810年2月22日，肖邦在充满了战乱的波兰华沙附近捷拉左瓦的渥拉地方出生，他的父亲是位具有波兰血统的法国人，母亲是一位纯粹的波兰人，在四个兄弟姐妹中，他排行老二。四岁时，肖邦便开始跟着特·最尼学习钢琴。他聪慧过人，天赋异禀，才7岁就能作曲，8岁已经在华沙公开演奏协奏曲，被当地人称为"莫扎特二世"。十二岁时，肖邦进入华沙音乐学院不久，即被老师公认为无物可教。十八九岁分别出访柏林、维也纳，声名渐起。回国后，肖邦爱上华沙音乐学院的学妹女高音康丝坦彩。生性羞涩的肖邦一直不知如何启齿，便把一腔初恋情怀，灌注于第二号钢琴协奏曲第二乐章中。1826年对于肖邦来说，是比较悲伤的一年，母亲去世，他自己的健康也开始出现问题。之后，肖邦开始终日写曲弹琴，许多练习曲、短曲，以及钢琴竞奏曲都是在这期间完成的。回到华沙后，华沙音乐学院的人们赠给肖邦一杯波兰国土，他带着它于1830年离开了祖国，只身前往维也纳，后转到巴黎，成为当时乐坛的领袖人物。1831年9月8日华沙沦陷后，悲愤的肖邦开始创作革命练习曲。1837年，肖邦在巴黎与女文学家乔治桑相恋，同年，左肺初期病象也开始显露。1847年，与乔治桑关系告终，肖邦以D大调前奏曲作为纪念。1849年，年仅34岁的肖邦病情开始恶化，于10月17日与世长辞。

空前绝世的肖邦

肖邦是近代浪漫派的抒情音乐家，也是一位神秘、爱国而最富于诗意生命的钢琴家。肖邦的音乐个性突出，在他身后也没有人能与之媲美。他把对祖国前途的忧心、对亲人和爱人的思念、对乡土最深刻的情爱以及流亡岁月的无奈与孤寂……都一一融入自己的音乐之中，使他的音乐包含了太多人世间深刻的感情：悲怆的、浪漫的、英雄的、甜蜜的、清纯的、伟大的……将这些声音汇集在一起，就是最真的肖邦。

克拉科夫

克拉科夫是波兰最大的文化、科学、工业与旅游中心。在1978年，联合国教科文组织把克拉科夫的旧城区列为世界文化遗产之一。那时，世界遗产委员会评价克拉科夫时，说道：克拉科夫历史名城，坐落于华威尔山脚之下，位于华沙东南

250 千米之处，是波兰的前首都。克拉科夫历史名城包括卡齐米日的中世纪遗址，位于克拉科夫城南，城中有许多十四世纪的遗址要塞；还包括十三世纪的克拉科夫城址，是当时欧洲最大的交易场；克拉科夫还有市政大厅、加杰劳尼大学、皇家城堡和波兰国王的安息之地——圣瓦格拉大教堂。

如今，克拉科夫已经是波兰的第三大城市。市内不仅云集着众多波兰的古迹，每年吸引 200 多万来自世界各地的游客，还是一个拥有十多万莘莘学子的高校云集之城。其中最著名的就是 1363 年建立的雅盖隆大学，它也是欧洲最古老的大学之一。

老城

克拉科夫老城以古城广场为中心，距火车站步行不过二十多分钟路程。古城广场曾是克拉科夫的市中心，以前被称为"主市场"。

如果游客初到克拉科夫，不妨将这里作为游览的起点。在广场四周有很多中世纪的古建筑和观光景点，像旁边的那座哥特式塔楼，这儿原本是市政厅，目前是历史博物馆。此外，广场上还有许多兜售鲜花的小贩，有音乐家在演奏，有画家在为人画画，有街头艺人在表演等。游客在这里，就能立即融入克拉科夫，感受到这座城市真正的魅力。

马利亚教堂

在古城广场的东面，就是波兰最漂亮的哥特式古建筑之一——马利亚教堂。这是座高 81 米的 14 世纪时期的建筑。远远看去，就能看见教堂两个高高的尖顶。那独特的韵味吸引人们不得不进入里面一探究竟。当游客真的进去之后，就会被教堂华丽的装饰深深打动，那明亮的蓝色天花板和光彩夺目的彩色玻璃窗部使教堂显得分外端庄华丽。而里面所陈列的珍贵艺术品则更让人大吃一惊，如 1477~1489 年建成的总祭坛、著名铜版艺术家斯托什雕刻的带有耶稣受难画面的十字等。

瓦维尔宫

现在，游客看到的瓦维尔宫已经被改设为波兰的国家博物馆。它是在 16~17 世纪被重新修建的宏伟建筑群，由四面侧翼建筑组成，其中在其两面侧翼的交汇处都有塔楼。进入瓦维尔宫，首先看到的是第一层的皇宫宫廷事务部、办公厅、法庭和会客厅等装饰豪华的厅堂。二楼则是国王的豪华套房和王后、宫廷侍女的房间。三楼是宽敞明亮的王室会议厅和大使厅。其中，王室会议厅最特别的就是顶层天花板上装饰有镀金的浮雕玫瑰花，使整个厅堂显得华丽而又温馨。

这里曾经是国王举行舞会的地方，在古老的编年史书中，记载了1592年的节日盛况：从星期四到星期五，大厅里整晚都是化装舞会。后来出现的是唱歌的自然女神，再就是跳舞的男伴，而其中就有国王本人。而如今，这里不仅经常上演戏剧，每个月还会举办一次盛大的古乐音乐会。相对于华丽的王室会议厅，大使厅则显得更为艺术化一些。它有着世界著名的漂亮的天花板，在木制雕刻的藻井中第一次安装了木制彩绘首领雕像。当时有194个，后来瓦维尔宫遭到破坏，现在只保存下来30个。

另外，在瓦维尔山上还有一座非常精美的瓦维尔大教堂，它是举行传统加冕的地方，也是埋、葬几个世纪来的波兰国王的地方。这里陈列着历代波兰国王克拉科夫主教的古棺。波兰许多著名历史人物的遗体也葬在这里，其中包括世界闻名的波兰诗人密茨凯维奇、斯沃瓦茨基，民族英雄科希秋什科以及毕苏茨基等人。此外，波兰第一大钟——泽格蒙特大钟就悬挂在这座教堂的钟楼上。当游客登上钟楼时，眼前便会一片开阔，整个克拉科夫的美景都将尽收眼底。

尼古拉·哥白尼

哥白尼是文艺复兴时期波兰著名的天文学家，是太阳中心说的创始人，也是近代天文学的奠基人。他经过长达30年的天文观测和研究，创立了更为科学的宇宙结构体系——日心说，并撰写了《天体运行论》一书。从而否定了在西方统治达一千多年的地心说，揭穿了宗教神学伪造的谎言，从根本上动摇了欧洲中世纪宗教神学的理论支柱。恩格斯给予了日心说高度的评价，他曾在《自然辩证法》中写道："从此自然科学便开始从神学中解放出来了。"

哥白尼于1473年2月19日出生在波兰托伦城的一个富商家庭。在他10岁那年，父母双亡，哥白尼便被后来成了埃尔梅兰城大主教的舅父接去抚养。1491年时，哥白尼去了克拉科夫大学学习古典语言，并在那里接受了人文主义的思想，同时对天文学和数学发生了浓厚的兴趣，开始用天文仪器观测天象。1494年，哥白尼顺利毕业，回到了舅舅身边。这时，已经是埃尔梅兰城大主教的舅舅为了让哥白尼继承自己的事业，而打算将他送去学教会法律。于是，在1495年，哥白尼来到文艺复兴的发源地意大利，到波伦亚大学学习教会法。然而，哥白尼的兴趣却在天文学上，他利用一切闲暇时间刻苦攻读天文学与数学著作，并坚持观测天象。后来，哥白尼又先后进入帕多瓦大学和法拉腊大学学习医学、教会法，但他仍不改初衷，坚持天文学的研究。在意大利，哥白尼结交了一批天文学家，他们经常交换对天体结构的认识。加上哥白尼自己的观测研究，他开始对盛行于欧洲已一千年之久的"地球中心说"产生了怀疑。1503 年，哥白尼成功获得了法拉腊大学教会法博士，于 1506 年返回波兰，担任他舅舅的医生和私人秘书，并在教堂担任一名教士，还数次被委派执行外交的使命。但这一切都没有降低哥白尼对天文学的狂热兴趣。他甚至在教堂围墙上的箭楼里设置了一个小小的天文台，用自制的简陋仪器，开始了长达 30 年的天体观测。正是在这里，他写下了震惊世界的巨著《天体运行论》，其中选用的 27 个观测事例，就有 25 个是他在这个箭楼上观测记录的。

哥白尼深知自己的学术观点也许会被当时由神学控制的社会当成一种邪说，也深知这个观点会给自己带来许多不利。因此，尽管在 1530 年时，他就完成了《天体运行论》比较详细的版本，但是仍不敢冒险发表，这本手抄稿只能在哥白尼信任的朋友间私下传播。直到哥白尼 69 岁时，在朋友雷迪卡斯的劝说下，他才同意将他的《天体运行论》出版。在 1543 年 5 月 24 日那天，当收到这本由出版社寄来的《天体运行论》时，哥白尼已经瘫痪在床一年多了，他只摸了摸书的封面，便欣慰地闭上了眼睛，离开了人世。

格但斯克

格但斯克位于波罗的海沿岸，维斯瓦河的入海口，原来被称为但泽，是波兰北部最大的海滨城市。它与索波特、格丁尼亚两市形成庞大的港口城市联合体——三联城。由于格但斯克得天独厚的地理位置，使得整个城市的陆路、铁路和水路的交通都十分便利，空中航线也连接着波兰各地及邻近国家。

如今，走在格但斯克古色古香的街上时，已经不见战乱留下的痕迹，只有许多精美的中世纪古建筑和琳琅满目的珠宝店。波兰盛产波罗的海琥珀，为世界琥珀储量最丰富的国家之一。而大部分加工琥珀的作坊就集中在以格但斯克为主的北方。因此，在格但斯克，游客能购买到最好的琥珀珠宝。另外，这里每年都会举行两次世界性的琥珀节，吸引着来自世界各地的珠宝商。

城门与长街

在格但斯克古城游玩，游客只能徒步。为了减少对古旧建筑的破坏，格但斯克城内一律禁止行车。幸好，格但斯克城并不大，沿着瓦维·亚盖沃大街向南 500 米是一座白色的高大城门，这也是进入主城区的第一座城门，它就是建于 1574~1576 年的高门。最初，高门是作为翼桥来防止外敌接近而修建的，门上装饰有天使和狮子的雕刻、波兰和条顿骑士团的纹章，以及格但斯克的市徽。

从高门一直走下去，两边都是一些哥特式、文艺复兴时期的建筑，非常精致有情调，仿佛把人带回了中世纪的欧洲。走一段时间，就会看见一座类似凯旋门式样的金色城门，它是在 1612~1614 年修建的，在金色城门的墙壁处还雕刻有《旧约圣经·诗篇》的一节。

进入金门以后，就是著名的长街了。街道两边几乎都是荷兰、文艺复兴式的精美建筑和雕塑，还有一排排艺术品店和珠宝店。而在过去，这里是历代国王巡视时显示王者威仪的地方。如今，这里则是旅游胜地，每年吸引着众多的游客前来观光。

马尔博尔克

1997 年，联合国教科文组织世界遗产委员会将马尔博尔克列入了《世界文化遗产名录》。马尔博尔克位于格但斯克东南 51 千米处，是有着 700 多年历史的波兰古城。早在 1276 年时，这座小城就存在了，它由前堡、中堡和高堡组成，并以城堡为中心开始慢慢发展起来。后来，条顿骑士团大公在 1309 年时，把都城从威尼斯移到这里，并将条顿骑士团城堡扩建重修，使城堡成为中世纪砖制城堡的杰出代表建筑。1466 年，马尔博尔克并入了波兰。之后的许多年里，城堡开始渐渐衰败。到 19 世纪和 20 世纪初期，早期的文物保护者运用了相当精湛的技艺和文物修复技巧，恢复了城堡的原貌。可惜没过多久爆发了第二次世界大战，城堡又遭受到严重的破坏。战争结束后，如同波兰其他大部分受损的建筑，城堡得到了再次修复，并被改设为城堡博物馆。

长广场

长广场就在长街里面，它是主城区主要的广场，格但斯克城所有重要的仪式和节庆活动都在这里举行。广场旁边的白色金屋是格但斯克最漂亮的建筑之一，这座布满雕像装饰的 17 世纪建筑曾经是富商的府邸。广场中间是一座 17 世纪修建的海神尼普顿喷泉，优雅的喷泉被低低的铁艺栅栏围在中间。作为一个重要的海滨城市，格但斯克的繁荣与发展离不开海。因而，海神也就顺理成章地成为这座城市的守护神。

圣马利亚教堂

游客在长街玩的时候，会看见北侧皮乌纳街坚挺的圣马利亚教堂。别看这座红色教堂不怎么起眼，它可是与巴黎圣母院齐名的世界第六大红砖教堂。圣马利亚教堂从 1343 年开始兴建，经过 160 年的精心建造，终于在 1502 年落成。可惜在第二次世界大战中，教堂被纳粹分子严重破坏，屋顶被炸出好几个大洞，周围的建筑也几乎成为一片废墟。战争结束后，热爱古建筑的执着的波兰人又将圣马利亚教堂按照原样重建。

走进圣马利亚教堂，不同于外面的红砖表面，教堂里面都是白色的，让人感觉很圣洁。这里陈放着 1517 年古色古香的祭坛、15 世纪的天文钟和圣母像。登上教堂高 78 米的塔尖，能将整个格但斯克城的美景尽收眼底。但是塔尖上的空间比较小，加上这 78 米的高度，难免会让人产生一种高处不胜寒的孤独感。

老起重机

在圣马利亚教堂东边，游客能看见莫特瓦瓦运河对岸的一座吊楼。它就是世界上独一无二的保存完好的木造起重机，也是格但斯克的标志性建筑之一，兼具码头起重机和城门的作用。在吊楼内部有一个非常巨大的木制转轮，转轮内部有台阶式的踏板，几十个人在里面像上楼梯一样地攀登台阶式的踏板，就会带动巨大的木轮转动，转轮通过齿轮的杠杆原理可以把 2 吨重的货物提起。

匈牙利

匈牙利概况

匈牙利是欧洲内陆国家，匈牙利依山傍水，西部是阿尔卑斯山脉，东北部是喀尔巴阡山。两座著名的山脉从西向东北连成一线，把匈牙利环抱其中，犹如一道天然屏障，为匈牙利挡住来自欧洲 3 个方向的强风侵袭。

匈牙利国家的形成起源于东方游牧民族——马扎尔游牧部落，公元 9 世纪时他们从乌拉尔山西麓和伏尔加河湾一带向西迁徙，公元 896 年在多瑙河盆地定居下来。公元 1000 年，圣·伊斯特万建立封建国家，成为匈牙利第一位国王。

5 世纪下半叶马加什国王统治时期是匈牙利历史上最辉煌的时期。1848 年爆发了科苏特领导的自由革命斗争。1867 年奥匈协定宣布成立奥匈帝国。

第一次世界大战后奥匈帝国解体。1989 年 10 月 23 日，根据宪法修正案，决定将匈牙利人民共和国改称匈牙利共和国。1999 年底通过王冠法，并成立以总统为首的王冠委员会。

多瑙河西部是层层环抱的山地，山势不高，最高的凯凯什峰海拔 1015 米，著名的中欧大湖、享有"匈牙利海"之称的巴拉顿湖就位于这里，该湖面积为 600 平方千米，周围湖光山色，每年吸引着成千上万的游人。匈牙利北部是山岭绵延，起伏不平的山地，有匈牙利著名的林区。夏季，山林里泉水淙淙，潺潺不尽地从山里流向山下，形成独特的山林美景。

出入境须知

公民入境时，首先需通过边防的护照签证检查，如果有邀请函，有时会被要求出示。其次领取随机托运行李之后，海关可随机检查。如持有达到或超过 100 万福林总额的福林或外汇，必须向海关申报。

护照与签证

中国公民持外交护照和公务护照前往匈牙利者无须签证，其他各类护照均需办理签证。持因公普通护照公派出国人员的签证由派出单位办理。在匈牙利停留超过 30 天者，须在匈牙利办理居留证。从时间上看，匈签证分短期和长期签证。在匈牙利停留总计不超过 90 天者发给短期签证；居留 90 天以上、一年以内，则发居留签证。按种类看，有过境、探访、商务、工作、盈利、学习、就医及其他签证。有关签证申请的具体程序、各类签证所需材料、注意事项等请查看匈牙利驻华使馆网站之中文主页。

自 2003 年 11 月 1 日起，匈牙利驻华使馆向中国公民发放团体旅游签证，由中国国家旅游局指定的旅行社办理签证申请。指定旅行社的名单可从中国国家旅游局的网站查找。匈牙利驻华使馆今后仍然不向中国公民发放个人旅游签证。

出入境携带

旅游必需品清单

旅游必需品或个人用品，如浴衣，少量珠宝首饰，1 部便携式录像机，便携式幻灯片、幻灯机以及其附属品，1 部手提电脑，2 部照相机，10 个胶卷或 24 张磁盘，1 部小型电影摄影机和 10 张空白录像带，1 台便携式收音机，便携式音乐器材，1 台便携式收录机，1 台便携式传真机，便携式打字机，1 架婴儿车，残疾人用轮椅，1 架帐篷和其他宿营器具，双筒望远镜，体育器械。

另外，一些限量内的物品也可免税，如 200 支香烟或 50 支雪茄或 250 克烟草；0.25 升香水和一瓶 100 毫升的香水；2 升葡萄酒和 1 升烈酒。

上述物品如超出个人消费数量，则须将之带回出发国。16 周岁以下公民携带烟草、烈酒和咖啡等物入匈牙利境时须缴关税。

非贸易货物限量清单

旅行者带入匈境货物价值不超过 28200 福林时，免纳关税。非经常性带出匈的个人用消费品限量如下：

1. 烈酒

酒精、葡萄酒、香槟、含酒精饮料各 1 升，啤酒 5 升

2. 烟草

200 支香烟或 100 支小型雪茄、50 支雪茄、250 克烟草

3. 机动车辆

1 辆/年/人

4. 任何其他物品

价值 1000 福林以内 50 件/种类，价值 5000 福林以内 20 件/种类，价值 20000 福林以内 10 件/种类，价值 40000 福林以内 5 件/种类，价值 100000 福林以内 2 件/种类，价值 100000 福林以上 1 件/种类。

食品限制

匈牙利盒装食品可带出境，但不包括奶制品、生肉和其他任何家庭制作的肉制品；动物源性食品及半成品经动物卫生检疫后才允许带出匈牙利。此规定同样适用于携带入境。

购物退税

外国人在匈牙利购物可退税（服务消费、艺术创作、购买收藏品及古玩除外），但需符合以下条件：购买日期与离境日期相隔不超过 90 天；每张发票总额超过 5 万福林；带出境时商品未被使用；退税申请日期与购买日期间隔不超过 183 天；出境时经由海关在发票及退税单上盖章证明。

交通概况

铁路

铁路是匈牙利连接境内各区的主要运输工具。匈牙利面积不大，但铁路线却密如蛛网，十分发达。第一条铁路修建于 1840 年，到今天平均每 100 平方千米就有 10 千米的线路，已跻身于欧洲交通发达国家的行列。铁路的发达使国内不论是客运还是货运都比较方便。例如从布达佩斯去巴拉顿湖游览，每天都有火车往返，仅花 4 个小时就可到湖边，游览后下午坐往返车回到布达佩斯。仅一天，就能从从容容地到湖区遛一圈，领略到了大自然的风光。从匈牙利发出的列车，通往欧洲大部分国家。它是国际客货运输的枢纽。北京到布达佩斯有联运列车，横穿西伯利亚大地，行程 8 天。

公路

匈牙利的公路发展很快，似乎有追上铁路的趋势。大部分公路实现了黑色路面化。全国城乡都有客车抵达。公路车流量最多的地方，多集中于匈牙利通往塞尔维亚、罗马尼亚、奥地利的边境地区。

航空

匈牙利的民航主要肩负国际客货运输的任务。辟有布达佩斯至华沙、柏林、巴黎、维也纳等重要航线；国外航空公司在匈牙利开辟了十几条航线，从布达佩斯起飞，飞抵世界几十个城市。国内近 10 条航线分别飞抵重要的城镇和旅游胜地。全国共有 7 个机场，分别设在塞格德、德布勒森、米什科尔茨、杰尔、松波特海伊和布达佩斯。

航海

多瑙河是匈牙利重要的水运航道，它不仅是匈牙利国内运输的黄金水道，也是一条国际运输线。多瑙河全长 2850 千米，在匈牙利境内有 410 千米。国内河流大部分汇入多瑙河，其中包括匈牙利第二大河流蒂萨河。蒂萨河与多瑙河的支流密布，贯穿匈牙利平原地区，起着城乡间货运的桥梁作用。每年 10~12 月，秋季结冰期到来，河运开始减少；春天到来后，河运才开始繁忙。布达佩斯是国际自由港，从这里乘船可到达德国、捷克、斯洛伐克、罗马尼亚、独联体与保加利亚等国家和地区。

匈牙利的大众运输系统具有国际级水准，可说是欧洲最好的运输系统之一，对自助旅行的旅客来说是再方便不过了。境内有由 BKV 经营的大众运输工具——三线的地铁系统及一线市郊电车、公车、市区电车和触轮式电车。地铁有 3 条路线——M1（黄色）、M2（红色）、M3（蓝色），三线交会在市中心的迪亚克广场，每隔 2~5 分钟就有一班，可以方便地到达布达佩斯市区任何一个地方。高峰时间电车很拥挤。所有的地图上都可以找到路线图，地铁附近的街上可看到"M"标示。发车时间为 04：30~23：30。每换一线地铁就要一张票。

匈牙利住宿

布达佩斯约有 260 家饭店，但在 6~9 月的夏季月份，客房仍然较紧张，因此需提前进行预订，特别是希望有带私人浴室的客房。布达佩斯和巴拉顿的饭店从 11 月 16 日~翌年 4 月 1 日实行淡季价。

匈牙利酒店一般不备拖鞋、牙刷、牙膏、电源转换插头，可考虑自备。高级酒店可向服务台索取电热水壶，酒店一般备有袋装茶叶；自来水可直接饮用；早餐需要加热牛奶可向服务员说明等。

可带上游泳衣裤，因为全国各地有许多著名的温泉。冬季室内温度较高，可备厚外套，少带过渡性服装。

此外，匈牙利的住宿设施还有 60 个一等的野营地及大量汽车旅馆和青年招待所。巴拉顿度假地出租的住房带有浴室和配有一台冰箱的厨房设施。如果你想了解匈牙利人，可作为付费客人住到居民家中。

匈牙利风俗

匈牙利人注重守时观念，也希望别人同他们一样守时。若第一次拜访，礼貌上宜送女主人花，所有约会必须事先安排。

匈牙利人请朋友吃饭，比较随意，但讲究用餐时的情调，一般会挑一家古香古色的老式饭店。匈牙利人喝酒很讲究，有餐前酒和餐后酒之分。下酒菜为冷菜，如香肠、肘子肉、牛肉等，每人一份。热菜通常是一份大块牛排，加一堆炸土豆条。热菜之后是汤。宴请的气氛既随意，又实惠，不讲排场。

匈牙利人穿衣比较讲究，节日期间，匈牙利人会穿着传统服装来庆祝。其传统的女装一般为：贴身无袖连衣裙配绣花短上衣，头戴包头帽或大方围巾。传统的男装为：粗布短衫衣配黑色紧身裤。出席宴会，男士一般穿西服，女士多为长裙、晚礼服，并配有各式项链。此时不修边幅被认为是缺乏教养的表现。

平时匈牙利人穿着却很随便。如果邀请匈牙利人参加宴会，须提前一个星期发出邀请信，以便于受邀的朋友有充分的时间安排。请柬的书写格式一定要正规，可在右下角注明 "PSVIP" 4 个字母，意为 "请答复"。

同时还要注意，千万别打碎玻璃器皿：去匈牙利旅游，不论是住店，还是用餐，千万别弄碎玻璃器皿，如果有人不小心，打碎了玻璃器皿，就会被人认为是要交逆运的先兆，你就成了不受欢迎的人。

最佳出行时间

6~8月的夏季季节气候十分温和，温度在27℃左右，冬季则寒冷，尤以1月最为酷寒。匈牙利属大陆性气候，夏季少雨，春、秋季雨量较多。

冬季宜穿着厚重盖头的御寒大衣，夏季则可穿着轻便的服饰。另外，春、秋雨季须随时准备雨衣或雨具。6~8月最适合作商业旅游，一天当中约定会谈时间以上午10时或11时，下午2时或3时为最佳。

布达佩斯

布达佩斯大约有211万人口，城市面积有525平方千米。多瑙河将城市一分为二，河西岸称为布达（BUDA），东岸称为佩斯（PEST）。热闹繁华的佩斯是行政、商业和文化中心，国会大厦及政府机构大都集中在这里。多瑙河在首都市区有28千米长度，河身平均宽度300~400米，平均深度在3~4米之间，最深处约为10米。布达的皇宫、渔人堡，与对面佩斯的议会大厦遥相辉映，形成了一幅布达与佩斯最美丽的画面，迷人的夜景使你难以忘怀。布达佩斯人称"东欧的巴黎"和"多瑙河上的明珠"，被联合国教科文组织列为珍贵的世界遗产之一，曾经被法国人评为世界上最安静的首都。

连接起布达与佩斯的是9座气势雄伟、风格迥异的大桥。其中最著名、最古老、最壮美的是链子桥，它也成为布达佩斯的标志性建筑。布达佩斯似乎有点怀旧的感觉，你很容易被这座城市"带回"到文艺复兴时期的欧洲，也就是恰在那个时期，她开始变成一座充满活力的，且和谐地融古罗马与奥斯曼的风格于一体。20世纪初，布达佩斯正式奠定了中东欧经济文化中心的地位。直至今日她仍是这个地区的文化纽带与核心。诗人裴多菲和大音乐家李斯特都曾在这里留下了足迹。

链子桥

链子桥建于1839年，1849年完成。是第一座也是连接布达与佩斯两城的9座大桥中最为古老壮观的桥梁；由匈牙利著名设计师亚诺士设计而成。正如塔桥是伦敦的标志一样，链子桥多少年来一直是布达佩斯的象征。桥头两端各有一对狮子雕塑，4只狮子的爪子紧紧扣住两岸，象征布达和佩斯紧密相连。"二战"期间，德军为了巩固他们在城堡山上的堡垒，将此桥梁全部炸毁。战后得以重建，并于1949年正式开始车辆通行。

布达皇宫

布达皇宫建于 13 世纪，阿鲁巴多王朝在多瑙河右岸所建，土耳其占领布达期间长期失修；18 世纪开始部分重建，19 世纪中期起，得到修复及扩建，成为新巴洛克式建筑。后来又于"二次大战"时毁坏，战后成立特别复兴委员会重建布达皇宫。它虽然是王宫，却没有围墙。中心部分现成为历史博物馆和民族画廊。博物馆

布达皇宫

里依年代顺序展示了匈牙利的历史资料；画廊里主要展示的是匈牙利民族画家和雕刻家的作品。这里曾经是匈牙利的心脏位置，至今仍保留着许多中世纪城墙遗迹。

城上山丘南侧有中世纪城墙的遗迹，由此可俯瞰多瑙河及市街全景。自此经山下的隧道沿路走到多瑙河上的链桥，桥的另一侧即是佩斯地区。

马加什教堂

参观布达城区，最不能错过的就是马加什教堂。它位于市中心，造型别具匠心，被大文豪雨果形容为"石头的交响曲"。仔细观察马加什教堂，就会发现，马加什教堂抛弃了哥特式风格建筑的对称结构，将钟楼建在教堂的一角，使整个教堂少了一分凝重，多了几分生动。它蕴涵了匈牙利民俗、新艺术风格和土耳其设计等多种色彩，特别是一旁的白色尖塔和彩色屋顶，为整个教堂增加了些许趣味和生动，教堂内部的彩绘玻璃和壁画，更是不能错过的重点。这里原先是布达圣母教会，后来成为国王加冕的地方。之后又经过多次修整，融入了巴洛克和新哥特式的建筑风格。

从 13 世纪迄今多次修整，经历改朝换代的时代变迁，使马加什教堂从最早的

天主教堂，在土耳其占领时改为伊斯兰教寺院，之后又加入了巴洛克和新哥特风味，因而成就了现在深具特色的教堂，教堂内不定时会举行音乐会或教会活动。教堂外三位一体广场上的纪念柱，是 18 世纪这里的旧城居民，为了纪念 18 世纪黑死病的消除而设立的，也是游客聚集歇息之地。

渔人堡

布达佩斯有一座具有古罗马风格、造型别致且面向多瑙河、童话似的古堡，叫作渔人堡。渔人堡建于 1905 年，早期是个鱼市。当地市民为了守护城市，将这一带交给渔夫守护，因而得名。渔人堡周围环境优美，可以从这里俯瞰布达佩斯全城风光。现在，渔人堡已成为布达佩斯著名的旅游景点，观光者络绎不绝。它同时也是当地市民悠闲散步的主要场所，特别是情侣们喜爱的约会地点。

国会大厦

布达佩斯国会大厦坐落于多瑙河之滨，是一座非常壮观的新哥特式建筑，是布达佩斯的象征。长 268 米，最宽处 118 米；中心圆形拱顶的尖端高 96 米，旁边有两个哥特式大尖顶，22 个小尖顶。整个大厦共有 691 个房间、会议室和大厅，27 个门，楼梯总长达 20 多千米，是世界建筑艺术中的珍品。它由匈牙利著名建筑师德尔伊姆雷设计，于 1885 年动工，直到 1902 年才基本完工。

大楼虽然是哥特式的建筑，但融合了匈牙利的民族风格。主要的厅室里都用匈牙利历史名人的肖像和雕塑以及表现匈牙利历史大事的巨幅壁画装饰。拱顶下是个金碧辉煌的圆顶大厅，20 多根柱子总共用了 50 千克的金箔装饰，重大的会议和庆典都在这里举行。大厦的外部装饰，包括塑像、浮雕、花纹、尖塔等，由 55 万块石头组成。由于原先资金缺乏而使用的石灰石经过长年的雨水冲刷，已渐渐溶蚀，匈牙利解放后，政府决定把 55 万块石灰石全部用坚硬的大理石替换，这一浩大的工程至今仍在进行。

国家歌剧院

在佩斯城的国家歌剧院，目前是世界五大歌剧院之一，其音响效果号称世界第二，仅次于米兰的斯卡拉歌剧院。据说剧院 1875 年开始兴建，因 1881 年维也纳歌剧院大火烧死 400 多人，设计师临时修改了原设计方案，增加了安全通道，设计了重达 16 吨的防火铁幕。剧院舞台用水压机操作、进深超过观众席，代表了工业革命的最新成果。结果歌剧院成了个超期、超预算工程。于是国王和市政府分别掏腰包补缺口，当时的奥匈帝国皇帝、匈牙利国王弗朗茨提出要求：不能建得比维也纳歌剧院更大、更漂亮。而布达佩斯市政府也有自己的条件：只能使用匈牙利建筑材料、工程技术人员和艺术家。弗朗茨国王在剧院 1884 年建成后只在首场演出时看了一会儿演出便因事被人叫走了，从此再未进过剧场，相反伊丽莎白皇后（茜茜公主）却特别喜欢来此观看演出。为了符合当时"女人不单独看戏"的陈规，剧院只得为她在三楼保留了一个不易被他人看见的包厢。

李斯特博物馆

匈牙利有许多世界闻名的音乐家，最有名的就是在布达佩斯创建音乐学院的李斯特了。他的作品中隐含着强烈的爱国精神，深入民心。为纪念李斯特而建的李斯特博物馆里，陈列着这位一代音乐宗师的生平物品。其中还有大师用 20 年心血完成的《浮士德交响曲》初稿。

英雄广场

广阔的英雄广场留下了匈牙利历史、文化、艺术与政治的足迹。广场的左边是国立美术馆，右边是全国最大的画廊。前者虽然叫作国立美术馆，但里面收藏的主要是欧洲其他国家的绘画作品。后者则以现代美术展为主。进入广场，可看到两侧有两堵对称的弧形石柱壁，每一堵石柱壁之间，各排列着 7 尊历史英雄的塑像，他们是匈牙利民族在此定居时的 7 位领袖。石柱壁上方各有两组勇士驾驭战车的塑像。广场的中央是一尊高 36 米的巨型纪念碑——千年纪念碑，柱顶站立着大天使加百列的石像，这位在《圣经》中同情人类、慰劳人类的天使，高展双翅，似乎刚刚从天而降。整个建筑群壮丽宏伟，象征着几经战争浩劫的匈牙利人民，对历史英雄的怀念和对美好前途的向往。

国家博物馆

国家博物馆貌不惊人，其实是匈牙利最大的博物馆，最值得重视的馆藏是匈牙利的传国之宝——伊斯特凡皇冠。伊斯特凡是匈牙利第一任国王，虽然史料至今无法确认伊斯特凡是否戴过这个皇冠，但可以肯定的是，伊斯特凡皇冠的历史至少可追溯至 13 世纪初，是世界上最古老的皇冠之一，因此成为匈牙利王国的象征。金碧辉煌的伊斯特凡皇冠，最大特色是冠顶上微倾的十字架。伊斯特凡皇冠背后也有一段颠沛故事，公元 1945 年时，匈牙利法西斯党徒挟带皇冠至奥地利，最后又落入美国人之手，一直到 1978 年才在盛大欢迎庆祝仪式中重返国门，结束这段国宝绑架记。包括皇冠在内的这些珍贵匈牙利宝物，都特别收藏在光线微昏的展示间中。

佩奇

位于多瑙河和德拉瓦河之间的佩奇是匈牙利最具吸引力的城市之一。这里气候宜人，历史悠久，拥有华丽的博物馆和全国最好的土耳其遗迹。佩奇还以音乐、歌剧和芭蕾而闻名。

2000 年前，罗马人在潘诺尼亚省兴建了一座重要城市，取名绍比纳，这就是今天的佩奇。1009 年，圣伊斯特万国王在这里设立了教会；1367 年，安茹王朝的拉约什一世国王在这里创建了匈牙利的第一所大学。除布达外，这里是当年文艺复兴运动的最重要中心。

佩奇是一座位于西南部的文化古城。9 世纪时，摩拉维亚人在此建了 5 座教堂，因此"五教堂"亦是佩奇的别称。由于曾长期被土耳其人所占，市内建筑富有东方色彩，其中位于赛切尼广场上的天主教堂，原是一座清真寺，建于 16 世纪，当时是全国最大的建筑物，至今教堂入口仍面对麦加，而绿色拱顶上原有镀金的新月，已被十字架取代。

教堂群和博物馆街

佩奇的 Janos Pannonins 博物馆藏品甚丰，存有从公元前 3000 年起的历代文物。另外佩奇的玻璃器皿十分有名。

佩奇大教堂：教堂广场中央有佩奇大教堂。土耳其统治时期曾一度改为清真寺，已有千年历史。大教堂长 70 米，宽 27 米，有塔楼 4 座，其中最古老的是 11 世纪所建的内殿，其文艺复兴式的红色大理石及壁画、雕塑，皆为艺术珍品。

主教堂：大教堂西侧有巴洛克式主教堂，附近曾发现地下教堂和基督墓地。

贝尔伐洛西教堂：贝尔伐洛西教堂在赛切尼广场的北边，是土耳其人遗留在匈牙利最大的伊斯兰教建筑（清真寺），内部的摆设装饰则充满基督教风味，非常特别。

博物馆街：博物馆街位于教堂广场的东边，门牌 3 号的是瓦沙雷博物馆，对面是 Zsolnay 博物馆。街上还有好几个小博物馆，让这条小街感觉相当风雅，不过常有博物馆不开放，去之前记得先查询一下。

奥库洛·亚诺什

在万莱梅尔镇离边境不远的村边，有一幢外表看起来非常普通的早期哥特式的教堂，但内部的壁画很有特色。画家叫奥库洛·亚诺什，1378 年在这里作画。看样子他是一个有责任感的画家，把自己的肖像也画在圣坛上。奥库洛的壁画深受意大利 15 世纪艺术的影响。在教堂的墙壁上有两排画，在北墙上画有 3 位国王从日出的东方去拜访孩提时的耶稣，后面跟着的是骑士拉斯洛和圣米克洛什主教。在凯旋门的左侧画的是钉在十字架上的耶稣，右侧则是圣安娜。在拱圆形的圣坛上有福音派的象征和天使。

情人销情人锁"锁"住忠贞爱情，佩奇可谓欧洲的"情人锁之都"，这个小城因为成千上万的情人锁而弥漫着浪漫的味道。市内的雕塑、街道、大门上随处可见各种各样的情人锁，成为佩奇的特色之处。

20 世纪 80 年代初，一对恋人在市中心教堂的栏杆上挂起第一个情人锁，年轻的市民们纷纷效仿，后来世界各地的游客也用这种特殊的方式表达自己对爱情的忠贞不渝。慢慢的，教堂的栏杆上挂满了情人锁。后来，"有情人"们开辟了新的阵地，雕塑、街灯，甚至住房大门上，只要是可以挂锁的地方，都能看到情人锁。

巴拉顿湖

巴拉顿湖是中欧最大的湖泊，有"匈牙利之海"的美称。巴拉顿湖位于匈牙利中西部巴空尼山东南侧，东北距离首都布达佩斯 100 千米，湖区气候宜人，湖光山色悦目，建有多处疗养院和修养所，是匈牙利最吸引游客的旅游胜地和休息疗养场所。

巴拉顿湖位于多瑙河流域的巴空尼山东麓，是一个浅水湖，气候宜人、湖光山色，令人赏心悦目。更为优美的是深入湖心的蒂哈尼半岛。在半岛上，古木参天，并且从半岛顶端可以眺望湖区全景。湖水温度适中，含有丰富的矿物质，这里有金黄色、细软的沙滩，有明媚而充裕的阳光，是一个度假和疗养的好场所，在湖区有很多疗养院和修养所。

巴拉顿湖面积 596 平方千米，湖岸周长达 197 千米，是中欧地区最大的湖泊，享有"匈牙利之海"的美称。巴拉顿湖属年轻的构造湖，平均水深 3 米，最深处为 12 米，属淡水湖泊。南岸有欧洲最长的沙滩浴场，是游泳和从事水上运动的理想地方。蒂哈尼半岛深入湖心，古木参天，生机盎然。站在半岛顶端回首湖区，万顷碧波如镜，峰峦青翠可人，山间水面，云烟来往，雾霭重叠，真是水光潋滟，山色空蒙。湖区两岸，古老的罗马式、哥特式和巴洛克式建筑散落在林木花丛之中。同巴拉顿湖相连的一个小湖泊，俗称小巴拉顿湖，四周郁郁葱葱，栖息着大量鸟类，其中不乏稀有鸟类。小巴拉顿湖附近森林中还有一个碧绿的小湖泊，水质中含有硫磺成分，可以治疗疾病，湖岸建有治疗院、修养院和疗养所。

巴拉顿湖的南北两岸分布着许多古老的罗马式、哥特式和巴洛克式建筑，那里有 11～13 世纪修建的寺庙和城堡遗址。在湖的北面每年的 7 月都要举行安娜舞会，这是当地的一种风俗。舞会中要选出最漂亮的姑娘作为舞会的皇后，所有的人都要向皇后献金苹果，这一风俗每年都会吸引许多游客。现在该湖区已成为国家公园。

环游匈牙利

山丹丹

山丹丹位于布达佩斯北部以及多瑙河沿岸，人口 2 万多。山丹丹是多瑙河湾的一处著名旅游景点。

市内有 10 多家博物馆，有许多民族工艺品作坊和商店。城市从多瑙河的西岸一直延伸到菲利斯山脉。她最吸引人的地方是迷人的地中海式的城市建筑。大部分时间是阳光明媚的日子，徒步旅行者喜欢前往菲利斯山，国家公园等地旅游度假。因为舒适的天气和优美的风景，在围绕城市的山坡上修建了很多周末度假屋。

山丹丹造就的作家和戏剧艺术家在匈牙利也是有名的。一年到头在那里举办的展览、艺术节和各种演出接连不断。如果讲艺术氛围，山丹丹是匈牙利独一无二的。

塞格德

塞格德是琼格拉德州首府，全国第五大城市，位于蒂萨河和穆列什河的交汇处。这两条河历来在塞格德的生活中起着重要作用。穆列什河是古罗马人运盐的主要通道，蒂萨河则一直在商业活动中扮演着重要角色，塞格德把东喀尔巴阡山和匈牙利南部连接在一起，为匈牙利南部经济、文化中心，被誉为"蒂萨之花"。这里年日照时间平均长达 2000 小时，又有"太阳城"之称。内城，即古城，坐落在蒂萨河右岸，与左岸的现代化新城隔河形成鲜明对比。城郊多湖沼，以离市郊 5 千米的白湖著名。

德布勒森

德布勒森是匈牙利历史名城，全国第三大城市，也是蒂萨河以东匈牙利的最大城市，人口最稠密的居民区之一。它是蒂萨河东部经济、文化、行政中心和匈牙利古老的学都，城市的历史可以追溯到10世纪，但构成今天市容的则主要是19世纪和20世纪的建筑。中世纪时建的一座大教堂挡住了城市宽广的交通干线。德布勒森在教学和收藏艺术品方面一直颇有名气。

1928年，为了展览极其丰富的考古和民俗方面的收藏品，德布勒森建成了匈牙利城市中最漂亮的博物馆，并在中央圆顶展厅中展出了19世纪匈牙利最伟大的画家蒙卡奇·米哈依的传世名作《基督三部曲》。现在的德布勒森已发展成为匈牙利的工业中心，这儿不仅有庞大的轴承工厂，还能生产医疗设备，并且有食品工业和发达的纺织业。早在1985年，德布勒森就建立了匈牙利的原子能研究中心。它已成为匈牙利东部集科学、文化和工业于一体的重要城市。

第四章　非洲游

埃及

埃及地跨亚、非两洲，大部分位于非洲东北部，一小部分领土（苏伊士运河以东的西奈半岛）位于亚洲西南部。西与利比亚为邻，南与苏丹交界，东临红海并与巴勒斯坦、以色列接壤，北临地中海。海岸线长约 2900 千米。这个曾被古希腊史学家亚里士多德形容为"尼罗河礼物"的国度，充满着许多神秘幻想。今日的埃及，可被看作是东方与西方、古代与现代交汇的十字路口。

开罗

埃及首都开罗横跨尼罗河，位于尼罗河三角洲的顶端，是整个中东地区的政治、经济和商业中心。它由开罗省、吉萨省和盖勒尤卜省组成，通称大开罗，是埃及和阿拉伯世界最大的城市，也是世界上最古老的城市之一。开罗的形成，可追溯到公元前约 3000 年的古王国时期，而它作为首都，亦有千年以上的历史。遍布全城的清真寺尖塔使得开罗享有"千塔之城"的美称。

孟菲斯

孟菲斯是世界上比较古老的城市，有 4700 多年的历史。它的遗址位于开罗以南的拉伊纳村，从开罗沿公路南行 32 千米就到了。传说孟菲斯最早建于公元前

3100 年前后的第一王朝时期，后来公元前 27 世纪~公元前 22 世纪的古王国时期，上埃及和下埃及统一，这里成为古王国的首都，是古埃及的政治、宗教和文化中心。此后首都虽然南迁，但这里仍是全国的重要城市。孟菲斯有著名的阶梯状的金字塔，它是古埃及的第一座金字塔，此外还有巨大的拉姆西斯二世花岗岩雕像以及狮身人面像等。

大金字塔

由孟菲斯遗址西行约 20 千米，就来到"世界七大奇迹"之一的金字塔。埃及的金字塔建于 4500 年前，是古埃及法老和王后的陵墓。陵墓是用巨大石块修砌成的方锥形建筑，形似汉字"金"字。埃及迄今已发现大大小小的金字塔 110 座，大多建于埃及古王国时期。大金字塔是第四王朝第二个国王胡夫的陵墓，建于公元前 2670 年左右。原高 146.5 米，因年久风化，顶端剥落 10 米，现高 136.5 米；底座

埃及金字塔

每边长 230 多米，三角面斜度为 51°，塔底面积 5.29 万平方米；塔身由 230 万块石头砌成，每块石头平均重 2.5 吨。据说，10 万人用了 20 年的时间才将它建成。该金字塔内部的通道设计精巧，计算精密，令人赞叹。

太阳船博物馆

胡夫金字塔南侧是著名的太阳船博物馆，博物馆形如船身，馆里展览的是从胡夫墓中发掘出的木制太阳船。太阳船造型优美，保存完好，被认为是世界上现存最古老的木船。在胡夫金字塔底部，发现了 5 个放置太阳船的坑穴，其中 3 个是空

的。而一艘长43米、有4600年历史的太阳船已经被复制，船体为纯木结构，用绳索捆绑而成。

狮身人面像

狮身人面像是古埃及第四王朝的第四位法老海夫拉的陵墓，又名"司芬克斯"。据传，金字塔的人面像，是海夫拉的模拟像，塔身为狮子，高22米，长57米，雕像的一个耳朵就有2米高。整个雕像除狮爪外，全部由一块天然岩石雕成。由于石质疏松，且经历了4000多年的岁月，整个雕像风化严重。1992年，海夫拉金字塔又经历了一次强度为5.4级的地震，受到了部分损坏，面部已经严重破损。此后经过全面修缮，于2001年7月重新开放。

吉萨金字塔

吉萨金字塔属于埃及古王国时期的文物，是一个规模庞大的古墓群，里面共有160多个古墓，墓壁上有绘画和象形文字，记录了金字塔修建时的情况。1993年年初，由考古学家在吉萨省的金字塔区意外发现。这群古墓造型多样，用料不一。有的墓如金字塔形状，有的呈圆形拱状，有的是长方形平顶斜坡式造型。用料主要是土砖、玄武岩和花岗石，全部由人工完成。在吉萨，3座大金字塔以及周围许多小金字塔和其他附属建筑共同构成一幅和谐、庄严而又美丽的图景。无论任何人面对这一美景，都会为之震撼。

尼罗河

尼罗河发源于埃塞俄比亚高原，流经布隆迪、卢旺达、坦桑尼亚、乌干达、肯尼亚、刚果（金）、苏丹、埃塞俄比亚和埃及9国，全长6671千米，是非洲第一大河，也是世界上最长的河流，可航行水道长约3000千米。尼罗河有两条上源河流，白尼罗河和青尼罗河，这两条河在苏丹的喀土穆汇合，然后流入埃及；到开罗后分成两条支流，注入地中海。尼罗河谷和三角洲是埃及文化的摇篮，也是世界文化的发祥地之一。埃及水源几乎全部来自尼罗河。开罗的尼罗河上有许多游船，最有特色的是仿法老时期特点建造的法老船，游船上有著名的东方舞表演。

阿里宫

位于尼罗河中的罗达岛上，是埃及最后一个封建王朝——法鲁克王朝在开罗的皇宫，主要是前埃及王子穆罕默德·阿里的宅邸。1929年建成，有规模宏大的7座建筑，含清真寺、博物馆等，其中以宅宫最为豪华。

穆罕默德·阿里清真寺

沿巴布·伊尔·瓦吉尔街向前走，在开罗以北的山顶上就是开罗的标志性建筑——穆罕默德·阿里清真寺，该寺始建于1830年，1857年完工。整个建筑具有显著的土耳其建筑风格。它是以伊斯坦布尔的清真寺为原型建造，有一个巨大的拱顶和两座铅笔形的尖塔。礼拜殿呈正方形，上有高耸的圆顶位于殿中心，四面环有4个半圆殿与正殿相呼应，还有4根高柱居于其中。从清真寺往西南眺望，可以看到开罗全景，天气好的时候甚至还可以看见吉萨的金字塔。

蓝色清真寺

建于公元14世纪的蓝色清真寺，宗主是伊斯坦布尔的苏丹·哈迈德·杰米伊。蓝色清真寺的本名是艾克森克尔清真寺，是公元1346年马姆鲁克王朝时代建造的。到了奥斯曼时代，去埃及赴任的总督伊布拉希姆·阿格因为思念家乡，于1652年特地从大马士革运来蓝色的瓷砖，按照自己故乡蓝色清真寺的样子，重新装修了这座清真寺。院子旁的房间中有3座墓：瓷砖装饰的伊布拉希姆·阿格墓、艾克森克尔之墓，以及艾克森克尔所侍奉的苏丹的儿子之墓。此外，祈祷厅还有伊斯兰教世界中最老的大理石。该寺的开放时间为8：00~17：00。

侯赛因清真寺

经过爱资哈尔街之后，有一个大广场，广场东侧就是侯赛因清真寺。侯赛因是第三代阿訇（伊斯兰教教长）。他在公元680年与伍麦叶王朝的战争中，战死在伊拉克的卡尔贝拉。1153年，他的头盖骨被运至法特梅王朝，但身体部分仍留在伊拉克。为了安放他的头盖骨，特意建造了这座侯赛因清真寺，但现存的建筑物是19世纪时重建的。在这里进行的祭祀是埃及最高规模的典礼，祭祀时间是伊斯兰教历第四个月的最后一个星期二之前的两周。斋月时，日落后广场上聚集了许多吃饭的人，十分热闹。

死亡之城

死亡之城位于伊斯兰地区最东侧，内有北方墓园和南方墓园两部分。从马姆鲁克王朝时期开始，苏丹和高官都把自己的坟墓选在这里，有上百个坟墓、陵墓、清真寺建于此。所建的王室陵墓虽不豪华，但不同于一般墓园的是，这里面有街道、门牌号码和邮政服务。此处游客罕至，保存着许多完好的马姆鲁克王朝的壮观建筑，有卡伊土贝伊、巴尔斯巴依、巴尔克刻等。拱顶雕刻特别精美，无与伦比。

开罗国际会议中心

开罗国际会议中心是由中国援建的一项大型工程，是中埃友谊的象征。它于1986 年 3 月奠基，1989 年 12 月落成，总建筑面积约 5.8 万平方米。会议中心包括国际会议大厅、宴会厅、新闻中心、展览厅、总统套房、代表团用房等，是一座融伊斯兰建筑风格和中国建筑艺术特色于一体的大型现代化建筑群，是这一地区最大的国际会议中心。

亚历山大

位于尼罗河三角洲西部，临地中海，面积 100 多平方千米，人口 305 万，城市东西长 30 多千米，南北最窄处不足 2 千米，是埃及和非洲第二大城市，也是埃及和东地中海最大的港口。该城建于公元前 332 年，因希腊马其顿国王亚历山大大帝占领埃及而得名，是古代和中世纪名城，曾是地中海沿海政治、经济、文化和东西方贸易的中心，有众多名胜古迹。亚历山大风景优美，气候宜人，是埃及的"夏都"和避暑胜地，被誉为"地中海新娘"。

蒙塔扎宫

蒙塔扎宫是埃及末代国王法鲁克的行宫，又称夏宫。坐落在亚历山大市东部，占地1.55 平方千米，密林环绕，是一个独具特色的花园。赫迪夫·阿拔斯二世在世纪之交所建的这座土耳其—佛罗伦萨式的建筑物，外形像座教堂，一角高耸，约有 8 层楼高，其他部分均为 3 层的建筑，宫内陈设极其奢华。1952 年前，这里一直是皇室家族的消夏避暑地，现在海滨向游人和垂钓者开放。园内的法鲁克国王行宫现为埃及国宾馆。据说，一个报喜人告诉福阿德王，字母 F 将给他的家庭带来好运，从此他和他的儿子法鲁克在给他们的子孙命名时都以 F 开头。王宫处处可以看到主题字母 F。

亚历山大灯塔

"世界七大奇迹"之一的亚历山大灯塔，建于公元前 280 年，塔高约 135 米，它的设计者是希腊的建筑师索斯查图斯。灯塔历经数次地震，于1435年完全毁坏。1480年，用其石块在原址上修筑城堡，以国王卡特巴的名字命名，称为卡特巴城堡。它与开罗古城堡并称为埃及两大中世纪古城堡。1966年，这里改为埃及航海博物馆，展出模型、壁画、油画等，介绍自1万年前从草船开始的埃及造船和航海史。

克莉奥佩特拉女王宫

埃及托勒密王朝末代女王克莉奥佩特拉七世的王宫，位于亚历山大港以东40千米、水深8米的海底。公元3世纪时，由于地震沉入海底，1980年被美国探险队发现。内有女王和恺撒所生的儿子恺撒里翁的玄武岩上身雕像，两座司芬克斯狮身人面像，以及一个基础设施一应俱全的港口。在王宫北面还发现有罗马统帅恺撒及部将安东尼的宫殿。

庞贝柱

亚历山大城南有著名的庞贝柱，又称骑士之柱，由罗马皇帝狄奥克雷狄亚努斯建造。它建于公元297年，高27米，下半部直径为2.7米，由阿斯旺的红色花岗岩制成。它原是亚历山大图书馆400根柱子中的一根，后来成为航海者的指标。距石柱不远处有一条通道，一直伸到石柱下面，通道内的壁洞，便是古代有名的亚历山大图书馆。这里的开放时间为9：00～16：00。

亚历山大图书馆

亚历山大图书馆建于公元前259年。据说，当初建馆唯一的目的就是"收集全世界的书"，实现"世界知识总汇"的梦想。于是，亚历山大图书馆迅速成为人类早期历史上最伟大的图书馆，四方学者也纷纷云集此地，使图书馆享有"世界上最好的学校"的美名，并在整个地中海世界传播文明长达200年至800年之久。在两场大火之后，亚历山大图书馆神秘消失。现代亚历山大图书馆于2002年10月16日举行了隆重的开馆仪式，共有11层，高33米。包括主图书馆、青年图书馆、盲人图书馆、天文馆、手迹陈列馆、古籍珍本博物馆、国际资料研究学院、修缮保养工厂、会议中心等。此外，它还留有一些空场所，可根据举办展览、演剧或其他需要随时提供各种服务。

希腊—罗马博物馆

位于马萨夫街、霍莱亚街北面的希腊—罗马博物馆，馆藏文物十分丰富，覆盖西方文明吞噬埃及文明并与埃及文明相融合的一段引人注目的历史时期，填补了埃及博物馆和科普特博物馆之间馆藏文物的空白。展品中有许多是来自亚历山大城及周边地区，还有来自希腊人居住的其他地区，如尼罗河三角洲、洗尤姆和中埃及等。其中，最珍贵的藏品是第 18A 展室中的塔纳格拉赤陶小雕像，它们来自公元 4世纪晚期到 12 世纪早期亚历山大儿童、少年和青年妇女的墓地。博物馆的开放时间为 9：00~16：00。

卢克索

卢克索古称底比斯，位于开罗以南 671 千米的尼罗河岸边，是古埃及帝国中王朝和新王朝的都城，至今已有 4000 多年的历史。在第十八代王朝（约公元前 1584年~公元前 1341 年）时，底比斯处于鼎盛时期，城跨尼罗河两岸，《荷马史诗》中把这里称为"百门之都"，这里是当时世界上最大的城市。公元前 88 年时被毁。它是古埃及文明高度发展的见证。历代法老在这里兴建了无数的神庙、宫殿和陵墓。据考古学家估计，约有 500 座古墓散布在卢克索地区。

卡纳克神庙

卡纳克神庙又称阿蒙·拉神庙，始建于公元前 1870 年，其后十多个王朝加以扩建，是埃及古代法老们献给太阳神、自然神和月亮神的庙宇建筑群。规模非常宏大，全部用巨石修建，是埃及最大的神庙。卡纳克神庙位于卢克索以北 5 千米处，庙门高达 38 米，相当壮观；主殿雄伟凝重，面积约 5000 平方米，有 16 行共 134 根巨石圆柱，其中最高的 12 根每根都在 20 米以上，柱顶可站百人，柱上残留有描述太阳神故事的彩绘。庙内尖顶石碑林立，巨石雕像随处可见。在神庙的石壁上，可以看到古埃及人用象形文字刻写的他们的光辉事迹。开放时间夏季为 7：00~18：30，冬季为 7：00~17：30。

卢克索神庙

卢克索神庙距卡纳克神庙不到 1 千米，是底比斯主神阿蒙的妻子穆特的神庙，规模仅次于卡纳克神庙。神庙于公元前 14 世纪修建，包括庭院、大厅和侧厅。庭院三面有双排似纸草捆扎状的石柱，柱顶呈伞形花序状，十分优美。神庙围墙外是第十九王朝法老拉美西斯二世时期修建的另一处庭院，在这里可看到高大的、有浮雕的塔门和当时流行的方尖碑。开放时间夏季为6：00~22：00，冬季为6：00~21：00。

阿蒙神庙

阿蒙神庙位于卢克索镇北4千米处，是卡纳克神庙的主体部分，被围在由宽15米的砖墙构成的，方圆400米的外壁之内，这里供奉的是底比斯主神——太阳神阿蒙。神庙始建于3003多年前的第十七王朝，在此后的1300多年间不断增修扩建，神庙共有10座巍峨的门楼，3座雄伟的大殿。

拉美西斯三世陵庙

拉美西斯三世的陵庙又被称为哈布之城，在科普特时代，这里有一座具有相当规模的城市。该陵庙保存得较为完好，其面积仅次于阿蒙神庙，它是法老统治时期的最后一座大型建筑工程，也是埃及最后一段富饶时期的见证。这里原先是皇室居所，第一进院落是举行仪式和娱乐的场所，第二进院落在托勒密和罗马时代被教堂所占据；此外，这里还有3座多柱厅，第二座大厅的外侧左面就是拉美西斯三世的墓室。这里保存有表现拉美西斯三世英勇事迹的浮雕。

帝王谷

在与户克索城相对的尼罗河西岸5千米处的一条山谷中，集中了许多国王和王室成员的陵墓，这就是著名的帝王谷。山谷长约400米、宽200米。这里埋葬着第十七王朝到第二十王朝期间的64位法老，其中只有17座对外开放。这些墓室分布在山谷两旁，依势开凿，类似中国的窑洞，虽经历数千年仍没有倒塌。陵墓的形式基本相同，坡度很陡的阶梯通道直通陵墓走廊，走廊通往墓前室，该室内有数间墓穴，而放木乃伊的花岗岩石棺停放在最后一间墓穴内。

图坦卡蒙墓

在帝王谷的64个墓当中，最小却最有名的就是第十八王朝法老图坦卡蒙的墓室，它是迄今发现的唯一未被洗劫一空的古埃及王陵，也是帝王谷最后一座被挖掘的法老墓，里面完好地保存着大批随葬品。墓里的宝藏从1922年出土后，就到世界各国展览，目前存放在开罗博物馆里，所以这个墓内现在几乎是空的。图坦卡蒙9岁登基，18岁便去世了，在位仅9年。在墓中出土的1700多件文物中，最著名的 3 件宝物就是黄金面具、黄金棺、黄金宝座。墓室内的彩色壁画描绘着他走向阴间过程中的盛大场面。

女王陵

自古以来，法老的妻子儿女都是被葬在国王陵墓旁的，但从拉姆西斯一世之后，王后、王子、公主开始被葬在女王陵，它位于岩石山西方。这里的墓穴不超过 30 个，墓的规模虽不及国王墓，但内部壁画与国王墓风格完全不同，表现得自由奔放，真实而充分地反映了当时埃及人的生活习俗。

伊德富神庙

在阿斯旺与卢克索之间，建有一座托勒密王朝时期最重要的神庙——伊德富神庙。伊德富神庙始建于公元前 237 年托勒密三世时期，直至公元前 57 年才建成。伊德富神庙曾被希腊人称为"阿波罗神庙"。实际上，它是祭祀何露斯神的。神庙的大门高 36 米，在神庙的塔楼前，有一尊一人多高的神鹰石雕像，这就是何露斯神的化身。由于伊德富神庙的所在地地势较高，不受尼罗河泛滥和河泥淤积的影响，所以该庙是目前埃及保存最完好的神庙。

阿斯旺

阿斯旺省首府，位于首都开罗以南 900 千米，尼罗河东岸的"第一瀑布"下，是埃及南方的大门。在古埃及时代，这里是埃及南部通往努比亚的门户，水运和骆驼商队的交汇点，也是与苏丹、埃塞俄比亚进行贸易的中心，科普特语"阿斯旺"即"市场"之意。现在这里是埃及最清洁、最漂亮的城市，而且它冬季干燥温暖，是疗养和游览的胜地。

花岗石采石场

距阿斯旺市区 2 千米处有一个古埃及的采石场遗址。采石场沿尼罗河而建，约有 6 千米长。进入采石场，就好像进入了花岗石的世界。阿斯旺地区的石质好，颜色多为有小黑点的玛瑙红，石体光滑润泽，即使在现代也是很奢侈的建筑装饰材料。据说，古埃及的石料都是从阿斯旺开采，通过水路运输以满足尼罗河两岸的建设需要。

方尖碑

方尖碑石柱是古埃及人所信奉的太阳神的象征，是希腊语"针""串"的意思。在花岗岩采石场遗址中有一块著名的方尖碑，制作于新王国时期，原本是为女王哈特谢普苏特修建的。这是一块没有完成的碑，由于在石头顶部发现裂缝，就停止碑刻，将它遗弃在采石场里。其实只要将其竖立起来，它将是全埃及最高的方尖碑，这座碑长41米，如果竖立起来将超过10层楼的高度，重达1267吨。景点设置了梯子，游人可以通过梯子登上碑身。

阿嘎可汗王陵

阿嘎可汗王陵位于尼罗河西岸，从阿斯旺城乘坐双桅船可以到达，这里可供游客免费参观。它是阿嘎可汗生前居住的别墅，1957年他去世后就被安葬在别墅上面的圆顶陵墓中。在白色的大理石墓上，刻有精美的图案和《可兰经》的铭文。阿嘎可汗是什叶派伊斯玛仪支派的精神领袖，同时也是个大富豪，来自19世纪伊朗的凯加王朝。

菲莱神庙

菲莱岛在阿斯旺以南15千米的尼罗河中，被称为"古埃及国王宝座上的明珠"，以埃及古神庙群而闻名。1902年，英国人修建阿斯旺大坝时，淹没了菲莱岛。从1972年开始，埃及政府在神庙四周筑起围堰，将堰中河水抽干，然后将这组庙宇拆成4.5万多块石块和100多根石雕柱，于1979年8月在离菲莱岛约1千米处的阿吉勒基亚岛上，按照原样重建。菲莱神庙里有目前发现的最后的象形文字碑文和一些形象生动的浮雕，在这里被祭奠的有富庶之神哈索尔和生育之神艾西斯等。

木乃伊博物馆

木乃伊博物馆收集了许多千奇百怪的木乃伊，还有阿斯旺和努比亚地区出土的文物，很有特色和个性，千万不可以错过。开放时间为8：30~18：00。

阿斯旺大坝

阿斯旺大坝为世界七大水坝之一。弧形拱桥式的大坝高111米，长3830米，宽40米，将尼罗河拦腰截断，从而使河水向上回流500千米，形成蓄水量达1640亿立方米的人工湖——纳赛尔湖，结束了尼罗河年年泛滥的历史。大坝1960年在苏联援助下动工兴建，历时10年多，耗资约10亿美元，使用建筑材料约4300万立方米，相当于大金字塔的17倍，是一项灌溉、航运、发电的综合利用工程。

其他景点

努比亚遗址

阿布辛拜勒至菲莱的努比亚遗址位于埃及东南部，是古埃及法老时期法老们在努比亚建造的城市、宫殿和寺庙等的遗址。1979年，这里被联合国教科文组织列入《世界遗产名录》。努比亚地区最雄伟的建筑是阿布辛拜勒的大庙和王后寺庙。王后寺庙又叫"小阿布辛拜勒庙"，是拉美西斯二世为爱妻妮菲泰丽王后建造的。20世纪60年代，阿斯旺地区要修建水坝，努比亚遗址区将会成为库区。联合国教科文组织发起国际援助，将这一遗址迁移保存。

突尼斯

突尼斯是北非地区最小的一个国家。地形南北长、东西窄，突出于地中海，南端为半沙漠地区，最南端进入撒哈拉沙漠。西与阿尔及利亚接壤，东南与利比亚相邻，北、东临地中海，隔突尼斯海峡与意大利相望，海岸线全长1300千米。"突尼斯"一词由腓尼基人崇拜的守城女神的名字演变而来。突尼斯历史悠久，文化古老，早在三四十万年以前这里便有人类活动和居住。此外，突尼斯还有"地中海十字路口""橄榄之邦""世界镶嵌画之都"和"沙漠里的明珠"等美誉。

突尼斯城

首都突尼斯城位于突尼斯东北部，与国家同名，临地中海南岸的突尼斯湾。面积达 1500 平方千米，人口 200 多万，是全国政治、经济、文化中心和交通枢纽。公元 698 年，倭马亚王朝总督诺马拉在今突尼斯城所在地建麦地纳城，在当时成为仅次于凯鲁万城的第二大城。强盛的哈夫斯王朝时期，正式定都突尼斯城。1956 年突尼斯共和国成立后，定为首都。突尼斯城的市区由富于民族传统的旧城麦地纳和受欧洲影响的新城组成。旧城麦地纳还保持着古色古香的阿拉伯东方色彩，新城又称"低城"，位于麦地纳通向海边的低洼地带。

迦太基古城遗址

遐迩闻名的迎太基古城遗址在突尼斯市东北郊 17 千米处，濒临地中海，扼守突尼斯海峡，占地 3.15 平方千米，是世界上最著名的古城遗址之一。由于突出的地理位置和绮丽的景色，公元前 814 年由腓尼基人建立的奴隶制国家迦太基便把这里定为国都，比罗马城的建立还要早 61 年。作为地中海地区古代文明的汇集地，迦太基古城遗迹，于 1979 年被联合国教科文组织列入《世界遗产名录》。现在突尼斯政府每年在这里举行迦太基国际联欢节。

巴尔多国家博物馆

巴尔多国家博物馆坐落在突尼斯西北郊 3 千米处的巴尔多广场上，是北非最重要的一座考古与文物博物馆。在整个非洲，它的规模仅次于埃及的开罗博物馆，以极其丰富和瑰丽多彩的镶嵌画珍藏而闻名世界。这座博物馆建在历代皇宫所在地，由部分皇宫改造而成，是两座阿拉伯风格的巨大建筑物。1888 年，正式建成开幕，当时称作"阿捡维博物馆"。1956 年，突尼斯共和国独立后，改为现名。博物馆内有四十几个大厅和长廊，展品分史前期、腓尼基和迦太基时期、罗马时期、基督教时期、阿拉伯伊斯兰时期以及希腊艺术品部分。博物馆的后面还连接着昔日的皇宫，宫殿虽然面积不大，却是突尼斯古典建筑艺术的典范，宫内陈列着历代王室用品，还有历代战争中曾经使用的古代兵器。

苏塞

萨赫勒的首府苏塞是突尼斯第三大城市，位于地中海哈马迈特湾南岸。约在公元前 9 世纪由腓尼基人建立。有自中世纪以来修造的城垣、宗教建筑、王公府第、地下陵墓和民居等，建筑风格多样。20 世纪中期，苏塞的经济曾经非常繁荣，人口也从 1950 年的 3.6 万人增加到今天的超过 10 万人，以旅游业发达著称。苏塞有"萨赫勒的明珠"的美誉，也被誉为"地中海的花园港"。它是突尼斯十分重要的经济、旅游和文化中心。

苏塞老城

苏塞老城具有典型的阿拉伯风格，它位于突尼斯东海岸，地中海哈马迈特湾南岸。公元 7 世纪中期，腓尼基人被阿拉伯军队征服，苏塞老城就在这个时期初步形成。苏塞老城有城墙环绕，由石块垒成。城墙南北长 700 米，东西宽 450 米，基本上保存完好。城墙东南角耸立着卡莱福方塔，塔底边长 8 米，顶端边长 5 米，高 30 多米，是最古老的伊斯兰风格的塔。苏塞地理位置十分重要，因此这里战事频繁。伊斯兰信徒礼拜的场所也被修成堡垒的样式。老城建筑的颜色大致分为蓝、白、黄三色，远远望去，十分漂亮。1988 年，联合国教科文组织将苏塞老城列入《世界遗产名录》。

吉姆的古罗马竞技场

吉姆的古罗马竞技场是当今世界保存最完好的古罗马竞技场之一，被描述为"罗马帝国在非洲存在的标志和象征"。它坐落在东部而塞城与斯法克斯城之间的吉姆村，是古罗马帝国在非洲留下的一座辉煌建筑。建于公元 230 年～238 年。这座竞技场高 36 米，可容纳 3.5 万名观众。1726 年遭奥斯曼帝国军队毁坏，仅有部分

吉姆的古罗马竞技场

地下通道、拱廊、阶梯及座位保存下来。竞技场围墙高大，呈圆形，层层拱廊相连，外观典雅。整座竞技场形似一口平放的大锅，四周自下而上，阶梯式的座位，密密麻麻。1979 年这里被联合国教科文组织列入《世界遗产名录》。

莫纳斯提尔

莫纳斯提尔位于苏塞市以东 24 千米处，是海滨度假的避暑胜地。公元 8 世纪，阿拉伯人在此建造了马格里布第一座伊斯兰城堡。突尼斯独立后的第一位总统哈比卜·布尔吉巴就出生在这里。在这里到处都有人们为了纪念这位伟人而修建的建筑。这里每个星期六都要举办露天市场，露天市场成为莫纳斯提尔人一周一次的集会，集市中的商品种类丰富，所有的东西都是新鲜的，没有冷冻过。

其他景点

凯鲁万古城

凯鲁万古城位于突尼斯中部偏东地区，阿特拉斯山脉东南坡的冲积平原上，北距苏塞 155 千米，公元 800 年~公元 909 年，阿格拉比德王朝在此定都，凯鲁万从此名声大振，成为伊斯兰四大圣地之一。其代表性建筑凯鲁万大清真寺，是穆斯林西部世界最古老的寺院。城内有 80 余座清真寺、100 余处陵寝、数十座蓄水池和室内市场，因此有"三百清真寺之城"的美誉。1988 年这里被联合国教科文组织列入《世界遗产名录》。

杰尔巴岛

杰尔巴岛是北非最大的岛屿，被称为北非的伊甸园。它位于地中海加贝斯湾东南部，长 27 千米，宽 26 千米，面积 510 平方千米。岛上遍植橄榄树和棕榈树，景色美丽，有"花园岛""绿洲岛"之称。每年 8 月这里会举行文化、旅游联欢节。

杜加和土加

杜加和土加，位于突尼斯北部，是古罗马时期地理位置相近的两处遗址。杜加是农业区，这里的居室很特别，为了躲避夏日的炎热，房屋都有地下室，既通风又凉爽，人们夏天可以住在里面。土加坐落在半山腰，面积 0.65 平方千米，神庙、剧场、市场、浴场、体育馆等依山而建，不少文物珍藏在巴杜博物馆内。有一座公元前 2 世纪修建的利比克—帕涅克塔高 21 米，耸立在城市的边缘。还有一座周围带有柱廊的圆形剧场，至今仍保存完好。1997 年联合国教科文组织将杜加和土加列入《世界遗产名录》。

塔巴卡和比塞大

在突尼斯北部地中海沿岸，有两个港口城市比塞大和塔巴卡。比塞大曾是法国重要的海军基地，壮观的活动吊桥、繁忙的老式渔港以及雄伟的"西班牙要塞"，保留了不少欧洲风韵。塔巴卡则以近海盛产珊瑚而闻名。由于雨水充沛，这里林木茂盛，许多建筑都具有欧洲风格。

肯尼亚

肯尼亚因境内的非洲第二高山肯尼亚山而得名。位于非洲东部，赤道横贯国土中部，东非大裂谷纵贯南北，因此素有"东非十字架"的称号。它东邻索马里，南接坦桑尼亚，西连乌干达，北与埃塞俄比亚、苏丹交界，东南临印度洋，海岸线全长 536 千米。肯尼亚是人类发源地之一，境内曾出土约 260 万年前的人类头盖骨化石，被视为"人类的摇篮"。此外，这里更有全非洲大陆最丰富、最多彩多姿的部落族群，现拥有 40 多座国家公园及动物保护区。

内罗毕

内罗毕是肯尼亚的首都，建于 1899 年，位于肯尼亚中南部的高原地区，海拔1680 米，东南距印度洋港口蒙巴萨 480 千米，是肯尼亚的政治、经济、文化、工业中心，也是非洲重要的交通枢纽。虽然内罗毕距赤道不过 150 千米，但气温却很少超过 27℃，气候凉爽，在当地语言中，内罗毕即为"凉爽之地"。它四季如春，花开不败，又被誉为"阳光下的花城"。

内罗毕国家公园

内罗毕国家公园离内罗毕市中心区约 8 千米，是野生动物的乐园，每年来自世界各国的游客达数十万人。在这里，人是被"囚"在车子里的，而动物却可以在外面逍遥自在。公园里有 100 多种哺乳动物和 400 多种特有的迁徙鸟类，大象是公园中唯一没有的大型动物。为保护非洲大象，肯尼亚政府严禁有关象牙及象牙制品的贸易。1989 年，莫伊总统亲自引火，在公园内焚烧了 25 吨象牙及缴获偷猎者的战利品。为纪念这次行动，公园内保留了这块象牙焚烧地，并设立了纪念碑。公园的东、西、南三面用电网与城市隔离，南部为开放边界，是动物随季迁徙的通道。

阿伯德尔国家公园

位于内罗毕北方 180 千米处，占地 970 平方千米，成立于 1950 年，其名来自英国人阿伯德尔公爵。该公园围绕着阿伯德尔山，闻名世界的树顶旅馆就建在此园中。公园里有花豹、野牛、大象、羚羊和犀牛等许多罕见的动物。由于这里十分荒凉，也没有便宜的住所和方便的交通工具，所以游客相对较少，若要露营须预约。另外，公园在湿季是不开放的。

阿伯德尔树顶酒店

阿伯德尔树顶旅馆之所以著名，一是旅馆本身建在树干上，二是英国女王伊丽莎白二世曾在此下榻，三是在这里夜间可以观看动物。旅馆原是定居肯尼亚的英国军官埃里克·金布鲁克·沃克为狩猎和观赏动物于 1932 年在高高的树杈上建起的。1952 年 2 月，伊丽莎白公主携其丈夫爱丁堡公爵来到这里旅游，并为观赏野生动物下榻在树顶旅馆。当晚，公主接到父王乔治六世驾崩和由她继位的消息。因此树顶旅馆有了"树上公主树下女王"一说，从此名声大噪。出名后慕名而来者众多，于是便在原址旁进行了扩建，可惜扩建后的旅馆不慎毁于一场大火。1954 年，在原址的对面盖起了现在的树顶旅馆——一座有 50 多个房间的 3 层"吊脚楼"，规模比以前大了许多，支撑旅店的树枝变成了数十根大木柱。旅馆可同时接待 100 多位游客，旺季时必须提前预订才有机会八住。此外，因为旅馆位于阿伯德尔公园内，所以一旦上了树顶旅馆，就不能随便下来，只能待在上面观赏动物。

察沃国家公园

位于首都内罗毕东南约 350 千米处，绵延在内罗毕至蒙巴萨公路中段的两侧，占地 2 万多平方千米，分为东西两部分，是全国最大的野生动物园。园中地形复杂，高山、平原、河流和瀑布、岩石、沙漠、热带草原、灌木林，无所不有。园内有 1000 多种植物，还有肯尼亚数量最多的非洲象，也是狮子、长颈鹿、河马、犀牛最重要的栖息地，这里是肯尼亚动物种类最齐全的野生动物园之一。

安博塞利国家公园

备受游客喜爱的安博塞利国家公园距内罗毕 240 千米，位于肯尼亚和坦桑尼亚的边境上，公园面积 392 平方千米，内有著名的非洲最高峰乞力马扎罗雪山，还可以看到犀牛。这里还有花费不高的露营区，但水的供应不稳定，最好自备。

桑布鲁野生动物保护区

桑布鲁野生动物保护区位于肯尼亚北部，在一望无际的原野上，可以看到数万头斑马、南非羚羊、非洲水牛及成群的大象，这里还有较多犀牛、印度豹等罕见动物。

肯尼亚山

肯尼亚山位于肯尼亚境内中部，是东非大裂谷内最大的死火山，也是非洲第二高峰，海拔 5199 米。山形壮美，地貌奇特，山顶终年积雪，这座"赤道雪山"可谓是世界一个奇观。山脚和山腰设有旅馆和宿营地，还可以观赏到公园的野生动

肯尼亚山

物。在肯尼亚人心目中，肯尼亚山是一座神山和英雄之山，是肯尼亚的象征。1997年，肯尼亚山国家公园被列入联合国教科文组织的《世界遗产名录》。

奥洛夏萨里

奥洛夏萨里是肯尼亚旧石器时代的化石遗址，位于首都内罗毕市西南 70 千米处，处于东非大裂谷（东支）底部、马加迪盐湖附近。2003 年 6 月~8 月间，研究者在此发现了一个头颅的 11 个小碎片，这个头颅化石属于一个生活在 97 万~90 万年以前的成年直立人。研究人员还在这里发现了许多石制工具。

其他景点

马尔萨比特国家公园

马尔萨比特是肯尼亚北部由火山活动形成的小范围熔岩高原，最高点 1707 米。因为降水多于周围的干旱荒漠，所以这里成为咖啡、玉米、花生、果树等农作物的主要种植地。这里多野生动物和鸟类，尤以成群的野象最为壮观，这里已辟为国家动植物保护区。

图尔卡纳湖

图尔卡纳湖是肯尼亚北部东非裂谷带上许多湖泊中的一个，是鳄鱼的极乐世界，被称为"沙漠明珠"。湖区呈带状，南北伸延 256 千米，向北一直抵达到埃塞俄比亚边界，东西宽 50 千米~60 千米，图尔卡纳湖南侧海拔 375 米。它不仅是肯尼亚境内最大的湖泊，也是世界上最大的咸水湖之一。图尔卡纳湖曾被称为"卢多尔湖"，户多尔是奥地利太子的名字，1975 年改用湖区西岸马赛族的图尔卡纳部落的名字。在图尔卡纳湖东部有库彼福勒古人类遗址。在这里发现了 1700 多万年前的古人类的头盖骨，是迄今为止所发现的最早的人类遗迹，也是世界上最早的石器时代遗迹之一。

马赛马拉野生动物保护区

世界著名的马赛马拉野生动物保护区，位于内罗毕西南 20 千米处，是东非最大的动物保护区，面积达 1670 平方千米。一望无际的原野上，常可见到数万头斑马、南非羚羊及大象群。每年约有数千头野生动物向塞连格同平原移动，是非洲草原上难得一见的奇观。游客可乘坐特备专车深入这座广大的动物保护区观看各种珍贵的野兽。

纳库鲁湖国家公园

纳库鲁湖国家公园位于肯尼亚首都内罗毕西北约 150 千米处，占地面积 200 平方千米。整个园内充满草原、灌木、森林和岩石峭壁，自然风光优美。这里是鸟类的天堂，有 2 万只火鹤栖息于此，火烈鸟最多时近 200 万只，占世界火烈鸟总数的 1/3。

南非

南非位于非洲最南端，因地处非洲大陆南部而得名。北与纳米比亚、博茨瓦纳、津巴布韦相邻，东北部有莫桑比克和斯威士兰，东南则与"国中之国"莱索托接壤，西临大西洋，东濒印度洋，地处两大洋间的航运要冲，地理位置十分重要。南非的海岸线呈均匀封闭式，全长 3000 千米。其西南端的好望角航线，历来是世界上繁忙的海上通道，有"西方海上生命线"之称。此外，南非很引以为豪的一点是它每日日照率居全球各国之冠，因此又有"太阳之国"的美称。

比勒陀利亚

比勒陀利亚为南非的行政首都，位于马加莱斯堡山谷地，跨林波波河支流阿皮斯河两岸，是全国四大城市之一。该城建于 1855 年，以布尔人领袖比勒陀利乌斯的名字命名，其子马尔锡劳斯是比勒陀利亚城的创建者，市政厅门前立有他们父子的塑像。这里风光秀美，有"花园城市"之称，街道两旁种植紫葳，又称"紫葳城"。

喷泉谷

喷泉谷是比勒陀利亚游人最多的周末休闲区和野餐的地点。除了健行步道、游乐场和游泳池以外，这里还提供一趟小型火车之旅，路线贯穿整个喷泉谷，沿途风光明媚。

德纳尔特印度豹饲养站

印度豹饲养站位于从比勒陀利亚去布里茨途中的公路沿线上。以前，人们都以为被囚禁的印度豹无法繁衍后代，但德维尔特却证明这个观点是错误的。在德维尔特进行的工作还显示非常罕见的帝王猎豹（身上花纹呈条纹状而非一般印度豹身上的斑点状）并非一种独特的品种，而是帝王猎豹的父母双方都拥有隐性基因所造成的。保护区开放时间为星期六 8：30～14：00 及星期日 9：00～14：00，有两小时乘敞篷式游览车游园区的活动，不过必须事先订位。

比勒陀利亚动物园

比勒陀利亚动物园位于布姆街，是世界上较大的动物园，园内的动物超过 3500 种。游客可乘缆车上到兽笼上方的瞭望台观看动物。动物园的开放时间为每天 8：30～17：00。

开普敦

开普敦是南非的立法首都，全国议会所在地，西开普省省会，也是南非第二大城市。人口约 300 万，有色人种居多。城市位于南非西部，好望角北端的狭长地带，是大西洋和印度洋航运的枢纽位置，南非对外海运的主要门户，也是国内第二大港口。开普敦始建于 1652 年，是欧洲殖民者在南部非洲的第一个据点，曾是荷兰、英国殖民者向非洲内地扩张的基地。阿非利卡人为纪念其祖先最早来此定居，称其为"母亲城"。开普敦面临大西洋桌湾，背靠桌山，风景优美，是世界公认的最漂亮最迷人的海滨城市。海滩附近设有娱乐休养设施，是南非的主要旅游区。

桌山

城西的桌山，海拔 1082 米，因山顶平整如桌而得名，是开普敦的象征。国家植物园位于桌山的斜坡上，它的上面有建于 1825 年的南非最古老的博物馆，山脚下是开普敦大学。桌山及桌湾之间是城中最古老的部分。海滩附近，设有娱乐和休养设施，是南非主要的旅游区，尤其适合冬季休养。可以考虑坐缆车上山，走路下山。在桌山上景色是很美妙的，山上有很棒的步道。缆车开放时间 5 月~8 月为 8：30~18：00，其他时间为 7：30~22：00。但是在风大时缆车不开，在夏天和复活节期间为旅游旺季，坐缆车需要预约。如果登山的话，一定要有一件保暖和防雨的衣服。桌山海拔超过 1000 米，山顶与山脚下气候差异很大。

水门区

在开普敦，最常见的风景明信片是以桌山为背景的画面，但是取景的镜头位置在哪里呢？它就在水门区。水门区在国际观光市场也非常有名，成为开普敦之旅必游之处。而造访水门区的时间，以下午最佳。其中，搭乘游览船参观港区，是颇受观光客欢迎的方式，到走廊商场的十多家特产店寻宝也让很多人乐此不疲。您还可以到啤酒屋码头喝啤酒、吃海鲜，最后，不要忘了在走廊商场找家咖啡厅，坐着看夕阳斜晖下的桌山，随着光影变化万千，仿佛自己也走入风景明信片里了。因此，没有到过水门区，实在不算看到过桌山。

好望角

好望角位于半岛南部 7750 万平方米的自然保护区内。这里除乘观光汽车游览以外，任何汽车禁止入内。自然保护区内，生长着各种植物，还生活着南非羚羊、鹿、斑马、猫鼬、鸵鸟、狒狒等动物。除此之外，在近海处还有海豚、海狗在游弋。如果运气好的话在 8 月~11 月期间还能看到鲨鱼。这里有块悬崖，崖的下面立有用英文、南非阿非利卡语写着"非洲最南端好望角"的标牌，在这附近遭遇强风而遇难的船只很多。这里开放时间为 7：00~18：00。

伊丽莎白港

伊丽莎白港位于东开普省阿尔戈湾的西南岸，濒临印度洋的西南侧，是南非的主要港口之一。伊丽莎白港的历史可以追溯到 1820 年，4000 名英国殖民者到达此地，并把它逐渐发展成为一个重要的港口城市，赢得了"开普殖民地的利物浦"的称号。伊丽莎白港还是南非前总统纳尔逊·曼德拉的故乡。2000 年 12 月，地方政府投票后更名为纳尔逊·曼德拉市。

奥赫拉比斯瀑布

奥赫拉比斯瀑布位于开普敦西北部的奥兰治河上。瀑布最大落差高达 146 米，

好望角

景色极为优美壮观。附近的奥赫拉比斯瀑布国家公园，占地面积达 5403 万平方米。

博德斯海岸国家公园

博德斯海岸国家公园位于开普半岛西门镇区域内，距离开普敦约 40 千米，在南非海军基地附近。公园内约有企鹅 1000 只左右，海岸边的矮灌木树丛是它们最常筑巢和栖息的地方。南非境内仅有这里可供旅客参观这些稀有的非洲海鸟生态。

圣乔治街

这里是开普敦政府刻意为保存古迹而辟建的行人步道，全长 400 多米。沿街除了古色古香的欧式建筑外，在骑楼内的精品店里，陈列着琳琅满目的小工艺品，常常会使游客爱不释手，街道两旁时而可见艺人献艺或街头画家当街挥毫。

蓝色列车

世界上著名的五星级列车，票价比飞机票还贵，全程约 1500 千米，往来于比勒陀利亚——约翰内斯堡——金伯利——开普敦之间。乘客往往需要在一年前预约才能买得到票，5 月初的车票比较好预订。客车皆为套房，内有冷暖气、隔音、防震、防尘等设备，地上铺有厚地毯，格调高雅。此外，各套房都设有按钮板，按下按钮即可呼叫服务员开关窗户、调节温度、更换音乐节目等。在车上用餐，一定要穿晚礼服。

约翰内斯堡

约翰内斯堡始建于 1886 年，人口 400 万，是南非第一大城市，也是仅次于开罗的非洲第二大城市。它还是豪登省省会，是全国交通、文化及工商业的中心，素有"黄金城"之称。19 世纪 70 年代，因为在城市附近发现金矿而声名大噪，并快速发展起来。城市位于海拔约 1760 米的内陆高原上，昼夜温差大，但气候温和。

金礁石城

金礁石城位于约翰内斯堡市中心向南 6 千米处，是在采金矿遗址上建立的主题公园，是约翰内斯堡最有名的观光景点。来约翰内斯堡旅游的人几乎都要到这里来，但是星期六下午和星期日城市的商店都不营业。据说，一个叫乔治·哈密尔顿的人最先发现了这里的金矿，从而拉开了金礁石城的序幕。哈密尔顿马上把金矿的所有权转让给了现在这个主题公园的所有者克劳斯矿山公司，从那之后，来这里寻找工作的人们络绎不绝。于是，在金礁石城建起了警察署、邮政局、银行等，逐渐发展成了一个大都市。直到金矿关闭前，这里的总采掘量共计 140 万吨。

约翰内斯堡动物园

约翰内斯堡动物园位于帕克夫的扬恩斯穆茨大道上，园里有 3000 种以上的哺乳类、鸟类和爬行类动物。狮子、大象、长颈鹿，以及大型猿类动物的围场四周只有壕沟划分，完全没有铁栏杆，因此大受游客欢迎。另外新设计的北极熊栖息地，以及人可在里面来回走动的大鸟笼也同样受到游客的青睐。这里的开放时间为每天 8：30~17：30，星期三和星期五的 18：30~21：30，还开放夜间参观。

音乐喷泉公园

晚上，音乐喷泉公园内无数喷泉水柱随着音乐的节奏，或起或落，忽高忽低，配合着五彩灯光的变化，左摇右摆，就像无数仙女在闻声起舞。夏季每晚 19：30~21：00，冬季每晚 18：30~20：00 开放，供人观赏。

野生园

南非之所以成为旅游胜地，主要是因为当地种类繁多且形态优美的野生动物。

因此，参观当地的野生动物园，看看生活在此的狮子、大象、长颈鹿和羚羊，成为游客不可错过的一项体验。位于霍尼都的狮子园和附近的克鲁格斯多普野生动物保护区都有许多狮子和羚羊，而且距离约翰内斯堡市不到半小时车程。夏季每天晚上19：30~21：00，冬季每晚18：30~20：00 开放，供人观赏。

约翰内斯堡艺廊

位于朱伯特公园里的约翰内斯堡艺廊坐落在一座结合古今建筑特色的迷人建筑物里。馆中拥有足以代表国际及南非艺术的收藏品，还有一间藏品超过 2500 件的版画陈列室。

其他景点

克鲁格国家公园

克鲁格国家公园位于南非共和国的东北角，比邻莫桑比克，南端直入普玛兰加省的东边，北端延伸至北方省境内。它是非洲面积最大的自然保护区之一，也是世界十大国家公园之一。公园 1898 年由布耳共和国最后一任总督保罗·克鲁格创立，面积达两万平方千米，由北到南纵贯 400 千米，由东向西横跨 70 千米。

图盖拉瀑布

图盖拉瀑布位于纳塔尔省西部拉盖河上游，由 5 级递减的水流组成，整个瀑布落差 948 米，最高一级落差为 411 米，是世界上最高的瀑布之一。附近有野生动物保护区和皇家纳塔尔国家公园。

金伯利

金伯利是南非中部高原上的一座城市，是著名的钻石产地。始建于 1870 年，有直径约 500 米的大穴，平均深 400 米，是世界最大的金刚石矿穴。金伯利最初是一个由帐篷组成的叫作新热潮的小镇，从 1866 年发现第一颗 20 多克拉的钻石开始，这里聚集了越来越多的挖钻人，并迅速地集结成镇，后改名为金伯利。

卡拉哈里大羚羊国家公园

卡拉哈里大羚羊国家公园位于德兰士瓦省优平顿西北铁锈红色的卡拉哈里沙漠

中，建于 1931 年，面积 9600 平方千米。它是南非最遥远的野生动物园，一直延伸到博茨瓦纳，是世界上最大的未被污染的生态系统，有许多珍稀动植物。

布莱德河峡谷

位于克鲁格国家公园西边的布莱德河峡谷自然保护区，以意为"欢乐的河流"的布莱德河为中心，面积达 3 万平方千米，可以说是帕诺拉马路线的核心所在。开放时间为 7：00~17：00。布莱德水库有 3 个圆形茅屋形状的奇石，还有瀑布、奇妙的风景、上帝的窗户、岩石的塔等景色。此外，这里还有伯克的好运洞穴，据说从桥上向瀑布的旋涡里投掷硬币，自己许下的愿望都能实现。

第五章 美洲游

美国

　　美国的全称为美利坚合众国（the United States of America），总面积930万平方公里，仅次于俄罗斯、加拿大和中国，居世界第四位。美国的人口约2.5亿，其中白人占总人口的84%，黑人占12%，其余为拉丁美洲移民和华人、印第安人等。美国57%的居民信奉基督教新教，28%信奉天主教，还有犹太教、佛教等。

　　美国的官方语言为英语，货币为美元，国花是玫瑰，国鸟为白头雕（兀鹰），国歌为"星条旗之歌"（THE STAR SPANGLED BANNER）。美国的首都是位于东海岸的华盛顿哥伦比亚特区（Washington DC），主要城市还有纽约、洛杉矶、芝加哥、费城、旧金山、亚特兰大、休斯敦、底特律、西雅图等。

　　美国是当今世界高度发达的国家，生产规模巨大，经济结构完整，国民生产总值长期居世界第一位。工业发达，主要部门是动力、钢铁、冶金、机械、原子、化学、纺织、军火、建筑等。农业先进，实现了专业化、机械化和商品化。小麦、玉米、大豆、棉花、肉类、乳制品、烟草、马铃薯等的产量均在世界占有重要地位。有庞大的铁路、公路、航空、内河、管道交通运输网络，除商船外，铁路、公路、航空、管道等运输业均位居世界首位。公路长达6,300,000公里，铁路长为318,000多公里。

　　美国位于北美洲南部，东临大西洋，西濒太平洋，北接加拿大，南靠墨西哥及墨西哥湾。全境由东向西可分为5个地理区：东南部沿岸平原分大西洋沿岸平原和墨西哥沿岸平原两部分。这一地带海拔在 200 米以下，多数由河川冲积而成，特别是密西西比河三角洲，是世界上最大的三角洲，土质黝黑，土壤肥沃。河口附近有一些沼泽地。位于这一地理区的佛罗里达半岛是美国最大的半岛。

阿巴拉契亚山脉位于大西洋沿岸平原西侧，基本与海岸平行，长约 2300 多公里，一般海拔 1000~1500 米，由几条平行山脉组成。内地平原呈倒三角形，北起漫长的美国与加拿大边界，南达大西洋沿岸平原的格兰德河一带。西部山系由西部两条山脉所组成，东部为落基山脉，西部为内华达山脉和喀斯喀特山脉。旧褶曲运动后的产物。内华达山脉的惠特尼峰海拔 4418 米，为美国大陆最高点，喀斯喀特山脉的雷尼尔山海拔 4392 米，仅次于惠特尼峰。西部山间高原由科罗拉多高原、怀俄明高原、哥伦比亚高原与大峡谷组成，为美国西部地质构造最复杂的地区。大峡谷位于亚利桑那州西北部，由一系列迂回曲折、错综复杂的山峡和深谷组成，气势雄伟，岩壁陡峭，为世界上罕见的自然景观。美国河流湖泊众多，水系复杂，从总体上可分为三大水系：凡位于落基山以东的注入大西洋的河流都称为大西洋水系，主要有密西西比河、康涅狄格河和赫得森河。其中密西西比河全长 6020 公里，居世界第三位。凡注入太平洋的河流称太平洋水系。主要有科罗拉多河、哥伦比亚河、育空河等。北美洲中东部的大湖群。包括苏必利尔湖、密歇根湖、休伦湖、伊利湖和安大略湖，总面积 24.5 万平方公里，为世界最大的淡水水域，素有"北美地中海"之称，其中密歇根湖属美国，其余 4 湖为美国和加拿大共有。苏必利尔湖为世界最大的淡水湖，面积在世界湖泊中仅次于里海而居世界第二位。

美国的气候大部分地区属温带和亚热带气候，仅佛罗里达半岛南端属热带。阿拉斯加州位于北纬 60 至 70 度之间，属北极圈内的寒冷气候区；夏威夷州位于北回归线以南，属热带气候区。但由于美国幅员辽阔，地形复杂，各地气候差异较大。大体可分为 5 个气候区：东北部沿海的温带气候区。这一区域因受拉布拉多寒流和北方冷空气的影响，冬季寒冷，1 月份平均温度为-6℃左右，夏季温和多雨，7 月份平均温度为 16℃左右。年平均降水量为 1000 毫米左右。东南部亚热带气候区。因受墨西哥湾暖流的影响，气候温暖湿润，1 月份平均温度为 96℃，7 月份平均温度为 24~27℃，年平均降水量为 1500 毫米。中央平原的大陆性气候区。这一区域呈大陆性气候特征，冬季寒冷，1 月份平均温度为-14℃左右，夏季炎热，7 月份平均气温高达 27~32℃。年平均降水量为 1000~1500 毫米。西部高原干燥气候区。这一区域内陆性气候，高原上年温差较大，科罗拉多高原的年温差高达 25℃。年平均降水量在 500 毫米以下，高原荒漠地带降水量不到 250 毫米。太平洋沿岸的海洋性气候区。这一区域冬暖夏凉，雨量充沛。1 月份平均气温在 4℃以上，7 月份平均气温在 20~22℃左右。年平均降水量为 1500 毫米左右。

美国的农业、矿产和森林资源丰富，在世界上占有举足轻重的作用。美国的地理位置，气候条件及地形结构都是得天独厚的。美国农业用地（耕地和牧地）约为 4.3 亿公顷，占地球全部农业用地的 10% 左右。雨量充沛，土壤肥沃，粮食产量占世界总产量的 1/5，主要农畜产品如小麦、玉米、大豆、棉花、肉类等产量均居世界第一位。

美国矿产资源丰富，铁矿石、煤炭、天然气、铅、锌、银、铀、钼、锆等产量均居世界前列，但战略资源如钛、锰、锡、钴、铬、镍等则主要依赖进口。煤炭的总储量为 35996 亿吨，石油总储量为 240 多亿吨，天然气储量为 56034 亿立方米。

美国拥有 18 亿公顷的森林，占全国土地总面积的 31.5% 左右，主要树种有美洲松、黄松、白松和橡树类。

美国的东北部沿海地区和北部的五大湖区属温带湿润大陆性气候，冬季较冷，夏季温和多雨；东南部为亚热带湿润性气候，冬季温暖，夏季暖热，降水丰富；中部属大陆性半湿润、半干旱与干旱气候；西部大部分地区属半干旱和干旱气候；太平洋沿岸北段为温带海洋性气候，南段属地中海型气候；阿拉斯加属亚寒带大陆性气候，终年气温低，降水少；夏威夷则属热带海洋性气候，全年温暖湿润。

北美洲的原始居民是印第安人和因纽特人，而追溯美国的历史要从 15 世纪说起。1492 年航海家哥伦布的"地理大发现"为新兴的资产阶级开辟了新的活动场所。此后，欧洲国家不断向美洲移民。17—18 世纪前半期，英国在大西洋沿岸建立了 13 个英属殖民地（即后来美国独立时的主要组成部分）。18 世纪中期，英国与美洲殖民地之间已产生裂痕。1775 年 4 月，在波士顿以北的列克星敦打响了美国独立战争的第一枪。1776 年 7 月 4 日在费城通过了《独立宣言》，宣布建立美利坚合众国。1783 年英美签约，独立战争结束。美国人民推翻了英国的殖民统治，建立了独立自主的资产阶级共和国。1789 年美国正式成立。1861—1865 年美国国内爆发南北战争，废除了奴隶制。此后，美国经济高速发展：到 19 世纪后期，美国的工业生产已跃居世界首位；20 世纪以来，科学技术、文化教育和生产规模一直居世界领先地位，成为世界最强国。1803—1959 年间，美国领土不断扩展，从独立时的 13 个州发展到现在的 50 个州。目前美国的海外领地还有：太平洋的关岛和东萨摩亚群岛；加勒比海中的波多黎各岛；美属维尔京群岛等。

由于美国地域广阔、气候多样，再加上她历史发展的特点，从而形成了很多风景名胜和历史遗迹，如神奇宏伟的大峡谷，黄石国家公园，气势磅礴的尼亚加拉大瀑布，银装素裹的北美最高峰麦金利雪山，旧金山城的骄傲金门桥，万人仰慕的拉什莫尔山四巨头，美国的象征自由女神像，世界闻名的水利工程胡佛水坝，洋洋大观的迪斯尼世界等等。

华盛顿

美国首都华盛顿，全称"华盛顿哥伦比亚特区"（Washington D. C.），是为纪念美国开国元勋乔治·华盛顿和发现美洲新大陆的哥伦布而命名的。华盛顿在行政上由联邦政府直辖，不属于任何一个州。华盛顿位于马里兰州和弗吉尼亚州之间的波托马克河与阿纳卡斯蒂亚河汇流处。市区面积 178 平方公里，特区总面积 6094 平方公里，人口约 60 万。

华盛顿原是一片灌木丛生之地，只有一些村舍散落其间。1789 年，美国联邦政府正式成立，乔治·华盛顿当选为首任总统。当国会在纽约召开第一次会议时，建都选址问题引起激烈争吵，南北两方的议员都想把首都设在本方境内。国会最后达成妥协，由总统华盛顿选定南北方的天然分界线——波托马克河畔长宽各为 16 公里的地区作为首都地址，并请法国工程师皮埃尔·夏尔·朗方主持首都的总体规划和设计。新都尚未建成，华盛顿便于 1799 年去世。为了纪念他，这座新都在翌年建成时被命名为华盛顿。

白宫

华盛顿是美国的政治中心，白宫、国会、最高法院以及绝大多数政府机构均设在这里。国会大厦建在被称为"国会山"的全城最高点上，它是华盛顿的象征。这座乳白色的建筑有一个圆顶主楼和相互连接的东、西两翼大楼，美国国会参众两院都在国会大楼里办公。白宫是一座白色大理石圆形建筑，是华盛顿之后美国历届总统办公和居住的地方。椭圆形的美国总统办公室设在白宫西厢房内，南窗外边是著名的"玫瑰园"。白宫正楼南面的南草坪是"总统花园"，美国总统常在这里举行欢迎贵宾的仪式。国会大厦和白宫之间有"联邦三角"建筑群，其中包括联邦政府机构以及国家美术馆、国家档案馆、泛美联盟、史密森国家博物馆和联邦储备大厦等。华盛顿面积最大的建筑是位于波托马克河河畔的美国国防部所在地五角大楼。

华盛顿有许多纪念性建筑。离国会大厦不远的华盛顿纪念碑，高 169 米，全部用白色大理石砌成，乘电梯登上顶端可把全市风光尽收眼底。杰弗逊纪念堂和林肯纪念堂等也都是美国有名的纪念性建筑物。

华盛顿还是美国的文化中心之一。全市有乔治敦、乔治·华盛顿等 9 所高等院校。创建于 1800 年的国会图书馆是驰名世界的文化设施，华盛顿歌剧院、国家交响乐团、肯尼迪艺术中心等都是美国著名的文化机构。华盛顿还有美国国家艺术博物馆、自然历史博物馆、宇航博物馆等许多著名博物馆。

华盛顿市徽的外形看上去像是一只正在展翅的鹰，图案近景是华盛顿纪念碑，远景为国会山和波托马克河。华盛的市树为美洲橡树，市花为鹃菊，市鸟为红尾雀，市歌为《年轻的故乡华盛顿》。1984 年 5 月 15 日，华盛顿与北京结为友好城市。

纽约

作为世界特大城市之一的纽约，也是美国最大、最繁华的城市。纽约位于哈得孙河注入大西洋的河口处，由曼哈顿、布朗克斯、布鲁克林、昆斯和里士满 5 个区组成。各区中曼哈顿区面积最小，但却居于最重要的地位。它位于同名小岛上，百老汇大街斜贯全岛，中部聚集了许多摩天楼群，其中坐落在南部的第五大道与 34 街口的帝国大厦，建成于 1931 年，高 102 层，是纽约的标志性建筑之一。纽约是全国最大的经济中心，高度发达的贸易、工商业和金融业，使纽约成为美国和整个资本主义世界的金融和证券交易中心。同时纽约也是全国的文化中心，这里大学、博物馆、音乐厅等的数量和规模均居国内首位，高高耸立的自由女神像更是被视为纽约市的"路标"。

旧金山

旧金山正式的名称为"圣弗朗西斯科"，为了区别于澳大利亚墨尔本"新金山"的名字，华人习惯把这里称为"旧金山"。它位于加利福尼亚州的西北部，三面环海，是美国西海岸的中点。这里刚归属美国时只是个不足千人的小镇，1848 年的淘金热使旧金山奇迹般崛起，发达的经济和深厚的文化底蕴，使这里成为美国西海岸三大城市之一。城市分布在 40 多座大大小小的山丘上，市区与分布在圣弗朗西斯科湾的大都市区的联系主要靠桥梁，最重要的有金门桥和圣弗朗西斯科—奥克兰湾桥等，其中金门大桥举世闻名，也是旧金山的最著名的象征。

洛杉矶

洛杉矶是美国第三大城市，也是美国西海岸最大的城市。它位于加利福尼亚州西南部，坐落在三面环山、一面滨海的开阔盆地中，一年四季阳光明媚、气候宜人，是一座美丽的海滨城市，而它源于西班牙语的名字正是"天使"之意，因此洛杉矶总是被人们赞美为"天使之城"。它的中心区位于城市东端，东北是城市的诞

洛杉矶迪斯尼乐园

生地，还保留着浓厚的墨西哥色彩，中心区以西就是闻名于世的影视中心——好莱坞。而迪斯尼游乐中心、阳光充足的海滩和滨海动物自然保护区等名胜，每年也吸引着数以千万计的国内外游客来此领略"天使之城"的旖旎风光和浪漫情调。

夏威夷

"夏威夷"一词源于波利尼西亚语。公元 4 世纪左右，一批波利尼西亚人乘独木舟破浪而至，在此定居，为这片岛屿起名"夏威夷"，意为"原始之家"。最早发现该群岛的欧洲人是西班牙的胡安·盖塔诺，而真正使夏威夷为世人所知的是英

国航海家库克船长，他于 1778 年登上夏威夷群岛。1795 年，卡米哈米哈酋长征服了其他部落，建立夏威夷王国。1898 年，夏威夷被美国吞并，1959 年成为美国第50 个州。

夏威夷是太平洋上一颗明珠。它东距美国旧金山 3846 公里，西距日本东京6200 公里，西距香港 8890 公里．是太平洋地区海空运输的枢纽。马克·吐温说：夏威夷是大洋中最美的岛屿，是停泊在海洋中最可爱的岛屿舰队。夏威夷群岛是由124 个小岛和 8 个大岛组成的新月形岛链，弯弯地镶嵌在太平洋中部水域，所以有"太平洋十字路口"和"美国通往亚太的门户"之称。它的陆地面积为 16641 平方公里，面积最大的是夏威夷岛，由 5 座火山组成，其中基拉维厄火山为世界活火山之最。冒纳罗亚火山每隔若干年喷发一次，炽烈的熔岩从山隙中缓缓流出，成为夏威夷的一大奇观。瓦胡岛是第三大岛，也是夏威夷政治、文化中心——首府檀香山所在地。全州 110 万人的 80% 居住在该岛上。夏威夷的闻名之地有：檀香山、威尔基海滩和珍珠港。夏威夷地处热带，气候却温和宜人，经济以农业为主，主要产甘蔗和菠萝。渔业也是当地经济的重要组成部分。而近年来，夏威夷的旅游业有了突飞猛进的发展，旅游业收入已跃居各业之首。1991 年旅游业收入为 100 亿美元，是该州国防工业、食糖和菠萝 3 种主要经济领域全部收入的 2 倍，成为重要的经济支柱。

夏威夷，是世界上旅游工业最发达的地方之一。不过吸引观光游客的，并非名胜古迹，而是它得天独厚的美丽环境，以及夏威夷人传统的热情、友善、诚挚。夏威夷风光明媚，海滩迷人，日月星云变幻出五彩风光：晴空下，美丽的威尔基海滩，阳伞如花；晚霞中，岸边蕉林椰树为情侣们轻吟低唱；月光下，波利尼西亚人在草席上载歌载舞。夏威夷的花之音，海之韵，为游客们奏出一支优美的浪漫曲。夏威夷人纯朴好客。当观光轮船接近夏威夷外海时，便有一大群热情如火的夏威夷女郎，驾着小舟靠近轮船，把一串串五颜六色的花环送给游客，且高喊着欢迎口号"阿罗哈"，充分表达她们最真挚的欢迎之忱。阿罗哈是土语，一般解释为欢迎，你好等等，表示友好和祝福，每个来到夏威夷的人都学会这句话。"阿罗哈"还表示"我爱你"。花环叫"蕾伊"，夏威夷人总是手拿花环，熟人相见，欢迎或欢送客人，都要送花环，就好像我们见面握手一样。所以在夏威夷，你常常看见有人戴着一二十个花环。草裙舞是最让观光者念念不忘的。草裙舞又名"呼拉舞"，是一种注重手脚和腰部动作的舞曲。月光如水之夜，凉风习习的椰林中，穿夏威夷衫的青年，抱着吉他，弹着优美的乐曲，用低沉的歌声，倾诉心中的恋情。跳舞的女郎，挂着花环，穿着金色的草裙，配合音乐旋律和节奏、表现出优美的姿态。纯洁的感情，如待的气氛，如画的情调，令人陶醉，叫人流连忘返。赞颂"火山女神"的舞蹈，也是游客所喜欢观赏的。火山爆发给夏威夷土著人带来震惊，他们是心有余悸的。于是冥冥之中，认为他们的世界，乃火山女神所掌管。于是他们编了一个舞蹈，来赞颂"火山女神"的伟大，在疯狂的原始呼号中，一群脸上涂着色彩的土著人，围着熊熊的篝火狂舞着。

瓦胡岛上的波利尼亚文化中心，依山傍水，热带植物繁茂，人工湖将中心分为夏威夷、萨摩亚、斐济、汤加、塔西堤、马克萨斯、毛利等 7 个村落，代表波利尼亚 7 种不同文化，各村落建筑均保持几百年前的传统风貌，从不同侧面反映民族文化特色，是吸引游人拳头项目。夏威夷岛上居民的大部分劳动就业、个人收入以及州政府的税收都依靠每年络绎不绝到夏威夷游览观光的 700 万国内外游客。据夏威夷银行计算，游客在那里旅游支出的波及效应为 2，即游客每支出 1 美元，将使当地的总产值增加 2 美元。旅游收入占当地总产值的 60%，使夏威夷的经济增长率始终高于美国经济的平均增长水平。

由于旅游业在夏威夷的经济中占有举足轻重的地位，因此，夏威夷州政府十分重视保护环境，保护旅游资源，注意发展"清洁"产业，如海洋科学、水产养殖、热带农业、金融服务、商业中心等，以此来促进旅游业的发展，近而推动经济的发展。

前往夏威夷的游客中，70%来自美国本土，但近年来日本游客大量涌入。1988年日本有 850 万人出国旅游，其中有 130 万人去夏威夷，超过去美国大陆的游客人数。日本人这几年在夏威夷大量购买土地等不动产，兴建旅馆和别墅，个人和企业均在那里投资。如今夏威夷 80%的高级饭店和几乎全部高尔夫球场，均为日本人所拥有。据 1990 年美国人口普查数字，来自亚洲或太平洋各岛上的人占夏威夷 110万人口的 62%。日本人是夏威夷最大的亚洲少数民族，其次是菲律宾人、土著人、中国人、朝鲜人、越南人、老挝人和泰国人。各民族通婚现象已司空见惯。据说，每 3 个人中就有一个"混血儿"。通婚淡化了种族界限，使各民族能和睦相处。游客从一道快餐上便能看到夏威夷被誉为"种族乐园"的真实含义。它可能是日本的糖烤牛肉，也可能是爱尔兰风味炖牛肉，或者是维也纳香肠，中国的花卷和朝鲜的打糕。各国游客在这里的风味小吃店，可以品尝到适合自己口味的各种小吃。

西雅图

美国华盛顿州的西雅图市是美国太平洋沿岸西北部最大的城市，因此，这里是典型的海洋性气候，多雨，湿润，所以，它有时也被称为"雨城"；它的正式昵称为"翡翠之城";这里是波音飞机的故乡，也被叫作"飞机城";这里也是著名的星巴克咖啡的故乡，西雅图的市民有消耗咖啡量大的荣誉;这里更是微软的故乡，比尔.盖茨的豪宅和微软总部就位于这座空气十分清新的城中。

西雅图位于华盛顿州普吉特海湾和华盛顿湖之间，离美国与加拿大的边境约180千米。按美国人口调查局数据西雅图的面积为369.2平方公里，其中217.2平方公里为陆地，152平方公里为水面。也就是说41.16%的面积是水面。它本身的人口估计为569,101，整个都市地区的总人口约为370万。西雅图是金郡的郡府。但西雅图并不是华盛顿州的州府。华盛顿州的州府是西雅图南方的奥林匹亚。西雅图的名字来源于一位同名的印第安人首领度瓦米许和索瓜米希部落的首领 Chief Sealth。由于是海洋性气候，西雅图的气候温和，冬天不太冷，夏天不太热。西雅图的气候和气温与附近的加拿大大城市温哥华差不多。空气十分湿润，清新，洁净，透明。西雅图地区最早的和最主要的白人移民于1851年11月13日到达这里。1852年4月他们将他们的居民点移到依利雅特湾城市的第一幅地图是1853年5月23日绘制成的。20世纪初的造船业为西雅图带来了繁荣。第二次世界大战后西雅图的经济受益于商业航空工业的发展所带来的波音的兴旺。一直到2001年为止前西雅图是波音的公司总部。2001年波音称打算将其总部与其未来的波音787生产线搬出华盛顿州。许多城市以低税来竞争成为波音的总部和新的生产中心，最后波音总部搬到芝加哥，787生产线还是留在大西雅图地区但是波音。西雅图依然是波音民航飞机、一些波音工厂和波音职工信贷联盟的所在地。最近的发展主要来自微软和其他软件、互联网和通讯公司如亚马逊公司、RealNetworks 和美国电话电报无线公司。甚至当地的星巴克总部也对许多互联网和软件公司投资。这个新发展于2001年初结束，但许多这些公司依然相当强大。

西雅图是一个表演艺术的中心。西雅图交响乐团有上百年的历史，是世界上出版唱片最多的一个交响乐团之一。西雅图歌剧团和太平洋西北芭蕾舞团也非常著名。西雅图歌剧团尤其以其威廉·理查德·瓦格纳的上演著称，太平洋西北芭蕾舞团学校是美国最著名的三个芭蕾舞学校之一。

西雅图居民的平均教育水平比美国的平均高。36%的人口有硕士学位或以上，93%的人口高校毕业。除学校外西雅图的成人培训班和家庭学校教育也很强。如同美国其他大多数大城市的公费学校西雅图的公费学校也往往是争论的原因。虽然西雅图的学校不用法庭判决就取消了种族分离的做法，但在一个各个种族分居的城市里要达到每个学校里的种族成分均等是不容易的。虽然有些学校的成绩比另一些学校要好，但是这和居住的地区，家长对子女的教育，学校的做法不一，都有差别。

西雅图最主要的大学是华盛顿大学，它有四万多学生，是美国西北部最大的大学，此外市内还有西雅图大学（一个耶稣会的大学）和西雅图太平洋大学（一个新教大学）。此外西雅图还有一些艺术、商业和心理等小的高校。西雅图的市长和其他九个城市委员会的成员每年选举而出，此外市律师也是选举而出。所有这些职位都不是业余的。西雅图比许多美国其他城市提供更多的基础设备如饮水、废水和电力，收费和管理也由城市处理。但垃圾和回收由私人公司处理。

如同美国其他大多数城市县的法律机构处理大多数犯罪行为。西雅图的城市法院主要处理错误停车罚款等琐事。西雅图市有自己的监狱。2004 年全市一共有 24 起谋杀罪行，这是 1965 年起最低的一年。从 1994 年开始犯罪率下降 42%，每一千居民约有七起犯罪事件。偷盗汽车的犯罪率提高了 44%。西雅图的政治比美国的平均要左，但也有一些保守的市区。大多数选举中美国民主党和绿党获胜。西雅图与中国的重庆和高雄是姊妹市。

波士顿

波士顿（Boston）位于美国东北部，是马萨诸塞州的首府，面积 125 平方公里，人口约 62 万。它是马萨诸塞州首府和最大的城市，也是优良的海港城市。波士顿市与周围的剑桥、昆西、牛顿等诸多市镇一起被称为大波士顿区，总面积约为 1.2 万平方公里。

波士顿已有 360 多年的历史，被称为美国 "最古老的城市"。1620 年，一批因受宗教迫害的英国清教徒乘坐 "五月花" 号船，经过长途而艰难的航行，来到马萨诸塞州附近拓居。其中有一支由约翰·温斯洛普率领的队伍在查尔斯河入海口的南部建立了定居点。因为他们中有许多人来自英国林肯郡的波士顿镇，所以便把他们的定居点用故乡的名字命名。1632 年，波士顿成为马萨诸塞州的首府，由于该城连接各地的道路像车辐一样放射出去，于是还获得了 "车毂之城" 的别称。18 世纪中叶，波士顿一直是北美洲第一大城市。1773 年，波士顿居民为反对英国政府征收高额茶叶税的茶叶政策，登上东印度公司的三条茶船，把价值 1.8 万英镑的茶叶倒入海中，这就是著名的 "波士顿倾茶事件"，为美国独立战争的爆发埋下了导火线。1775 年 4 月 18 日，英国总督得知离波士顿不远的康科德藏有民兵的军火武器，于是派出士兵前往查缴没收。工兵保尔·瑞维尔得知消息后，星夜疾驰，通知各个村庄的民兵组织起来，迎击英军。英军和民兵在莱克星顿发生激战，英军尽管赶到康科德，夺取了部分武器，但损失惨重，被迫退回波士顿。莱克星顿的枪声，揭开了美国独立战争的序幕。因此，在美国建国的历史进程中，波士顿具有不可磨灭的作用。

波士顿的教育事业在美国首屈一指。这里学府林立，被誉为世界科技教育与研究的重镇。1635年，当早期的拓荒者还在披荆斩棘时，北美最早的拉丁语学校便在此诞生。全市现有大专院校80多所，为全国各州之冠。著名学府有哈佛大学、麻省理工学院、波士顿大学、东北大学等，专业院校有波士顿音乐学校、马萨诸塞药学院等。另外，从事特殊教育的贺拉斯曼聋哑学校、马萨诸塞盲校也很有特色。各级政府每年都拨出大笔款项支援教育事业发展，反之，这些学校每年也给当地经济注入大量资金，吸引创办了许多企业。美国《财富》杂志曾将波士顿评为最佳国际商业环境、最利企业发展的城市之一。波士顿还有美国一流的美术馆、科学博物馆以及成立于1881年的波士顿交响乐团等。

始创于1897年的波士顿马拉松赛是世界上历史最悠久的马拉松赛事之一，第117届比赛于2013年4月在波士顿举行，约有2.7万人参加。

芝加哥

芝加哥（Chicago）位于美国中西部，属于伊利诺伊州，东临密歇根湖。芝加哥建市于1837年，辖区人口约290万，是仅次于纽约和洛杉矶的美国第三大城市。由于这里终年多风，因此也被称为"风城"。

芝加哥是美国主要的金融、文化、制造业、期货和商品交易中心，2010年经济总量高达5320亿美元，居全美第三，并被评为美国发展最均衡的经济区。同时，优越的地理位置还让芝加哥成为美国最重要的铁路和航空枢纽之一。19世纪开通的伊利诺伊-密歇根运河，把处于内陆的芝加哥同五大湖和大西洋连接起来，变为港口城市。海洋巨轮从加拿大的圣劳伦斯湾直驶芝加哥码头。芝加哥是美国的铁路枢纽，几十条铁路交汇于此，连接美国各大城市；它还有世界上最繁忙国际机场之一的奥黑尔国际机场。因此，芝加哥可以称得上美国东西交通和水、陆、空运输的中心。

美国最大的期货市场——芝加哥商品交易所和芝加哥期货交易所均设在此，经营品种包括：金融票据的期货契约、国库券期货、股票指数期货和期权交易等。芝加哥还是美国中部的高等教育中心。芝加哥大学被誉为"诺贝尔奖"获得者的摇篮，曾先后培育出诺贝尔奖获得者30多人。西郊的阿岗国家研究院、贝尔实验室、费米实验室的科研成就在全美乃至全世界都令人瞩目，有相当数目的华裔学者、工程技术人员在这些科研院室任职。

芝加哥市内建筑兼具传统与现代特色，既保存着早期的西欧古建筑，又有壮观时尚的现代摩天大楼。这些形状新奇、色彩各异的高层建筑是在 1871 年的一场大火之后重建的，整个城市就像一座建筑博物馆。1985 年 9 月 5 日，芝加哥市与中国辽宁省沈阳市结为友好城市。

休斯敦

休斯敦（Houston），美国第四大城市，位于得克萨斯州东南墨西哥湾平原上部，距墨西哥湾 80 公里，海拔 49 英尺（14.94 米）。大休斯敦地区（包括周围 7 个县），面积为 6304 平方英里，人口约 430 万；休斯敦市区面积为 617 平方英里。主要为白人、黑人、墨西哥裔人。其中墨裔人口近年来增长很快。

休斯敦属亚热带气候，全年平均气温为 20.7 摄氏度，年平均降雨量为 1224 毫米。夏季热而潮湿，33 摄氏度以上气温达 94 天。全年日照期为 188 天，每年 7 至 11 月多。休斯敦周围特别是墨西哥湾沿海蕴藏着极丰富的石油、天然气，此外，重晶石、石膏、镁、盐、木材及淡水资源也较丰富。休斯敦是美国石油工业和石化工业的中心。全美 100 家最大能源公司中有 28 家的总部设在这里，此外还有 5000 多家公司从事与能源相关的业务。目前，休市每天可炼原油 334.7 万桶，占德州的 85.1%，全美国的 21.7%。休市还生产着全美 39.1%的聚乙烯和 61%聚丙烯。

休斯敦也是一重要的国际金融、贸易中心，有 523 家商业银行，393 家抵押业务机构，521 家证券交易机构。全世界最大的 50 家银行中有近 40 家在此设立分行或代表处。1993 年，休港成为全美总吞吐量第 2 大港。1994 年则成为第 1 大进口港和第 4 大出口港，是世界第 7 大港。有 66 条固定航线连接 113 个国家和地区的 250 个港口。休港主要吞吐的是石油化工制农产品及工业机械设备等。休斯敦的陆上交通非常便利，有 14 条铁路主干线向外辐射，高速公路四通八达。休斯敦有 3 个飞机场，数十家航空公司经营客货运业务，是美南地区最大的国际空港。

休斯敦的德州医学中心是美国和世界上最大、最有名气的医学中心之一，在癌症和心脏研究方面最为著名。约翰逊航天中心建于 1962 年，占地 1620 英亩，从业人员 17000，是训练美宇航员、开发、设计太空梭和太空站的基地。休斯敦也是海洋科学研究中心。美国 70 多家海洋研究机构有一半在这里设立总部，另一半在这里设有办事处。

休斯敦有 38 所高等院校，在校学生 23 万余人。最大的大学是休斯敦大学，最有名的是莱斯大学，被誉为南方的哈佛，1990 年西方七国首脑会议在该校举行。

费城

费城位于宾夕法尼亚州（Pennsylvania）东南部，是德拉瓦河谷都会区的中心城市，市区东起德拉瓦河，向西延伸到斯库基尔河以西，面积334平方公里。费城是美国最老、最具历史意义的城市之一，1790-1800年，在华盛顿建市前曾是美国的首都，因此在美国史上有非常重要的地位。费城（Philadelphia），别称是"友爱之城"。位于美国东海岸的宾夕法尼亚州，是美国第5大城市，仅次于纽约、洛杉矶、芝加哥和休斯敦；是全美第4大都会区，仅次于纽约、洛杉矶和芝加哥。是宾州最大城市，与新泽西州仅一河之隔。费城市区人口共有1，553，165（2013年），都会区人口超过715万人（2013年）。费城地理位置优越，向东北距离纽约大约160公里（2小时车程），向西南距离首都华盛顿约220公里（3小时车程）。费城是宾州最大的城市，同时也是人口最多的城市，在美国城市排名第五，仅次于纽约、洛杉矶、芝加哥和休斯敦。费城市区人口共有1，553，165（2013年），都会区人口超过715万人（2013年）。费城是宾州最大的经济体城市，2013年，费城经济圈的经济产值（GDP）4207.68亿美元，排名美国第七位，是美国东部仅次于纽约和华盛顿的第三经济城市。费城港是世界最大的河口港之一。有运河沟通特拉华河和切萨皮克湾。设有面积约29公顷的自由贸易区。大市区内有6座大桥横跨特拉华河，与对岸新泽西州各城镇相连。费城国际机场位于市中心西南12公里处，客、货运量在国内居前列。

拉斯维加斯

拉斯维加斯是美国最大赌城和娱乐城，地处美国内华达州西部旅游城，位于内华达州东南角，西南距洛杉矶466公里。

拉斯维加斯原只是沙漠中一片为印地安人所熟知的绿洲，到了1830年，西班牙探险队发这块绿地，将之取名为Vegas，意即"牧草地"。之后，十九世纪末，逐渐有拓荒者前来，而当二十世纪初，铁路开始兴建后，一批又一批的工人进驻，开始了拉斯维加斯的商机。随着铁路的修筑完成，连结拉斯维加斯与其他城市之间的交通，旅馆、商店、餐厅……等相继开张。1931年，内华达州通过"赌博合法化"的法令，至此发展出日后拉斯维加斯的赌场文化。为吸引赌客，各赌场饭店的投资愈来愈大，装潢也愈显豪华。这种奢华的手笔，造就拉斯维加斯拥有全世界最大的饭店，一家家争奇斗艳、各耍噱头的赌场饭店也逐年进驻拉斯维加斯大道，缔造了前所未有的拉斯维加斯传奇。

现在的拉斯维加斯已拥有全世界顶尖的度假酒店，和世界一流的大型表演及高科技的娱乐设施。此外，在自然景观及巨大工程方面，亦拥有科罗拉多河、大峡谷及胡佛水坝等等闻名世界的景观。

黄石国家公园

黄石国家公园（YellowstoneNationalPark）简称黄石公园，是世界第一座国家公园，成立于1872年。黄石公园位于美国中西部怀俄明州的西北角，并向西北方向延伸到爱达荷州和蒙大拿州，面积达8956平方公里。这片地区原本是印第安人的圣地，但因美国探险家路易斯与克拉克的发掘，而成为世界上最早的国家公园。它在1978年被列为世界自然遗产。

黄石国家公园是一个负有盛名的游览胜地。20世纪初，一位美国探险家曾经这样形容黄石公园："在不同的国家里，无论风光、植被有多么大的差异，但大地母亲总是那样熟悉、亲切、永恒不变。可是在这里，大地的变化太大了，仿佛这是一片属于另一个世界的地方。……地球仿佛在这里考验着自己无穷无尽的创造力。"它是地热活动的温床，有一万多个地热风貌特征；落基山脉给这片领地创造了无数秀丽的山峦、河流、瀑布、峡谷，其石灰岩的结构又让大地添上美丽多姿的颜色；无数的野生动物赋予它生生不息的生命，这里是怀俄明兽群的故乡，也是北美洲乃至全世界陆地最大的、种类最繁多的哺乳动物栖息地。

黄石国家公园

黄石国家公园占地8956平方公里，位于美国西部爱达荷、蒙大拿、怀俄明三个州交界的北落基山之间的熔岩高原上，绝大部分在怀俄明的西北部。公园自然景观丰富多样。园内最高峰为华许布恩峰，海拔3550米，园内的森林占全园总面积的 90% 左右，水面占 10% 左右。园内最大的湖是黄石湖，最大的河流是黄石河。此外，园内还有峡谷、瀑布、温泉及间歇喷泉等。另外，在这多样的自然环境中生存着大量的野生动物，如灰熊、狼、麋鹿和野牛等，无疑也是黄石公园的一大特色。黄石公园独特的自然风光显示了大自然鬼斧神工的伟力。6000 万年以来，黄石地区多次发生的火山爆发，构成了现在海拔 2000 多米的熔岩高原，加上 3 次冰川运动，留下了山谷、瀑布、湖泊以及成群的温泉和喷泉。大自然用水、火、冰、风在这里精雕细琢，安排了迷人的景色。要游山，东、西、北三面，山峰起伏崎岖，山山之间有峡谷，道路坎坷，山岩嶙峋；要逛水，河、湖、溪、泉、塘，大小瀑布，应有尽有，有的从云端直泻而下，有的自山谷奔流而出，有的从地下涌现；要看动物，有水禽、飞禽及野生的哺乳动物--麋鹿、黑熊、驼鹿和大角羊。据说，黄石国家公园是美国最大的野生动物庇护所。

五大湖

人们曾用"淡水的海洋""北美大陆的地中海"等来形容五大湖的面积之大、流域之广。据统计，五大湖南北延伸 1000 多千米，从最西北的苏必利尔湖西端至安大略湖的东端，湖区长约 1400 千米，总面积约 24 万多平方千米。

这片淡水湖群是如此的巨大，水天相接，一望无际。同时五大湖水系也是世界上最大的内河航运系统之一，流域面积（不包括湖面）50.88 万平方千米，范围遍及包括纽约在内的美国八大州及加拿大的安大略省。

苏必利尔湖是五大湖中最大的一个湖，有近 200 条河流注入湖中，湖面比休伦湖高 7 米，因此苏必利尔湖的水通过苏圣马里河滚滚流向休伦湖，沿湖地区多为森林，风景秀美，人口稀少，水质清澈，旅游业和渔猎均比较发达；休伦湖为美国和加拿大共有，全年通航期为 9 个月；密歇根湖北部与休伦湖相连，是唯一全部属于美国的湖泊，面积 58000 平方千米，是美国最大的淡水湖泊，湖中盛产鳟鱼和鲑鱼，是美国人度假休闲的好去处；伊利湖的湖面海拔比安大略湖高近 100 米，也是五大湖中最浅的一个，与苏必利尔湖、密歇根湖、休伦湖和安大略湖均有河流相连，而湖水最终经由安大略湖汇入大西洋。

尼亚加拉瀑布

举世闻名的尼亚加拉瀑布就位于安大略湖的尼亚加拉河上。在五大湖中，除了密歇根湖和休伦湖外，各湖水面高度依次下降，水流速度逐渐加快，连接伊利湖和安大略湖的尼亚加拉河以银河飞流之势跌落绝壁，垂直落差高达 51 米，巨大的水量形成震人心魄的大瀑布，声闻数里之外，气势磅礴，令人目眩神迷。

据科学家推测，瀑布最早则有可能是在 2.5 万年前形成的。新大陆发现之后，法国皇帝拿破仑的兄弟吉罗姆·波拿巴带着新娘到这里度蜜月，被这里的美景所震慑，回国后大肆宣扬，于是这里闻名于世，到这里度蜜月成为一种时尚。至今大瀑布附近仍有一条小径被称为"蜜月之径"。

加拿大

加拿大为北美洲最北的国家，西抵太平洋，东迄大西洋，北至北冰洋，东北部和丹麦领地格陵兰岛相望，东部和法属圣皮埃尔和密克隆群岛相望，南方与美国本土接壤，西北方与美国阿拉斯加州为邻。领土面积为 998 万平方千米，位居世界第二。加拿大素有"枫叶之国"的美誉，首都是渥太华。加拿大政治体制为联邦制、君主立宪制及议会制，是英联邦国家之一，英王伊丽莎白二世为国家元首及国家象征，但无实际权力。加拿大是典型的英法双语国家。得益于丰富的自然资源和高度发达的科技，使其成为世界上拥有最高生活品质、社会最富裕、经济最发达的国家之一，是世界上最大最重要的钻石生产国之一。加拿大在教育、政府的透明度、社会自由度、生活品质及经济自由的国际排名都名列前茅。同时，其也是 G8、G20、北约、联合国、法语圈国际组织、世界贸易组织等国际组织的成员。

多伦多

多伦多市（Toronto）加拿大第一大城市，位于加拿大心脏地带，是加拿大安大略省省会，人口约 550 万，面积 632 平方公里。在印第安语中，"多伦多"意为"汇集之地"，是印第安人在湖边交易狩猎物品的场所，后成为印第安人居住地。

20 世纪 70 年代以来，多伦多逐渐发展成为加拿大全国最大的工商业和金融中心，拥有飞机、机械、造船、电子、造纸、高科技等工业部门。在多伦多繁华地区的海湾街集中了加拿大最大的银行和证券交易所，号称"加拿大的华尔街"。北美第三大交易所多伦多证券交易所就设在这里，加拿大全国六大保险公司总部、119 家证券公司和 61 家基金公司也在此落户。多伦多附近还有加拿大最大的钢铁厂、最大的汽车制造厂和最大的核电站等。

多伦多又是加拿大重要的文教科研中心。市内拥有加拿大最大的大学多伦多大学。该大学 1827 年创建，占地 65 公顷，设有 16 个学院。城西北的约克大学还专门成立了白求恩学院，开设了有关中国的课程。安大略科学中心、国家通讯社、国家广播公司、国家芭蕾舞团、国家歌剧院和其他一些全国性的自然科学和社会科学研究机构也都设在这里。

多伦多移民众多，约一半的居民是从世界各地移居而来，他们来自 100 多个民族，讲 180 多种不同的语言及方言。这里有 5 个唐人街、两个意大利区，还有希腊街、印度城、韩国城等。多伦多的多元文化特质决定其是一个"微缩的世界城"，1984 年中国在多伦多设总领事馆，1986 年 3 月 28 日多伦多市与中国重庆市结为友好城市。

温哥华

温哥华是加拿大大不列颠哥伦比亚省的政治、经济、文化中心，是加拿大的航空和铁路运输的枢纽，是加拿大西部最大的海港，是北美洲通往东方的重要门户。温哥华是加拿大大不列颠哥伦比亚省的政治、经济、文化中心，是加拿大的航空和铁路运输的枢纽，是加拿大西部最大的海港，是北美洲通往东方的重要门户。

温哥华市它位于太平洋东岸，依山傍海，气候温和，是著名的旅游胜地。它是一个充满情调，景色优美的地方，并以丰富的人文资源而著称。温哥华拥有洁净的空气和新鲜的水质，可提供全年的户外活动，比如滑雪、游泳和航海等. 它的深水不冻良港是北美最大最繁忙的港口之一，它同时也是加拿大重要的工业中心，旅游，交通，贸易，金融，电影，林业和服务业等行业十分繁荣。温哥华的气候由于受北太平洋暖流的影响，再加上东部连绵的落基山脉挡住了美洲大陆来的寒冷干燥气流，因此令温哥华四季宜人，是全加拿大冬季最暖和的城市，最冷的 1 月平均气温为 3℃，7 月的平均气温为 17℃。大温哥华（温哥华大城市圈）占地面积 2800 平方公里，人口 181. 6 万。年降水量 1170 毫米，一年中均有 2/3 时间属于秋冬季节。

温哥华大市区的工业在加拿大占有重要地位。整个温哥华约有工业企 2000 家，年产制达到 20 亿加拿大元。主要的加工工业有鱼类加工、食品加工、木材加工及附属产品的深加工等。温哥华附近的山林为该市的木材加工和造纸提供了源源不断的原材料，其他工业还有金属加工、造船、汽车、石油冶炼等。作为加拿大西海岸最大的港口城市，温哥华是联系北美和亚洲的主要货物集散地。温哥华拥有加拿大最大的港口和第二大航空港，铁路交通发达。温哥华港辟有 50 多条国际航海线，是世界最繁忙的港口之一。温哥华市于 1985 年 3 月与广州市建立友好城市关系。

蒙特利尔

被誉为"北美洲巴黎"的加拿大魁北克城市蒙特利尔位于加拿大东部，是圣劳伦斯河水道（连接五大湖和大西洋）上的主要港口。它坐落在圣劳伦斯与渥太华河交汇处的三大群岛之一——霍舍拉加群岛的最大的岛屿蒙特利尔岛上。城市环海拔 233 米的蒙特利尔依山而建，市区面积 158 平方公里，占全岛面积的 1/3，大市区面积 2670 平方公里，其范围包括其他岛屿和圣劳伦斯河两岸的部分地区的 70 多个大小城镇。

16 世纪 30 年代，法国航海家、加拿大的发现者卡蒂埃第 2 次探险时来到这里，受到上千印第安人的欢迎。他将该山命名为蒙特利尔，即法语中"皇家山"的发音。这里原是印第安人的小村落，1642 年法国人在此开始建城，1832 年蒙特利尔正式建市，此后，城市发展迅速，1763 年成为英属北美的一部分，1775 年被美国革命军占领，1825—1849 年该城曾为加拿大的首都。1959 年获准建立都市自治。因该城市的 300 万人口中 60% 是法裔，城市建筑保持百年前巴黎的风格，是世界上除巴黎之外最大的法语城市，故有"北美洲的巴黎"之称。

蒙特利尔市大致成东北—西南走向，市区主要分布在罗亚尔山与圣劳伦斯河之间。圣劳伦斯大街将其分成东、西两部分。东部旧市区是该城的发祥地，街道以法文命名，建筑风格妩媚和谐，保留着堡垒古城的遗风。窄窄的鹅卵石路逶迤于古老的教堂和广场、小巧的古玩店、庄重朴实的石砌大楼、喷泉、剧院之间。旧城的夜市十分出名。西部新市区多豪华的现代化建筑。以多米尔广场为中心，集中了全市商业、金融行政、文教和娱乐场所。圣凯瑟琳大道一带是商业中心，有许多世界知名的大商场。在市政府命名的"白求恩广场"上，矗立着中国政府赠送的白求恩雕像；市内规模宏大的圣约瑟大教堂在北美洲亦居首位，此外，1976 年奥林匹克运动会体育场建筑风格独特，名闻遐迩。它的工商业和文化教育事业也很发达。

最令蒙特利尔骄傲的是她独具一格的地下城。在市中心区的地面上，是以一座十字形的 45 层大楼为中心的数座高大建筑，在地下，是地下商店、饭店、剧院等商业设施，它们相互连接，地上、地下形成一个整体。地下城长约 17 公里，总面积达 80 多万平方米，分上、下多层，6 大中心，有 1000 多家商店、100 多家饭馆、8 家大旅社、20 多家银行、20 多家电影院和 4 个大剧院，此外，还有展览厅、画廊、室内广场、车站和可停放 1 万多辆汽车的停车场。地下城内商店鳞次栉比、商品琳琅满目，各种生活必需品应有尽有。地下商城使蒙特利尔在每年积雪达 152—

305 厘米的冬季仍能正常进行。地下城还建有花草树木的植物园，这里常年花盛叶茂，生机盎然。

蒙特利尔的地下城是 60 年代初与地下铁路一起建设和发展起来的，目前，该市地铁全长 70 多公里，设有 80 多个车站，四通八达，其设施亦属世界一流。蒙特利尔是大公司总部汇集地，设有银行、铁路、保险公司和国际民航组织等机构的总部。它是加拿大的金融中心，全国 8 家大银行有 5 家的总部都设在这里。作为航运和工业中心，有肥皂、酒和木革制品等传统产品，还有各种新兴制造业和石油加工业。它的高等教育很发达，设有麦基尔（1821 年建立）、乔治威廉斯（1929 年）和蒙特利尔（1876 年）大学及魁北克大学蒙特利尔分院。作为主要文化中心，它设有艺术馆、博物馆、交响乐团、剧团；书店出售欧洲各大语种书籍；大学举办公共讲座；英语、法语出版业兴盛。1967 年该市被选作"人与世界"国际博览会会址（每年夏季举办），使蒙特利尔日益成为国际性城市，吸引着八方来客。

蒙特利尔市居民 60% 以上为法裔，其余大部分为英裔。宗教信仰因民族传统而异，以天主教为主。城市经济主要由少数英裔控制，两大种族集团之间的语言隔阂和经济地位悬殊造成一些不稳定因素。1999 年 9 月 19 日，蒙特利尔市在唐人街举行了中国"牌楼"的竣工典礼。矗立于圣罗伦大街南北路口的两座牌楼相距近 200 米，牌楼的高和宽均分别为 12.8 米和 14 米，木雕镏金，楼顶铺盖金黄色琉璃瓦。两牌楼中央外侧均嵌有宽 1.5 米、长 3 米的蓝底金边正匾，上面分别写着"唐人街"三个金色大字。南牌楼内侧的大匾上写着"钟灵毓秀"四个大字，意为美好的环境必然产生杰出人物；北牌楼内侧的大匾上写着"踵事增华"，意指继承和发展以前的事业。这两座牌楼于 1998 年 6 月动工，是由蒙特利尔市和中国上海这两个姐妹城市共同修建的。中国国务院侨务办公室赠送给蒙特利尔市的两对石狮分别摆放在南北牌楼的两边。左边的是雄狮，用右爪戏弄绣球；右边的是雌狮，用左爪抚弄幼狮。两对狮子神态浑厚庄重，给两座牌楼增添了迷人的风采。1985 年 5 月 14 日与中国上海市结为友好城市。

墨西哥

墨西哥合众国（英语：The United States of Mexico，西班牙语：Los Estados

Unidos Mexicanos）位于北美洲，北部与美国接壤，东南与危地马拉与伯利兹相邻，西部是太平洋和加利福尼亚湾，东部是墨西哥湾与加勒比海，首都为墨西哥城。墨西哥是一个自由市场经济体。墨西哥经济实力排名美洲第四，世界第十三。墨西哥拥有现代化的工业与农业，首都及最大城市是墨西哥城。墨西哥是美洲大陆印第安人古老文明中心之一。闻名于世的玛雅文化、托尔特克文化和阿兹特克文化均为墨西哥古印第安人创造。公元前兴建于墨西哥城北的太阳金字塔和月亮金字塔是这一灿烂古老文化的代表。太阳金字塔和月亮金字塔所在的特奥蒂瓦坎古城被联合国教科文组织宣布为人类共同遗产。墨西哥古印第安人培育出了玉米，故墨西哥有"玉米的故乡"之称。墨西哥在不同历史时期还赢得了"仙人掌的国度""白银王国""浮在油海上的国家"等美誉。

墨西哥城

墨西哥城是墨西哥合众国的首都，位于墨西哥中南部高原的山谷中，海拔 2240 米，其与周围的卫星城市被独立划分为一个联邦行政区，称为墨西哥联邦区（Distrito Federal）。

墨西哥城面积达 1500 平方公里，人口达 2200 多万，是美洲人口最多的都市区，也是世界上海拔最高的都市区。它集中了全国约 1/2 的工业、商业、服务业和银行金融机构，是全国的政治、经济、文化和交通中心。这座西半球最古老的城市，遍布着古印第安人文化遗迹。

今日的墨西哥城是 16 世纪时，西班牙征服者在打败中美洲的印第安文明——阿兹特克帝国之后，将该帝国的首都特诺奇提特兰夷平再在废墟上重新建立而起的城市，也是西班牙人在新大陆上建立的国家——新西班牙的首都。特诺奇提特兰原本是一个以特斯科科（Texcoco）中的小岛为中心、逐渐填湖建造出的水上城市，西班牙人在征服此地后，变本加厉将湖面大部分的区域都填平，因此今日的墨西哥城绝大部分的市区都是建立在不稳定的回填土之上，对于地震之类的天灾特别没有抵抗能力。由于墨西哥城位于被称为墨西哥谷的盆地地区中央，因此先天就有空气不易流通扩散的缺点，再加上都会区人口密集以及大量使用老旧的汽车设计，造成该城举世闻名的严重空气污染。交通拥挤亦为此城最严重的都市问题。

蒙特雷

蒙特雷（西班牙文：Monterrey）是墨西哥东北部新莱昂州首府，人口 110 万。在面积上为墨西哥第二大城市，人口上为墨西哥第三大城市，有着"北方艳后"

"东北巨人""群山之城""北方之都"等别称。此外美国也有个蒙特雷市。蒙特雷地区的城市化十分迅速，在2000至2006间城市每周25公顷的速度在成长，也就是说，从2000年至今，蒙特雷已新增市区面积8847公顷，差不多圣尼古拉斯区面积。蒙特雷还是很多工业企业、银行财团的总部，有很多蜚声国际的大企业，如FEMSA饮料公司、墨西哥第一大水泥企业Cemex公司、Axtel固话运营公司、阿尔法集团、墨西哥北部商业银行总部、Maseca公司、墨西哥零售业巨头 萨利纳斯集团、英美烟草公司、西门子公司、中国 联想集团等。

仙人掌世界

提起墨西哥，就不能不提到仙人掌。仙人掌不仅仅是墨西哥的象征，也是墨西哥美食中不可缺少的食材。墨西哥盛产仙人掌，拥有1000多种光怪陆离的仙人掌植物，仙人掌制品也无所不在，如罐头、甜品、果酱及果汁、酒，甚至还有由仙人掌制成的洗发水、沐浴液、乳液甚至是药品。

墨西哥菜色泽鲜艳，辛辣可口，第一眼便能刺激食欲，墨西哥人有100多种烹调方式来做出各种美味菜肴。比如广受人欢迎的刺梨仙人掌沙拉，就是将一种名叫刺梨仙人掌的嫩茎开水焯过，加上番茄、葱头、香菜、精盐等做成凉拌菜，风味独特，是墨西哥人餐桌上最常见的一道菜。而这种仙人掌的果实同样也是墨西哥人喜爱的水果，有酸、甜两种，甜的可拿来当新鲜水果吃，而酸的则加以腌制，都是让人难以拒绝的美食。

在墨西哥农村，处处可见仙人掌的影子，这种植物有的高达十几米，在贫瘠的戈壁形成一个个多刺的丛林。仙人掌的汁液可以解渴，被称为"荒漠之泉"，为无数旅人带来希望。仙人掌在荒凉的沙漠气候里也能顽强地生存，因此墨西哥人有一句古老的谚语："哪里有仙人掌，那里就能生存。"

玉米故乡

墨西哥曾是美洲大陆印第安人的古老文明中心之一，闻名于世的玛雅文明就来源于墨西哥的古印第安人。玉米不仅起源于此地，而且古代玛雅人甚至以太阳的位置和玉米的种植来划分节气。

墨西哥的文明史几乎是与玉米的进化和发展同步前进的。在每年人们收获鲜嫩的玉米后，都举行一些特定的宗教仪式和欢庆活动，比如用羊羔、饮料祭祀玉米神等。而玉米也是墨西哥饮食中不可缺少的部分，玉米饼就是墨西哥最常见的主食，在任何一家餐馆，你所点的菜都会配上一盘玉米饼，这种用玉米粉或玉米和小麦粉混合制作的食物配上当地特有的鳄梨酱，让人回味无穷。

玉米文化同样也是墨西哥魔幻气质的一部分，在墨西哥的文化历史中，处处绽放着光芒。用墨西哥人的话来说，就是"玉米是墨西哥文化的根基，是墨西哥的象征，是我们无穷无尽的灵感的源泉。我们创造了玉米，玉米又造就了我们。我们永远在相互的哺育中生活，我们就是玉米人。"

古巴

古巴共和国（西班牙文：República de Cuba），简称古巴，国名源自泰诺语"coabana"，意为"肥沃之地""好地方"。古巴是北美洲加勒比海北部的群岛国家，哈瓦那是古巴的经济、政治中心和首都。古巴是现存世界为数不多的 5 个社会主义国家（中华人民共和国、朝鲜、古巴、越南、老挝）之一，而且是美洲唯一的社会主义国家。由于美国对古巴进行几十年的经济封锁，民众维持生活有诸多困难，但凭借着 78. 3 的平均寿命和 99% 的识字率让古巴多年的人类发展指数达到高等水平。古巴于 2006 年成为全球唯一符合世界自然基金会可持续发展定义的国家。2010 年古巴以市场为导向的经济改革已经展开。

首都哈瓦那

古巴的首都哈瓦那是加勒比海地区的一座历史名城，是古巴的经济、政治和文化中心，也是西印度群岛中最大的城市和著名的优良港口。它位于碧波环绕的古巴岛西北侧，扼守着墨西哥湾通往大西洋的大门，战略地位十分重要，被称为"加勒比海的明珠"。哈瓦那有新城区和老城区两个部分，其中老城区保留了不同时期各种风格的古老建筑，已经被联合国教科文组织作为世界文化遗产而列入了《世界遗产名录》。

圣地亚哥

圣地亚哥市于 1515 年由西班牙占领者 Diego Velazquez（迪戈·贝拉斯科斯）创建，现为古巴第二大城市。融合了各地文化的圣地亚哥还素有"加勒比海之都"

哈瓦那

的美誉。圣地亚哥是古巴主要音乐流派的发源地，书写了古巴历史上难忘的篇章。古巴著名的颂乐和玻丽路舞曲都起源于圣地亚哥。这里诞生了许多出色的音乐代表人物，包括皮皮桑切斯、米格马塔莫罗斯和坎贝赛康多，他们备受爱戴。同样声名远扬的还有喜瑞拉梅斯特拉的山峰，这里景色迷人，适合攀登，山路两侧植被茂盛，吸引着旅游者来登山、露营、欣赏古巴特有的花草鸟兽。为了满足不同旅游者的需求，古巴那坎提供许多景点的选择，您可以游览古巴守护神的避难所，迪戈·贝拉斯科斯故居（被认为是美洲最古老的建筑），圣易菲奇妮墓地，或者其他旅游景点。

圣克拉拉

圣克拉拉位于古巴岛的中北部。作为古巴主要历史事件的见证地，这个省的历史中心受到了很好的保护。这里的许多地方集中体现了比亚克拉拉的文化生活，其中包括维达公园、著名的卡瑞达德剧院、文化馆、美术博物馆以及约瑟玛蒂图书馆。古巴那坎安排的旅游项目具有特殊的意义，我们将带您参观切·格瓦拉广场。切·格瓦拉是古巴的传奇英雄，他和他的战友们在玻利维亚失利后，遗体就安放在这里的陵墓中。我们也将安排您参观他的博物馆和陵墓。对于海上活动的爱好者们，我们将带大家参观哈纳巴尼拉地区。那里渔业资源丰富，而且我们保证，无论是行家还是业余爱好者都能在那里见到古巴最大的鲑鱼。

西恩富戈斯

法国殖民者们给这个城市注入了特殊的风格，而古巴的国民又在筑造其民族性格和特征的过程中给它带来了新的魅力。作为一个海滨城市，西恩富戈斯拥有古巴最美丽的海湾，非常适合各类海上运动，是每一个进入古巴，渴望探寻新惊奇的人所向往的地方。

提到这个城市，就不得不说一说它的那些引人入胜的历史和文化遗迹，例如特里剧院、巴利宫和玛蒂公园。在结束了随古巴那坎进行的城市观光游览后，最好还不要忘记参观一下古巴最出色的流行乐代表人物的出生地以及古巴当代音乐史上著名的乐团当年成立的地方。除了传统和历史，西恩富戈斯同样拥有天然美景。温泉水和保养完好的道路都构成了迷人的风景。西恩富戈斯的埃斯坎布拉伊山脉因此而成了古巴南部著名的生态旅游景区，在此您可以尽情享受纯净的新鲜空气。

圣斯皮里图斯

圣斯皮里图斯是由迪戈·贝拉斯克斯于1514年建立在雅雅波河岸上的。今天这座美丽的城市仍然留存着殖民时期的建筑特色。屹立于市中心的民族纪念碑承载着这个国家不同历史时期的重要篇章。这个城市充满了浪漫的回忆，这块土地孕育了古巴最地道的传统民歌。如今，在这里还可以听到年轻一代歌者演唱的古老民谣，歌声从阳台飘出，在空中回荡。

距离圣斯皮里图斯相当近的古城特立尼达是古巴的"活的博物馆"，已被联合国教科文组织列为世界文化遗产。古巴那坎在组织您游览这座城市的标志性景点的同时，还会让您品尝各种风味的古巴美食和饮品。古巴那坎还将满足生态旅游爱好者的心愿，保证您在圣斯皮里图斯的埃斯坎布拉伊山脉度过难忘的夜晚。自然景观如岛礁等显示了大自然的神奇力量，而人文环境如特立尼达附近的洛斯印格奥斯谷地（糖厂谷地）将与您一同分享历史和传统。

圣卢西亚

大西洋海风吹拂着的圣卢西亚位于卡马圭省的东北部。这里最吸引人的是多种多样的野生陆地、海洋动物，以及世界上最著名和壮观的珊瑚屏障。这里拥有35家潜水中心，让那些热爱大海的人们全身心地融入海底世界中，去寻找和发现大海中的秘密：珊瑚、有机海生动物、海底洞穴、海地桥梁以及沉船等。

一次深入的海洋之旅过后，我们会安排您在海滩的最佳地点充分休息，之后再继续和古巴那坎一起游览卡马圭城。卡马圭不仅拥有古巴最大的历史中心，还是众所周知的"大陶罐城"。它还是许多名人的诞生地，如古巴女作家柯梅兹阿维雅内达和古巴国宝级诗人尼古拉斯·纪廉。这里是民谣集团和卡马圭交响乐队的摇篮。

民谣集团和卡马圭交响乐队以演绎各种经典剧目和曲目而闻名，他们的演出多次在古巴国内和国外获奖。古巴那坎建议爱好生态旅游的人们游览塞比诺、罗马诺、纳加沙、古比塔斯等地的岛礁，那里有真正的天然珍宝。

莫洛城堡

著名的莫洛城堡高耸在哈瓦那港湾入口处的峭壁上，是16世纪中叶西班牙国王为防止海盗的袭击而下令修建的。莫洛城堡面对海湾建起高大结实的城墙，有吊桥通向城堡的主要入口。堡上的灯塔在30千米以外就可看到其耀眼的光芒，被视为哈瓦那的象征。几个世纪以来，它一直是加勒比海上的指路明灯。

古巴雪茄

古巴烟草的名声，完全不输给它的蔗糖。古巴的气候十分有利于烟草的生长。烟草是古巴传统经济作物，全国各地都出产烟草。烟叶采摘后挂在通风处，然后对风干的烟叶进行处理，经烟厂卷制，就成了世界闻名的古巴雪茄烟。古巴的烟草制品年产量约5万吨，大部分供出口。抽上一支古巴雪茄，往往就是最有身份的体现。

嘉年华会

嘉年华会就是狂欢节，它是古巴最大的祭奠活动，其历史可上溯到奴隶制盛行的时代。当时，奴隶们在每年的主显节祭日这一天放假，他们唱歌跳舞，欢度一年中难得的节日。现在，古巴人每年都为迎接嘉年华会定做新衣服，练习舞蹈和歌唱。届时穿上传统的民族服装举行盛大游行，人们载歌载舞，尽情欢乐。

牙买加

牙买加，是加勒比海的其中一个岛国。牙买加原本是印第安人居住地，但在1494年哥伦布发现它，不久之后就变成了西班牙人的殖民地；1655年，牙买加又被大英帝国占领，成为英联邦成员国之一。牙买加还是一个体育强国，在田径方面非常出色，伦敦奥运会上以 4 金、4 银、4 铜，赢得了第十八名。从第一次参加奥运会取得 1 银到 2012 年已经达到 10 金、18 银、15 铜的成绩。大部分是在田径上取得的。博尔特是该国最著名的运动员。截至 2012 年底，牙买加著名短跑健将博尔特已经取得了 17 枚金牌，包括 6 枚奥运会金牌和打破了 7 项世界纪录。牙买加的人民有 90 % 以上均是非洲黑人，且有普遍年轻化的倾向，约 60 % 的人口年龄在 29 岁以下。

金斯敦

牙买加首都金斯敦南濒加勒比海，北靠蓝山，是牙买加重要的港口城市。金斯敦自 17 世纪末期以来发展迅速，19 世纪初建市，1872 年起成为牙买加首都。金斯敦历史上曾遭受过地震、火灾、霍乱和飓风等各种灾难，但人们没有屈服于自然，而是顽强地生存了下来，并用自己细致入微的努力雕琢出这座海边的动感之都。金斯敦市北的蓝山不仅有优美的山林景色，更因是蓝山咖啡的产地而成为所有咖啡爱好者心中的向往之地。同极品的蓝山咖啡一样奢华的，是曾为亿万富翁豪宅的达芳大宅。虽然达芳大宅现已成为金斯敦的美食和购物中心，但那古典的白色建筑仍处处透出昔日的堂皇。金斯敦的西班牙城镇广场，是早期的西班牙殖民时代留下的代表性遗迹。而金斯敦市区的国立画廊，则是牙买加最高水准的艺术精品的展出地。名胜古迹之外，集中了酒店、餐厅、娱乐场所和繁华街区的新金斯敦是金斯敦最热闹的商业中心，吃住玩乐一应俱全的新金斯敦，是金斯敦现代都市气息最浓郁的地方。

蒙特哥贝

蒙特哥贝是牙买加西北岸城市。位于蒙特哥湾畔。人口 5. 96 万（1982）。原是印第安人村庄，1494 年哥伦布曾在此登陆。全国第二大城。市区沿海滨延伸 32 公里，是重要的商业中心和港口。输出糖、咖啡和热带水果。依山傍水，日照充足，气候宜人，为著名旅游城市。沿海白色沙滩设有海滨浴场，岸上多豪华旅馆、别墅，有"水下珊瑚公园"，游客可乘玻璃为底的游艇观赏。有教堂、城市大厦、城堡等古老建筑。铁路通首都金斯顿，城北有国际机场。

尼格瑞尔海滩

牙买加的尼格瑞尔海滩成为世界十大著名海滩之一是因为它的天气是极其棒

的，而且常年不变。令人吃惊的是，牙买加在整个 10 月的飓风季节里不会受到任何影响。这个海滩有着 17 英里的非常迷人的白海滩，沿着海岸线开设的餐馆和一种宁静的气氛，这都会促使你去期望你的牙买加朋友能够接受你。牙买加的夏季可能更吸引人，因为海滩上没有拥挤的游客，旅馆的入住率要比冬天低 30%。傍晚可以欣赏到被称作是世界上最壮观的加勒比海落日。

蓝山

如果你是个爱喝咖啡的人，就一定知道牙买加这个位于加勒比海上的岛国。牙买加是世界上最名贵的咖啡——蓝山咖啡的产地。1725 年，牙买加总督尼古拉·劳斯爵士将第一批蓝山咖啡树种从马提尼拉岛带到了牙买加，此后牙买加便成了咖啡的王国。如今这里已是全球重要咖啡生产国。

牙买加蓝山咖啡可以说是世界上最名贵的咖啡了，因为只有在牙买加首都金斯敦东北部的蓝山区域、海拔 1600 米以上的那 6000 公顷地中出产的咖啡，才可以称为真正的"蓝山咖啡"。据了解，牙买加蓝山咖啡生豆的价格是普通咖啡生豆的 8 倍，而且蓝山咖啡与其他咖啡相比，在运输方面也有自己的独特要求。由于产量不高，加之供不应求，蓝山咖啡一直是咖啡爱好者追求的对象。

蓝山咖啡因其口味甘苦而醇厚，风味浓郁而闻名于世，牙买加极为优越的种植条件无疑为其提供了品质保证，而牙买加政府也因此获益，蓝山咖啡甚至成为当地不可错过的旅游纪念品，到牙买加的游客大都不会错过这种浓烈芳香的顶级咖啡。

泉水之岛

牙买加岛为西印度群岛第三大岛，属热带雨林气候，岛上气候湿润，鲜花怒放，是加勒比海地区著名的旅游胜地。1494 年哥伦布发现了这个岛屿，并给它命名为"圣雅各岛"。但是当地的印第安人并没有在意，这个美丽的海岛仍然使用印第安语名称"牙买加"，这个词在印第安人阿拉瓦克族的语言里，就是"泉水之岛"的意思。

岛上河流众多，雨量充沛，泉水四溢，溪水纵横交错，瀑布飞泻，当地的朗姆酒同样闻名于世，是牙买加重要的出口产品。美丽的景色同样也给牙买加带来了高昂的旅游收入，被称为"蓝山，清泉，碧水"之国的牙买加同时也是世界旅游业人均收入最高的国家。牙买加文化具有非常浓郁的非洲文化的风味，岛上年轻人很多，充满活力，是著名的雷鬼音乐的发源地。而具有浓郁风情的手工艺品也同样让人爱不释手，这些粗犷和艳丽的工艺品带着岛民们骨子里野性的非洲精神，在加勒比海的阳光下熠熠发亮，风情万种，每年都吸引了大量欧美观光客来此，享受水上运动及高尔夫球，品味加勒比的独特风情。

巴西

巴西即巴西联邦共和国，是南美洲最大的国家，享有"足球王国"的美誉。国土总面积851.49万平方公里，居世界第五。总人口2.01亿。与乌拉圭、阿根廷、巴拉圭、玻利维亚、秘鲁、哥伦比亚、委内瑞拉、圭亚那、苏里南、法属圭亚那十国接壤。巴西共分为26个州和1个联邦区（巴西利亚联邦区），州下设市。历史上巴西曾为葡萄牙的殖民地，1822年9月7日宣布独立。巴西的官方语言为葡萄牙语。国名源于巴西红木。巴西拥有丰富的自然资源和完整的工业基础，国内生产总值位居南美洲第一，为世界第七大经济体。是金砖国家之一，也是南美洲国家联盟成员。是里约集团创始国之一，南方共同市场、20国集团成员国，不结盟运动观察员。全球发展最快的国家之一，是重要的发展中国家之一。巴西的文化具有多重民族的特性，巴西作为一个民族大熔炉，有来自欧洲、非洲、亚洲等地区的移民。足球是巴西人文化生活的主流运动，是2014年世界杯举办国。

里约热内卢

里约热内卢市位于巴西东南部，面积1,255.3平方公里，海拔2.3米，人口约600万，是巴西第二大城市。里约热内卢在葡语中意为"一月的河"。1502年1月葡萄牙航海家抵达瓜纳巴拉海湾，误认其为河口，因此得名。里约热内卢市建于1565年，1763年至1960年为首都。1960年首都迁往巴西利亚后，仍有相当多的联邦政府机关、企业、社会团体和研究机构的总部设在这里，包括前总统在内的许多政、军界名人寓居于此。因此，政治上仍有相当的影响，享有"第二首都"之称。该市经济发达。主要产业有石油、冶金、汽车制造、旅游等。在全市各行业中，工业占13.5%、商业占42.5%、服务和金融占44%。里约是全国一些著名企业总部所在地，如巴西石油公司、巴西电力公司、淡水河谷公司等。

里约市坐落在美丽的瓜纳巴拉海湾，依山傍水，风景优美，湖泊山峰相间，景色奇特，是巴西著名的观光旅游胜地。主要名胜有耶稣山、面包山、尼特罗伊大桥、马拉卡纳体育场、植物园、二战纪念碑、圣塞巴斯蒂昂大教堂等。里约海滩举世闻名，其长度和数量为世界之最。全市共有海滩72个，其中科帕卡巴纳、弗纳门戈、博达弗戈、伊巴内马、莱布隆和巴哈海滩为里约热内卢5大海滩，享誉世界。1986年里约热内卢市与北京市结为友好城市。1992年我在里约设总领馆。

萨尔瓦多

萨尔瓦多是巴西最早的首都，现为巴伊亚州州府，是巴西也是南美的一座古城，至今已有400多年历史。1500年4月22日，葡萄牙航海家佩德罗.卡布拉尔在巴伊亚州南部塞古罗港登岸，发现巴西大陆。1549年，葡萄牙王室在萨尔瓦多（SALVADOR）建都。此后二百多年间，萨市一直是巴西的首都和政治、经济、文化中心，直至1763年王室迁都里约热内卢。萨尔瓦多市人口约250万，为巴西第三大城市。代表萨市古老风貌的佩洛里尼奥区拥有拉美最大的欧洲殖民统治时期的建筑群，1985年被联合国教科文组织确定为世界文化遗产。其殖民统治时期建设的许多古老建筑、街道、广场、教堂比比皆是，保护完整无缺。这些古老的建筑成为人们了解历史的生动教材和人类的共同遗产。萨尔瓦多是仅次于里约热内卢的第二大旅游城市。市区分上城和下城两部分，上城是古城，下城是新城，商城建筑分布于起伏的山坡上，下城则向海滨一带延伸，两城之间有电车和电缆相连，成为该市一大奇观。萨市海滨也是巴西最美的海滨之一，巴拉、伊塔普昂、巴拉多雅西佩、伊塔西米林、阿伦贝佩、瓜拉儒巴以及福特海滩绵延24公里，是游人理想的休闲胜地。

"黑金城"（OURO PRETO）

米纳斯吉拉斯州的第一个州府，位于米纳斯东南部，建于1711年，因盛产黄金而得名"黑金城"。"黑金城"是随着巴西"黄金周期"的开始而建立和繁荣起来的。17世纪末18世纪初，当地发现金矿，成千上万的淘金者和商人蜂拥而至。因黄金交易，该城逐渐走向繁华，用黄金装饰的教堂和雕刻成为引人注目的艺术宝库，在巴西有着不可比拟的特殊地位。自1993年被命名为"国家财富"后，整个城市被精心保护起来，所有街道、广场、教堂、住宅原封不动保留下来，一砖一瓦、一草一木不许随意改动，被联合国教科文组织列为世界文化遗产。如今，该城已成为巴西旅游胜地，驴车、马车、牛车，殖民时代的建筑群，教堂、广场、昔日总督府以及众多的历史古迹和艺术珍品无不吸引着来自世界各地的游客。

亚马孙热带雨林

这是一片充满着原始野性的丛林，密林莽莽，生机盎然，亚马孙河流域充沛的雨水、湿热的气候和长时间的强烈日照造就了这片世界上最大的热带雨林，占世界现存热带雨林的1/3，其中87%在巴西境内。

亚马孙热带雨林

亚马孙热带雨林多雨、潮湿、高温，但是却蕴藏着世界上最丰富的生物资源，奇花异兽，草药毒虫，甚至有一些奇特的物种至今尚无记载。昆虫、植物、鸟类及其他生物种类多达数百万种，被生物学家公认为最神秘的"生命王国"。

当然，这片雨林的意义远远不止于此。地球环境恶化的今天，热带雨林的价值越来越被人们重视。亚马孙热带雨林日益受到关注是因为其"地球之肺"的功能。对于生长迅速的热带植物来说，每天吞噬全球排放的二氧化碳，又制造大量的氧气，其功勋不容忽视。

令人唏嘘的是，这一发现已经来得太晚。从16世纪起开始，人们开始大量砍伐森林，愚昧的烧荒、战火、人口增长让丛林满目疮痍，同400年前相比，亚马孙的热带雨林整整减少了一半。如果这片雨林消失的话，地球上维持人类生存的氧气将减少1/3。亚马孙雨林，不仅仅属于巴西。

足球王国

提起巴西足球，大概所有爱好这项运动的人都会露出会意的笑容。对于巴西人来说，足球并不只是足球，这是一项运动与文化的结合，因为巴西人把足球踢出了艺术。

很久之前，巴西有个青年到英国学习，回国时带回来两个足球和一本守则。不久，足球运动便在巴西传开了，并且很快成为巴西人文化生活的主流。南美人特有的柔韧性与堪比桑巴舞的华丽脚法，使得巴西足球很快名扬天下，青出于蓝而胜于蓝，几度成为国际足坛上的霸主。

在巴西，几乎人人都是球迷。每当有重大国内、国际比赛进行时，巴西人常常举家前往观战。很多巴西人甚至会幽默地说："不懂足球的人是当不上巴西总统的，也得不到高支持率。"由于此项运动的风靡，巴西国内遍布各种足球学校，重点培养 10 岁出头的孩子，由优秀教练向他们灌输先进的足球理念和基本技能，即使是身在贫民窟里的穷孩子，也会光着脚把袜子塞满纸当球踢。海滩上、城市的街头巷尾，处处可见踢球的孩子。

巴西各个俱乐部均雇有一批经验丰富、嗅觉敏锐的球探，他们的工作便是在各足球学校和比赛场地"活动"，及时发现优秀人才，无数名扬天下的球星因此走上国际足坛，成为巴西足球最有力的代言人。

阿根廷

阿根廷共和国是位于南美洲南部的一个由 23 个省和联邦首都（布宜诺斯艾利斯）组成的总统制联邦共和制国家，与智利、玻利维亚、巴拉圭、巴西、乌拉圭等国相接壤，东南面向大西洋。阿根廷是拉丁美洲面积第二大国（仅次于巴西），世界面积第八大国。阿根廷还是南美洲国家联盟、20 国集团成员和拉美第三大经济体。阿根廷和英国在马尔维纳斯群岛（亦称福克兰群岛）存在主权争议，而此岛属英国实际控制。同时，阿根廷还主张拥有南极大陆上 100 万平方公里的土地主权。阿根廷是世界上综合国力强的发展中国家之一。阿根廷是世界粮食和肉类的主要生产和出口国之一，工业门类齐全，农牧业发达。阿根廷得益于丰富的自然资源、高文化修养的人民、对外开放政策和多元的工业体，因此阿根廷有一个相对于其他拉丁美洲国家的庞大中产阶级。

布宜诺斯艾利斯

布宜诺斯艾利斯（西班牙语：Buenos Aires，意为"好空气"或"顺风"）简称 BA，华人常略称为布宜诺斯或布宜诺。是阿根廷的首都和最大城市，位于拉普拉塔河（Río de la Plata，直译：银之河）南岸、南美洲东南岸、对岸为乌拉圭（东方）；大布宜诺都会区 2012 年有 12，801，364 的人口，是拉美第二大都会区，次于大圣保罗都会区（2012 年 19，956，590 人）。布宜诺斯艾利斯不仅是阿根廷的政治中心，也是经济、科技、文化和交通中心。全市拥有八万多家工业企业，工业总产值占全国的三分之二，在国民经济中占有举足轻重的地位。享有"南美洲巴黎"的盛名。刚独立时只是小城市，但自从 Sarmiento 的欧洲化、现代化的政策实施后，吸引了许多意大利、西班牙的移民，成为南美最欧洲化的城市。七月九日大道（La Avenida 9 de Julio）是世界最宽的马路，有约 130 米宽（超过 16 线道）。有名的阿根廷探戈是从这个城市的 boca 地区发源。2007 年布宜诺斯艾利斯被评为全球第三最美的城市。

伊瓜苏大瀑布

伊瓜苏瀑布，当地的瓜拉尼语意为"大水"，是由位于巴西巴拉那州和阿根廷边界上的伊瓜苏河从巴西高原辉绿岩悬崖上落入巴拉那峡谷形成的瀑布。现时成为联合国世界自然遗产的一部分。

伊瓜苏大瀑布（南纬 25 度 41 分秒，西经 54 度 26 分秒）跨越巴西和阿根廷两国，总跨度约为 2700 米，总共有 275 道大小各异的瀑布，平均流量 1750 立方米/秒，流入伊瓜苏河。伊瓜苏瀑布与东非维多利亚瀑布及美加的尼亚加拉瀑布是世界三大瀑布。伊瓜苏瀑布实为一组瀑布群，由 275 股大小瀑布或急流组成，总宽度 4 公里，比尼亚加拉瀑布宽 4 倍，落差由平均 60 米至最高 82 米。年均流量 1，750 立方米/秒，雨季时瀑布最大流量为 12，750 立方米/秒，这时大小飞瀑也汇合成一个马蹄形大瀑布。

潘帕斯草原

南美大草原美丽富饶，也称潘帕斯草原，横跨整个阿根廷，面积达 200 万平方千米，滋养着阿根廷的农牧业，是阿根廷人赖以生活的宝地。"潘帕斯"在南美奇楚亚人的语言中是"平坦、广阔、长有大量植物"的地方。这片大草原从大西洋海岸一直蔓延到安第斯山脉，土层深厚，牧草丰美，是得天独厚的天然牧场。高达 3 米的潘帕斯草大丛生长在这片草原上，"天苍苍，野茫茫，风吹草低见牛羊"的景象在这里已经存在了几百年。16 世纪中叶，殖民者引入良种牛使得潘帕斯草原的养牛业迅速发展，而其后冷藏运输业的发展，让阿根廷养牛业更加兴盛，牛肉出口量常居世界首位。

潘帕斯草原风景

与牛肉相提并论的是阿根廷的大豆制品，身为世界上第一大豆油出口国，大豆制品出口占阿根廷出口总额的 17%。这同样得益于潘帕斯草原这片沃土，阿根廷约有 95%的大豆种植在潘帕斯草原区，这片草原一直是"南美的粮仓"，也是阿根廷的心脏。阿根廷全国 67%左右的人口以及许多重要铁路和城市都分布于此，而同样，这里也孕育了享誉世界的阿根廷足球。

阿根廷的探戈

阿根廷可以说是南美最富裕的国家，大草原提供了天然的牧场和粮仓，而世界闻名的阿根廷烤肉也让当地人血气充足，热情活泼。在这片肥沃的土地上，处处可见被阿根廷人视为国宝的民间探戈舞。活泼、欢快、花样迭出的阿根廷探戈充满了迷人的性感魅力，在其发展的过程中由于受非洲黑人舞蹈的影响，充满了力与美的野性，并且成为阿根廷人日常生活的艺术形式。

这种来自民间的舞蹈并不完全等同于今日被搬上国际舞台的国标舞探戈。阿根廷的探戈是一种集音乐、舞蹈、歌唱和诗歌于一身的综合性艺术形式。在探戈诞生的布宜诺斯艾利斯的博卡区码头附近，游客们可以看到各种以探戈为主题的绘画、雕塑、服饰、钥匙链，当然，如果要深入体会阿根廷探戈的魅力，充满南美热情、罗曼蒂克及诉求感情的探戈本质，只有在看过阿根廷人热烈奔放的舞姿后，才能深刻体会其中的魅力。

智利

智利（Chile）国土面积 756626 平方公里。位于南美洲西南部，安第斯山脉西麓。东同阿根廷为邻，北与秘鲁、玻利维亚接壤，西临太平洋，南与南极洲隔海相望，是世界上地形最狭长的国家。智利拥有非常丰富的矿产资源、森林资源和渔业资源。智利是世界上铜矿资源最丰富的国家，又是世界上产铜和出口铜最多的国家，享有"铜矿王国"之美誉。境内的阿塔卡马沙漠是世界旱极。此外，它还是世界上唯一生产硝石的国家。智利社会治安较为稳定，已经成为南美最繁荣稳定的国家之一。虽然在各个历史个时期所面临种种危机，不过智利的社会经济在最近几年已经有了显著和持续增长。智利拥有较高的竞争力和生活质量，具有稳定的政治环境，全球化的、自由的经济环境，以及较低的腐败感知和相对较低的贫困率。被世界银行集团视为高收入经济体。智利在新闻自由、人类发展指数、民主发展等方面也获得了很高的排名。智利教育高度发达，其教育在发达国家普遍承认。由于地处美洲大陆的最南端，与南极洲隔海相望，智利人常称自己的国家为"天涯之国"。

圣地亚哥

圣地亚哥（或译圣地牙哥），全名圣地亚哥·德·智利（西班牙语：Santiago-deChile）。"Santiago"在英文是"SaintJakob"（拉丁语是"Sanct-Iacobi"）就是"圣雅各"的意思。命名的缘由是以圣雅各伯之名和巴尔迪维亚的西班牙故乡埃斯特雷马杜拉结合而来。其为智利首都，南美洲第四大城市圣地亚哥，全国政治、经济、文化和交通中心。位于国境中部，坐落在马波乔河畔，东依安第斯山，西距瓦尔帕来索港约 185 公里。面积 13.308 平方公里，海拔 600 米。同时也是智利是最大城市，圣地亚哥首都大区的首府。圣地亚哥是一座拥有 400 多年历史的古城，以圣卢西亚山为中心发展起来，主要的街道奥希金斯大街，长 3 公里，宽 100 米，横贯全城。

十九世纪因发现银矿后迅速发展。其后，屡遭地震、洪水等自然灾害的破坏，历史性建筑荡然无存。今日的圣地亚哥已成为一座现代化城市。市容绮丽多姿。一年四季棕榈婆娑。靠近市中心的 230 米高的圣卢西亚山为著名风景区。市东北角有海拔 1.000 米的圣克里斯托瓦尔山，山顶上竖立一尊巨型大理石圣母雕像，为当地一大胜景。

瓦尔帕莱索

智利重要海港和工业城市，瓦尔帕莱索省省会。人口 27.6 万（1982）。地处中部沿海瓦尔帕莱索湾南岸，内有山地环围，东南距首都圣地亚哥 130 公里。平均海拔 41 米。气候温和宜人，年平均气温 15℃，年降水量 532 毫米，冬雨夏干。始建于 1536 年。1906 年毁于地震，后重建。1971 年又遭地震严重破坏。港湾开阔，有坚固的防波提护卫，港口设施优良，长期作为首都圣地亚哥的外港，在国家对外贸易中占重要地位，现因近邻圣安东尼奥港的发展，吞吐量在全国所占比重已有下降。工业约占全国的 1/5，有纺织、金属加工、化学、炼油、制糖、服装、制革、油漆等部门。横贯安第斯山脉连接大西洋岸与太平洋岸铁路的西部终点；与首都圣地亚哥有电气火车相通。城东北 9 公里有海滨旅游胜地比尼亚德尔马。城内有智利海军学校和技术大学等高等学校及博物馆。城市分低城、高城两部分。低城在滨海低地，港口区、商业区、工业区和行政机关多集中于此。高城在周围山岗和坡地上，为住宅区，山岗顶部是贫民居住区。高城、低城间有公路、阶梯和缆道连接。

抗震英雄

智利位于南美洲大陆的最南端，与南极洲隔海相望，拥有凹入的海湾、狭窄的狭湾及众多的群岛。由于地势狭长，全国从北部的沙漠地带到南端的冰川极地，宛然两个不同的世界。

智利位于南太平洋东岸、太平洋板块和纳斯卡板块交界处，因此地震和火山灾害相当频繁。近 500 年来，智利已经发生过大约 50 次较大的地震和 20 次海啸，小的地震更是不计其数。据统计，全世界平均每年记录到的地震中，有 21% 都发生在智利。智利曾发生过人类历史上最惨烈的里氏 9、5 级地震，那是 1900 年以来有记录的最强烈地震，造成 1600 多人丧生。

尽管火山灾害与地震不断，但智利人丝毫也不气馁，城市和建筑屡毁屡建，几

智利风情

百年来依然屹立于世。他们世世代代都已经习惯可能发生的震颤，地震的历史、逃生的知识，几乎人人都倒背如流。大概是因为这个原因，智利人在抗震建筑领域成绩斐然，初到智利的人会发现，这里很少看到高层建筑，带有西班牙建筑风格的建筑在当地处处体现出稳固的艺术美。2010 年 2 月，智利第二大城市康塞普西翁遭受了剧烈的 8.8 级大地震，多个国家和地区都发出最高等级的海啸预警，日本政府甚至撤离了相关沿海市县的 67 万民众。但是不少以抗震、可持续性和前卫的设计著称的智利建筑，却成功经受住了这一重大考验，被国际新闻界称为"抗震建筑的奇迹"。

色彩斑斓的风光

智利是由西班牙和欧洲的移民所建成的新兴国家，主要使用西班牙语，是南美政局稳定、生活富裕的国家之一，加之风土人情十分迷人，因此每年都吸引大量游客前往观光。

智利著名的旅游景点"月亮谷"，因地形、地貌酷似月球表面而得名。而被誉为"绝美蓝色地带"的托雷德裴恩国家公园则呈现出另一派冷艳景色，整个公园里大大小小的湖泊都呈现出奇幻的蓝色，那种色泽令人过目难忘。而喧闹的阿那凯那海滩上常年呈现出一派梦幻色彩，绵软洁白的沙滩，翠绿的棕榈树和碧绿的海水就像童话中的色彩，而另外一个奥瓦赫海滩的细沙则呈现出浅浅的红色，十分迷人。

委内瑞拉

委内瑞拉玻利瓦尔共和国（西班牙语：República Bolivariana de Venezuela）是位于南美洲北部的国家，也是南美洲国家联盟的成员国，首都加拉加斯。北临加勒比海，西与哥伦比亚相邻，南与巴西交界，东与圭亚那接壤。它被称为"瀑布之乡"，面积912050平方千米。海岸线长2813千米。原为印第安人居住地。1498年哥伦布航行美洲时到此。1523年西班牙人建立第一个殖民地。1567年沦为西班牙殖民地。1811年7月5日独立。1830年建立共和国。1974年6月28日同中国建交。委内瑞拉的国名"Venezuela"其实源自意大利文"小威尼斯"之义，其典故出于意大利探险家阿美利哥·维斯普西（Amerigo Vespucci）当初在马拉开波湖见到美洲印第安人（Amerindian）所居住的水上高脚屋村落，联想到欧洲的水都威尼斯而如此命名。至于委内瑞拉正式国名里的"玻利瓦尔"，是1999年委国重修宪法时才加入，用以纪念被视为开国英雄的西蒙·玻利瓦尔。委内瑞拉为石油输出国组织成员，世界主要的产油国之一。石油产业是其经济命脉，该项所得占委内瑞拉出口收入的约80%。

加拉加斯

加拉加斯（英语：Caracas）又译"卡拉卡斯"，是拉丁美洲国家委内瑞拉的首都，全国最大城市，政治、经济、文化中心。位于加勒比海之滨的卡拉卡斯谷地，中北部阿维拉山南麓，北距加勒比海11千米，距重要海港拉瓜伊拉仅11公里，市区三面环山，面积77平方千米，人口约207万；加拉加斯始建于1567年，历史上曾屡遭地震破坏；1830年定为共和国首都，1950年连同郊区和米兰达州5座城镇组成大都市区，面积360平方公里，人口超过500万。

城市四周环山，海拔922米。气候温和，年平均气温21℃，年平均降水量810毫米，卡拉卡斯此名称据信来自当地印第安人的部族名称，目前整个都会区人口超过500万。卡拉卡斯虽然地处热带，但因地势较高，气候温和，没有四季之分，仅分雨季和旱季。每年5月至10月是雨季，11月至次年4月为旱季。雨季气温较低，天气凉爽；旱季白天有点炎热，但夜间仍很凉爽。在卡拉卡斯，人们既可以享受风和日丽的春光，又可以领略热带海滩的情趣，被众多的游客称为"美洲大陆上得天独厚的首都"。

马拉开波

委内瑞拉第二大城市，苏利亚州首府。世界著名的石油输出港，位于马拉开波湖通往委内瑞拉湾的水道西岸。人口 119.8 万（1984）。地势低平，海拔仅 6 米。气候湿热，年平均气温高达 28℃，年平均降水量 456 毫米，相对湿度 72~86%。初建于 1529 年。原为梅里达山区咖啡输出港。1918 年人口仅 1.8 万。随着马拉开波地区丰富石油资源的开发，水道的不断疏浚，1950 年人口骤增至 23.6 万，一跃成为世界著名的石油工业中心和石油输出港之一。航道水深约 12 米，码头总长 1675 米，有 13 个泊位，可停泊万吨巨轮，原油输出量占全国一半，还出口咖啡、皮革等农牧产品。有食品、纺织、制革、石油化工等工业。公路通湖西岸各油田，并经城南的拉斐尔-乌达内塔大桥通往湖东岸各石油城镇和首都加拉加斯。有国际机场。北部港口附近为旧城区，保留有殖民时期建筑；贝亚维斯塔至苏利亚大学周围是新城区，为现代商业中心；城西南为工业区。

爱美也疯狂

提到委内瑞拉，不少人会热情地称呼它为"美女之国"。对于委内瑞拉的女孩来说，美貌是终生追求的目标，是日常生活不可或缺的一部分。这个人口只有 2800 万的国家，每年却总能够在世界各类选美大赛中获得荣誉。而当地人对美女的狂热崇拜也令人瞠目结舌，当地女孩从上中小学起，就开始参加选美活动，每个村庄、每所大学、各种运动队、俱乐部、职业协会，甚至连女子监狱或者养老院都有选美活动。参与选美活动的人年龄越来越小，甚至连学校都毫不否认他们给学生灌输的是外表比智慧更重要的思想。

这是个最负盛名的盛产美女的国度。人们为了美貌甚至可以节衣缩食，甚至不惜去借大笔外债，也要打扮得有如名媛淑女，更有甚者，不惜通过各种整形手术来获得更加完美的外表。在委内瑞拉，随便一辆公共汽车里都充斥着名贵的香水味，而选美业的发达使得整个社会都在为那些佳丽们服务。

每年 9 月上旬都会举办一年一度的"委内瑞拉小姐"选美大赛，对于委内瑞拉人来说，这是一件仅次于总统选举的重要事件。委内瑞拉的大街上空荡荡的，出租车停运，私家车不上街，不管多忙，所有人都会放下手中的工作，坐在家里观看一年一度的"委内瑞拉小姐"选美转播。而对于一个家庭来说，如果有人成为"委内瑞拉小姐"，就能在当地获得很高的声望，美女的力量可见一斑。

旅游者的天堂

美人与美景，是委内瑞拉吸引各国旅游者的法宝。这里北临加勒比海，西与哥伦比亚相邻，气候温暖，一年四季都适合旅游。而闻名于世的安赫尔瀑布更是让无数观光客蜂拥而至。这座瀑布是世界上落差最大的瀑布，当地印第安人管它叫"出龙"，落差高达979.6米，最高一级长807米、宽150米，也被称为天使瀑布。此外，位于热带雪山梅里达附近的马拉开波湖是南美洲最大的湖泊，每年游人如织，与梅里达山并称于世。

委内瑞拉的美食同样具有独特风味，将黑豆米饭佐以煮熟的香蕉、肉丝的委内瑞拉菜，绝对值得品尝，而当地的朗姆酒和金酒既醇美又便宜，对于美酒爱好者来说，真是难得的佳酿。

第六章　大洋洲游

澳大利亚

　　澳大利亚（Australia），全称为澳大利亚联邦（The Commonwealth of Australia），是一个发达的资本主义国家。1788 年至 1900 年，曾是英国的殖民地。1901 年，殖民统治结束，成为一个独立的联邦国家。澳大利亚一词，意即"南方大陆"，欧洲人在 17 世纪初叶发现这块大陆时，误以为是一块直通南极的陆地，故取名"澳大利亚"，Australia 即由拉丁文 terraaustralis（南方的土地）变化而来。澳大利亚四面环海，是世界上唯一一个国土覆盖整个大陆的国家，拥有很多自己特有的动植物和自然景观。澳大利亚是一个移民国家，奉行多元文化。澳大利亚人口高度都市化，近一半国民居住在悉尼和墨尔本两大城市，全国多个城市曾被评为世界上最适宜居住的地方之一。其第二大城市墨尔本曾多次被评为世界上最适宜居住的城市。澳大利亚领土面积 761.793 万平方公里，是南半球经济最发达的国家，全球第 12 大经济体，全球第四大农产品出口国，也是多种矿产出口量全球第一的国家被称作"坐在矿车上的国家"。澳大利亚也是世界上放养绵羊数量和出口羊毛最多的国家，被称为"骑在羊背的国家"。澳大利亚是一个体育强国，常年举办全球多项体育盛事。澳大利亚曾两次主办夏季奥运会，并且是每年的一级方程式赛车和澳大利亚网球公开赛的常年主办国。澳大利亚积极参与国际事务，是联合国、20 国集团、英联邦、太平洋安全保障条约、经济合作与发展组织及太平洋岛国论坛的成员。

悉尼

悉尼位处澳大利亚的东南岸，是澳大利亚新南威尔士的首府，也是该国人口最稠密的城市，都会区人口超过 420 万（2006 年）。悉尼的中心有三分一是位于上游小湾的南岸。悉尼位于东面的太平洋与西面的蓝山之间的沿岸盆地。悉尼拥有全球最大的天然海港——杰克森港（Port Jackson），以及超过 70 个海港和海滩，包括著名的邦戴海滩（Bondi Beach）。悉尼的市区占地 1,687 平方公里（651 平方英里），面积跟大伦敦相若。悉尼都会区（悉尼统计局）占地 12,145 平方公里（4,689 平方英里），其有效范围是国家公园和其他未开发的土地。

悉尼占据了 2 个地理区域——坎伯兰峡谷（Cumberland Plain）和康士比高原（Hornsby Plateau）。坎伯兰峡谷是一个比较平坦，有些起伏的地域，横卧于杰克逊港以西和以南。康士比高原是海港以北的高原，海拔 200 米（656 英尺），被草木丛生的溪谷切割开。悉尼最旧的区域位于平坦的地区。康士比高原，称为北岸，由于地势陡峭，发展得较慢，一直以来是人迹罕至的回水。及至 1932 年悉尼港湾大桥启用，才将高原与城市连接起来，此后即发展迅速。

澳大利亚新南威尔士州首府，澳大利亚最大城市和港口。在塔斯曼海伸入大陆 20 公里的杰克逊港两岸，有长达 1,150 米的铁桥跨连港湾。面积 1,735 平方公里。人口为 4,198,543 人（2003 年）人口密度为每平方公里 345.7 人。内悉尼是澳洲人口最稠密的地方，每平方公里有 4,023 人。

1788 年英国流放罪犯于此，是英国在澳大利亚最早建立的殖民地点。全国最大经济中心。居民大多从事服务业，工业有石油炼制、化工、纺织、服装、食品加工、飞机、汽车和船舶制造业等。有铁路和公路网连系广大内地。港湾水深，设备良好。主要输出羊毛、小麦、面粉、肉类、纺织品等。有定期海、空航线通达英、美、新西兰等国。有全国创办最早的悉尼大学（1852 年建）和澳大利亚博物馆（1836 年建）。市东有海滨浴场。园林众多，绿化面积广阔。

悉尼位于澳大利亚东南海岸，这里气候宜人、环境优美、风光旖旎、景色秀丽，夏不酷暑、冬不寒冷，日照充足，雨量丰沛。悉尼年降水量大约为 1200 毫米，夏季（12-2 月份）平均气温 21 摄氏度、冬季（6—8 月份）平均气温 12 摄氏度。

悉尼是新南威尔士州首府，澳大利亚最大、最古老的城市，也是一个日益国际化的大都市，2000 年悉尼奥运会使悉尼的国际声望和知名度空前提高。

广义的悉尼即所谓大悉尼包括悉尼市和附近 44 个小城市，面积 12000 多平方公里，人口 420 万左右。作为行政区划的悉尼市，辖区仅有 6 平方公里，居住人口不到 2 万人。

悉尼作为城市的历史始于 1788 年，以菲利普船长率领的首批英国殖民者在悉尼登陆为开端。悉尼正式建市则于 1842 年 7 月 20 日。二战后，大量欧洲、中东、东南亚的移民涌入澳大利亚，其首选居住地往往是在悉尼。悉尼外来移民按人口数量以意大利人居多，其次为黎巴嫩人、土耳其人、希腊人、华人和越南人。近 20 年来，华裔居民大量增加，目前在悉尼地区的华裔人口大约在 40 万左右。

悉尼是澳大利亚第一大城市，也是商业、贸易、金融、旅游和文化中心。悉尼在澳大利亚国民经济中的地位举足轻重，其国内生产总值占全澳的 30% 左右。服务业是悉尼经济的主体，其中金融保险业占全澳行业产值的 44%、房地产占 41%、批发贸易占 38%、餐饮娱乐占 36%、制造业占 35%、建筑业占 34%、零售贸易占 32%。澳大利亚储备银行和澳大利亚证券交易所均在悉尼，澳 53 家银行有 39 家银行的总部设在悉尼，最大的百家公司中，有四分之三在悉尼设立了公司总部或分支机构。来澳大利亚访问的国际商务人员几乎都要造访悉尼，同时大部分世界知名跨国企业也在悉尼设有分公司或办事机构。

悉尼是国际大都市，基础设施完善发达，交通便利快捷。悉尼机场是澳大利亚主要航空港之一，目前有 37 条国际航线，每周离港航班 420 架次，返港航班 230 架次。悉尼不仅有铁路通往全国各地，在城区内还有地铁和轻轨火车以及摆渡船，既可缓解交通压力，也可进行城市观光。公共交通工具不是很贵，但悉尼的出租车价格不菲，从机场到中央火车站不足 10 公里的路程大约需要 10 美元左右。悉尼是澳大利亚重要的国家和地区性通讯服务场所。国家卫星系统管理中心位于悉尼。澳大利亚连接塔斯马尼亚、东南亚的同轴电缆和光缆由悉尼开始，国家最大的 3 个商业电视台总部（7 号台、9 号台和 10 号台）建在悉尼，2 个国营电视台 ABC 和 SBS 也位于悉尼。

我国于 1972 年与澳大利亚正式建立外交关系，之后于 1979 年 3 月在悉尼设立总领事馆。新南威尔士州目前同我国的广东省结为友好省州，为此广东省在悉尼的情人港建设了具有中国民族特色的建筑——中国花园，以表纪念。

悉尼旅游观光的地方很多，比较著名的有悉尼歌剧院、港口大桥、岩石区、环形码头、麦觉里广场、情人港、博物馆、美术馆以及大大小小的国家公园等。然而悉尼最值得一去的还是海滩。悉尼的海滩星罗棋布，风格各有千秋。比较著名的海滩包括 Bondi beach, Manly Beach, Watson Bay, Rose Bay, Double Bay, Nielsen Park, Balmoral 等。

墨尔本

墨尔本（Melbourne）是澳大利亚第二大城市，维多利亚州的首府，知名的国际大都市，绿化面积高达40%，墨尔本曾连续多年被联合国评为最适合人类居住的城市之一。1901年至1927年，墨尔本是澳大利亚的首都。墨尔本是澳大利亚的文化重镇和体育之都，曾主办1956年夏季奥运会，也是一年一度的澳大利亚网球公开赛、一级方程式赛车澳大利亚站比赛的常年主办城市。

1927年以前，墨尔本曾经是澳大利亚的首都，后来澳大利亚迁都堪培拉。墨尔本以浓厚的文化气息、绿化、时装、美食、娱乐及体育活动而著称。墨尔本的绿化覆盖率高达40%，维多利亚式的建筑物、有轨电车、歌剧院、画廊、博物馆以及绿树成荫的花园和街道构成了墨尔本市典雅的风格。

墨尔本是一座充满活力和欢乐的城市，具备深厚的文化底蕴。在澳大利亚人民的心目中，第一大城市悉尼虽然繁华，但悉尼只是一个商业城市，墨尔本却是一个历史文化名城。墨尔本拥有全澳大利亚唯一的被列入联合国的古建筑，有辉煌的人文历史，也是多个著名国际体育盛事的常年举办城市。

从文化艺术层面的多元性，到大自然风光之美，墨尔本应有尽有，在满足感官娱乐方面，墨尔本更可以说是澳大利亚之冠，无论是艺术、文化、娱乐、美食、购物和商业样样都有自己的特色；墨尔本成功地融合人文与自然，从1990至2006年，先后十次被总部设于华盛顿的国际人口行动组织（Population Action International）评选为「世界上最适合人类居住的城市」。

堪培拉

堪培拉是澳大利亚的首都，位于澳大利亚山脉区的开阔谷地上，位于澳大利亚东南部。东经149°07′，南纬35°17′，面积2395平方公里，人口36.8万，海拔760米。莫朗格洛河横市区，西流入马兰比吉河。原为牧羊地，1913年按规划始建，1927年联邦政府从墨尔本迁此。全国政治中心。以银行、饭店和公共服务业为主要经济部门。有铁路连接各大城市。有澳大利亚国立大学（连续多年澳大利亚大学排名第1位）、堪培拉大学和国立图书馆。市区西南有宇宙航行跟踪站。旅游业甚盛。气候温和，四季分明，全年降雨量平均，四季都有阳光普照的日子。

作为澳大利亚政治中心，堪培拉城内建有澳大利亚国会大厦、澳大利亚高等法院和众多其他政府部门与外交机关。它也是许多全国性社会和文化机构的所在地，例如澳大利亚战争纪念馆、澳大利亚国立大学、澳大利亚体育学会、澳大利亚国立美术馆、澳大利亚国立博物馆及澳大利亚国家图书馆。澳大利亚军队总部，以及主要军事教育机构邓特伦皇家军事学院和澳大利亚国防学院也设在堪培拉。二次大战结束后，在总理罗伯特·孟席斯倡议下，国家首都发展委员会成立、握有执行权力，堪培拉开始以新兴首都之姿蓬勃发展。

布里斯班

布里斯班（英语：Brisbane），或译布里斯本，是澳大利亚昆士兰州府城，位于澳大利亚本土的东北部，北缘阳光海岸，南邻国际观光胜地黄金海岸市。布里斯班拥有人口130万，面积12，200公顷，摩天大厦林立，公路四通八达，街道树木繁多，处处鸟语花香，商店林立，是澳大利亚第三大城市。

布里斯班气候宜人，因在南回归线以南，日照时间长，雨量充沛，又因临海，故没有严寒酷暑，冬季温度为11-12度，夏季温度为21-29度，常年沐浴在温暖的阳光之下，一派热带风情。

布里斯班不仅是澳大利亚，亦是世界著名旅游城市之一。风景如画的黄金海岸每年吸引着来自世界各地的游客观光旅游。

布里斯班是一个高速发展的城市，其中布里斯班的技术四角区尤为著名，在国际上有着很大影响力。布里斯班是1982年英联邦运动会、1988年世界博览会、2001年世界友谊运动会（Goodwill Games），以及1996年、2003年、2007年、2011年、亚太城市高峰会（Asia Pacific Cities Summit）和2014年G20峰会的主办城市。在2015年初，举办了亚洲杯足球赛。

阿德雷德

阿得雷德是澳大利亚南部的一颗明珠，景色秀丽，素有"小西欧"之称。阿得雷德是澳大利亚第四大城市，坐落在不高的洛夫蒂山山脚下，横跨在弯曲的托伦斯河岸上，面对着圣·文森特湾，始建于1836年。这座城市的设计者是该市首任总督威廉·莱特上校，他精心设计了阿得雷德的蓝图，制订了发展规划。由于他办事认真，有很高的威望，后来历任市政官员无不严格按照他的设计蓝图进行建设，使阿得雷德逐步发展成为现代化城市。如今在阿得雷德市政厅里还挂着莱特上校的画像——红色上衣佩戴着金色肩章，下身是淡褐色的裤子。为了纪念他的功绩，这里每年还举行一次盛大庆祝会，市民们用银杯盛酒，在欢呼声中为莱特干杯。

整个市区离港口约12公里，人口约110万。尽管南澳大利亚州大部分地区气候干旱少雨，但这里却雨水充足，气候属地中海式。这个城市是以当时统治英国的国王威廉四世的王后阿得雷德而命名的。

阿得雷德市区规划整齐美丽，中心城是一个格子状的街道网，所有的街道一横一竖，笔直整齐，有宽有窄，宽窄相同。城市的中心是一个大广场，四个角有4个小广场。议会大厦、公共图书馆、美术馆、博物馆、阿得雷德大学和皇家医学院等公共建筑都集中在市中心。市中心面积只有2.6平方公里，四周都是公园，绿树成荫的公园带环绕着内城，托伦斯河从这里缓缓流过。阿得雷德体育馆、动物园、植物园和高尔夫球场就在托伦斯河畔，大片的树木和清清的流水使这一带的环境更加幽静、清新。市内其他地区也按行业性质规划得井井有条。工业区在郊区的交通干线上，住宅区虽也在郊区，但由于许多公园环抱，很少有污染。

悉尼歌剧院

悉尼歌剧院（Sydney Opera House），坐落在悉尼市区北部，是一座贝壳形屋顶下方是结合剧院和厅室的综合建筑。由丹麦建筑师约恩·乌松设计的，共耗时14年，斥资1200万澳币，于1973年10月20日正式竣工开幕。歌剧院内部有许多地方是用法国进口的玻璃所镶嵌，配上澳洲独有的建材材料，其内部建筑结构则是仿效玛雅文化和阿兹特克神庙。外面的玻璃是由法国制造的双层玻璃——素色及黄玉色，共有700种尺寸、2000片。悉尼歌剧院是世界著名艺术表演场地，每年举办约2400次活动，曾邀请纽约爱乐、德国碧娜·鲍许乌帕塔舞蹈剧场（Tanztheatre Wuppertal Pina Bausch）、菲利浦.葛拉斯乐团（The Philip Glass Ensemble）等国际团体，并获得伊丽莎白女王、美国总统福特、克林顿、南非总统曼德拉、联合国前安理会总理安南等众多国际名人造访，为歌剧院增添许多光彩。

新西兰

新西兰（New Zealand），又译纽西兰，是一个政治体制实行君主立宪制混合英国式议会民主制的国家，现为英联邦成员国之一。新西兰位于太平洋西南部，领土由南岛、北岛两大岛屿组成，以库克海峡分隔，南岛邻近南极洲，北岛与斐济及汤加相望。首都惠灵顿以及最大城市奥克兰均位于北岛。新西兰是一个高度发达的

悉尼歌剧院

资本主义国家。世界银行将新西兰列为世界上最方便营商的国家之一，其经济成功地从以农业为主，转型为具有国际竞争力的工业化自由市场经济。鹿茸、羊肉、奶制品和粗羊毛的出口值皆为世界第一。新西兰也是大洋洲最美丽的国家之一，总计约有30%的国土为保护区。拥有3项世界遗产、14个国家公园、3座海洋公园、数百座自然保护区和生态区。

惠灵顿

新西兰首都惠灵顿（Wellington）位于新西兰北岛的最南端，扼库克海峡咽喉。她三面青山环绕，一面临海，怀抱着尼科尔逊港。整个城市满目苍翠，空气清新，四季如春。惠灵顿地处断层地带，除临海有一片平地外，整个城市依山建筑。1855年一次大地震曾使港口受到严重破坏。现在的惠灵顿是1948年后重建的。人口42.4万（2001年12月）。

公元10世纪，波利尼西亚人来此定居。1840年，英国同当地毛利人族长签订条约后，大批英国移民来到这里。最初，英国人称该地为"不列颠利亚"，意思是"英国的地方"，以后逐步扩建城镇，发展到今天的规模。1815年以战胜拿破仑的英国名将惠灵顿公爵的名字为该镇命名。新西兰沦为英国殖民地后，一度把奥克兰定为首都，但新西兰南岛居民认为奥克兰远在北岛北部不宜作为首都，几经争议，终于在 1865 年选定了惠灵顿为首都。

惠灵顿居民中 9% 为毛利人，其余大部分为英国和爱尔兰移民的后裔。新西兰通用英语，毛利人讲毛利语。居民多数信奉天主教和基督教新教。

惠灵顿是新西兰全国政治、工业、金融中心。惠灵顿的尼科尔逊港是仅次于奥克兰的全国第二大港，港宽 5 公里，长 20 公里，航道入口最窄处为 1097 米，水深为 11 米。港区面积达 83 平方公里，锚地良好，可停泊万吨巨轮。尼科尔逊港分市内码头区和市郊码头区。市内码头区建有皇后码头、国王码头、远洋旅客码头以及铁路公路轮渡码头等 10 多个码头；市郊码头区建有伯纳姆码头、米拉马尔码头和霍华德角码头。尼科尔逊港年货物吞吐量达 700 万吨。惠灵顿市内主要的交通工具是私人小汽车。市内交通方便，市内电话服务先进。

惠灵顿是太平洋著名的旅游胜地。市内保存的古建筑有 1876 年修建的政府大厦，它是南太平洋最宏伟的木结构建筑之一，1866 年修建的雄伟的保罗大教堂，1904 年修建的市政大厅。著名的战争纪念馆建于 1932 年，里面的钟琴上有 49 个吊钟，钟上镌刻着第一次世界大战时新西兰人参战战场的名称。

惠灵顿市区西南部有风景秀丽的维多利亚山，山坡上保存着 1893—1906 年的总理塞顿使用过的办公室。塞顿曾对新西兰政治立法有过重要影响，他使新西兰成为世界上第一个妇女有选举权的国家。维多利亚山附近是英国航海家库克的纪念碑岛，1769—1777 年库克曾先后 5 次到达新西兰。维多利亚山北面的卡因加罗国家人造森林，占地 15 万公顷，绵延 100 多公里，是世界上最大的人造林之一。

惠灵顿动物园以其特有的珍奇动物著称，园内珍藏着新西兰国鸟"几维"鸟。这种鸟没有翅膀，没有尾巴，长长的嘴，形象奇特有趣。新西兰还有一种水果也以"几维"命名，它是本世纪初从中国南方引进的猕猴桃。这种水果经新西兰人民的精心培育和改良，已经成为新西兰最重要的出口果品，在国际市场上享有盛誉。

惠灵顿有许多火山公园，公园里的沸泉、沸泥塘、喷气孔等地热景观，吸引了大批国内外旅游者。著名的詹姆斯·库克饭店的每个房间均备有电话、冰箱、空调设备和电视。惠灵顿的一些饭店还为旅游者安排了打猎、钓鱼、水上快艇游览、直升飞机旅行、自行车越野、雕刻、吹玻璃等各种各样的体育和娱乐活动。

惠灵顿地区与新西兰其他地区一样，有一个整套完备的教育系统，包括小学、中学、职业学校、师范学院和大学。不少妇女在完成强制教育法规定的 10 年学习后，参加工作，结婚生育，待到自己的子女长大成人，又进入职业学校学习，因此惠灵顿市的成人教育和职业技术教育十分发达。惠灵顿拥有全国最大的图书馆——

亚历山大·特恩布尔图书馆，每天可以为 5000 名读者提供服务。惠灵顿著名的维多利亚大学，不仅学科门类齐全，图书馆和实验设施完备，而且还拥有许多研究机构，每年都有来自五大洲的各国留学生到此学习。惠灵顿与中国厦门市于 1987 年结为友好城市。

奥克兰

奥克兰位于新西兰北岛中央偏北地带，伫立在塔斯曼海与太平洋之间的细长的地峡上，两面环海，东侧是濒临瀚太平洋的威特马塔港（Waitemata）。在港湾之外，散落着如同珍珠般的零星岛屿；港湾内，舟楫横阵，海水清澈，海港大桥连着两个港湾。大桥、港湾和沉睡的朗吉脱脱（Rangitoto）火山，充满着蓄势待发的蓬勃生气。

奥克兰城是沿着死火山口所构成的，它主连在七座甚至更多的火山上。丘陵地起伏延伸，坡道多而富于变化。奥克兰在 1841–1865 年曾为新西兰的首都，城市人口 100 多万，是世界上最大的波利尼西亚人（毛利人是其中一支）聚居中心。奥克兰的气候温和，雨量充足。

奥克兰是新西兰第一大城市及最大商港，同时也是最大的工业、贸易中心和交通枢纽，集中了新西兰 1/3 以上的工厂。主要有钢铁、机械、造船、制糖、木材加工、肉乳加工厂。奥克兰享有"风帆之都"的美誉，大约每 11 人便拥有一艘游船。每年 1 月最后一个星期一举行的奥克兰周年帆船赛，千帆竞发、人山人海，是奥克兰人及各国帆船爱好者的狂欢节。奥克兰的整个城市以港湾大桥为界分为南北两部分，港湾大桥长 1079 米，有 8 条平行车道，是新西兰唯一的港口桥。桥北是住宅区，房屋建筑大都为木头平房。而在地势较高和环境优美的地方，则建有一些富丽堂皇的别墅。市中心许多街道很狭窄，这一特点源于早先一位在埃及任职的总督，他认为狭窄的街道能减弱阳光耀眼和灼热的程度。

奥克兰为新西兰国际文化的荟萃地，随着近年各地移民数目不断上升，各国文化在城内竞发齐放，百家争鸣。在这里，可以找到极富殖民地色彩的 19 世纪建筑物，同时也不乏华人市场及欧陆式工艺雕刻品商店。对历史文化感兴趣的你，可以一游奥克兰博物馆，参观毛利族及波利尼西（Polynesian）的历史遗迹及资料，如古物文献，毛利族雕刻及古旧用具等。位于市中小的全新中疤艺术馆（Scars on the Heart Gallery）利用时代尖端科技，以轻松新颖的手法揭示新西兰内战前至第一次世界大战其间的历史。

奥克兰城内食肆林立，各国珍馐美食，共冶一炉。每处均提供繁多菜式，任君选择，必能令要尝尽各地美食的您食欲大动。新西兰尤以肥美新鲜、全无污染的深海海鲜最驰名，如乾贝、鲍鱼、三文鱼、生蚝等。市区的一些餐馆更供应有毛利族风味餐，并有歌舞表演助兴，极尽视听之娱。在郊外只需 30 分钟车程，便可到达奥克兰西部约 20 个酿酒园；品尝享誉国际的地道美酒。你亦可欣赏沿途景色，轻松而自在无束。

基督城

基督城位于新西兰南岛东岸，又名"花园之城"，人口 34 万，是新西兰第三大城市，新西兰南岛最大的城市。是仅次于最大城市奥克兰（Auckland）、首都惠灵顿（Wellington）的新西兰第三大城市，也是新西兰除奥克兰以外、来往世界各地的第二大门户。基督城人口约 327，211，地势平坦。基督城浓厚的英国气息，艺术文化气息浓厚，设施完备。2011 年 2 月 22 日 12 时 51 分（北京时间 7 时 51 分），基督城东南 10 公里的利特尔顿发生 6.3 级强烈地震，造成重大人员伤亡。

基督城是南岛的最大城，充满了活力，有热闹的节庆、剧场、现代美术馆、绝佳的逛街地点和酒庄。在市中心，无比醒目的基督城大教堂是座歌德式建筑．您可以登上尖塔鸟瞰市区，同时看看教堂的巨钟．其他灰色的十九世纪石砌建筑物、林荫大道和宽大的广场，使这座城市弥漫着有如英国的高雅气氛。

轻松漫步在基督城街上，放眼所见均是 19 世纪的古建筑！尤其以"大教堂"为代表性的建筑．歌德式建筑风格充满优雅情韵，高达 63 公尺的高耸尖塔更可说是基督城最重要的地标与精神象征．你也可以步入塔上的瞭望台，将整个花园城市的美景尽收眼底．此外，尖塔中也仿英国圣保罗教堂，装设了 12 座钟，可演奏出不同的旋律．如果你刚好周日来到基督城，不妨稍微等待一下，欣赏这个古老的旋律．位于教堂前的广场，则是基督城当地人的休闲场所．每逢周末，便有各式的街头音乐会热闹举行与即兴演出的街头表演，值得你驻足围观．除此之外，最引人注目的是摆放在教堂广场另一边的巨型西洋棋盘．每一颗棋子都有相当的重量，如果你体力足够的话，可以在这里来一场脑力与体力的竞赛喔。

若想尽览基督城的美丽风光，不妨顺着艾芳河（Avon River）行去．这条丰姿绰约的艾芳河，沿途尽是杨柳垂岸，由于初期开拓者极力想将英国风格迁移来此，因此基督城除了道路宽广平直外，就是这条贯穿市区的河流也落落大方，风采直追剑桥的康河．不论是游客或居民，总喜欢撑篙漫游于河上，或在绿意锦簇，百花怒放的河岸驻足停留。

春天是基督城最艳丽的季节，树木林立的绿色街道，以及两旁各户人家精心设计的花园，各色各样的种类与排列的形状，将整个城市的悠闲气氛给带了起来．喜爱街头市集的人，一定要趁着假日去参观繁荣热闹的艺术与手工艺中心．街边一家家的摊贩与商店贩卖著琳琅满目的艺术品与自制的手工精品，来来往往的叫卖声，使这一个基督城的街头市场，充满着热闹的节日气息．在基督城中搭上马车，穿梭于闹区与花园之间，绝对是另一番的体验．感受一下现代与古代结合的独特之处．许多来到基督城的人都把车子放在一旁，用双脚体验基督城的每一块地方，感受基督城所带来的无穷魅力。

瓦纳卡湖

瓦纳卡湖位于岛国新西兰，面积4，776平方公里，只有约5000人口住在这里。一万年前由巨大的冰川所造就的瓦纳卡湖与哈威亚湖相邻而居，被一小块名为"颈项"的银白色土地所分隔。这两座为壮丽山峰所包围的湖泊有着美丽的鹅卵石滩，是当地人和游客的热门观光景点，尤其是在漫长又温暖的夏季。观光栈道蜿蜒于瓦纳卡湖的南岸。有一些行程曲折的步行道始于哈威亚湖。湖畔的露营区是渡个美妙假期的好地方。驾帆、游泳、风帆和钓鱼是夏天的热门活动。

瓦纳卡湖是享受新鲜空气和休闲放松的地方。清澈的湖水亲吻着瓦纳卡湖岸和南阿尔卑斯山山脚，这里是冬季滑雪场和活力四射的阿尔卑斯阿斯派灵山国家公园所在地。瓦纳卡湖是新西兰的第四大湖；清澈湛蓝的湖水是航海者和喷射快艇爱好者喜爱的内陆海。可以沿着步行道和骑马小径游遍平原和山麓。任何季节都可进行户外探险活动。该地区的商业价值多年来已有所改变。19世纪70年代，淘金者在该地区发现金矿使这里突然变得炙手可热起来。随着淘金热的消逝，高度发达的牧业成为这里的主要产业。而今天，旅游业成了新的金矿，因此需要加强对环境的保护，让这里的风景完好无损。

几个世纪的冰川活动成就了瓦纳卡湖和哈威亚湖。可以尽情地游览这一带的风景区。骑山地自行车穿过高山步行道，坐滑翔伞从山上滑翔而下，空中观光或是漫步在无数步行道都是非常完美的体验。该地区的最高峰阿斯派灵山（3027米）是纵览全景的最佳观赏点。阿斯派灵山坐落在全国规模最大的国家公园之一的范围内。漫步公园的每一个角落，将领略到与众不同的风光。瓦纳卡湖区是一个设施齐全的冬季运动场所。卡德罗纳和三锥山都是经典的下坡滑雪场。韩瑞斯山上有乘直升机滑雪项目。在滑雪场还可进行北欧式滑雪。

瓦纳卡湖是一个全年适宜的度假胜地。这里弥漫着在空中自由翱翔的气息。在新西兰的战斗机飞行员博物馆欣赏馆藏的二战战机。乘坐飞机在空中翱翔，观光飞行公司热心展示跨越米尔福德峡湾、库克山与艾斯派灵山观光点。远足者、登山者和狩猎者可以在阿斯派灵山国家公园的空旷处串联高空跳伞跃入美丽的半空中，新西兰壮观的景色尽收眼底。每隔两年举行一次的"战机穿越瓦纳卡"活动－下一届将在 2008 年举行。该活动被视为世上最好的战机秀之一，它向人们展示经典的飞行器、新西兰皇家空军飞机、特技飞行编队和直升机体验瓦纳卡的野外风光。

瓦纳卡周围的湖泊、山脉和滑雪场不断为你提供享乐和探险的机会。请一个导游带你去该区域的湖边、河流和溪涧玩假蝇钓鱼。该地区有高级褐鳟鱼和虹鳟鱼垂钓。瓦纳卡湖是划船爱好者、滑水爱好者、皮艇爱好者和风力冲浪爱好者的游乐场，去白浪滑雪橇或在河流做溪降运动－大胆体验快速和疯狂的乐趣，跨上马鞍骑马跋涉和到旷野探险，如无骑马经验也可以体验。在山上悠闲地骑马可以是一小时漫游，但是具有挑战性的则是 4 天骑马游，在专业登山导游的带领下去爬山，在怀瓦欧劳雪地农场体验北欧式滑雪，德罗纳和三锥山的滑雪区装备精良，并为各种水平的滑雪爱好者和滑雪板爱好者提供各种各样的地形。

瓦纳卡湖的居民有趣且富有想象力。瓦纳卡啤酒厂是一个精品啤酒厂，毗邻瓦纳卡机场，向游人开放，瓦纳卡交通博物馆里的收藏可用经典二字概括－这里从汽车到消防车、从自行车到军用坦克、从模型汽车到飞机，应有尽有，在高尔夫练球场试试你的准头，这是测试你的挥杆击球手法的地方。在这里的迷你高尔夫球场。

皇后镇

新西兰的皇后镇是一个被南阿尔卑斯山包围的美丽小镇，也是一个依山傍水的美丽城市。皇后镇全处都是完美的观光地点，夏季蓝天艳阳，秋季为鲜红与金黄的叶子染成缤纷多彩的面貌，冬天的气候清爽晴朗，还有大片覆着白雪的山岭，而春天又是百花盛开的日子。四季分明，各有着截然不同的面貌。市区附近的瓦卡蒂普湖（Lake Wakatipu）是座深而蓝的高山湖。壮丽的山脉上几座覆着白雪的绿棕色山点缀于背景中。从皇后镇到山顶，则是一片绿油油的色彩。

皇后镇（Queenstown），又译"昆士敦"或"昆斯敦"，位于新西兰的瓦卡蒂普湖（LakeWakatipu）北岸，比邻曾经的淘金地——箭镇（Arrowtown），这里留有中国人在新西兰淘金的遗迹——中国村（Arrowtown Chinese Settlement）。

旅游胜地皇后镇的景色变化万千、宛如仙境。它的湖泊和高山景观适合几乎所有的探险活动；但是皇后镇也是一处著名的享受之地。该地区的历史与黄金密不可分。皇后镇之名源于维多利亚女王。探险活动包括雪上运动、蹦极、喷射快艇、骑马和水上漂流。享受的活动包括美酒佳肴、湖上巡游、温泉浴、精品店和休闲高

皇后镇

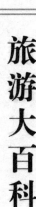

尔夫。

　　进入皇后镇市区，一路上都是高耸参天的白杨树，树两旁的山脉，可以清楚地看到由片岩所组成，驱车行驶其间，有如置身世外桃源。而走在皇后镇充满异国风情的街道上，你会发现每个来到皇后镇的旅客随时都是活力充沛，准备出发的模样。的确，皇后镇不胜枚举的户外活动，让每个游客可说是一刻也不得闲。而每个前来皇后镇旅游的人，似乎都很清楚自己的目的，那就是找刺激！

　　因为《魔戒三部曲》和前传《霍比特人》而被全球人知晓的皇后镇是一个滨海城市，气候适宜，环境优美，适合拍摄魔幻电视剧、奇幻电影、偶像情感剧等类型的影视剧。因为其独特的自然环境和优美的生态，已经成为众多影视剧组喜好的电影外景地、电视外景地。

　　皇后镇的历史与黄金密不可分。1862 年，两个剪羊毛的人在沙特瓦河边掘到金子而暴富。继之而起的淘金热在该镇兴起。皇后镇之名源于维多利亚女王。

　　莫尔大道（The Mall）可说是皇后镇中最热闹的街道。这条从湖岸往山区延伸的街道，林立着许多商店与餐厅，由于该条大道是行人徒步专用道，因此，访客皆能悠哉悠哉地在此闲逛。另两条行人徒步专用道——坎普街（Camp St）与利斯街（ReesSt），也是游客相当喜欢前往的区域。街上也林立着纪念商品店及餐厅，除了一般西式餐厅，中餐厅也不少，还有麦当劳，相当能满足各地观光客的需求。沿着瓦卡蒂普湖的湖边，则有许多浪漫的咖啡馆，当夕阳西下，盏盏亮起的灯火倒映在盈盈湖水之上，心情不由自主随着轻轻流泻的音乐翩翩起舞时，你会发现皇后镇也可以是浪漫的！

位于皇后镇坎普街街角的购物中心欧可奈尔斯馆（O'Connell's Pavilion），有许多精致的商店与餐厅。而若想了解这个皇后镇在流行些什么样的活动，不妨往修沙特弗街（Shotover St）走去就可明了。此处尽是激流泛舟、高空弹跳、滑雪活动等商店。常可见许多观光客在此流连。

新西兰的服饰店极具风格、创意和特色，与国际知名品牌不相上下。仔细看看设计师服饰、当代艺术品、珠宝和厨具，商员对所售的物品多有着极高的热忱，品质与设计保证是新西兰最好的。您可在购物城的"天使"（Angel Divine）与"女神"（Goddess）两家店里买到女性服饰，哈奇服饰店（AJ Hackett's Station）可买到由 AJ Gear 出品的男女服饰与青少年服饰。

讲到精彩刺激的活动，皇后镇在世界上绝对名列前茅。皇后镇是一个有激流，有峡湾，有高山等惊险刺激的优良环境，在不破坏大自然的情况下，发展了许多惊险刺激的活动。上山、下海、飞天的玩意儿全在这里出笼。但是在这之前，要记住的一点，就是衣着千万不能太正式，否则你就太不上道了。一件短裤，一件 T 恤，加上球鞋或凉鞋，就是皇后镇上最炫、最正确的穿法，也是最能融入这里气息的打扮。

皇后镇也是高空弹跳的发源地，在一片美丽景致之前享受重力加速度所带来的冲击，绝对令你回味无穷；还有名为 jet boat 的喷射快艇，这由新西兰人发明的喷射快艇，是来这里不可错过的尝试。由驾驶员引领旅客享受在山林间清澈水域疾行的速度感让人大呼过瘾。这些皇后镇的精彩活动绝对值得你尝试看看，如果是直升机或小飞机的爱好者，这里也有搭机观光的行程。

新西兰的皇后镇，全年都可从事刺激活动，如喷射船、激流泛舟和跳伞。皇后镇也是高空弹跳之都与诞生地。冬天时，皇后镇摇身变成高地乐园——世界各地的滑雪与雪板爱好者齐聚此地参加一年一度的冬之祭。

在新西兰有三家主要巴士公司：The InterCity bus 每天都有班车由基督城到皇后镇，同时也有定期班车由达尼丁、因弗卡吉尔（Invercargill）到皇后镇。而在皇后镇也有巴士连接库克山、米尔福德峡湾及蒂阿瑙。

若想吃顿便宜简单的小吃，同时又能享受皇后镇湖边的美景，可到 Planet 1 餐厅。在优美的湖光山色中品尝美食，可以说是皇后镇的专利。也可以选择到 Vudu 咖啡厅，您可以和当地人一起享用健康的米食、蔬菜和全镇最好的特制腊肠。另一家值得推荐的是 Leonardo's 餐厅，供应美味的早餐与三明治。挤进购物商场里小小的 Squeeze 餐厅，来一份浓汤和好吃的贝果三明治，一个美好的早晨就此展开。皇后镇区的另一端，您可以在 Take Five 买一杯香浓的咖啡或果汁，坐在汽船码头

（Steamer Wharf）的野餐桌上享用。

　　湖边码头（Steamer Wharf）的 Lagos Bar & Cafe，Take 5 Expresso & Juice Bar 也有好吃的培果与浓醇的各式咖啡，与美丽湖水及灯光营造的气氛相搭配，简直完美无瑕。在皇后镇用晚餐是件重要的事情，您可以有超过一百种选择。美国前总统克林顿曾在汽船码头的 Boardwalk 餐厅尝过凯摩亚那（海鲜）；您也可以到箭镇（Arrowtown）的 Saffron 餐厅、亚瑟角（Arthur's Point）的 Gantley'餐厅、皇后镇的 Tatlers、The Bunker、Frasers 及 Minami Jujisei 等餐厅，都供应顶级的海鲜，是享用晚餐的好地方。想吃点家乡口味的人，位于海滩街（Beach St.）上的文华酒家以及利斯街上的湖景皇宫都是以中华料理为主。简单的烧腊及面类都还不错，价格还不算昂贵。另外值得一提的是烧羊肉与酥皮卷，这两项美食一直都为新西兰的传统食物。但近几年来，以羊为主的新西兰菜已经脱离了英国风味的烹调方法，现另有独树一帜的风格。

第七章　出境旅游禁忌

亚洲旅游禁忌

日本

日本人为什么不穿左向衣襟服装

在日本，正常穿衣都是右向掩衣襟，而人死下葬时，要左向掩衣襟。日本人认为在阴间，死者的装束一定是与平时相反的。所以，日本人是不会买左向掩衣襟的服装的，哪怕自己非常喜爱或是国际名牌。

在日本为什么不能随便穿和服

和服为日本的国服和民族服装，是在中国唐装的基础上演变而来的。日本的和服色彩缤纷艳丽，种类、款式多样。每年一月的第二个星期一是日本的成人节。这一天，年方20岁的青年要在各地政府参加成人仪式。仪式中最亮丽的风景，当然是身穿美丽和服的女孩子们了。此外，在日本很多重要的场合，女性也会身穿和服出席，如婚礼、毕业典礼等。但和服的穿着也是有年龄和身份区别的，如已婚妇女穿的和服袖子是比较短的，称为"留袖"，而未婚年轻女子穿的和服，一般袖子比较长，称为"振袖"。所以，在日本旅游，如果想体验一下穿和服的感觉，或者是拍照留念，切记要选择适合自己年龄的和服，不要随便穿。

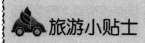

旅游小贴士

和服

　　和服从字面上解释为"和"的服装（"和"字源于日本的大和民族）。江户时代以前通常指吴服，源于中国三国时期。明治前和服泛指所有服装。与此词相对应的是洋服，指来自西洋的服饰。后来此词的词意逐渐单一化，通常单指一种日本的传统民族服饰。

在日本为什么进屋前一定要脱鞋

　　日本属海洋性气候，空气潮湿。传统房屋多是木质结构，里面铺有叫"榻榻米"的稻草垫，上面是地毯，一旦受潮很容易发霉、变质。为了不让外面的湿气进

日本和服

入室内，自古以来，日本人就养成进屋便脱鞋的习惯。另外，穿鞋进屋也是对别人财产的不爱惜，劳动的不尊重，因为家庭主妇们费了很大的劲才打扫干净。所以，在日本，进入酒店房间、会议室、办公室、住户等之前，一定要记得脱鞋。

旅游小贴士

榻榻米

榻榻米旧称"叠席"，用蔺草编织而成，是铺在地上供人坐或卧的一种家具。其起源于中国汉代，是人类席居文化的结晶，是先人智慧的凝结。从盛唐时期传入日本、韩国等地，后被起源于日本本土的榻榻米所吸收，并得以发扬光大和广泛应用，至今已有近两千多年的历史了。

在日本就餐时的禁忌有哪些

（1）招待客人用膳时，不能把饭盛得过满或带尖。当着客人的面不能一勺就将碗盛满，否则被视为对客人不尊重。（2）用餐时，不能把筷子插在盛满饭的碗上。因在死者灵前的供桌上往往筷子摆成这种形式。（3）给客人盛饭时，禁忌把整锅饭一下分成一碗碗的份饭，因过去给囚犯盛饭时多采用这种方法。（4）作为客人就餐时，忌讳只食用一碗就说够了，第二碗饭即使是象征性的，也应要求添饭。因为只吃一碗则寓意无缘。（5）禁忌用筷子夹着东西传递。（6）作为客人就餐时，忌讳过分注意自己的服装或用手抚摸头发。（7）在宴会上就餐时，忌讳与离得较远的人大声讲话。讲话时禁忌动手比划和讲令人悲伤或批评他人的话。（8）在有关红白喜事的宴会上，禁忌谈论政治、宗教等问题。（9）在较大型的宴会上因故要中途退场时，禁忌声张，否则会使主人不欢，他人扫兴。（10）就餐时禁忌口含或舌舔筷子，忌讳含着食物讲话或口里嚼着东西站起来，否则会被认为缺乏教养。但是，吃饭或喝汤时发出声响，日本人不仅不忌讳反而欢迎。因这种行为往往被认为是用膳者对饭菜的赞美或吃得香甜的表现。

在日本喝酒的时候，为什么不能自斟自饮

很多日本人喜欢喝酒，特别是辛苦工作的上班族，常常在下了班之后互相邀约到酒馆去喝上一杯。一般自己一个人喝酒，只能自己给自己倒酒。而自己给自己倒酒常常被认为是上了年纪的人在"喝闷酒"。所以如果和日本人一起喝酒的话，一般是地位较低或者年纪较轻的一方给地位较高或年纪较大的一方倒酒。碰杯的时候还要注意，切忌自己的杯口高于上级或者年长者的杯口。

日本的饮食——不能缺了米饭和酱汤

在日本，现在很多人的饮食都越来越西化了。早餐吃面包喝牛奶的日本人不在少数。但是米饭和酱汤仍然是大部分日本人平时不能缺的主要食物。很多日本人甚至在吃拉面和饺子的时候，也要配上米饭和酱汤一起吃。因此，到日本旅游时，如果看到这样的吃法，或者日本朋友这样招待你，不要大惊小怪，入乡随俗就行了。

在日本为什么不用担心喝水的问题

日本的自来水一般是以直接饮用的。车站及大型公共场所、公园等地方，都有自来水喷水口。大饭店、大餐厅，. 都备有矿泉水供客人饮用。因此，在日本旅游不用像在其他一些地方那样，为了卫生随时都要预备瓶装水。

为什么在日本消费不要忘了预备好日元

在日本，兑换货币须在外币兑换银行或其他合法的货币兑换场所兑换。此外，还须出示自己的护照。需要提醒游客的是，日本银行兑换业务只在上午9点到下午3点间进行。而且星期六、星期日及主要假日，银行还全天休息。所以，不要指望随用随换，而应该一次换够需要花销的日元。当然，如果需要也可以在饭店换钱，但是一般在饭店里换钱，要比在银行兑换稍微贵一些。

在日本，为什么打电话的时候别忘了注意电话颜色

日本的公用电话，颜色不同功能也不同：红色及粉红色电话：适用于打日本国内电话，只接受10日元硬币（10元3分钟）。绿色及金黄色电话：可以打国际长途，接受电话卡或10元、100日元硬币。另外，大多数日本人都喜欢用电话卡打电话，因为在日本有很多机会可以领到免费的电话卡，比如买东西时，商家会附送电话卡给顾客。因此，在日本打电话不要选错电话的颜色。

跟日本人打交道。为什么不能太直接

日本人办事显得慢条斯理，对自己的感情常加以掩饰，不易流露，不喜欢伤感的、对抗性的和针对性的言行和急躁的风格。所以，在与日本人打交道的过程中，没有耐性的人，常常会闹得不欢而散。

"爱面子"是日本人的共性，它是一个人荣誉的记录，又是自信的源泉，情面

会强烈地影响日本人的一切。一句有伤面子的言语，一个有碍荣誉的动作，都会使事情陷入僵局。"面子"是日本人最重视的东西。因此，与日本人相处，应时时记住给对方面子。日本人讲道义，重恩情，在他们看来，"一个人永远报答不了万分之一的恩情"。知恩图报，对他们而言是普通而又相当重要的事情。所以，日本人之间见面，最常用的一句打招呼用语就是："前些日子承蒙您照顾了"。

给日本人送礼物时应注意什么

送礼，在日本习以为常，同事的荣升、结婚、生孩子、生日、过节等都会赠送礼物。这种礼仪，既是历史的遗风，又被赋予了时代新意。送礼之习，在商务交往中同样风行。给日本客人送一件礼物，即使是小小的纪念品，他都会铭记心中。因为它不但表明你的诚意，而且也表明彼此之间的交往已超出了商务的界限，说明你对他的友情，重视了他的面子，他就没法忘记你的"恩情"。送礼有很多讲究需要注意。如果给朋友送财礼（钱）或者花，不能出现双数。花不可以送带根的盆花，也不能送菊花，因为菊花通常用在亲朋的祭日。日本人不喜欢在礼品包装上系蝴蝶结，因此礼品包装选择花色以及配饰时不要选择蝴蝶结，也不要给日本人送有动物形象的礼品。日本人喜欢用红色的彩带包扎礼品，认为红色丝带象征身体健康。因此送礼给日本朋友时，不妨用红丝带包扎，表达对朋友的美好祝愿。但是在举行丧事、佛事时，礼物不应用红色、粉红色、金色包装。

日本人用筷有什么禁忌

日本人吃饭时，特别注重餐桌用筷的礼节，其中用筷有很多讲究：①忌舔筷；②忌用筷子夹起菜后没吃，又去夹另外的菜；③忌手拿筷子在菜品上游走不定，不知夹什么；④忌将筷子插在饭上；⑤忌夹菜后抖动筷子；⑥忌用筷子将菜从中间掏开，扒弄着吃；⑦忌将筷子当作牙签剔牙；⑧忌用筷子敲打餐具或桌面；⑨忌用筷子指点他人。

旅游小贴士

筷子节

在日本，每年的8月4日为"筷子节"。据说在20世纪80年代时，日本的一位叫本田总一郎的学者，为感谢"筷子"一日三餐辛勤地为人们效劳，建议将每年的8月4日定为"筷子节"。这个倡议，立即得到全日本人的热烈响应。于是，1980年8月4日"保卫日本的节日之会"分别在东京赤坂的日枝神社和新泻县三条市的八幡神社举办了供奉筷子的仪式。这一天。人们载歌载舞地庆祝这一庄严神圣的节日。从此，日本就有了"筷子节"。

去日本旅行，哪些物品最好提前准备

在日本，兑换货币须在外币兑换银行或其他合法的货币兑换场所兑换，并且需要出示自己的护照。日本国内大部分银行都没有人民币的兑换业务，而且兑换业务只在上午9：00至下午3：00进行，星期六、日及主要假日，银行是全天休息的。所以，最好在离开国内前就兑换好日元，这样可以省去许多兑换货币的时间。

另外，日本的酒店很少提供牙刷、牙膏、拖鞋等物品，最好自己准备。外出游玩时，最好带点零食，以便饥饿时充饥。因为，旅行中吃饭是很难做到有规律的，再加上当地生活指数较高，饭菜也较贵。所以，带点零食是非常有必要的。需要提醒的是：如果是春天去日本，最好准备个口罩，可以用来防止花粉刺鼻或过敏。

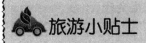

旅游小贴士

签证/护照

我国尚未成为日本免除签证的对象国，因此，去日本旅行或公干，不管逗留几天，都必须提前办理签证。

在日本出游，为什么需要携带长柄雨伞

在日本出门游玩时要记得带伞。因为日本是海洋性气候，晴雨不定，带上一把伞有备无患。而且，一定要带长把的伞。因为在日本的公共场所，甚至私家住宅门旁，都会在门口安置伞架或伞筐。长把的伞可以插在伞架或立于筐内，而折叠伞就

不好插放了。

 旅游小贴士

气候

日本地处海洋的包围之中，属温带海洋性季风气候。但由于地形狭长，纵贯热带、温带和寒带3个气候带，再加之受大陆和海洋气候的双重影响，气候变化较大，四季分明。夏季全国气温普遍较高，降水充沛。冬季日本海一侧多雪，阴天多，太平洋一侧气候干燥，多丽日。冬季南北温差较大，1月份北部的札幌平均气温在零度以下，而南部的那霸平均气温则在15℃以上。

在日本逛街，为什么最好不乘出租车

日本的出租车价格偏贵。如果自己囊中羞涩的话，还是选择坐地铁出行比较适宜。因为日本的地铁交通十分发达，线路密如蛛网，既便宜又方便。地铁站直通高楼底层，供你出行选择的余地也很大。另外，记得逛街时最好带一张自己所住酒店的名片，这样万一迷路也好返回。

 旅游小贴士

出行安全

在日本，车辆都是靠左行驶的，这点与我国刚好相反。因此，初到日本过马路时，一定要注意车辆的行驶方向，不要弄错，以免发生危险。

在日本购物应该注意些什么

在日本，百货公司的商品一般都明码标价，不能讨价还价。营业时间是从上午10：00至晚上8：00，星期六、日以及全国假日也正常营业。但会在一周中的某一天休息，且各百货公司不尽相同。百货公司比其他商店早一小时下班。有些专门店在星期日和全国假日也闭店。另外，在购买电器或者电子用品时，应留意电器电压和制式是否可以调节，以便于回国使用。

旅游小贴士

商品税

在日本购物时不能用人民币或美元支付，需将外币在饭店或银行兑换成日元使用。在日本除免税店外，所有消费均要加5%的消费税，但在一些大商场购物金额在1万日元以上时可凭护照当场退消费税。但如当时不办理，过后是不能补办的。

在日本洗温泉有什么讲究

因日本本土境内多火山，所以温泉众多，日本的温泉浴很有名。日本人非常喜爱洗温泉浴，且洗温泉浴也有许多讲究，在洗浴前、中、后都需要注意。首先，洗浴前要在池外将身体冲净，才能进入浴池。其次，在入浴时应采取由下至上的过程浸湿身体，让身体慢慢适应水温，以免温度不适，引发脑溢血。洗浴中，不要使用香皂或其他洗浴用品，不能乱扔毛巾。如果你洗的是全裸浴，切记不要盯着别人看，这样会引起别人的反感。如果水温较高，最好泡一会儿休息一会儿。最后，走出浴池时，不要随意甩动身上的水滴，要稍微擦拭一下，避免地上积水和水珠飞溅到他人身上。

旅游小贴士

温泉

频繁的地壳运动造就了日本众多的温泉。据统计，日本约有2600多座温泉，有7.5万家温泉旅馆，每年日本约有1.1亿人次使用温泉。因此，日本有"温泉王国"的美称。对日本人来说，泡温泉是一种享受，是生活中的重要部分。日本著名温泉有大分县的别府温泉、静冈县的热海温泉、群马县的草津温泉、关西地区的有马温泉等。

给日本人送礼物有什么讲究

给日本人送礼物时，最好送成双成对的礼物，如一对笔、两瓶酒等。如果是送新婚夫妇红包，忌讳送2万日元和2的倍数，日本民间认为"2"这个数字容易导致夫妻感情破裂。一般送3万、5万或7万日元。另外，礼物包装纸的颜色也有讲究。黑白色代表丧事，绿色为不祥，也不宜用红色，最好用花色包装纸。还有，日本人也不愿接受有菊花或菊花图案的东西或礼物，因为那是皇室家族的标志。

与日本人交往需要注意些什么

礼仪方面：日本人谦虚礼让、彬彬有礼。在正式社交场合，男女须穿正装、礼服，忌衣冠不整、举止失措和大声喧哗。在与日本人交谈时，不要说话时指手画脚，别人讲话时切忌插话打断。三人以上交谈时，注意不要冷落其他人。在交谈过程中，不要打听日本人的年龄、婚姻状况、工资收入等私事，会引起对方反感。在日本，用手抓自己的头皮是愤怒和不满的表示。还有，不要贸然拜访日本人的家庭，除非事先约好。

语言方面：日本人日常有许多语言禁忌。如在婚礼等喜庆场合，忌说去、归、返、离、破、薄、冷、浅、灭、重复、再次、破损、断绝等不吉和凶兆的语言；对年龄较大的男子和妇女不要用"年迈""老人"等字样，年龄越大的人越忌讳；商店开业和新店落成时，忌说烟火、倒闭、崩溃、倾斜、流失、衰败及与火相联系的语言；交谈中忌谈人的生理缺陷，如大个、矮子、胖墩、秃顶、麻子、瞎聋、哑巴等字眼。

合影方面：在日本，三人并排合影时，谁都不愿意在中间站立。因为日本人认为被夹着是不祥的征兆。

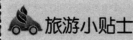 旅游小贴士

时间观念

日本人对时间的要求很严格，他们认为时间是宝贵的，不应为迟到而浪费别人的时间。如果实在因为某种原因不可避免地迟到，必须要提前打电话告诉对方。日本人对经常迟到的人是没有信赖感的。

与日本人交换名片需要注意些什么

日本人交换名片是很有讲究的。初次见面时，日本人往往一边做自我介绍，一边递上自己的名片。且总是地位低或年纪小的一方先给对方，这么做被认为是一种基本的礼节。递交名片时，要将名片正面对着对方。接到名片时，要注视对方并微

笑致意。同时还要认真、仔细地加以阅读。不清楚的地方，要当面询问。如果看都不看就直接收起来，会被视为是没把对方放在眼里。

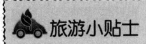 **旅游小贴士**

语言

在日本，通用的语言虽然只有日语一种，但是绝大多数日本人在义务教育的阶段都学过英语。所以只要会说英语，并且说得慢些、清楚些，日本人大多都能听得懂。

日本人有什么颜色、数字、花、图案禁忌

日本多数人信奉神道和佛教，他们不喜欢紫色，认为它是悲伤的色调；最忌讳绿色，认为其是不祥之色。日本人忌讳"4"和"9"。因为"4"的读音和"死"相同；"9"和"苦"的读音相同，"9"意味着苦。"13"也是忌讳的数字。所以，有的旅馆房间号没有13、4、9这几个数字。日本人忌讳荷花，认为荷花是丧花。在探望病人时忌用山茶花及淡黄色、白色的花。不愿接受有菊花或菊花图案的礼品。日本人喜欢的图案是松、竹、梅、鸭子、乌龟等。

韩国

在韩国与人见面的礼节有哪些

韩国人见面时的传统礼节是鞠躬。晚辈、下级走路时遇到长辈或上级，应鞠躬、问候，站在一旁，让其先行，以示敬意。男人之间见面，打招呼互相鞠躬并握手。握手时或用双手，或用右手，并只限于点一次头。鞠躬礼节一般在生意人中不使用。和韩国官员打交道一般可以握手或是轻轻点一下头。女人一般不与人握手。因此，在韩国与生意伙伴打交道或者结交朋友，初次见面时一定要弄清彼此的年纪和地位，对年长者和尊者要表现出恭敬之意。如果打交道的是女性，则不要出于热情而主动要求握手，实际上微笑着点头示意可能更适宜。见面后，在未征得同意前不能抽烟，也不能向年长者或尊者借火或接火。而在中国习惯一见面就递上一根烟的做法，显然在韩国不合适。

与韩国人共同进餐时有哪些需要注意的礼节

如果与韩国人共同进餐，一定要注意自己的坐姿。由于韩国人的餐桌是矮腿小桌，放在地炕上，因此用餐时，宾主都需席地盘腿而坐。与年长者同坐时，坐姿要端正。若是在长辈面前则应跪坐在自己的脚底上。无论是谁，绝对不能把双腿伸直或叉开，否则会被认为是不懂礼貌或侮辱人。即使你不习惯这样的坐姿，也要忍耐，不能破坏规矩。席间敬酒时，要用右手拿酒瓶，左手托瓶底，然后鞠躬致祝词，最后再倒酒。倒酒的时候，要一连倒三杯。敬酒人应把自己的酒杯举得低一些，用自己杯子的杯沿去碰对方的杯身。敬完酒后再鞠个躬才能离开。

在韩国应邀做客应注意什么

在韩国，如有人邀请你到家里做客，不要忘记带上一些小礼品，比较好的选择是包装精美的小点心等。做客时，一般主人不会让客人参观自己家里的各个房间，客人也不要自己到处逛。当客人要离去时，主人一般会送到门口，甚至送到门外，然后说再见。

韩国济州岛

韩国人在社会集体和宴会中，一般是男女分开进行社交活动，甚至在家里或在餐馆里都是如此。他们很重视在与客人交往中的宴请接待，一般这一类活动都在饭店或酒吧举行，夫人很少在场。

在韩国年轻女性为什么不戴白色头巾

韩国女性喜欢戴头巾。头巾分为三角巾和四方巾，有的印花，有的绣花，且大多色彩绚丽，质地有丝绸、缎及化纤等。在韩国，年老的女性多戴白色头巾。所以，韩国年轻女性从不戴白色的头巾，怕别人误以为年事已高。

韩国人做饭洗衣的围裙为什么被称为"幸州裙"

"幸州裙"的名称由来已久。传说 1593 年 2 月日本出兵围攻离汉城 20 多公里的幸州山城，城中军民在权律将军指挥下，进行殊死抵抗。当时，幸州的妇女靠用围裙运石头来支前，有力地鼓舞了守城将士的士气。最终，打败了敌人，守住了城池。从此，韩国妇女系的围裙就被称为了"幸州裙"。

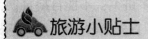 **旅游小贴士**

韩服

韩服是韩国的传统服装，优雅且有品位。近代被洋服替代。只有在节日和具有特殊意义的日子里穿。女性的传统服装是短上衣和宽长的裙子，看上去很优雅；男性以裤子、短上衣、背心、马甲显出独特的品位。

韩国人为什么偏爱"小吃摊"

韩国路边小吃摊的文化起源于 20 世纪 70 年代。当时，韩国正处于经济急速发展时期。韩国人不分昼夜地辛苦工作，放弃了自己的业余时间和活动。每逢晚上工作完毕，就会借酒来缓解疲劳和压力。如此经过多年发展，渐渐形成了现在的韩国小吃摊文化。路边小吃摊卖的食品，价位基本都是统一的，既可以站在车旁边吃，也可以要求打包带回家吃。因为价格合理、种类齐全且量多，所以深受韩国人的喜爱。因此，如果到了韩国，实在找不到吃饭的地方但又很饿的时候，不妨在路边摊上吃一点。

旅游小贴士

辣炒年糕

辣炒年糕可以说是韩国的"国民级"小吃，也是外国游客在韩国最容易接触到的小吃。走在韩国的街上随处可见男男女女、老老少少们在小贩前吃着红彤彤的炒年糕。虽然每家店铺提供的辣炒年糕看上去都差不多，但味道却是千差万别。

韩国人喝酒有些什么讲究

韩国人善饮，喜欢喝酒，并且酒量不错。在韩国，喝醉酒不是什么丢脸的事情，因为醉酒在韩国人生活里时有发生。韩国人喝酒有许多讲究：不能自斟自饮，他们认为自斟自饮，有害健康；年轻人和长辈在一起喝酒，首先要敬长辈，长辈喝后，自己才能喝，且必须侧过脸去喝，以表示对长辈的尊敬；在为别人斟酒时，一定要用右手拿瓶。因为在韩国人看来，用左手斟酒意思就是看不起对方，就像主人向下人赐酒一样，是不礼貌的。而接受者也应双手捧杯，以示谢意。韩国人喝酒不喜欢续酒，而是喜欢喝净一杯再倒一杯。

旅游小贴士

烧酒

韩国烧酒是一种酒精饮料，属清酒类。其烧制的主要原料是大米，通常还配以小麦、大麦或者甘薯等。韩国烧酒颜色透明，酒精度数一般在18°～22°。由于烧酒相对于其他酒类价格较低廉，所以，深受韩国普通民众的喜爱，也是韩国最普及的一种酒精饮品。

在韩国住宿应注意些什么

韩国的酒店不提供牙具和拖鞋，如需使用，要另行收费。所以，最好自备，也符合个人卫生习惯。韩国酒店内的电压为110伏或220伏，但为圆头插座。房间内没有开水供应，如需开水，可让酒店客房部另送，只需付小费即可。在酒店内打电话，饮用房间冰箱或吧台饮料、酒水，都需到酒店前台自行付款。有的酒店还设有收费电视频道，使用前请了解清楚付费办法，以免退房时发生纠纷。

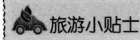

小费及住宿特色

在韩国一般不用给小费，但是在许多高级酒店和餐厅会在账单中加收消费额的10%作为服务费。

在韩国的大部分饭店、旅馆，都会有洋式房和韩式房之分。洋式房和一般房间设施差不多，但在冬天会多铺一床电热毯当床垫；而韩式房又称"火炕房"，整个房间就是暖呼呼的床，睡觉时只需将棉被铺地板上当睡垫即可。

在韩国游玩为什么不能随便拍照

在韩国，有不少地方出于政治或文物保护原因，是不许拍照的。拍照在韩国是受到严格限制的。因此，每到一个景点，一定要听清楚或是看清楚是否允许拍照，且要严格遵守。军事设施、机场、水库、地铁、国立博物馆以及娱乐场所等都是禁拍的对象，在高层建筑上拍照也在被禁之列。

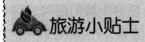

泡菜

韩国泡菜是朝鲜咸菜或者高丽咸菜的别称，也称为韩国咸菜，是用卷心菜、红色辣椒酱和凤尾鱼糊腌制而成。其味辛辣且发酸。韩国人每餐饭都离不了它。泡菜在他们的日常生活中已经远远超越了一道佐餐菜肴，而是升华成了一种特有的传统和文化，成为他们生活中不可或缺的部分。到韩国旅游，如果你可以吃泡菜的话，将很快赢得当地人的尊重。

韩国人有什么数字禁忌

韩国人忌讳数字"4"。因为"4"的发音与"死"字完全相同，他们认为是不吉利的数字。所以，韩国楼房没有四号楼；四楼也不称第四层；宴会中没有第四桌；喝酒也绝不能只喝四杯；吊唁或结婚送份子钱，金额也以1万、3万等奇数单位来送。

旅游小贴士

语言

韩国主要共通语言为韩语，韩国华侨亦通国语。韩国人英文水平一般，因而，英文只适用于豪华观光酒店及大百货公司。

蒙古

蒙古人为什么不穿黑色的衣服

蒙古人喜欢借颜色来寄托自己的愿望和感情，将不同的颜色赋予了不同的意义。比如说，红色用来象征亲热、幸福和胜利，所以许多蒙古人喜欢穿红色的蒙古袍，姑娘们爱用红色缎带系头发；而黑色，被视为是不幸和灾祸，故蒙古人不穿黑衣服。

在蒙古，为什么不能把自己家养牲畜产的奶卖掉

蒙古是一个畜牧业为主的国家。1985 年后，放宽对私有牲畜头数的限制。1988年，拥有各种牲畜 2259 万头，主要牲畜有羊、牛、马、骆驼等。在游牧或日常生活中，蒙古人相遇时，首先，总要极有礼貌地相互问候家畜安好，其次再互问家人平安，最后才相互寒暄。这是因为以牧业为主的蒙古人，把家畜置于生活中特殊重要的地位。蒙古人最忌讳的是，将自家牲畜的乳汁卖掉，认为这是一种标志贫穷的耻辱。

在蒙古人家做客，客人不能做哪些事情

蒙古人具有好客的美好传统，即使对素不相识的来客，也往往以礼相待。所以，人们说："在蒙古，即使没带干粮，也可旅行数月。"当你到蒙古人家里做客时，不要将鞭子或棍杖随身带进主人的毡帐，否则便被认为是对主人的侮辱。另外，还要切记不要将帽子朝着门口放。

到蒙古牧民家做客，告别时不能忘记什么

蒙古人热情好客，有一套独特的待客礼仪，具体表现在迎客、问候、待答、送

蒙古国建筑

客等方面。客人告辞时，主人往往举家相送，并一再说"再见""欢迎再来""祝您一路平安"之类的送行话。而客人也应该答以相应的礼貌用语。所以，如果您到蒙古人家做客，临走时要和主人热情告别，不要着急地转头就走。那样的话会被认为很不礼貌。

蒙古人相互见面，为何不先问身体如何

蒙古人以热情、开朗、直爽、真诚闻名于世。他们与亲朋好友打招呼的方式极为特殊。相互见面，一般不先问对方身体如何，而是习惯先问对方的牲畜是否平安？这是蒙古国人的一种传统习俗。其主要原因是蒙古民族整日以牲畜为伴，牲畜在他们的心目中占有极重要的地位，离开它们，蒙古人就没有了自己的经济支柱。所以，蒙古人相互见面，一般都不先问对方身体怎样，而是先要问牲畜是否平安。

🚗 旅游小贴士

待客习惯

蒙古人与客人见面时，喜欢拿出自己收藏的鼻烟壶让客人嗅闻。遇到此种情况，客人应该诚心实意地嗅闻，然后把壶盖儿盖好还给主人。

蒙古人在饮食方面有哪些注意事项

蒙古牧民喜欢自制马奶酒，当主人用其招待客人时，客人必须一饮而尽，忌一口一口地慢慢品尝。遇有贵宾，以全羊招待，一般应由主人先切肉或先吃，忌贵宾先吃。他们不喝汤，不用筷子，以左手拿肉，右手用刀切着吃。餐桌上须放盐。他们不吃虾、鱼、蟹、海味，不爱吃糖和带辣味的调味品；不爱吃带汁的、油炸的菜肴，不太爱吃米、面食品和青菜。其伊斯兰教徒禁食猪肉，忌讳使用猪制品，也忌讳谈论有关猪的问题。

蒙古人有哪些日常禁忌

蒙古人忌讳别人用手指或烟袋点其头部，忌摸头；忌讳生人依坐在其蒙古包上。

他们崇拜火，忌在蒙古包往火里扔脏东西，忌在火炉上烤脚，更不许在火炉旁烤湿靴子和鞋子，忌从火上跨越，忌在炉灶上磕烟袋、摔东西、扔脏物，忌用刀子挑火、将刀子插入火中，或用刀子从锅中取肉。

到牧民家做客，忌蹬门槛；忌在河流中洗脏衣服、洗澡或向河流中扔脏物，更不能倒垃圾、大小便。

忌别人打狗，忌产妇住处外人进入探访；忌送帽子作礼物，因为帽口朝下，送人会损坏别人运气；穿蒙古袍时，忌捋袖子；忌用左手接递物品。

禁止在寺庙周围打猎，禁止在寺内杀牲畜，不能在经堂内吸烟、吐痰。

旅游小贴士

哈达

献哈达是蒙古民族最正统的礼节。不过，与中国一些民族献白色哈达不同，蒙古国人敬献的哈达是由丝绸制成的天蓝色。他们在献哈达的同时，还要向客人献上一碗鲜奶，以表达其深深的敬意。

朝鲜

在朝鲜出入境有哪些规定

入朝鲜禁止携带手机、电脑、长焦照相机、摄像机、收音机，否则会被没收；禁止携带韩国物品入境。忌以伪造身份入境，否则将至少被罚款 2000 元以上人民币；忌携带报纸杂志，尤其禁带有韩国文字的书刊、衣物；忌带朝鲜币出境。

在朝鲜拍照有哪些规定

在朝鲜，禁拍军人、着装寒酸的农民、街上的市民、商场、火车照；忌拍领袖半身像；若参观伟大领袖像，则必须严肃，先献花、鞠躬后才能拍领袖全身像；忌在旅游车上偷拍窗外景物；忌模仿领袖姿态照相。

在朝鲜交谈有哪些禁忌

在朝鲜交谈，不能直呼金日成、金正日、金正恩的名字，必须在前面加上"伟大领袖"或"敬爱的将军"；不能提"韩国"两个字，只能说"南朝鲜"，在朝鲜的地图上，整个朝鲜半岛是一个国家，首都就是平壤；不能称人民服务员为"小姐"，有侮辱之嫌；忌嘲笑朝鲜人发自内心爱戴领袖的感情；忌私下谈论伟大领袖。

朝鲜还有哪些禁忌

朝鲜族忌讳人称"鲜族"；晚辈不能在长辈面前喝酒、吸烟；吸烟时，年轻人不得向老人借火，更不能接火；与长者同行，年轻者必须走在长者后面，若必须超越，须向长者说明理由；途中遇有长者迎面走来，年轻人应站立路旁问安并让路；晚辈对长辈说话必须用敬语；吃饭要先给老人盛，待老人就餐，全家才开始吃饭。婚丧、佳节期间不杀狗、不食狗肉。

在朝鲜游览过程中，即使没有厕所，也不许去草丛和树林中尿尿，因为随时会被当作脱队逃跑处理；不能随便向朝鲜儿童扔东西；忌购买像章；忌向车窗外丢垃圾；晚上不得擅自离开酒店；不得私自探亲会友；不得到当地人的商店去，只能在规定的游客商店购物；不得与当地姑娘、小伙结婚。

朝鲜首都

 旅游小贴士

国旗

　　朝鲜国旗有一红色五角星。红色宽条寓意崇高的爱国主义、顽强斗争的精神，蓝窄条代表团结、和平，红五角星象征革命传统。白条代表单一的朝鲜民族。

越南

越南人有哪些言语禁忌、饮食禁忌、婚丧禁忌

　　言语禁忌。年初、月初忌说猴、死等坏运气的词，忌发脾气，忌说粗话；忌讳钓鱼时说猫；忌讳写文章时听到悲惨的声音；忌讳称赞小孩胖；忌讳孩子说祖父母、父母的名字。

　　饮食禁忌。小孩上学忌吃饭锅巴，怕变得愚笨，忌吃鸡爪，怕写字时手发抖；商人、出门的人及打牌人忌讳吃烧焦了的饭，怕带来厄运；学生考试忌讳吃虾，因

虾形同"劣"字第一个字母大写"L"很像；忌喝酒时把酒杯扣过来，或把酒瓶倒过来；打牌忌讳吃鸭头，怕输，忌讳吃甘蔗，怕早散；在庙里忌讳吃狗肉。

婚丧禁忌。忌牛月嫁娶，怕夫妇俩像牛郎织女一样分离；忌婆婆怀孕时娶儿媳妇；忌一年之中连嫁两个女儿；忌讳父母亲自送女儿到婆家；家有丧事时，忌讳红颜色；忌守孝人吃槟榔，参加喜庆活动，穿丝绸衣服；忌穿死者生前用过的衣服，忌睡死者生前睡过的床；忌外村抬死人经过本村的地界，尤其是经过本村祠堂前。

越南佛教

越南人还有哪些日常禁忌

越南人忌讳碰触头部，认为头部是神圣的部位，是不可侵犯的；忌讳用脚指物或用脚掌指向别人，认为这是侮辱人的举动；忌讳在祭祀活动中穿白色服装，因为白色与丧事相关；忌讳三人合影，认为中间人会遭厄运；不能用一根火柴或打火机连续给三个人点烟；忌讳在屋内戴斗笠，认为这样不吉利；夫妇俩忌讳用一条洗脸毛巾，忌互递牙签；忌讳除自己丈夫或妻子以外的人用自己的梳子；忌讳反铺床上的席子；忌讳背对供桌而坐；忌讳年初打扫屋子，据说这样会一年办事不顺利。

京族人忌别人用手拍背或用手指着人呼喊。客人到他们家时，不可从坐卧的人身上跨过去，不能睡在妇女的房门口及往来频繁的过道上，不准进入主人的内房。在少数民族家中，忌到姑娘住的房间里。

少数民族知识

在北方京族家里，由最老一辈的男人做主，而南方的京族家里则由最老一辈的女人当家。

少数民族一般都很好客。有客人来时，他们常用自己最喜爱的酒和生冷酸辣等食物待客。客人即使不合胃口，也要尽量吃些，以免被误认为看不起主人。

老挝

老挝人行双手合十礼有什么讲究

老挝人温和、善良，非常注重礼节，人与人见面习惯行合十礼，表示敬意和问候。一般情况下，辈分低者应向辈分高者主动行礼；女子应主动向男子行礼；主人应主动向客人行礼。同时，受礼者应还礼。但在老挝，向僧侣行合十礼时，他们可以不还礼，可以用点头致意。

今天的老挝，人们见面行礼的方式已不再单一，也流行握手礼，尤其是同游客交往时多行握手礼。

老挝人接待客人的特殊仪式是什么

老挝人接待客人有着别具一格的仪式，即"拴线"，由老大娘或年轻姑娘，把浸过香水的线拴在客人的手腕上，口中还念念有词地对客人祝愿。拴线时，一般先拴左臂，右手同时举起，拴右臂时，则举起左手。手与头齐，像平时打招呼那样，表示敬意。仪式完后，双手合十，举到额前，说一声"萨"（"但愿如此"之意），被拴上线的人，要经常把白线戴在手腕上，至少要戴三天，因为这洁白的线里，包含着老挝人的深厚友谊和美好的祝愿。

老挝人有怎样的饮食禁忌

老挝人不食素，但忌食"十肉"，即不吃人肉、象肉、虎肉、豹肉、狮肉、马

老挝首都万象

肉、狗肉、蛇肉、猫肉、龟肉等。在进餐时惯用右手抓食，用左手直接接触食物被视为严重的失礼。

 旅游小贴士

筷子使用及用水特色

老挝人使用筷子非常特别，用同一双筷子的一头夹饭，另一头夹菜。

老龙族对村旁河水的使用有严格的区分：上段河水用来饮用，不能洗澡或洗衣物；中段给男人洗澡；下段给妇女洗澡。取水时，如有公共用具如竹筒等，就不能使用自己的器具。

老挝人有哪些日常行为禁忌

老挝人在日常生活中忌讳的行为较多。如果在老挝旅游，我们应当尽量避免触犯他们的禁忌。老挝人忌讳触摸他人头部，认为头部是神圣不可侵犯的；忌讳用脚指人或物，认为脚是下贱的部位，用脚是对别人的侮辱；忌讳用手触摸佛像，更不能用身体的下部去碰触佛像，认为这是对佛像的亵渎；忌讳从坐卧着的人前面跨过，认为那是很没礼貌的行为；忌讳用左手递物或吃饭，认为左手是处理不洁之物的，是肮脏的；忌讳在公共场合有过于亲密的举动，且不可当众发脾气，认为这样的人品行有问题；忌讳在僧侣面前两腿交叉坐，认为这样是对佛的不敬；视白色为不吉利的色彩，家里不挂白色蚊帐，忌盖白色被子。

 旅游小贴士

少数民族禁忌

按照傣族习俗，外来女性或本家的孕、产妇，或生鱼、生肉等忌讳物，都必须通过"栅"（住房尾端阳台状的延伸部分）进入住房。佤族人多信奉鬼神，当全寨人祭鬼时，外人不得进村；生病时，忌讳见到生人或外人；生人不能从后门出入；睡觉时不能横躺在门口；进入村寨不得大声喧嚷，不得吹口哨或喇叭等乐器。

苗族不喜欢别人称他们为"苗子"，喜欢自称"蒙"。婴儿满月前或遇到丧事、祭祀等，忌外人进入屋内；忌睡觉时头朝大门；室内的神坛忌随便移动。

瑶族规定在春节期间祭虎3天，不得出门，外人也禁止进入寨内；严禁吃狗肉；忌讳挂白蚊帐等。

柬埔寨

柬埔寨的"七彩星期"知多少

在柬埔寨流传着一种古老而有趣的风俗，用服饰的色彩来表示日期，有"七彩星期"之说。即星期一穿嫩黄色，星期二穿紫色，星期三穿绿色，星期四穿灰色或浅蓝色，星期五穿青色，星期六穿黑色，星期天穿红色。用色彩勾勒一个星期的七天，可谓是独一无二的。如果旅行在柬埔寨，看着人们的穿着，你就可以轻易获知当天是星期几，多么富有情趣的习俗。

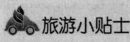 **旅游小贴士**

衣着

柬埔寨人衣着较朴素，很多人光脚或穿拖鞋，在社交及正式场合则较为讲究。民族传统服装主要有纱笼、筒裙、凤尾裙、水布等。

柬埔寨的"七彩星期"

柬埔寨人见面如何施礼

柬埔寨人见面和分别时都会行合十礼，即鞠躬弯腰，将双手十指相对合在一起，指尖朝上放置于胸前行礼。但行礼时根据对方身份、地位的不同，指尖放置的位置也会有所不同。如向同辈或同等地位的人行礼时，指尖会举到胸前；向长辈行礼，指尖要举到鼻尖；向王室或高僧行礼，指尖要举到额头，同时须微蹲。

 旅游小贴士

一般礼仪

拜访柬埔寨朋友，要事先约定并按时赴约，要衣着清洁、整齐。一般可称男主人为先生，称女主人为夫人，对其他女性可称女士、小姐。如果主人是部长以上的官员，则应称为"部长阁下""大使阁下"等。宗教称谓也很有讲究，富有高学位的贤士被称为"班洁"（柬埔寨语博士的译音）；全国最高僧侣首领被人们称为"僧王"，省级僧侣首领被称为"梅绲"、县级的被称为"梅丝娄克"或"阿努绲"……

柬埔寨人有哪些日常禁忌

柬埔寨人十分虔诚地信奉佛教，不仅僧侣神圣不可侵犯，而且在日常生活有着

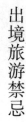

诸多禁忌，也不容违反。柬埔寨人忌讳别人对他们的宗教信仰、习俗说三道四，否则会被认为犯了大忌；如在旅途中去当地人家做客，忌讳穿鞋进屋，认为穿鞋会带入不洁之物；忌讳用左手递物品或进食，认为左手不洁，接递物品时要用右手或双手；忌讳触摸头部，认为人的头是神圣不可侵犯的部位，不容触摸；到寺庙和僧侣住所时，要记得脱鞋，然后才可入内。否则。会被认为是对佛的不敬，犯了罪孽。忌讳在"星期一"卖出东西，也忌讳别人借钱，但在这天买回东西则被认为是吉利的。忌讳"星期六"，认为这天是鬼魂妖魔出没的日子，是不吉利之日，当天做事要谨慎。需要特别提醒的是，柬埔寨人还认为孔雀是一种不祥之鸟，不愿见到孔雀及其图案。

缅甸

缅甸男性一生必须当一次和尚吗

在缅甸，男性一生至少要出家一次，出家年龄、时间和次数没有限制。但出家的理由有时可以说是千奇百怪，如穷人为了有地方吃饭；富人为了延年益寿；体弱者为了增强体质；背运者为了转运；离婚者为了调整心情，等等。总之，不管什么样的理由，都充分印证了缅甸人对自己信仰的虔诚与尊重。

在缅甸，为什么女性不能登佛塔塔基

缅甸女性喜欢穿一种缅语称为"特敏"的筒裙。缅甸人视女性的筒裙为不洁，严禁女性晾晒筒裙时挂在超过人头的高度。因此，缅甸男人十分忌讳从晾晒的女性筒裙底下钻过，认为这样会倒霉一辈子。由此，缅甸也禁止女性登上佛塔的塔基，只能跪在塔下瞻拜许愿。

🚚 旅游小贴士

送物禁忌

缅甸人崇拜佛教，好助人为乐，乐善好施，但给他人送物品时，有一定的禁忌。一般来说，送物必须在星期一到星期六期间进行，星期天忌送他人物品，尤其禁止把衣服、沙笼等送给别人。

在缅甸为什么不能穿鞋进入寺庙

缅甸是一个虔诚的佛教国度，绝大多数人笃信佛教。佛塔和佛寺在缅甸比比皆是，四处可见。缅甸人一有闲暇，便去拜佛听经，朝拜佛塔，祈求平安。但无论是

缅甸仰光大金塔

进佛寺，还是见法师，或是进入塔院，均有一条严格的禁忌，那就是必须脱鞋，连袜子也不能穿。因为缅甸人认为鞋是最肮脏、最龌龊的物品，而佛塔和佛寺是最神圣的地方，僧侣则是佛祖的代表，绝不能穿最肮脏的鞋去拜佛、拜塔和见僧。缅甸人还经常把那些最卑鄙、最下贱之人比作是"挨鞋打之物"。因此，在缅甸参观佛寺或佛塔等与佛教相关的场所时，切记要脱鞋。否则，会极大地伤害缅甸人的感情。

🛵 旅游小贴士

仰光大金塔

大金塔位于缅甸首都仰光市北茵雅湖畔的圣丁固达拉山上，是仰光的最高点。缅甸人将其称作"瑞大光塔"。塔始建于公元前585年，已有2500多年的历史，比缅甸作为国家的历史还要悠久。大金塔通体贴金，加上4座中塔、64座小塔，共用黄金7吨多。在塔顶的金伞上，还挂有1065个金铃、420个银铃，上端以纯金箔贴面，顶端镶有5448颗钻石和2000颗宝石。

缅甸有哪些日常禁忌

忌讳别人碰触头部。缅甸人认为人的头部是神圣的地方，一般不喜欢别人摸自己的头。所以，不管你与缅甸朋友多么亲密，也不要去随意摸他的头。不然，他会认为你在侮辱他，引发不快。此外，在缅甸，女性不能枕着男人的胳膊睡，否则男人就会失去"神力"，整日萎靡不振。

忌吃牛肉。缅甸主要靠牛耕作。无论刮风下雨、酷暑严寒，牛总是和农民们相依为命。他们视牛为"忠诚的朋友""最大的恩人"。所以他们忌吃牛肉，认为这是一种"忘恩负义"的背叛行为。

一周禁忌。星期一，禁忌送牛给他人或向他人借牛使用；星期二，禁忌把木头、竹子等送给别人，禁忌在星期二做事，认为在星期二做事情必须做两次才能成功。星期三，禁忌赠稻谷给他人；星期四，禁忌向他人索借金银制品。星期五，禁忌乘船渡河。此外，缅甸人还禁忌在星期二、五、六借钱给别人。

其他禁忌。忌母鸡在布上下蛋，以免破财；忌旅途遇蛇，应返回并推迟行期；以乌鸦为神鸟，禁止捕捉和伤害；忌在"安居期"（缅历4月15日~7月15日）结婚、宴请、迁居、娱乐，僧人亦不得外出。忌睡高床。

 旅游小贴士

左右习俗

缅甸人有"右为贵，左为贱"，"右为大，左为小"的观念。因此，缅甸人有"男右女左"的习俗。

缅甸人有怎样的数字与色彩禁忌

缅甸人忌讳"9""13"和尾数是零的数字，所以，忌讳"9"人同行，认为"9"人同行必有灾祸，若是9人同行则需带一块石头，以破9的数位。受西方文化的影响，缅甸人认为"13"这一数字不吉利，因此忌讳买有编号"13"的房子和车子。另外，缅甸人忌讳蓝色、灰色、黑色，认为这些是不吉利的色彩，会带来灾难。所以，出席缅甸人的婚礼，不能穿蓝色、灰色和黑色的衣服，否则会引起众怒。

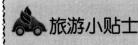

旅游小贴士

国旗

缅甸国旗由黄绿红三色加一颗白色五角星组成，比例有 2：3、5：9、6：11 三种。其外观为黄绿红三条线，中间有一颗白色巨大五角星。绿色象征和平、安宁、草木茂盛、青葱翠绿的环境；黄色象征团结；红色象征勇敢和决心；白色五角星象征联邦永恒不坠。

泰国

吃泰国菜时，哪些动作是不雅的

泰国人吃饭时一般用盘子，习惯了用碗吃饭的许多游客会感到不方便。不过只要懂得正确的方式，就没什么困难了。吃泰国菜时正确的进餐方式是：就座先舀适量的白饭在盘中，再以汤匙将菜肴与饭拌匀，用汤匙以西餐喝汤的方式，由身体的内侧向前方舀起，吃完再盛饭。由于菜肴种类多，所以不要一次盛太多的饭，以免各种菜肴混在一堆吃起来五味杂陈也不方便。另外，吃饭时不要为了图方便将盘子端起来往嘴里倒，既不雅观也很失礼。

在泰国旅游购物时为何不要冲动

泰国是旅游业比较发达的国家，因此伴随旅游业发展起来的商品零售业也很发达。在泰国购物时，应记住：货比三家不吃亏，如果时间允许的话，应该选择不同的百货公司购物，这样可买到价格合理，品质有保障的商品。另外，商品不要看中了就买，特别是在那些街边小店，泰国除百货商店和书店外，很多小店的标价只是一种装饰，往往比实际价格高出两三倍。你要学会在买东西时如何向店主讨价还价。购买高价物品时，宜多比较，因为大部分的物品在购买后不可退货，购买时别忘了索取完整的收据及发票。

如果购买珠宝首饰等贵重物品，应记住您所购买的珠宝宜随身携带而不得以邮寄方式出境，珠宝及蓝宝石在泰国分有等级，购买后应向商店索取"珠宝质量保证书"。

泰国人喜爱的颜色与禁忌的颜色是什么

泰国人喜爱红、黄色，禁忌褐色。到了泰国，你会注意到广告、包装、商标、服饰都使用鲜明颜色，并习惯用颜色表示不同日期：星期日为红色，星期一为黄色，星期二为粉红色，星期三为绿色，星期四为橙色，星期五为淡蓝色，星期六为紫红色。群众常按不同日期，穿着不同色彩的服装。过去白色用于丧事，现在改为黑色。泰国的国旗由红、白、蓝三色构成。红色代表民族和象征各族人民的力量与献身精神。白色代表宗教，象征宗教的纯洁。泰国是君主立宪制国家，国王是至高无上的，蓝色代表王室。蓝色居中，象征王室在各族人民和纯洁的宗教之中。

和泰国人见面时有什么礼节

除非在相当西化的场合，泰国人见面时不握手，而是双手合十放在胸前。初到泰国，要注意当地人所行的合掌见面礼，泰国话叫作"Wai"，外人也可以照样行礼，双手抬得越高，越表示对客人的尊重，但双手的高度不能超过双眼，一般双掌合起应在额至胸之间。注意，地位较低或年轻者，应先向对方致合掌礼。唯和尚可不受约束，不必向任何人还合掌礼，即使面见泰王和王后，也不用还礼，只是点头微笑致意。

因此，游客或客商到泰国与人交往时，最好不要行握手礼，而应该入乡随俗，学会与客人行合掌见面礼，这样既表达了友好的心愿，又会获得泰国朋友的好感。

在泰国为什么不能踩踏房屋的门槛

俗话说，"入国问禁，入乡随俗"。凡是初到泰国访问、经商的人，必须注意遵守泰国人的风俗礼节，不然很容易发生误会。如果你被邀请到泰国朋友家做客，除了应有的见面礼节以外，还要切记，不要踩踏泰国人房子的门槛，因为泰国人认为门槛下住着神灵，踩踏门槛无异于踩踏神灵。

为什么说泰国是"微笑之国"

人们说泰国是"微笑之国"，他们对外国人特别和蔼可亲。在泰国，在众目睽睽之下与人争执，咄咄逼人的表现会被泰国人认为是最可耻的行为。所以，公共场所中不会看到有人当众发脾气。到泰国旅游的游客也应该受到这种微笑的感染，保持心境的平和，不要为一点儿小事就大吵大叫，更不要当众与人争执、吵架，即使你是有道理的，这种行为本身也不被接受。

在泰国，为什么不能随便摸小孩子的头

泰国人非常重视人的头部，而轻视两脚。他们认为头是灵魂所在，是神圣不可侵犯的。因此，很忌讳别人触摸他们的头，认为头部被他人触摸是奇耻大辱。即使是摸小孩子的头也不行。这和中国的习惯很不一样，中国人常常因为喜爱孩子去摸他们的头，如果到泰国也这样做的话，不但不会获得好感，反而会惹怒他们。

泰国人对头部的重视，还表现在头部的高低意味着地位的尊卑。因此，在居家生活中长幼之间都很有讲究。如长辈在座，晚辈必须坐在地下，或者蹲跪，以免高于长辈的头部，否则就是对长辈的不敬。游客也应该注意，如果到泰国朋友家做客或者与泰国朋友约会，在座的朋友或客人中有比自己年长的，你就不应该坐在很高的位置，使自己的头部高过长者的头部。

与头部有关系的其他禁忌还有：坐着的人也忌他人拿着东西从自己头上过。如果用手打了小孩子的头，认为一定会生病。泰国人睡觉时不能头朝西，因为日落西方象征死亡。泰国人死后才将头部朝西停放。因此，泰国人盖房子时习惯正面朝北，这样睡觉时便可头向南边。

因此，到了泰国应该切记不要在别人头顶上递东西，特别是在车上或者飞机上，递东西时一定要避开人的头部。不要碰触他人的头部，更不能有意打别人的头部。

在泰国，为什么不能用左手递给别人东西

由于左手被视为不洁净，所以交换名片，接受物品，都必须使用右手。

在泰国要注意切忌用脚来指方向

在泰国人面前，盘腿而坐或以鞋底对着人是不礼貌的。无论是坐着还是站着，不要让泰国人明显地看到你的鞋底。商务谈判坐下时，千万别把鞋底露出来，因为这在泰国被认为是极不礼貌、极不友好的表示。脚除了走路之外，不可作其他用途。如用脚踢门，会受到当地人的唾弃。用脚给人指东西，也是失礼。

泰国人对佛像和皇室都很尊崇

泰国人大多信奉佛教。在泰国，游客如果对寺庙、佛像、和尚等做出轻率的举

动，就被视为"罪恶滔天"。进入寺庙要脱鞋，服装应整齐、端庄，最好不要穿短裤。遇见僧侣要礼让。拍摄佛像尤其要小心。譬如，以为佛像好大，觉得好玩，人就骑到上面，很可能会惹出大风波。曾有观光客由于跨上佛像拍照而被判刑。进入泰国人的私宅或寺庙，务必脱鞋。从进入寺庙的门口开始，你得赤脚而行。到当地人家做客也是一样，如果发现室内设有佛坛，你得马上脱掉脚上穿的鞋和袜，戴帽子的人也必须立刻脱去帽子。和尚的地位，崇高无比，因此，客商必须"入境随俗"，不能大意。为了接待和尚，洽谈业务的事往往只好让位。在泰国观光，到处可见卖佛像的工艺品店，买到佛像要十分敬重，切不可当它是一种玩物，随意放置或粗手粗脚地动它，这种行为会引起泰国人的不快。此外，女性应避免碰触僧侣，如奉献财物，可请男士代劳，或直接放在桌上即可。

泰国人还特别尊崇国王。佛祖和国王在泰国人心目中是至高无上的，遇有皇室成员出席的场合，态度要敬重。切不可当着泰国人面对佛祖和国王说轻率的话，不可随意谈论或批评皇室。

在泰国签名为什么不能用红笔

和其他国家相似，泰国人绝不用红笔签名。因为按照泰国人的习惯，人死后要用红笔把死人的姓氏写在棺木上。因此，用红笔签名是不吉利的，也是不被接受的。游人或商客在这一点上不能犯忌。

和泰国商人打交道时，应注意的事项有什么

泰国人很难对一件事快速做出决断。因此，与泰国人打交道的商客做生意时不要急躁，不要在泰国商户犹豫时表现出不耐烦。商界招待，细密而累人。这时需要耐心应对，任何缺乏耐心的举动都是不合时宜的。另外，和泰国商人相处，不要夸耀自己国家的经济，也不要盘问对方有几个太太。到泰国无论是经商还是旅游，最好携带旅行支票，少用现金。

游客在泰国应注意的一些细节问题有哪些

泰国禁赌，即使在酒店房间也不能玩牌或打麻将。除此之外，泰国对酒类的出售时间有规定：凌晨2点以后，不准再卖酒，这是国家的法律。因此，到泰国旅游的人不要在闲暇时以玩牌和打麻将打发时间，也不要在凌晨2点以后上街买酒，这些行为都会因触犯泰国国家法律而引起不必要的麻烦。

去泰国旅游，通关时有什么需要注意的问题？可以带多少现金

泰国海关规定，出入境的旅客可携免税香烟 200 支或雪茄 50 支，或烟草半磅。泰国货币为泰铢（Thai Baht），出入境限携泰币 500Bahts。外币不限，入关先报数额，出关时可携出。若不申报，出境时就可能会有麻烦。因此，游客出入境时所携带的物品不能违反泰国国家规定，所携带的货币也不可以超出泰国海关的限额。

在泰国给小费有哪些注意事项

在泰国，给小费虽不普遍，但有些地方也开始慢慢时兴了起来。餐饮方面：如在酒店和高档餐厅消费，通常会在账单上加收 10%~15% 的服务费，这样也就不用再给服务员小费了；在中档餐厅消费，一般将找回的零钱留在桌上或放到盘子里算作小费；在小餐馆或街头小摊消费是不用给小费的。交通方面：在泰国，绝大多数三轮摩托车的收费是讨价还价的，所以不需另付小费；乘坐出租车一般不用给小费，当然如要给，司机也不会拒绝。总之，在泰国，分清场合给小费，既可以节省钱，又不会失礼。

菲律宾

在菲律宾旅游，穿衣须注意哪些事项

菲律宾属热带气候，除夏季服装外，去山区游玩还应准备较厚的衣服。如果出席比较正式的场合宜穿西装，或穿上菲律宾的传统民族服装。另外，菲律宾是信奉基督教的国家，对基督教徒而言教堂是神圣的场所。因此，在参观教堂时，最好穿保守端庄的服饰，且不可大声喧哗。

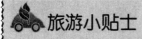 旅游小贴士

气候

菲律宾 3~5 月气候炎热干燥，平均气温在摄氏 22℃~32℃；6~10 月是雨季；11 月至翌年 2 月期间凉爽，气温在摄氏 22℃~28℃。菲律宾平均湿度为 77%。

你听说过菲律宾的"菠萝服"吗

菲律宾有一种服装叫"菠萝服",这是菲律宾人用菠萝叶制成的衣服。每年11月至翌年4月,菠萝叶喜获丰收,菲律宾人就用它制成一种透气性好、不缩水又便于洗涤的布料,然后加工制作成衬衫、短衫或外衣以及台布、窗帘和餐巾等。当然,不是所有的菠萝叶都能制作"菠萝服",只有在指定种植场栽培出的特殊品种才能制作。菲律宾人在喜庆的日子里都爱穿"菠萝服"。

 旅游小贴士

民族服饰

菲律宾男性的国服叫"巴隆他加禄"衬衣,是一种丝质紧身衬衣,长袖,长可及臀,袖口如同西服上装。前领口直到下襟两侧,都有抽丝镂空图案,花纹各异,颇为大方。菲律宾女子的国服叫"特尔诺"。这是一种圆领短袖连衣裙。由于两袖挺直,两边高出肩稍许,宛如蝴蝶展翅,所以也叫"蝴蝶服"。

菲律宾人有怎样的饮食习惯

由于受地理条件等因素的影响,菲律宾人的主食主要为大米、玉米,副食主要有肉类、海鲜、蔬菜等。人们爱吃的菜品一般偏于清淡、味鲜。菲律宾人早餐多为西餐,午、晚餐大多为中餐,但中上层人士爱吃西餐,就餐时,一般喜欢用香辣调味品,但不会太辣。饮料爱喝咖啡、酸牛奶、啤酒、果汁等。菲律宾的伊斯兰教徒

 旅游小贴士

美食

菲律宾人的口味众多,主要以海鲜为主。烤乳猪是代表性的年节食物,被当地人称为"勒琼";而"阿多波"(Adobo)则是一道以鸡肉、猪肉腌渍熟煮的家常名菜;鲜鱼、蔬菜加上特有酸醋烹调而成的"派克苏皮纳加特",以及由鱼或虾为主材料捣碎后烹调而成的"克尼拉尔",颇具风味;类似炭烤的"伊尼哈"及以螃蟹为原料的"雷利埃诺"也较为美味;另外,这里的水果相当丰富,单是香蕉的种类、吃法就很多……

不吃猪肉，不喝烈性酒。在菲律宾，许多地方的人习惯用手抓饭进食，但食前一定会把手洗干净。咀嚼槟榔的习惯在菲律宾穆斯林人中非常流行。

去菲律宾旅游住宿需要注意什么

菲律宾酒店房间内的酒、水、饮料价格昂贵，如需饮用，请先查看价格表（部分酒店房间设有收费电视频道，亦需额外付费），以免结账时产生纠纷。房间内一般没有开水服务，酒店自来水也不可直接饮用。所以，最好购买瓶装水饮用，也干净、卫生一些。不过，有些酒店提供电热水壶供客人使用，但使用时一定要注意用电安全。

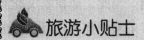

旅游小贴士

小费

菲律宾的服务业相当发达，给小费在菲律宾已蔚然成风。菲律宾人认为给小费是对服务人员工作满意度的肯定和认可，也是受服务者素质的集中体现。通常给20比索左右，约合人民币3元（具体以实际汇率为准）。

菲律宾人有什么样的社交礼仪

菲律宾人天性和蔼可亲，善于交际，作风大方。菲律宾人在社交场合，无论男女都习惯行握手礼。相反，日常生活中熟人或亲朋好友间的见面礼节，会随意许多，有的男女间相逢，还常以拍肩示礼。但，菲律宾人在与长辈相见面时，礼节方面的讲究就要多一些了。例如：男性与长辈相见时，要吻长辈的手背为礼；女性与长辈相见时，则要吻长辈的两颊为礼。此外，菲律宾的伊斯兰教徒见面时，要施双手握手礼。菲律宾的一些原始部落的人与客人相见时，还要在握过手后转身后走几步，原来这是向对方表明身后没有藏刀，他们认为这样才是真正、真诚的握手。最后，需要注意的是，与菲律宾人相处过程中，即使很熟的朋友也不要随便问及他们的财产、生意等隐私问题。对女士们既不能不理，也不能过于随便，最好不要询问她们的年龄、婚姻状况等问题。在交谈时，要避免涉及菲律宾国内政治纷争、宗教等话题。

旅游小贴士

茉莉花

菲律宾人认为茉莉花芳香四溢，会给人以幸福和美好的感觉。人们都尊其为国花，并视为纯洁、清新和友谊的象征。每有贵客登门，好客的菲律宾人总会把茉莉花串成的美丽花环敬献给客人，以表示他们的一片纯真友谊之情。

和菲律宾人打交道，为什么不能"面无表情"

在一段相当长的历史时期，菲律宾曾是西班牙的殖民地。因此，菲律宾文化具有明显的西班牙文化的特色。菲律宾的音乐，即使是民族音乐家的优秀作品，其曲调、节奏、旋律及感情色彩，也往往与西班牙音乐有许多相似之处。

菲律宾人，一般较随和。无论何时何地，他们都显得愉快乐观，好像从不知道忧愁为何物。跟这些人打交道，你就不能"面无表情"或是"三缄其口"。你若是面无表情或一声不发，他们会认为你不怀好意或是认为你不愿意跟他们打交道。

在菲律宾安排商务及其他活动应该注意的事项

菲律宾天气炎热，商务活动最好安排在10~11月、1~3月进行。圣诞节、复活节及中国农历新年（春节）前后不宜安排访问。除在马尼拉市外，饮水、吃水果均需格外注意卫生。

出入境应注意，入境时，所带的外币金额相当于5000美元以上时要申报，出境时此款可携出。出境时为了避免麻烦，即使所带的外币金额在5000美元以下，最好也同样提出申报。外币可以在机场内兑换菲币（peso）但一定要保留兑换证明，以便用不完的比索，可以再换成外币。

去菲律宾人家做客需要注意些什么

在菲律宾，人们忌讳进门时脚踏门槛，认为门槛下住着神灵，不可冒犯。有些菲律宾人家，特别讲究屋内整洁、干净，他们常常习惯于进屋前将鞋脱掉。因此，做客时要注意入乡随俗，脱鞋进屋。另外，就座时，不要在主人未落座前就坐下，这样会被认为没有修养；在主人第一次敬酒或上菜时，也务必要表示谦让，以示礼貌。

旅游小贴士

送礼物禁忌

在菲律宾，收受或者赠送礼物时，不要当众打开，菲律宾人认为当面打开会有种被当众羞辱的感觉。

菲律宾人有什么数字、图案禁忌

菲律宾人忌讳"13"这个数字。认为"13"是"凶神"，是厄运和灾难的象征。所以，日常生活中菲律宾人都极力回避"13"这个数字；忌讳鹤和龟以及这两种动物形态的图案，认为它们的样子很愚蠢。

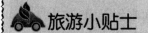

旅游小贴士

国旗

菲律宾国旗为长方形，长宽的比例为 2:1。旗面左侧为白色等边三角形，内嵌一金色太阳，三个角各有一颗黄色五角星。右侧为蓝、红两色的直角梯形。太阳象征自由，蓝色象征和平、真理、正义；红色象征勇气；白色象征和平与纯洁。

新加坡

去新加坡旅游，穿什么最适合

新加坡是一个热带岛国，由 1 个本岛和 60 多个小岛组成。属于热带海洋性气候，全年气候湿热，年平均温度在 23℃～31℃，雨量充足。所以在旅游观光的时候，应选轻薄、凉爽的衣物，而且最好携带雨具。另外，如果你是来参加商务活动的，那么，男性最好穿白色长袖衣和深色西裤，且须打领带；女性则最好穿套裙或长裙。

旅游小贴士

必享独特体验

在新加坡旅游，可独享以下体验：到莱佛士酒店享用传统英式下午茶；到Long Bar 喝一杯新加坡司令；到小印度体验印度彩绘；到熟食中心品尝当地小吃；到武吉知马自然保护区探访热带雨林；到 Kopitiam 喝新加坡当地咖啡……

新加坡人有什么样的餐厅礼仪讲究

新加坡人在餐厅吃饭时，常用筷子和瓷勺。他们讲究用餐时不能把筷子放在碗或装菜的盘子上，用后，也不能交叉摆放，应放于筷托或碟子上。如与海员、渔夫，或是划船爱好者共席吃饭，不可把盘子里吃了一半的鱼翻转过来，因为那预示翻船，是不吉利的征兆。正确的吃法是把鱼骨移开，从上面吃到下面。

新加坡风光

在新加坡与人交往需要注意什么问题

新加坡人接待客人一般是请客人吃午饭或晚饭。和新加坡的印度人或马来人吃饭时，注意不要用左手。到新加坡人家里吃饭，可以带一束鲜花或一盒巧克力作为礼物。由于新加坡也是各宗教并存的国家，谈话时，可以谈谈旅行见闻，你所去过的国家以及新加坡的经济成就。避免谈论政治和宗教。

在新加坡什么颜色、图案和数字是不吉利的

由于新加坡居民中华侨多，人们对色彩想象力很强，一般对红、绿、蓝色感兴趣。他们对吉祥字、吉祥图画等都有特殊的感情。对"喜""福""吉""鱼"字都非常喜欢，认为这些字都预兆着吉利。还有"苹果""荷花"代表"和平"；"蝙蝠"表示"幸运"；"竹"表示"文明""学习"和"力量"；"梅花"是"新年之花"。

视紫色、黑色为不吉利，黑、白、黄为禁忌色。在商业上反对使用如来佛的形态和侧面像。在标志上，禁止使用宗教词句和象征性标志。喜欢红双喜、大象、蝙蝠图案。数字禁忌4、7、8、13、37和69。

新加坡人生活中的忌讳

新加坡人忌讳乌龟，认为这是种不祥的动物，给人以色情和污辱的印象。新加坡的印度人、马来人忌讳左手传递东西或食物，认为使用左手是一种不礼貌的举止。他们忌讳口吐脏话，哪怕是舞台上演出中出现的正面批驳的脏话也不例外，认为无论出现在什么场合的脏话，都会对下一代产生坏影响，都是忌讳的。他们对"恭喜发财"之类的话也很反感。认为这有教唆他人发不义之财的意思，是挑逗、煽动他人损人利己的有害言语。

在新加坡，大年初一扫帚必须都收藏起来，绝不许扫地。他们认为这天扫地会把好运气都扫走的。

为什么男人在新加坡最好不留长发

新加坡人非常讨厌男子留长发，对蓄胡子者也不喜欢。在一些公共场所，常常竖有一个标语牌："长发男子不受欢迎。"新加坡对嬉皮型留长发的男性管制相当严格，留着长发，穿着牛仔装，脚穿拖鞋的男士，可能会被禁止入境。尤其是年轻人，出国时必须穿得清清爽爽，不要把头发留得长可及肩。

在新加坡为什么一定要注意保护环境清洁

新加坡独立前，野草丛生，蚊蝇遍地。26年后的今天，被誉为"美丽的花园

城市"。旅游业十分发达，每年到这里观光的游客达四五百万。在高层建筑物之间，都留有较大的空地布置绿化，设有花架、花坛，并广植花草。因此，市区地面除了柏油马路和铺砖的便道以外，均以花草树木覆盖，可以说做到了"黄土不见天"。新加坡除了园林绿化举世瞩目外，城市环境卫生也很出色，空气清新宜人。市内街道非常清洁，马路上根本看不到垃圾，就连建筑物上也极干净，确是一尘不染。新加坡是一个美丽的城市，能够在人口密度较大的条件下保证环境清洁美丽，在很大程度上应该归功于新加坡政府为了保持环境而制定的严格的法令。

新加坡政府致力于保持清洁：街头严禁乱扔烟头及杂物，乱扔纸屑、烟头罚500 新加坡元。乱丢垃圾初犯处以罚金 1000 新加坡元；累犯处 2000 新加坡元。屡犯者除罚款外，更需承担清洁公众地方的社会服务。为保持地方清洁，新加坡严禁进口、销售及拥有口香糖（合理私人使用数量除外）。因为口香糖是最难清除的垃圾之一，所以新加坡政府修订了惩治乱丢垃圾行为的条例，规定新加坡全面禁售、禁食口香糖。在新加坡，随地吐痰的现象更是绝对不允许。在公共汽车、地铁、电梯、戏院及政府办公大厦均禁止吸烟，餐厅及冷气购物中心亦禁止吸烟。冷气开放的酒廊、舞厅及其他夜间活动场所除外。

在新加坡不要攀折花木

新加坡政府规定，市民中凡是种花较好的，可以享受减免房租的优待。因此，新加坡人人爱花，家家养花，不但地上种花，连屋顶也栽花，真是一片花的海洋。所以，新加坡还有"花园之国""花园之都""公园国家"的美誉。到新加坡旅游要注意爱护花草，不要攀折花木。

🚙 旅游小贴士

必尝小吃

新加坡的小吃让人回味悠长，如风味绝佳的肉骨茶、鲜美滑嫩的海南鸡饭、香甜酥脆的咖椰烤面包，以及拉茶、印度煎饼、炒虾面、咖喱鱼头、辣椒螃蟹、马来椰浆饭、窝打、炒粿条、水粿等，均滋味绝妙，令人非尝不可！

在新加坡住宿要注意些什么

新加坡旅游业发达，各种级别的宾馆、酒店齐全，住宿时可以根据自身的经济条件选择相宜的住处。新加坡酒店的大多数服务人员都会讲英语和中文。所以，有任何的需求都可以和他们直接联系。一般酒店的入住办理时间都是在中午12：00至下午4：00。所以，如果因为某种原因无法在这个时间到达时，请在预订酒店的时候提前说明，避免酒店取消房间；退房在中午12：00之前办理，如果有事不能及时退房，也要事先和酒店说明，看是否需要办理延迟手续，不然超时要多收一天费用的。此外，新加坡的大多数酒店不提供牙刷、牙膏、拖鞋等用品，需要自己准备。酒店的电压为220伏特，与我国相同，所以，带去的电器在这里可以正常使用。

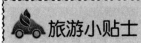 **旅游小贴士**

小费

在新加坡酒店接受服务时，注意一定要给服务生小费，一般为5~10新加坡元。如果不给，客房服务生可能会不给打扫房间。

在新加坡乘公交，上下车为什么需要提前打招呼

在公交车站等车，见到你要坐的车到了，你最好提前招手示意停下。否则，如果刚好这站没人下车，而你又没有招手，司机很可能就不会停车。相反，在公共汽车里，如果你快到站时，没有提前按车上的铃提醒司机，又正巧这站没有人上车，司机一般是不会停车的。

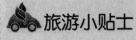 **旅游小贴士**

机场、港口及乘出租车注意事项

新加坡樟宜国际机场和新加坡港是世界上最繁忙的机场和海港之一。在新加坡旅游最方便的方法之一是使用易通卡，有了它就能随意搭乘公共汽车或地铁环游新加坡。

在新加坡乘出租车不可以在路边随叫随停，要到出租车招呼站排队才可坐得。如果不想去招呼站久候，可拨打预约专线叫车，大约5分钟即有车到。但须额外加收服务费。

在新加坡，驾车方向为何与中国相反

初到新加坡旅游的中国游客，也许会注意到：这里的驾车方向与国内相反。新加坡曾为英国的殖民地，各种制度及习惯均沿袭英国。除了走路或乘电动手扶梯靠左外，就连驾驶规则也从靠右行驶转为靠左行驶。所以，在新加坡过马路时，要特别小心，先要注意右方来车情况，以免搞错方向，造成险情。

 旅游小贴士

搭地铁禁止带榴莲

在新加坡乘地铁旅游时，须搞清乘坐规则，以免挨罚。这里的地铁站一律禁烟，不能吃东西，喝饮料，尤其不能携带榴莲上车。为了旅途愉快，提醒旅游者注意。

在新加坡购物，应该知道些什么

新加坡商场的营业时间是周一到周六 10：00~21：00，星期天关门。在新加坡，大商场的商品价格是固定的，小商场可以讲价。在商场购物时，千万别忘了索要发票，因为，一旦发现商品有质量问题可凭票退换。另外，橱窗上贴有红色鱼尾狮标志的商场为旅游促进局和消协推荐的商店，可以放心购物。

 旅游小贴士

购物退税

在贴有"免税购物"标志的商店购物，消费满 300 新元即可申请退税。在离境时可向海关出示票据和商品，在机场 Global Refund 柜台退税。退款方式可选现金、邮寄支票，退入指定信用卡或转换成机场购物礼券等。但，退税须支付一定手续费。

到新加坡人家做客，需要注意些什么

新加坡由于长期受英国的影响，已经西化，人们见面和道别都习惯行握手礼。在相互介绍时，通常称呼"先生""太太""小姐"，这适用于新加坡所有的民族。

到新加坡人家做客，可以带一束鲜花或一盒巧克力作为礼物，这样女主人将会很高兴。新加坡人接待客人时一般是请其吃午饭或晚饭。如去新加坡的印度人或马来人家做客，吃饭时注意不要用左手，左手被认为是专门用来处理不洁之物的。因此，吃饭时，左小臂最好沿桌边贴放，或垂放于桌面以下。交谈中，注意避免谈及政治和宗教问题。因为，新加坡人忌讳谈论这些。可以谈谈旅行见闻，或是当地风味美食、餐馆及主人一方的商业成就等。

 旅游小贴士

必买特产

新加坡的特产琳琅满目，游玩景点之余，别忘了带些纪念品回国，赠送亲友。在新加坡值得购买的特产有新加坡司令、印度纱丽、娘惹服装·珠绣鞋、传统肉干、阿拉伯香水、鱼尾狮造型纪念品、娘惹糕、榴莲泡芙……

在新加坡为什么不能随便吸烟

在新加坡，民众很不赞成吸烟。所以，在电梯里、公车上、影院内，特别是政府办公大楼内，均立法规定严禁吸烟，违者罚款。在其他地方吸烟也最好征得周围人的同意。近年来，新加坡政府还规定：在公共餐馆和绝大多数建筑物入口半径为5米的区域内实行禁烟令，吸烟只能在用明黄色油漆清楚划分的区域内进行。首次违反规定的吸烟者将会被处以最高1000新元的罚款。

 旅游小贴士

新加坡海关携带烟酒的规定

在新加坡，携带入境的酒类与香烟的标签、盒面与包装上不得有"新加坡免税品"（SingaporeDuty Not Paid）字样；香烟包装上有E标示也不得携入，任何条装香烟经由空运、陆运或海运方式入境都必须付税，免税香烟只售给出境旅客。

在新加坡为什么不能对人说"恭喜发财"

中国人在庆祝重大节日时，总喜欢说上一句吉祥话相互祝贺："恭喜发财！"而在新加坡却万万不能说，因为，当地人忌讳说"恭喜发财"。新加坡人认为，"发财"两字含有"横财"之意，而"横财"就是不义之财。所以，如果有人对自己说"恭喜发财"，那就是在侮辱自己的人格。因此，在新加坡旅行，一定不要口无遮拦，以免招人反感。

 旅游小贴士

宗教

新加坡因为民族较多，所以，信仰较杂。华人大多信仰佛教或道教；马来人基本信仰伊斯兰教；印度人信奉印度教；巴基斯坦人多数信伊斯兰教；西方人一般信基督教。

新加坡人对数字、颜色和图案有什么好恶

数字方面，新加坡人忌讳"4"与"7"这两个数字，这是由于中文"4"的发音与"死"相仿，而"7"则被视为一个消极的数字。相反，喜欢"3""6""8""9"这几个数字。因为，"3"表示"升"，"6"表示"顺"，"8"表示"发"，"9"表示"久"，都是吉祥的数字。

色彩方面，新加坡人忌讳"黑色"，认为"黑色"是倒霉、厄运之色。喜爱"红"色，认为红色是庄严、热烈、刺激、兴奋、勇敢和宽宏的象征，而且还具有激励人们奋发向上的作用。

图案方面，新加坡人禁止在商业中使用宗教词句和象征性标志，反对使用"如来佛"的形态和侧面像。忌讳猪、乌龟的图案，喜欢红双喜、大象、蝙蝠图案。

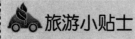 **旅游小贴士**

国旗

新加坡国旗由上红下白两个相等的横长方形组成，长与宽的比例为3∶2。左上角有一弯白色新月和五颗白色五角星图案。红色代表人类的平等，白色象征纯洁、美德；新月象征新建立的国家，五颗星代表国家建立民主、和平、进步、正义和平等的思想。

马来西亚

马来西亚人对穿着有哪些讲究

马来西亚人在传统服装的穿着上是很有讲究的：男士上着无领上衣，下着长裤，腰围短纱笼，头戴"宋谷"无边帽；女士为礼服，比较宽肥，头披单色鲜艳纱巾。如今的马来西亚人已很少穿着传统服装，平日里都穿轻便的衣服，只有在探亲访友或重大的节日才穿传统服装。在马来西亚有一种服装可以适应多种场合，那就是"巴迪衫"。它是以蜡染花布制成的长袖上衣，质地轻薄，穿起来感觉特别凉爽，现已逐渐取代了传统的马来西亚服装，成为马来西亚的"国服"。另外，需要注意的是在马来西亚，除了皇室成员外，普通人是不能穿黄色服装的。

马来西亚风光

🛺 旅游小贴士

马来西亚地处热带，气候全年炎热潮湿，年平均气温 21℃~32℃。全年可以穿夏装，因其是伊斯兰教国家，女性的穿着不要过于暴露。

马来西亚餐厅桌上的水壶是做什么用的

在马来西亚餐厅用餐时，你会发现部分餐厅的餐桌上会有一个大大的水壶，你知道它是用来做什么的吗？你一定会认为那是装茶水的，那么你错了。其实，这个水壶是用来装洗手水的。因为，马来西亚人吃饭都是用手抓取的。所以在餐前及餐后都要洗手，这早已成为马来西亚人用餐时的一个必不可少的礼节了。

在马来西亚人家做客，不能做什么

马来人是热情、谦恭、大方，讲究礼节的民族。和其他东南亚国家相似，在马来人家中做客应注意举止，尊重长者。伊斯兰教是马来西亚的国教，马来西亚人认为左手是不洁的，故游客勿以左手触摸物体，更不可触摸他人头部。见面握手时，一定要用右手，平时接、递东西时，也必须用右手而不能随便用左手，用左手便是失礼。在不得不用左手时，一定要说声："对不起。"

如果双方都是穆斯林，宾主要用伊斯兰教特定的问候语打招呼。

进门时，除非得到主人的许可，客人必须把鞋脱在门口或楼梯口，方可进屋。不能不脱鞋直接进去。

进屋后，宾主双方要互相问候和握手，握手时双手仅仅触摸一下，然后把手放到额前，以表示诚心。

当发现屋里还有其他客人，而自己又必须从他们面前经过时，必须略低下头，并说："对不起，请借光"，尔后走到自己的位置上，不能直接走过去什么也不说。

坐在椅子上不能跷起二郎腿，尤其是在老人面前更不应如此，女子则应并拢双脚，表现得更加文雅。如果席地而坐，男子最好盘腿，女子则要跪坐，不得伸直腿。

主人摆出饮料、点心招待客人，客人如果推辞，主人反而会不高兴。客人要走时，应向主人告辞，主人一般把客人送出门外。

在黄昏时登门拜访是不受欢迎的，因为这时穆斯林都要做祷告，晚上拜访通常应在8点半以后。

马来人认为，以食指指人是对人的一种污辱，所以切勿以食指指人。在马来西亚，头同样被认为是神圣的部位。在亲近儿童时，不可触摸他的头部，否则会引起不快。

马来人的习俗与我国相异处甚多，所以必须加以留意，以免无意中犯了禁忌，造成失礼或引起误会与无谓的纷争。

和马来西亚人交往一般不能问什么

马来人不喜欢别人问自己的年龄。若问年纪会被视为不礼貌。马来西亚不禁止一夫多妻，所以不要随便闲谈他人的家务事。对年长者不能直呼"你"，而要称"先生""夫人"或"女士"。

旅游小贴士

小费

在马来西亚没有给小费的习惯。在酒店与餐馆，一般账单上已附加10%的服务费，所以不必另给小费。如果账单上注明要另付服务费的，可付约10%的小费。旅客接受饭店服务员、行李工服务时，可酌情给点小费。对饭店门卫、出租车司机可不必给小费。

女性在游览马来西亚清真寺时要注意些什么

清真寺是穆斯林举行宗教仪式的地方，进入清真寺要脱鞋，穿着要正式。女性要穿长袖长裤将手脚遮住，还要戴头巾将头发盖住，否则将被拒之门外。另外，不是伊斯兰教徒不能进入祈祷大殿。

旅游小贴士

马来西亚国家清真寺

马来西亚国家清真寺位于首都吉隆坡市的中心地区，是世界著名的清真大寺，也是目前东南亚地区最大的清真寺。它是伊斯兰建筑艺术的杰出代表，也是马来西亚人举行国家宗教仪式的重要场所。

去马来西亚旅行，需要注意哪些医药卫生问题

马来西亚属热带气候，除需注意防晒外，还应留意饮食卫生。否则，易患腹泻和消化道疾病。另外，马来西亚蚊虫较多，外出游玩时，最好涂抹防蚊药物或穿轻薄透气的长裤长衫，以防止蚊虫叮咬。否则，患上疟疾和登革热的几率还是蛮高的。到马来西亚还应自备一些药物，主要针对发烧、腹泻、肿痛、驱蚊等，以备不

时之需。

与马来西亚人交往要注意哪些礼仪禁忌

与马来西亚人交往，要尊重他们的习俗，否则会被视为没有修养。马来西亚人的传统见面礼很独特，在见面时会用双手握住对方的双手互相摩擦，然后再用自己的右手往心窝点一点。对陌生的女性则不可随便伸手要求握手，男性应该向女子点头或行鞠躬礼，并且主动致以口头问候。但现在，西式的握手问好在马来西亚已是最普遍的见面礼了，不论在马来西亚的哪个民族都可通用。

 旅游小贴士

语言

马来语既是马来西亚国语，又是其官方语言，英语为通用语言和函电语言，其他还有汉语、泰米尔语和一些部族语言。

马来西亚人有哪些日常禁忌

马来西亚人除了在饮食、宗教方面的禁忌，在日常生活中还有许多其他禁忌。例如：马来西亚人衣着严谨，不管天气如何炎热，在公众场合穿着也是从不过分暴露肢体。人们也从不当众表示亲昵。如果对方是异性，更不可有身体接触，即使是夫妻或恋人也不能违反。

还有，马来西亚人认为头部是神圣不可侵犯的，因此严禁触摸。对落座后跷腿或双腿分开，把脚底或鞋底对准别人等行为十分厌恶，认为这些是极其不文明的举动。马来西亚人在与人交谈时，忌讳将双手贴在臀部，这样的举动有发怒之嫌。也忌讳当众打哈欠，认为这样是对别人的不尊重。此外，马来西亚人还忌讳乌龟，他们认为乌龟是一种不吉祥的动物，会给人带来厄运。

 旅游小贴士

右手食指禁忌

马来西亚人非常忌讳用右手食指指人或方向，因此在指方向时，马来西亚人总是用拇指指示，将其他四个手指圈起来。

印度尼西亚

在印度尼西亚旅行，穿什么衣服最适宜

印度尼西亚终年如夏，气温介于20℃~33℃，4~9月底为旱季，12月到翌年3月为雨季，全年均适宜旅游。但雨季雨水较多，对出行有一定影响，相比之下选择旱季更为适宜。

在印度尼西亚旅游，一般只需准备夏季服装，衣着以轻便、凉爽为宜。如去山区、高地游玩，则必须准备厚实些的御寒服装。若参观博物馆、寺庙、总统行宫，或参加宴会等，则着装需保守、正式些。但男士若穿印尼长袖巴迪衬衣，可适应一切场合。

印度尼西亚巴厘岛美景

需要额外提醒的是：印度尼西亚白天阳光较为强烈，最好准备遮阳帽或遮阳伞，以备不时之需。另外，如在雨季，外出别忘带上雨具。

旅游小贴士

国服巴迪（Batik）

印尼的传统服装名为巴迪，有国服之美誉，是爪哇人及巽他人以传统蜡染工艺制成的纺织品。高档的巴迪布为手绘图案，并绣以金丝点缀。巴迪衫是印尼主要传统服饰，已有 1300 多年历史。上至国家总统，下至平民百姓，每人均有几件。正式场合中男士可上身穿长袖巴迪衬衫，下身穿深色裤子。女士一般着巴迪或其他布料的套装，颜色较鲜艳。

在印度尼西亚参观寺庙要注意什么

在印度尼西亚，参观寺庙或清真寺时，不能穿短裤、无袖服、背心等裸露的衣服。并且，进入前一定要脱鞋。在巴厘岛，进入寺庙必须要在腰间束腰带。

到印度尼西亚人家做客，可以不受时间限制吗

印尼人喜欢客人到他们的家中做客访问，而且在一天中任何一个时间去拜访他们，都是受欢迎的。在印尼人家中做客，你可以看到，家家户户，即使不是十分富裕的家庭，其客厅的摆设布置也是很讲究的。到印尼人家中做客，可增加感情的交流。这已成为与印尼人交往的一个诀窍。商业谈判，如果能选择在印尼人的家中进行，那是最好不过的事，这可以消除主客之间的隔阂，交易洽谈的效果更佳。如果你去的印尼人家里铺着地毯，那你在进屋前要把鞋脱掉。进入圣地特别是进入清真寺，一定要脱鞋。

与印度尼西亚人在商业交往中应该记住的一些事项

加深与印尼人的交情，还必须记住的一点是：印尼人很懂礼貌，绝对不讲别人的坏话，自然也不喜欢那些讲别人坏话的人。与印尼人见面可以握手，也可以点点头。在印尼，一般商务访问，穿西服，打领带，穿长裤即可。访问政府办公机构应穿西装，须事先预约，准时赴约。印尼贸易事业是一种奇特的公私混淆的事业，大多数进出口业务由几个国营贸易公司（Niagas）经手。印尼商人做决定甚慢，业务谈判一般都很长，为求好结果，最好准备停留一周以上。商界好礼，尤其好互赠礼物。访问时宜准备一些小礼物给商人、官员及他们的妻子。应邀做客时，可以给主

人带上一束鲜花，客人不一定非要送礼不可，但最好说几句感谢的话或写个便条表示谢意。谈话时，避免谈论当地政治、社会主义和国外对他们的援助。

与印度尼西亚人同座，不要忘了打个招呼

与印尼人同座时，有打招呼的习惯，印尼人搭火车旅行碰到陌生人同座，如果自己那份食物先送到，一定要向对方打个招呼："我们一起来，如何？"对方就回答："谢谢您，请用吧。"印尼人认为左手是不洁净的，他们习惯用右手而忌用左手或双手去接食物及其他物品。

印尼人的习俗各异，爪哇人具有神秘的信仰，忌谈诞辰。巴厘女子爱赤膊露背，以表示圣洁。客人走进沙羡族的居住区，必须大叫大喊，否则被认为来意不善。

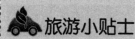 **旅游小贴士**

宗教

印度尼西亚是一个多民族、多宗教的国家。世界三大宗教伊斯兰教、基督教和佛教在这里都有信奉者。印尼有约87%的居民信奉伊斯兰教，是世界上穆斯林人口最多的国家，6.1%的人口信奉基督教新教，3.6%的人口信奉天主教，其余则信奉印度教、佛教和原始拜物教等。

印度尼西亚人有哪些日常禁忌

印度尼西亚人忌讳用左手传递东西或食物。他们认为左手肮脏、下贱，使用它是极不礼貌的。

他们忌讳别人摸他们孩子的头部，认为这是缺乏教养和污辱人的行为。

印度尼西亚巴杜伊人衣着除崇尚白色、蓝色、黑色外，忌穿戴其他色彩的衣服，甚至都不允许谈论。

爪哇岛上的人最忌讳有人吹口哨，认为这是一种下流举止，会招来游荡的幽灵而惹祸上身。

印尼人特别忌讳乌龟，认为它是一种令人讨厌的低级动物，它象征丑陋、春药、性、污辱等，给人以极坏的印象。

他们忌讳老鼠，认为它是一种害人的动物，带给人肮脏、瘟疫和灾难。

印尼人一般不喜欢吃带骨刺的菜肴。伊斯兰教徒禁食猪肉和使用猪制品，多数人不饮酒。

印尼商人特别注重互送名片，初次相识，就应把自己的名片送给主人，否则会受到长时间的冷遇。

印尼人与初次交往的客人一般不愿意谈论当地政治和外国援助等问题。

🚗 旅游小贴士

敬烟禁忌

印尼人敬烟时，一般将烟盒先磕一下，同时露出几支烟后，再递到客人面前。客人取烟时，一般先将外露最长的那支按进烟盒，而取出最短的一支，以示谦虚。从烟盒中取一支或远抛给客人是没有礼貌的。

为什么说印度尼西亚人敬蛇如敬神

在印度尼西亚，有很多民间传说和传统戏剧中都涉及蛇。人们认为蛇是善良、智慧、德行和本领的化身。蛇在印度尼西亚人的心目中有着崇高的地位，人们敬蛇如敬神。甚至，在巴厘岛，人们还专门为蛇修建了一座像庙宇的蛇舍，里面养着一条大蛇。在蛇舍前设有专门香案，作为供奉鲜花、祭品及磕头、礼拜、祈祷之用。而在蛇舍后面的蛇洞里，还养着大量的蝙蝠，专供这条蛇食用。

文莱

文莱人见面如何行礼

文莱人相见时，一般都以握手为礼，然后将右手向自己胸前轻轻一抚。而年轻人遇到长辈或老人时，会将双手做拥抱状于自己胸前，身体朝前弯下并鞠躬致礼。

旅游小贴士

国旗

文莱国旗呈长方形，长宽比为2：1，由黄、白、黑、红四色组成。黄色的旗地上横斜着黑、白宽条，中央为红色国徽。黄色代表苏丹至高无上。后来为了纪念两位有功的亲王，才决定在国旗上加了黑、白两条斜条。

文莱有哪些日常禁忌

文莱是伊斯兰教国家，具有浓郁的宗教色彩和马来民族传统。在文莱旅行需要遵守当地的风俗习惯。第一，参观清真寺或到马来人家做客时，进门前要脱鞋，以

文莱皇宫美景

示尊重和清洁。第二，不要从正在做祷告的教徒前走过，非穆斯林也不能踩清真寺内做祷告用的地毯。第三，文莱人忌吃猪肉，所以忌讳提及与猪相关的言语。第四，文莱人认为左手是不洁净的，因此接送物品应使用右手。第五，还要注意的是，不要去抚摸当地孩子的头部，因为文莱人认为头被触摸会带来灾难。第六，不要用食指指对方，而要将四指并拢轻握成拳，大拇指紧贴在食指上。招呼出租车时要挥动整个手掌，忌用食指。第七，在正式场合下，不要跷二郎腿或两脚交叉。第八，文莱禁酒，不能在公共场合饮酒，只有在专门酒吧饮酒。第九，文莱禁赌、禁"黄"。

旅游小贴士

服装

　　女士衣着要庄重大方，衣服要长袖，裤、裙等要掩过膝盖；进出清真寺要脱鞋；要包头巾、穿长褂（寺庙提供）。男士不可穿浴袍、短裤或宽松的T恤，在公共场所不能大声喧哗。黄色是文莱王室的象征，因此进入王宫不要穿黄颜色的衣物，紧身、过短、透明、暴露的衣着也不受欢迎。

东帝汶

东帝汶有哪些风俗禁忌

　　东帝汶人有尚武习俗。若来此旅游，应保持冷静、克制，尽量避免冲突；遇有婚丧或教会活动的车队，须停靠避让，不得超车；喜欢白皮肤，不喜欢黑色；男人们的生活比较悠闲，妇女们承担砍柴、担水、种地、侍奉孩子等重担。

印度

去印度旅行需要注意些什么

　　去印度旅行最好安排在天气比较冷的季节，即10月至翌年2~3月。这个季节气候凉爽宜人。应避免在7~8月旅行，因为此时正是印度的雨季，会给出行带来很多不便。如果是女性单独出游，为了避免不必要的麻烦和安全，建议穿上印度妇女的传统服装，并且途中尽量少和陌生人讲话，这样别人会把你当作本地人看待。特别需要提醒的是，在印度买火车票是非常困难的，一般需要提前很多天预订车票。所以，在印度旅行，要做好只能乘坐飞机的准备了。

印度民族文化

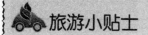 旅游小贴士

出入境

　　入境印度，每人只能携带 200 支香烟，一瓶白酒。可携带货币 2000 美元。分镜头相机、摄像机、手提电脑等需要向海关申报，否则，将被罚以重税。在印度，客人必须在飞机起飞前 3 小时到达国际机场，2 小时到达国内机场。印度政府严禁在机场拍照。印度规定卢比、毛皮、象牙、百年以上古董不能携带出境。古董必须获得文物局未满 100 年证明书，并附发票，方可出境。金饰和宝石可带出境，但以 1 万卢比为限并附发票。

为什么印度教教徒不能吃牛肉

　　印度有"牛的王国"之称，牛被印度教教徒视为"圣兽"。他们认为，牛既是繁殖后代的象征，又是人类维持生存的基本保证，是神圣不可侵犯的动物。所以，印度教教徒不准吃牛肉。在印度，每年僧侣们都要举行一个节日，叫"波高"节，以此来表示对牛的崇拜，并且仪式规定不准妇女参加，由此可见牛在印度人心中的地位是何等的崇高。另外，在印度有些地方还可以经常看到牛随意漫游街头，与行人、车辆等共享道路的景象。因此，在印度驾车时，千万要注意牛。同时，最好也尽量避免以牛为摄影的对象。这些都被视为犯禁戒的行为。

旅游小贴士

印度教

印度教形成于8世纪，主要是婆罗门教和佛教信仰产生出来的一个新教。它继承婆罗门教的教义，仍信仰"梵"，并对造业、果报和轮回等观点，持赞成和积极发挥的作用。因此，印度教认为个人必须通过修行和积累功德才能认知"梵"，与"梵"合一。"梵我合一"是印度教哲学理论的核心，更是印度教教徒追求的最高目标。

在印度新德里为什么不容易买到酒

在印度新德里，买酒是有时间限制的。每周的星期二、星期五和公休日及每月第一天为禁酒日，在这些天里，无论你多么神通广大，也休想买到酒。

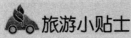

旅游小贴士

小费

印度的饭店服务要加10%的服务费，故不须另付小费，若是较高级的饭店还须交纳7%的奢侈税。在机场或车站委托搬运行李时，每件应于柜台付1卢比小费，不必再付给服务员。搭乘计程车时通常多加车资的10%，但不是必须支付的。

在印度，参观寺庙有哪些禁忌

在印度，进寺庙前一定要先脱鞋，不要穿着短裤和短裙。

不要佩戴以牛皮为材质制成的东西。

在寺庙不要大声喧哗，如见到身边的穆斯林在祈祷时，须轻声走过，不要影响其做礼拜。

为什么印度人很少用左手

在印度，人们吃饭时只用右手抓取，不管是吃米饭还是喝粥。此外，也只准用右手递接东西或食物。因为印度人认为左手是用来处理不洁之物的，是肮脏的。所以，左手除了上洗手间用外，其他各方面几乎很少用到。伸左手就是对别人的侮辱，有可能会令对方恼怒并发脾气，甚至会引发冲突。

印度锡克教徒能剪头发吗

正统的锡克教徒不剪发，头上缠着头巾。他们不吸烟，也不吃牛肉。正统的穆斯林妇女一般不见男客，但邀请印度人参加社交活动时，也应邀请他们的妻子。

在印度行双手合十礼的时候不要点头

印度是一个讲究礼节的民族，又是一个东西方文化共存的国度。有的印度人见到外国人时，能用标准的英语问候"你好"，而有的印度人则用传统的佛教手势——双手合十。印度教徒见面和告别多施双手合十礼，并互相问好祝安。行礼时要弯腰触摸长者的脚。印度人在双手合十时，总是把双手举到脸部前才算合十。外国人必须注意的是，切莫在双手合十的时候，也同时点头（外国人在印度常有这种动作，容易引起当地人的嗤笑），那就破坏了亲切和气的气氛，显得有点不伦不类了。

在印度不能随便接触妇女

在印度，迎送贵宾时，主人献上花环，套在客人的颈上。妻子送丈夫出远门，最高的礼节是摸脚跟和吻脚。现在，城市中男女见面已多实行握手，表示亲热时还要拥抱。在大多数地方，男人相见或分别时，握手较普遍。男人不要和印度妇女握手，应双手合十，轻轻鞠躬。男人不要碰女人，即使在公共场合也不要和女人单独说话，妇女很少在公共场所露面。

为什么在印度最好不吹口哨

印度人认为吹口哨是冒犯人的举动，是没有教养的表现。

在印度，能把孩子放在浴盆里洗澡吗

印度人认为把孩子放在浴盆里洗澡是不人道的。因为不流动的水为死水，孩子浴后会遭灾、夭折的。

身份不同的印度人能平起平坐吗

印度人身份悬殊，有等级种姓制度，很重视身份。比如，某甲比某乙的等级

高，甲乙就不能平起平坐，要求相当严格。

在印度最容易引起误会的动作

最容易引人误会的是，印度人平常表示同意或肯定的动作是摇摇头，或先把头稍微歪到左边，然后立刻恢复原状，表示"Yes""知道了""好的"，与我们点头表示赞同差别很大，最易使人误会。

在印度人家做客应注意些什么

去印度人家做客，进门，首先要向主人和家人问好。在饭前、饭后要记得洗手，因为印度人吃饭是用手来抓取的。其次，用餐时，最好不要自行拿取，主人一般会殷勤招呼并递送。此时，一定不要拒绝给你的食物和饮料。因为，在印度食物被认为是上帝所赐，拒绝意味着是对上帝的忘恩。如果吃不了盘中的食品，也不要转递给别人。因为一旦你接触了食物，它就成为污物，别人是不能再食用的。第三，用餐后，记得要向主人家表示感谢，并赞美食物的丰盛与可口。这样做会使主人家感到很愉悦的。

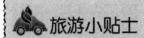 **旅游小贴士**

印度人格特点

印度人天性达观，乐天知命，随遇而安。无论发生什么事，都不温不火，不急不慢。印度人的不着急，明显表现在时间观念上，不愿意受时间束缚，约好时间，晚到半个小时再正常不过了。

印度人有怎样的社交礼仪

合十礼。在印度，最常见的见面礼节为合十礼。即行礼时双掌合于胸前，十指并拢，以示祝福和尊敬。一般而言，在对长辈行礼时，双手要与前额相平；对平辈行礼时，双手一般位于胸口和下颌之间；对晚辈行礼时，一般双手齐于胸口即可。

摸脚礼和吻脚礼。这是印度最高的礼节。一般对长辈或某人表示格外尊重或恳求时，要行摸脚礼。即屈身用右手摸对方的脚部，然后再用右手回摸一下自己的前额，表示自己的头接触了对方的脚部。吻脚礼，即用前额去碰触对方的脚部。

献花环。在印度迎接客人时，主人经常为客人戴上花环。所献花环越粗，越证明客人尊贵。

旅游小贴士

送礼

印度人走亲访友时一般送一份糖果或一束鲜花作为礼物。印度人多喜欢甜食，所以送糖果者居多。除了从商店购买外，印度人自家也会做糖果，但一般又甜又腻，很多游客不习惯食用。

在印度，人们为什么忌讳别人触摸头部

印度人忌讳别人摸自己头上的任何一部分，他们也不喜欢去摸别人的。因为他们认为头部是人体最高的部分，也是人体中最神圣无比的部分，尤其是孩子的头，被视为神明停留之处。所以，在任何情况之下绝不允许触摸。

在印度，还有哪些日常生活禁忌

印度人有很严重的等级观念，很重视身份和地位。他们从不跟身份悬殊的人同席进餐。这和尼泊尔人类似，对身份的重视超过其他的一切。

在印度，进厨房也要先脱鞋。这是习惯及宗教信仰的要求。印度人之所以把厨房看得与寺庙同等的重要与神圣，是因为人们在用餐之前要敬神，即在敬神之后，人们才能用餐。

印度人睡觉时不能头朝北，脚朝南，因为阎罗王住在南方；

印度人崇拜蛇，如打死蛇，被认为触犯神明；

婴儿忌照镜子，否则会变成哑巴；忌在盆中洗浴，因为里面的水不流动，被认为不吉利；

忌吹口哨，被认为冒犯他人；

怀孕妇女忌照相、做衣服；

忌交谈时打听对方的家庭、工作、收入等问题，忌聊敏感政治问题，以免引起不悦。

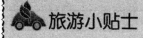 **旅游小贴士**

饮食禁忌

印度教徒最忌在同一食盘用菜。其中，素食者居多。一般来说，等级越高，荤食者越少；等级较低者，才吃荤（羊肉）。

印度人对数字、颜色、图案有禁忌吗

印度人忌讳数字"1""3""7"，认为这是不吉利的数字，一般会避开使用，或用其他办法代替；忌讳白色，认为白色代表了人内心的苍凉和悲伤，习惯用百合花来悼念已亡人。他们喜欢红色（象征活力）、蓝色（象征真诚）、紫色（象征宁静）、金黄色（象征光辉灿烂）、绿色（象征和平）；忌讳弯月图案。

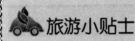 **旅游小贴士**

国旗

印度国旗旗面为长方形，长宽的比例为3：2。整旗由橙、白、绿三个相等的横长方形组成，中心有一个蓝色法轮，含24根轴条。橙色象征勇气、无私；白色代表真理与和平；绿色象征繁荣、信心。

印度女性为什么要在前额点痣

印度女性通常在前额中间点痣，名为吉祥痣。其颜色、形状各异。按照传统方法，要用朱砂、糯米及玫瑰花瓣等材料捣成糊状，点在前额的眉心。痣是喜庆、吉祥的象征。吉祥痣主要有三种含意：一是表示已婚；二是表示丈夫健在；三是祝愿家庭平安、吉祥。

 旅游小贴士

吉祥痣

在印度，以前吉祥痣是女子已婚的一种标志，因此未婚的姑娘是不允许点痣的。如今印度女性已不再固守陈规，认为在额头上点个红痣，既美观又时尚。因此，不管是已婚还是未婚女性，都可以点一个吉祥痣。但是，按照传统习俗，寡妇是不能点吉祥痣的。

巴基斯坦

在巴基斯坦为什么不能随便饮酒

根据巴基斯坦伊斯兰教规，穆斯林严禁饮酒，故酒的酿造和饮用在这里是被禁止的，违者将遭到 80 藤鞭处罚。因此，在巴基斯坦旅行，不要在公共场合饮酒，否则也要受到处罚。

巴基斯坦人有哪些饮食禁忌

巴基斯坦人的主食为米饭和面食，副食有牛肉、羊肉、鸡肉、鸡蛋、鱼、蔬菜等。烹调时多以煮、炸为主，蔬菜多生食。他们的口味偏甜、辣，不爱太咸；用餐时喜欢用右手抓取食物，只有在正规宴请时才使用刀叉。巴基斯坦人忌食猪肉、动物血和非按教规宰杀之物及自死之物，平日爱喝奶茶、牛奶和酸奶。但，进餐时往往以冰水佐餐，不饮用酒和含有酒精的一切饮料。

去巴基斯坦人家做客需要注意些什么

到巴基斯坦人家做客，需要提前预约，不可唐突到访。巴基斯坦人对时间观念的要求不是十分严格，迟到不会被认为是失礼的行为，但作为客人最好还是按约到达，以表示对主人的尊敬。在巴基斯坦，迎接、接待客人都由男主人出面，女主人一般不会露面，因为巴基斯坦的女性回避制度仍然盛行。巴基斯坦人慷慨大方，他们会用丰盛的食物招待客人，认为这样才能表达对客人的欢迎。另外，需要注意的是，巴基斯坦人的摇头和点头分别表达是和不是，与我国的习俗正好相反，交谈过程中不要领会错误，造成尴尬。在离开时，记得一定要表达对主人盛情款待的谢意。

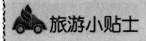 旅游小贴士

交通安全

与我国不同，巴基斯坦车辆靠左侧行驶。加之，很多巴基斯坦司机不遵守交通规则，所以，在巴基斯坦外出交通安全最为重要。

伊斯兰堡

巴基斯坦人有哪些日常禁忌

巴基斯坦要求妇女的脸不能外露，更不能让男人看见，必须戴上"盖头"和"面纱"。他们忌讳黑色，喜欢翡翠色、金色、银色等色彩，认为黑色象征消极；忌讳送人手帕，认为手帕是用来擦拭眼泪的，送手帕意即送悲伤给对方；忌讳男女在公共场合表现过分亲密，认为那是一种罪恶；忌讳女性在街上对人飞"媚眼"，认为这是淫荡的表现；忌讳未经允许给女子拍照，认为这种举动是无耻的行为；忌讳"13"和"420"这两个数字，认为它们会带来灾难与厄运；忌讳"星期五"，认为这天是灾难的日子。所以"星期五"一般不办公。因为宗教信仰的缘故，他们还忌讳将酒、猪皮或猪鬃制品及带有女性图片的书刊和雕塑等作为礼物。巴基斯坦人洗澡习惯淋浴或用壶冲洗，不用盆洗。

🚗 旅游小贴士

接吻

由于巴基斯坦人多信仰伊斯兰教。所以，他们严忌男女当众拥抱或接吻，并认为当众接吻是一种罪恶，须罚款并坐牢一周。

巴基斯坦人的礼节有哪些

巴基斯坦人很注重礼节，久别重逢时，还常以拥抱为礼。他们的拥抱礼很独特，双方通常要头靠左边拥抱一次，再靠右边拥抱一次，再靠左边一次，如此三遍，毫不马虎。

对久别相逢的挚友、贵宾或亲人，他们通常还给对方戴上花环。花环有的由鲜花制作，香气扑鼻；有的全由金箔或银箔编成，挂在胸前，闪烁生辉。见面时多以握手为礼，但男子见了女子不能握手，除非女子主动伸手，方可相握，也不要在公共场所碰到女人身体。对巴基斯坦人要称呼姓，并加上对方的头衔。通用乌尔都语，英语为官方语言。

在巴基斯坦，按宗教信仰把穆斯林称作"多数民族"，而把占人口3%的印度教徒、基督教徒等称为"少数民族"。巴基斯坦人禁止吃猪肉，他们喜欢牛肉、羊肉和鸡鸭。一般不抽烟，不喝酒。

巴基斯坦人对女性的态度如何

巴基斯坦人一般不让女性见客人，吃饭时只邀请男客而不请其夫人，即使你请了巴基斯坦人和他的夫人吃饭，他的夫人也常常不参加。他们更不愿意让女性就业。女性也很少会在街上行走，因而，购物也大都是男人办的事。

青年的婚事都由双方父母做主，而且在结婚前男女双方是不能见面的。甚至，婚礼的宴席，也是男女分开的。而且，男宾客和女宾客的入口，也各自分立，而成为男宾客围着新郎，女宾客围着新娘的状态。因此，男宾客根本就看不到新娘，女宾客也见不到新郎。至于商业宴请，则自然地变成清一色的男性了。不过，也有例外，留学欧美或惯于和欧美商人交际的高级商人或娶了白人为妻的高级商人等举行的宴请，就可以看到妇女了。

由于巴基斯坦人多信仰伊斯兰教，所以他们严忌男女当众拥抱或接吻，并认为当众接吻是一种罪恶，须罚款并坐牢一周。另外，女子在街上时，严禁东张西望，并禁忌别人为自己拍照，否则，将被视为犯有淫荡罪。巴基斯坦不仅不准外人给女子拍照，甚至，凡是有女子的地方，如村子、宅院、树林、河畔等处，都不准外人拍照。

孟加拉国

孟加拉国人有什么日常禁忌

孟加拉国人多数信奉伊斯兰教，还有少部分人信奉印度教、佛教、基督教。他们忌讳别人拍打自己的后背，认为这是一种不礼貌、不尊重人的表现；忌讳不经同意就给他们拍照，认为这是非常招人反感的；忌讳用左手传递东西或食物，认为左手下贱、肮脏。因此，用左手递送东西或食物是极不礼貌的；忌讳竖拇指这个手势，视其为不礼貌的举止；忌"13"和"星期五"，认为它们是消极、不吉利的数字，象征灾难和厄运。此外，伊斯兰教徒恪守禁酒的教规，不能饮酒。也禁食猪肉及使用猪制品，还忌讳谈论有关猪的相关话题。

 旅游小贴士

餐饮礼仪

孟加拉国人以米饭为主食，也喜欢甜食。他们除了在正式社交场合使用刀叉外，一般用右手抓食取饭。男、妇通常分开就餐。在家中，妇女一般在男子吃过饭后才用餐。吃饭时，切记不可把食物从一个盘子转移到另一个盘子，即使是夫妻也不行。因为这被认为不干净。

孟加拉国人有怎样的社交礼仪讲究

在社交场合，孟加拉国人与客人见面时，一般都以握手为礼。男女间相见时，习惯以点头示意或互道问候为礼。因为在孟加拉国，男人一般不与女人握手。孟加拉国的佛教徒与客人相见时，习惯施合十礼。客人也应双手合十还礼，以示相互尊重。另外，孟加拉国人时间观念很强，约会特别守时，认为这是社交上的礼貌，必须遵守。

 旅游小贴士

商务礼仪

在孟加拉国，如果你英语流利将很方便，否则对方可能会瞧不起你。与孟加拉国人初次见面，要交换名片，应右手接送。在谈判时，他们很少用"不"字，如果回答模糊则意味着不同意。

尼泊尔

尼泊尔人送礼有什么讲究

　　尼泊尔人相互间送礼物，通常会有三件之一：尼泊尔帽、廓尔喀弯刀和布鞋。送尼泊尔帽，表示对朋友的尊敬和关爱，有对朋友嘘寒问暖的意思；廓尔喀弯刀是尼泊尔的国刀，表示对朋友的保护与牵挂；送布鞋，则是祝朋友平安、顺利，拥有美好前程。

尼泊尔廓尔喀弯刀

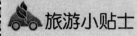 **旅游小贴士**

纪念品

　　尼泊尔有"购物天堂"的美誉，纪念品众多，除以上提及的尼泊尔帽、廓尔喀弯刀和布鞋外，还有木雕、四弦琴、镶嵌首饰盒、绣上佛眼的 T 恤等。另外，加德满都的唐卡画及印度大吉岭红茶、阿萨姆红茶等都是馈赠亲友的首选。

在尼泊尔为什么不准宰杀黄牛

尼泊尔人将黄牛视为国兽。黄牛可以随便在大街小巷自由行走。如果在哪儿遇见一头黄牛，让路的肯定是人或车。尼泊尔政府还专门对黄牛进行立法保护，不准任意宰杀。生活中人们也非常尊敬黄牛，尤其是牛身颈后带有"驼峰"的黄牛更被视作神牛。人们不吃牛肉，忌讳用任何牛皮制成的东西。

在尼泊尔，有哪些日常禁忌

在进入印度教寺庙前不仅要脱鞋，还要脱掉身上任何皮带、皮包等皮制物品；请按顺时针参观寺庙，不要触摸寺庙内的任何供品及前往神龛的信徒；火是神圣之物，不要将垃圾丢进火中；头是高贵神圣的，不要触摸小孩的头；在尼泊尔，切记点头表示不同意，而摇头表示高兴、同意或赞赏；在尼泊尔打招呼时，可以与男性握手，但遇见妇女时，只许双手合十，道上一声"那马斯特（Namaste）"即可；尼泊尔人着装保守，女士们切忌穿容易暴露的服装；在寺庙、佛塔、纪念碑前，最好征求一下意见再拍照；不要用自己使用过的刀、叉、勺子或用手去接触别人的餐具或食品；不要用脚去触碰尼泊尔人的物品，以免造成冒犯；男女之间在公共场所不要有亲昵行为。

 旅游小贴士

血祭

在尼泊尔，人们都相信卡莉女神掌管人类的生育。因此，每星期二与星期六上午，尼泊尔人都会扶老携幼前往附近的神庙祭拜卡莉女神。祭拜时将鸡、羊、牛等畜生交给血祭师宰杀，以鲜血喷洒在女神神像上，以祈求生子、吉祥、获得庇护。

马尔代夫

到马尔代夫旅游应注意哪些事项

马尔代夫人信奉伊斯兰教，特别注重礼节。伊斯兰教徒之间见面一般使用阿拉伯语打招呼问候，并行双手合十礼至前额表示祝福与诚意。在马尔代夫，大声喧哗、指手画脚、跷二郎腿都被认为是不礼貌的举动。马尔代夫人忌讳别人摸他的头部，认为头部是神圣不可侵犯的；忌讳别人用左手递食物或者物品，认为左手是用来处理不洁物的，是肮脏的，用左手是对别人的一种侮辱。走在马尔代夫的街上，如果有乞丐乞讨，应慷慨大方一些，因为在这里施舍是一种美德。否则，会被别人看不起。在参观清真寺时，男性不可穿短裤，且着装应肃穆保守一些。女性穿着不能露出双臂及脚踝。另外，需要注意的是在外出游玩或散步时，最好将贵重物品随身携带或存放于酒店保险柜内，以免被窃。同时，最好随身携带驱蚊药或清凉油等，以备不时之需。

马尔代夫太阳岛

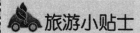 旅游小贴士

最佳旅行时间

　　马尔代夫靠近赤道。全年气温都比较适宜旅游。最佳旅游时间为每年的10月到翌年4月，5月到9月是雨季，比较闷热，常有阵雨。需要提醒的是，旅游旺季订房困难且房价贵。

在马尔代夫住宿需要注意些什么

　　马尔代夫的酒店出于环保考虑是不提供牙刷、牙膏、拖鞋等物品的，需要自己准备。酒店内的自来水不能直接饮用，最好购买瓶装水饮用，大约为3美元/瓶。房间内的饮料和食物是需自行付费的。电视节目分为收费和免费两种，收看前请注意收费说明及价格。房间内拨打外线电话也是需要额外付费的。

旅游小贴士

电压

马尔代夫电压为 220~240 伏特，50 赫兹，插头为英式三孔方柱插座，需插头转换器。酒店前台一般可以提供，但数量有限，建议提前购买准备。

在马尔代夫如何给小费

在马尔代夫旅行，按照如下规则给小费，就不会出现尴尬和失礼的问题。在酒店一般为房间服务员每人每天付 1 美金，入住和离开时行李员的小费最好也给 1 美金；如参加海钓活动，应视服务情况和当时环境而定给多少，因为船上船员较多；在餐厅用餐，如果餐厅已经加收了 10% 的服务费，那么你可以不给小费。当然，如果你非常满意服务的质量，也可以给 1 美元作为小费。

旅游小贴士

货币

马尔代夫货币为罗非亚和卢比。在马尔代夫旅游无须携带过多现金，欧元卡、万事达信用卡、维萨信用卡都被接受。

斯里兰卡

斯里兰卡人有哪些风俗禁忌

斯里兰卡暴力事件常发生，建议不要去北部和东部地区；这里卫生条件有限，多带些自备药；进入寺庙要脱鞋，庙内禁止喧哗和照相；忌用左手传递东西；微微摇头表示"同意"，不可误会；僧侣禁止饮酒；喜欢兰花，视乌鸦为吉祥物。

不丹

不丹人有哪些日常禁忌

不丹人在吃饭、喝酒、喝茶前，须将少许食物、茶酒向空中抛洒，以求神灵保佑；忌杀猪当天吃肉；忌家人出远门当天扫地；家中若有人生病，要在门口插树枝，禁止外人进屋；家中若死了人，死者家属一年内忌唱歌跳舞、杀鸡宰猪、打猎、婚嫁。忌将狩猎工具借给外人；忌买不被批准的宗教文物和古董；忌将金钱、

不丹美景

糖果等给予小孩，也不要随便将药物赠予有需要的村民。

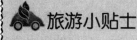 旅游小贴士

高额烟税

不丹对吸烟者的"惩戒"非常严厉，若带烟草入境，须在海关支付100%的关税。

沙特阿拉伯

去沙特阿拉伯旅行什么时间最适宜

沙特阿拉伯幅员辽阔，地形复杂，占据了阿拉伯半岛的70%，为典型的热带沙漠气候。夏季为4~10月，日照强烈，干燥少雨，酷热时间长，气温最高时达50℃。11月至翌年3月，气候转凉，偶有降雨。但，由于沙特阿拉伯沙化严重，每年3月会有沙尘暴和降沙天气持续，并不适宜出行。因此，去沙特阿拉伯旅行的最佳时间为11月至翌年2月。还有，像去其他伊斯兰国家一样，最好不要在斋戒月期间去这里旅行。

 旅游小贴士

节假日

沙特实行每周五天工作制，星期四、五为休息日。根据《伊斯兰法》，沙特每年只有两大节日：一是开斋节（即回历10月的第一天），政府机关的假日从回历9月25日至10月5日；二是宰牲节（即回历12月10日），政府机关假日从回历12月5日至15日。

在沙特阿拉伯女性穿衣有些什么讲究

沙特阿拉伯人的传统服装是大袍，又大又肥，每个阶层的人都在穿用。男性常穿白色大袍，且为长袖，外罩高领、镶里的外套，头戴白色帽子。女性常穿黑色大袍，并以黑色纱巾遮面，从头到脚包裹得严严实实，头发和皮肤不能外露。沙特阿拉伯社会对女性的限制较多，除了服装上的限制外，在其他方面也有着较多的限制。如女性讲话不能让陌生的男子听到；女性不能昂首挺胸而行，必须低头无声疾行等。因此，女性在沙特阿拉伯旅行，应入乡随俗，在穿着上不可暴露，言行上要保持低调。否则，容易招来不必要的麻烦。

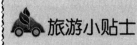

> ### 旅游小贴士
>
> #### 拍照
>
> 在沙特阿拉伯，未经本人许可，不能在公众场合拍摄当地人，尤其是女性。否则，警察将予阻止，严重时还会受到该国法律的制裁。

与沙特阿拉伯人交往要注意些什么

沙特阿拉伯人落落大方、热情友好。但由于宗教信仰的缘故，人们在日常交往中产生了许多禁忌。首先，男性如遇到沙特阿拉伯女性时，不宜主动问候或行礼。因为沙特阿拉伯女性很少和家庭外的男性接触。其次，与沙特阿拉伯男性打交道时，切勿打听其夫人或恋人情况，并且也不要赠送礼物，否则可能会被认为另有所图或行贿。第三，不要用手召唤或用手指指人，这样会被认为看不起别人或者藐视别人。第四，与沙特人握手时，如对方握着你的手，不要主动过早地往回抽，会被认为没礼貌。

在沙特阿拉伯人家喝咖啡要注意些什么

在沙特阿拉伯，人们习惯用咖啡招待客人。而且喝咖啡时最好是一饮而尽。因为在他们的传统习俗中，这样才是有礼貌的表现。咖啡喝完后，如还想继续喝，只需用拇指和食指捏住杯子不动，对方便会明白，给你再倒；如不想再喝，可以将杯子左右摇动一下，这样对方即可会意，不会再给你添加。

在沙特阿拉伯，不要一直注意对方的东西，也不要谈论政治

沙特人很大方。你不要老盯着看他的手表、衬衫链扣或其他东西，否则他会当场摘下来送给你。如果你拒绝的话，就会得罪他。谈话中要避免谈论中东政治和国际石油政策。

和沙特阿拉伯人进行商业活动的一些禁忌

沙特阿拉伯各地由于人文和地理位置的原因，他们的风俗习惯有许多共同之处。要想成功地在沙特阿拉伯做好贸易工作，必须了解该国严格实行政教合一，尤须知道伊斯兰教的一些习俗与规定，否则就可能给工作带来许多不便，甚至使贸易

活动失败。例如，如向该国出口冻鸡，不能用机械宰杀，更不能有血迹，否则可能被退货。其原因不是货不好，而是卖方对鸡的加工法违反了古兰经的规定：只能人工宰杀，不可用机器；只许男人屠宰，不准女人动手。鸡体及包装不得有一点血污，否则就认为是不吉利。沙特阿拉伯没有夜总会和电影院，饭馆也非常少。

沙特阿拉伯人崇尚的颜色和标志

沙特阿拉伯人崇尚白色（纯洁）、绿色（生命），而忌用黄色（死亡）。国王身着土黄色长袍，象征神圣和尊贵。一般人不能"皇袍加身"。沙特国旗的颜色和图案，突出地表明这个国家的宗教信仰。1946年采用的这面国旗，是一面长方形的绿色旗。绿色对穆斯林国家来说是吉祥的颜色。旗面上用白色的阿拉伯文书写伊斯兰教的一句格言："世界除真主外，别无神祇，穆罕默德是先知、真主的使者。"在阿拉伯文下面有一宝剑的图案，象征着圣战和武力。各种设计忌用猪和类似猪的熊猫、十字架、六角星等作图案。

在阿拉伯国家，应邀做客和送礼物时需要注意的地方

阿拉伯人热情好客，应邀去主人家做客时可以带些小礼品，如糖果、工艺品等。禁酒最为严格，别送酒类礼品，不能单独给女主人送礼，也别送什么东西给已婚女子。忌送妇女图片及妇女形象的雕塑品。

骑马打猎用品在沙特阿拉伯很有市场，所以，若给这个国家的男士送一只猎鹰，将会很受欢迎。与阿拉伯人初次见面就送礼，可能被认为是行贿。切勿把用旧的东西送给他们。

在沙特阿拉伯生活时要注意的禁忌事项

在沙特，无酒、无电影、无夜总会，市面虽有香烟出售，但不能在公共场合、街上及主人宴会上抽烟，当地更没有抽烟的习惯。到主人家时要脱鞋，除非主人提出不用脱鞋。不要随便进入清真寺，入寺必先脱鞋。忌讳用鞋底后跟面对人，忌用脚踩桌椅板凳，因为这被认为是污辱人的表示。

土耳其

去土耳其旅游需要带四季的服装吗

　　土耳其国土三面临海，海岸线长达 8333 公里。其气候因地区不同而呈现差异较大，黑海沿岸地区为温带气候，内陆地区为大陆性气候，爱琴海和地中海沿岸为地中海气候，地域间温差较大。如在安纳托利亚高原地带，午间气温较热，早晚气温相对较凉，需要携带御寒衣物。而在人口稠密的爱琴海、地中海地区，气候宜人，较为舒适。因此，在土耳其境内旅行，四季服装皆须携带。

土耳其棉花堡

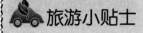 旅游小贴士

著名景点

　　土耳其拥有世界七大奇迹中的两个：阿台缪斯神庙和毛瑟陆斯陵墓。此外，东罗马帝国和奥斯曼帝国时代留下的建筑遗迹也是世界建筑艺术的珍品。亚洛瓦温泉和库什湖是世界著名的旅游胜地。

土耳其人穿衣有什么讲究

土耳其人传统服装为：男性头戴高筒帽，身穿长袍与灯笼裤。女性身穿黑袍与灯笼裤，面罩黑纱。如今，这种传统的穿着打扮方式，随着土耳其社会的发展在日常生活中已不多见。现在土耳其男性大都上穿西装，下穿灯笼裤。女性则穿鲜艳上衣，下穿花哨的灯笼裤。如今的土耳其女性除在进入清真寺做礼拜时全身包裹外，日常已不再面罩黑纱了。

与土耳其人交谈要注意些什么

土耳其人民族自尊心很强，所以，在与他们交谈时需要注意的事项较多，以免引起不快。总结起来主要有以下几点：第一，忌谈政治问题。土耳其人在日常生活中非常忌讳谈论政治问题，认为那是政府的事情，普通民众最好不要谈论。第二，忌谈民族问题。在土耳其，民众都认为除土耳其族之外，其他少数民族都是"人种集团"，而不是独立的民族。第三，忌谈宗教问题。宗教关乎信仰，所以最好少谈论，以免失言，引起不必要的麻烦。第四，忌谈军事问题。在土耳其，军事管控很严格，而且军人的地位历来极高。所以，尽量不要谈及。

另外，在与土耳其人交谈时，如果能够讲一些土耳其语，对方会十分高兴。交往中尽量不要使用左手，否则，会被视为侮辱对方。此外，男女在公共场合举止不要过分亲昵，否则，会被认为是一种伤风败俗的行径。

 旅游小贴士

语言

土耳其的官方语言是土耳其语，土耳其语和我国的维吾尔族语比较接近。不过，英语在土耳其比较普及，特别是大中城市。

在土耳其住酒店需要注意哪些事项

土耳其的酒店出于环保原因，不提供牙刷、牙膏、拖鞋、电热水瓶等物品，建议自带拖鞋和牙具等一次性物品。酒店内自来水不可直接饮用，且没有热水供应。饮水可购买瓶装水或自带烧水电器。如需使用电吹风或其他电器，亦需自行携带。在酒店房间内拨打长途或市内电话，饮用冰箱内饮料、酒水，收看付费电视频道等，都需额外付费。土耳其酒店电压为 220 伏特，插头为两角圆形插头，请携带转换插头。酒店内的落地烟灰缸也不适合吐痰，请自备卫生纸。酒店中请勿穿着睡衣走出房间及穿拖鞋进入餐厅、酒吧等场所，且不可大声喧哗，以免影响其他客人。

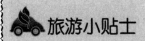 旅游小贴士

小费

一般酒店及餐厅需支付消费额的 5%~10% 作为小费；机场或酒店的行李搬运员的小费可按照每件约 1 美金给付；酒店房间服务员的小费，可按照每天每人 1~2 美金给小费；出租车司机一般不用给小费。

有关土耳其的婚姻制度

笃信伊斯兰教的土耳其，自古就以"多妻之国"著称。凯末尔革命后制定的第一部非宗教性的民法典，重新调整了结婚、离婚、继承私有财产等各种关系，不仅废除了多妻制，而且使妇女在所有上述法律问题上同男人处于平等地位。凯末尔党人对新的立法曾抱很大希望，然而，实际上它在许多方面却成了一纸空文。一夫多妻、男尊女卑现象，在社会上继续存在。按伊斯兰教教规，允许一个土耳其男人可以分别娶四房妻子，而国家是不承认这种一夫多妻的穆斯林婚姻的。

土耳其人对花的感情

土耳其人特别喜欢花。每当人们欢宴宾客时，餐桌上都有一只插满鲜花的花瓶，应邀赴宴的客人也不会忘记给好客的女主人带一束令人赏心悦目的鲜花。如去探望病中的友人，带一束鲜花则比带别的礼物更宝贵，病人见到后也会格外高兴。土耳其人还赋予各种不同颜色的鲜花以特定的含义，例如，白玫瑰表示"贞节"，红玫瑰表示"爱情"，粉红色玫瑰表达的意思是"我的心属于你"，而黄玫瑰则意味着"分离"。白色石竹花代表"纯洁"，红色石竹花表示"友爱"，黄色石竹花则表示"忧伤"。白色的美人蕉是"友谊"，红色的美人蕉是"祈求"，紫色的美人蕉是"信任"，黄色的美人蕉则是"嫉妒"。白色的郁金香表示"纯朴"，红色的郁金香表示"我爱你"，粉红色的郁金香表示"谅解"，黄色的郁金香表示"紧张"。白菊花代表"忠诚"，黄菊花代表"单相思"，粉红色菊花代表"无言的祈求"，紫色的菊花则表示"恼怒"。水仙花表示"勿忘我"，兰花表示"自豪而又自信"，雏菊

表示"健康和富有",莲花则表示"未来和革新",如此等等,名目繁多。

土耳其的"女子镇"

土耳其南方的小市镇纳克,是当今世界上唯一存在的女子镇。这个小镇上无一成年男子,同时也实行"封闭政策",不准外地男子进镇串门。镇民全是妇女和儿童,镇上一切的工作人员全由清一色的妇女垄断。男性不得进入。

在土耳其享受服务后不要忘了给小费

土耳其人在为他人服务时,有收取小费的习惯。乘坐计程车,小费一般为10%,行李每件约90里拉。旅馆、饭店除15%的小费已附加入账单外,还宜另付10%的小费给侍者。给机场饭店搬运行李的小费每件约10里拉;宾馆房间女服务员每天给100里拉小费;其他的服务,每次可给50里拉左右的小费,不给是不合适的。出租车司机可不给小费。

土耳其人在饮食方面有哪些禁忌

土耳其素有"美食国度"之称,因此,其餐饮业极其发达。土耳其与中国、法国被认为是世界三大美食国度。也正因如此,土耳其人很乐意邀请别人品尝本国的美味佳肴。不过,在日常饮食中,土耳其人还是有一些禁忌的。一般来讲,土耳其人不太爱吃咸的东西,而喜食甜食。主食以面食为主,也喜爱吃大饼、大米,但大米主要被用来制作羊肉大米汤这款菜肴。忌食的东西主要有猪肉、狗肉、驴肉、骡肉、甲鱼、乌龟、螃蟹、死物之肉、未诵安拉之名宰杀之物、动物的血液等。由于土耳其禁酒,所以,饮料主要以凉开水、牛奶、咖啡与红茶为主。

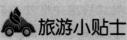 **旅游小贴士**

土耳其烤肉

到土耳其旅游,就不得不提烤肉。壮观的烤肉柱、四处飘溢的香气充满了土耳其的大街小巷、商场、饭店、车站、游乐场所、居民区等,不失为欧美街头一道亮丽的风景线。其经久不衰的火爆场面令人叹为观止,流连忘返。土耳其烤肉在全球都占有一席之地,主要分为转烤、二烤、串烤和阿达纳烤肉等。

独特的土耳其咖啡有哪些喝法

说到咖啡，就不能不提土耳其咖啡。由于土耳其咖啡保留原味，工艺独特，所以，深受各国人士的喜爱。土耳其人喝咖啡，是不滤残渣的。由于咖啡磨得非常细，所以，在品尝时大部分的咖啡粉渣都会沉淀在杯子的最下面。不过在喝时，还是能够喝到一些细微的咖啡粉末，这也是喝土耳其咖啡的一大乐趣。土耳其人，尤其是女性喝咖啡，还有另外一种独特的喝法。她们喜欢用喝剩的咖啡渣来占卜当日运势，做法是将咖啡渣倒入盘中，查看留下的水痕印迹来算命。虽不一定灵验，但至少给喝咖啡增添了几分神秘的情调，有机会可亲自体验一下。另外，据说土耳其咖啡渣还具有医疗效果，可以用来除臭、杀菌、防腐等。

土耳其人是在浴室里选新娘吗

土耳其浴的历史可以追溯到古罗马时代，经过历史的更迭，逐渐形成了今天独具特色的土耳其浴。在土耳其，浴室不仅仅是清洁皮肤的地方，还是人们日常交际的重要场所，有时甚至连婚姻大事也会在浴室里决定。土耳其人在闲暇时间，喜欢叫上亲人或朋友洗土耳其浴，在浴室等待搓澡和按摩的时候，边排队边聊天，聊到高兴的时候还会唱歌、跳舞。而那些未来的婆婆们更是把浴室当成挑选媳妇的好地方。原来旧时，信奉伊斯兰教的土耳其女子平时除了用头巾包住头和脸部外，还穿着厚实的长袍，外人无法看清女子的长相和身材。这样一来，土耳其浴室就成了未来婆婆挑选儿媳的重要场所。一般来说，未来婆婆会在媒人的陪同下邀请未来儿媳一同沐浴。在浴室里，未来婆婆不仅要看儿媳的长相和身材，还要看她的骨盆，骨盆大的女子才能给家里带来多子多福的好运。而如今的土耳其，男女多是自由恋爱，未来婆婆到浴室里选新娘的做法有但已不再常见。

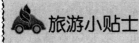

旅游小贴士

著名土耳其浴池

恰阿奥卢浴室，位于伊斯坦布尔老城区内，是土耳其最著名的浴室，据说建于 1714 年。19 世纪英国画家汤姆斯阿隆曾来此游历，绘制了大名鼎鼎的《恰阿奥卢浴室》铜版画。此后，阿隆的铜版画流传到欧洲各国，恰阿奥卢浴室也成为土耳其浴的象征。

土耳其人对颜色、图案、数字有什么禁忌

色彩方面，土耳其人喜欢绿色、白色和绯红色，认为这些色彩象征积极向上。他们不喜欢黄色与紫色，因为这些色彩大多与死亡有关。另外，土耳其人忌用花色，认为花色是凶兆之色，万万不可以用其装饰房间。图案方面，土耳其人对于骆驼及其图案非常欣赏。但是忌讳猪、猫、熊猫及其图案。数字方面，土耳其人非常忌讳"13"这个数字，认为它不吉利，预示灾难和厄运，所以，人们在日常生活中都极力地回避"13"。

 旅游小贴士

国旗

土耳其国旗呈长方形，长宽之比为3：2。旗面为红色，旗杆一侧有一弯白色新月和一颗白色五角星。红色代表鲜血、胜利；新月和星寓意驱走黑暗、迎来光明，也象征幸福、吉祥。

科威特

在科威特参观清真寺要注意些什么

科威特是传统的伊斯兰国家，伊斯兰教为国教，信众多为逊尼派。伊斯兰教法渗透于科威特社会生活的各个方面，并影响着人们的日常生活。科威特清真寺众多，平均每1000人就有一座清真寺。游客在参观清真寺时一定要尊重科威特人的宗教信仰，不可做出有违伊斯兰教法的举动。第一，进入寺庙要脱鞋，穿鞋不得入内；第二，穿着须整洁、肃穆，男性不可穿背心、短裤，女性不可穿短裙，不得露出双腿及脚踝；第三，不可大声喧哗，也不要随便拍照；第四，不要随意触摸寺内物品。

科威特清真寺

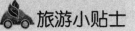 旅游小贴士

科威特城清真大寺

该寺位于市中心，建于 1994 年，精致豪华，可容纳万人礼拜。其附属的女子礼拜殿容纳千人。大殿圆顶高 43 米，有 144 个采光的窗户，室内 72 根柱子，21 扇大门，外表用大理石和彩色瓷砖，饰以优美的阿拉伯文书法经文，金碧辉煌，富丽堂皇，据说经过六年精细雕琢才建成。科威特城大清真寺被各国来访的客人评为"阿拉伯世界的最新伊斯兰艺术杰作"。

科威特人见面如何打招呼

科威特男性之间见面一般行拥抱和亲吻礼，但身份不同所采取的表达方式也各异。朋友间见面要相互亲吻对方的左右面颊，顺序为右、左、右三下，且亲吻时要发出一定声音，以显示相见的激动和亲密；家庭成员间见面，直接相互亲吻对方的前额即可。异性之间的见面礼节一般为点头致意。如果不得不同男性握手的话，女性则会撩起自己的衣袍一角包住手，同男性礼节性地握手，避免皮肤的直接接触。

旅游小贴士

无鞠躬礼

在科威特，没有鞠躬这一礼节，这是为什么呢？原来，科威特的穆斯林认为，人只能向安拉鞠躬、低头。因而，鞠躬礼在科威特就不存在了。

去科威特人家做客要注意些什么

去科威特人家做客，应按约准时到达，迟到或早到都是没礼貌的。见面后，男主人会同客人握手、拥抱和亲吻，以表示关系亲密，这在科威特是最高的待客礼仪。女主人在家里一般是不见男客的。客人进入室内后，要主动问候主人家中的每个人，如有子女在场，也要主动与他们握手。对于家中饲养的猫、鹰等宠物，不要显示出害怕、厌恶的表情，更不要用脚踢这些动物。落座后，主人会送上红茶及咖啡，这时要双手接过，并说："谢谢"，而且要尽量喝掉。交谈中要使用礼貌用语，如"谢谢""打搅"等，说话时不要用手指指人，且不可唾沫四溅，言语要得体大方。

 旅游小贴士

饮食

鱼在科威特人的生活中占有重要地位，祖贝德鱼最受他们的欢迎。他们也很喜欢吃中餐。用餐习惯席地而坐，用手抓饭吃。禁食猪肉及动物内脏；忌讳谈论猪，也忌讳使用猪制品。

科威特人有哪些日常禁忌

科威特人禁酒和麻醉品，贩卖者最高可判死刑；禁食猪肉和猪肉制品，禁用猪革制品；禁食死肉（非宰杀）和血；斋月期间禁止在公众场合抽烟、饮水和进食，违者拘禁至月终为止；忌讳左手递送东西或食物；忌讳初次相见就送礼，尤其忌送酒或女人照片为礼物；忌讳有人把脚掌朝向他们，认为这是一种侮辱行为；忌讳提与中东有争议的话题；禁止西方保险品种，如人身险和人寿险等。

伊拉克

伊拉克人有怎样的饮食习俗

　　伊拉克人喜欢吃烤饼，吃的时候多会夹些肉和菜，一般为牛肉和黄瓜。他们还钟情于烤鲜鱼，特别是在首都巴格达，人们在吃烤鱼时常佐以辣椒和西红柿沙拉。在伊拉克人的餐桌上一般是看不到用餐工具的，只有水杯和盘子等食具，因为，他们吃饭是以右手抓取的。并且，他们忌讳用左手传递东西或食物，认为左手是肮脏的，用其传递东西或食物，是一种污辱行为。伊拉克人吃饭，要求菜肴必须熟透，否则不吃，认为这有违他们的饮食习俗。忌讳客人餐毕不及时洗手便告辞，忌讳用餐拖延或迟迟不走，认为这是贪吃和不礼貌的表现。另外，饮料方面，伊拉克人爱喝牛奶，但喝时更愿意再加些羊奶，认为这样才是上等的饮料。

伊拉克饮食习俗

旅游小贴士

伊拉克烤鱼

伊拉克人吃鱼似乎只有烤。底格里斯河的鱼又肥又大，是伊拉克人做烤鱼的最佳选择。其做法是先把鱼弄干净，不刮鱼鳞，架在火堆旁烤；等烤得差不多了，再把鱼放在铁盘子里浇上酱汁，加上西红柿、洋葱片就可以了。来伊拉克旅游，一定要品尝一下烤鱼的美味，否则是一大遗憾。

伊拉克人有什么颜色、图案和数字的禁忌

伊拉克人喜爱绿色，因为绿色代表伊斯兰教，但橄榄绿在商业上是禁止使用的。忌讳黑色、蓝色，认为黑色是悲伤的色彩，会带来不幸，且多用于丧葬；而蓝色则是魔鬼的象征。伊拉克人还忌讳星星的图案，因为这是他们不喜欢的国家以色列国旗上的图案。喜爱雄鹰的图案，认为鹰是力量和智慧的象征。忌讳"13"这个数字，认为它会带来厄运和灾难。

伊朗

在伊朗从事商务活动应注意什么

在伊朗，进行商务见面或拜访时，递交名片是必要的，而名片最好用波斯文，其次可用英文。伊朗商人很讲究礼节，按照伊朗的礼俗，每年的 4~9 月，天气炎热，穿衬衫，打领带即可，其他时间宜穿保守式样的西装。根据当地的商业习惯，拜访需要提前预约，并且约见时一定要准时。在会谈中，伊朗人不习惯直截了当地谈话，他们对事情也不会立刻给予答复，往往需要很长的思考时间。因此，与伊朗人做生意是需要相当有耐心的。即便如此，不要灰心。这样经过不屈不挠的几次谈判后，最终会达成双方满意的结果。

旅游小贴士

交谈禁忌

伊朗人不喜欢与外国人有身体上的密切接触，与伊朗人交谈时，应保持一定的距离。初次接触时不要过问伊朗政治或对方经历、家庭情况和其他私事。

在伊朗与人见面的礼节有哪些

伊朗一般人们相见时都要说"萨拉姆"（你好），甚至不相识的人见面也是如此。如果与商务伙伴或者其他人打交道，最好在打招呼时称他们的姓并加上学术或职务的头衔。他们很喜欢这样的称呼方式，也非常注重在语言上的待客之礼。

伊朗人在与宾客相见时，一般的礼仪是握手加上欠身弯腰。他们等级观念很强，不同等级的人有不同等级的礼节。身份相同的人以互相吻嘴唇为礼；身份稍差的人以吻面颊为礼；身份相差很大的人，则一方应俯拜在另一方面前为礼。男人不与女人握手。

伊朗都城

在伊朗日常生活中英语派得上用场吗

伊朗伊斯兰共和国（The lslamic Repubic of lran），简称伊朗，位于亚洲西南部。

有"欧洲陆桥""东西方空中走廊""亚利安人之国"之称。面积164.5万平方公里。人口5200万,98%居民信奉伊斯兰教,伊斯兰教(什叶派)为国教。波斯语为官方语言。贸易交往中大多使用英语,但日常生活上则最好不要讲英语。

伊朗人在饮食上有哪些禁忌

伊朗人的饮食习俗独具民族特色,他们主食爱吃面食、米饭。口味一般偏爱清淡、微辣,讲究菜肴量少质精,注重色香味形。忌食猪肉、自死物、无鳞鱼、动物血液以及未诵真主之名而宰杀的动物。禁酒,忌食猪肉。穆斯林斋月期间,即使非穆斯林也不能白天在公开场合吃东西、喝水或吸烟。另外,在宗教节日,伊朗人忌食能产生异味的东西,如大蒜、葱等,他们认为节日里吃这些是不吉利的,会带来灾难。

 旅游小贴士

餐饮

在伊朗,用餐为清真餐,无猪肉,无酒精饮品,商店也不提供酒精饮品。

阿联酋

出入境阿联酋有哪些注意事项

入境阿联酋要填写入境卡,交给入境检查处,在核对护照和入境签证无误后,入境检查处会在护照上加盖入境章,然后放行入境。入境时严禁私自携带毒品、武器、色情书刊、光盘、录像带、去痛片等违禁品或需特批的物品。根据阿联酋海关规定,入境旅客每人可免税携带2瓶白酒或两箱啤酒,2000支香烟,400支雪茄,2公斤烟草。来自霍乱和污染疫区的旅客,禁止携带蔬菜、水果及养殖的珍珠。旅客出入境携带的货币金额不受限制,大额现金需申报。出境必须在签证规定停留的天数内离开,如超过签证允许的停留天数,超过1天要罚款28美元。出境时,须填写出境卡,与护照一并交给出境处,经核查无误后,在护照上加盖出境章,放行出境。

旅游小贴士

小费

阿联酋多数酒店和餐厅会在账单上加收 10%～16% 的服务费，因此不用付小费。如果账单没有包括小费，就要付账单的 10% 作为小费。出租车司机、机场行礼员、清洗工等通常付 2 迪拉姆小费。

阿联酋的气候怎样，旅游时应如何着装

阿联酋属热带沙漠气候，阳光普照，蓝天、烈日是阿联酋的气候特征。全年只有两个季节——夏季和冬季。夏季（5～10 月）炎热潮湿，冬季（11 月至翌年 4 月）凉爽宜人。偶有大风或沙尘暴，全年降水量约 100 毫米，多集中在冬季。而其中 7～8 月份最热，温度持续在 40℃ 以上，是旅游淡季。每年的 11 月至翌年的 4 月这几个月份中，夜里比较凉爽，尤其是 12 月、1 月和 2 月非常凉爽，平均温度在 24℃ 左右，并伴有降雨。夜里的温度低于 13℃，是旅游的黄金季节。

穿衣方面：夏季旅行着装应以轻薄、凉爽、透气为主，冬季应以稍厚实面料衣服为宜。出席商务活动应穿套装或正装。女性穿衣应避免太露，忌穿太短或低胸的衣物。

旅游小贴士

户外防护

在阿联酋旅游最大的威胁就是被日光晒伤和脱水。夏季的阳光非常强烈，在户外活动时要穿长袖衣服，戴帽子，暴露部位要抹防晒霜，多饮水。

在阿联酋旅行应注意什么

阿联酋是伊斯兰国家，信奉伊斯兰教，较其他阿拉伯国家开放许多，对外国人在阿联酋的旅行并没有太多的限制，超市也可以买到猪肉及其制品。但值得注意的是，在旅行中如果与当地男性交谈，不能主动问及其夫人的情况。与女性不能长时间单独交谈，更不能未经允许给她们拍照。阿联酋穆斯林每天必须做 5 次礼拜，在其做礼拜时，不要与其谈话，更不能开玩笑。因为他们认为做礼拜是一件十分严肃的事情。在阿联酋，女性要注意穿着，尽量穿长袖上衣和长裤，勿穿暴露服装。饮

酒只能在寓所或饭店的客房内进行，其他任何公共场所均不许喝酒。另外，阿联酋严禁酒后驾驶。如果开车外出，记得车内最好也不要携带含酒精的饮料。在阿联酋斋月期间，日出后和日落前，不许在公共场所喝水、吸烟、吃东西，而且当地绝大多数的餐馆和饮品店在这个时期也会关门停业。

 旅游小贴士

签 证

阿联酋签证共4种。分别是访问签证、旅游签证、工作签证和过境签证。访问签证又分为1个月签证和3个月签证两种，可分别办延长手续，延长期分别为1个月和90天。旅游签证为1个月，不得延期，到期必须离境，否则处以罚款。工作签证为3年，但必须由担保公司或担保人办理。凡在阿联酋做短暂停留去第三国的旅客，可申请当地96小时的过境签证（须有去第三国的机票、签证及有效证件，入住航空公司指定的饭店，费用在30美元左右）。

阿联酋人有哪些日常禁忌

阿联酋人信奉伊斯兰教。他们忌食猪肉，禁止饮酒。忌讳粉红、黄、紫色，喜爱棕色、深蓝色。忌讳猪、十字架及六角形图案。

 旅游小贴士

国 旗

阿联首国旗由红、绿、白、黑四色组成。代表穆罕默德后代的几个王朝。旗面近旗杆一侧为红色竖长方形，右侧为三个平行相等的横长方形，绿、白、黑三色分居上、中、下。红色象征祖国，绿色寓意牧场，白色比喻祖国的成就，黑色意味战斗。

阿联酋人购物最注重什么

在买东西的时候，当地无论是商人，还是一般百姓，都希望价格便宜，也特别注重牌子，不是那个牌子的货他往往掉头就走。购物时，他一看牌子不对，顿时就会失去了兴趣。在阿联酋，某些商品，受到当地商人的普遍称赞，如"三环牌"锁，"白鸽"牌拖鞋等。在阿联酋，商品能否销得出去，在很大程度上取决于其牌子。

阿联酋人喜爱和禁忌的颜色有哪些

阿联酋人，喜爱棕色、深蓝色，禁忌粉红、黄、紫色，喜爱羚羊；忌讳以猪、十字架，六角形作图案。

阿联酋一般人的生活习惯如何

下班以后，当地商人喜欢到咖啡店聚坐，此地无夜总会，晚宴总是在家中进行。应邀至阿联酋商人家做客往往只有男性，女性毫无社会地位。在当地，不劝酒、不送裸照，伊斯兰教禁止偶像崇拜，洋娃娃也好，裸照也好，一律被当作偶像，不可以当作礼物赠送。

与阿联酋人交往应注意什么

与阿联酋人交往时不要问候对方的女眷，因为这种问候被认为是不礼貌的。也不要以酒或女人照片作为相互赠送的礼物。因为这是两种违犯教规和使人不能接受的东西。

阿塞拜疆

阿塞拜疆人的见面礼仪有哪些讲究

阿塞拜疆人性格直爽、热情诚恳，十分讲究礼貌。在社交场合与客人相见时，多以握手为礼。好友相见时，一般以右手按胸施 30°鞠躬礼，同时道以祝愿的话，然后行握手礼，之后再施吻礼，互吻手背。一般家庭成员间见面时多施吻礼，晚辈要吻长辈的手背，长辈回吻晚辈的额头或眼睛。

🚗 旅游小贴士

商务习俗

宴请阿方客人时忌上猪肉；他们大多好饮酒，但不酗酒。如果你能喝些酒，会有益于与他们交往；可学上几句如"撒拉姆"（您好）、"撒乌"（谢谢，再见）等阿语，以增进友谊；可送上中国的陶瓷或丝绸等礼物，他们定会高兴。记住，他们的时间观念不强、效率不高。

阿塞拜疆人有哪些日常禁忌

阿塞拜疆人喜爱红色、绿色，认为红色是积极向上的色彩，会给人带来鼓励和力量。绿色是吉祥的色彩，能够带来好运。忌讳黑色，认为黑色是不吉祥的色彩，会带来厄运；忌讳用左手递送食物或东西，认为左手肮脏，使用左手递物是一种侮辱行为；忌讳在公众场合挖鼻孔、掏耳朵、擤鼻涕等动作，认为这是非常不礼貌的举动；忌讳数字"13"，认为它是厄运的数字，会带来灾难。饮食中，阿塞拜疆人禁食猪肉、驴肉、狗肉、自死动物肉和动物血液等伊斯兰教忌食食物。

阿曼

阿曼人见面如何行礼

阿曼人与客人见面时一般要先互致问候，然后再行握手礼或亲吻礼。但亲吻礼一般仅限于同性，异性之间要行握手礼。亲吻礼就是在拥抱的同时相互亲吻面颊 3 次。长辈对未成年的男女儿童都行吻礼，一般只吻孩子的额头。有时为表示热情，也可以吻双颊，并要发出亲吻的声音。

千堡之国——阿曼

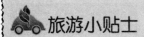 旅游小贴士

名字

阿曼人多为阿拉伯人，他们的名字都是按习惯继承祖辈的名字，因此他们的全名都记载着父名和族名。

在阿曼有哪些日常禁忌

阿曼是伊斯兰教国家，穆斯林禁止吃猪肉和饮酒，不允许有侮辱国王的行为，如污损国王的肖像画或雕塑及发表批评国王的言论等。否则，会被判不敬之罪，受到严厉的惩罚。在阿曼，女性穿着尽量不要太暴露。公众场合，男性不可斜视女性，并且不可主动与其握手，只可点头示意。和女性交谈时应保持适当距离，未经同意不要给女性拍照。严禁客人与女主人接触，阿曼人认为这是一种伤风败俗的行为。阿曼人禁止崇拜偶像，特别是人物塑像。另外，在伊斯兰教斋月期间，不允许在公共场所吃东西、喝水、吸烟等。

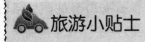 旅游小贴士

烤驼羔

阿曼人非常喜欢当地著名食品"烤驼羔"。具体做法是掏尽驼羔内脏，在其肚内塞进一只羔羊，羔羊的净肚内再塞一只鸡，鸡的净肚内再塞进一只鸽子，然后加上各种调料烤制而成。他们常用这种又香又嫩的美味招待来访的贵宾。

在阿曼自驾游需要注意哪些事项

在阿曼，凡具有国际驾照者都可以开车。车辆都是靠右行驶。阿曼禁止酒后及在海岸边驾车。当地人普遍开车较快，需要特别留意。阿曼的主要城市路况还是不错的，但小的城市及城镇的街道不是很平坦，且坡道较多。另外，在郊外夜间行车时，一定要注意野骆驼和羊等动物的出没，以免发生意外。

巴林

在巴林人家做客需要注意些什么

巴林人性格直爽，待人结友十分热情。他们在迎送宾客时，总乐于同客人并肩而行。为了表达亲密的情感，他们往往还要同来访客人拉着手一起走路。在巴林人家中做客，客人在饭桌上吃得越多，主人会越高兴。交谈中，如果客人夸奖或赞赏他们的某种东西时，他们一定会把受赞美的东西热情相送。若客人不接受，他们反而会生气并产生反感。

 旅游小贴士

婚俗

在巴林，订婚法定的彩礼是一个金里拉。新娘通常用来购买首饰、衣服、香水和家庭用品等。他们结婚时，同村的小伙子们将新郎送到新娘家。新娘梳洗完毕后，被地毯卷起来，放在新郎房间的椅子上。随后，妇女们念道："愿真主赐福给你！"接着，新郎揭开新娘的面纱，取下其头上的斗篷，双膝跪地，祈求真主赐福于未来。

与巴林人交往有哪些禁忌

巴林人绝大多数信奉伊斯兰教，极少数人信奉基督教和其他宗教。他们十分重视人际交往和礼仪。在社交活动中，男性要穿正装，女性穿着则以得体大方为宜，无须穿黑袍、戴头巾。与女性见面时，男性不宜主动行握手礼。巴林人忌讳用左手传递东西或食物，认为左手是下贱之手。所以，用左手来递送东西或食物是极不礼貌的，有污辱人的意思。忌讳以酒、女性照片或女人雕塑作为礼品相赠，因为这是违反他们教规的。忌讳当众接吻，认为这种行为是轻浮的举动。若被发现轻则会罚款，重则还要被判刑。另外，巴林人不喜欢与人一起谈论有争议的中东政治问题。他们特别喜欢以猎鹰或马为闲聊谈论话题，因为这是他们非常喜爱的两种动物。

旅游小贴士

时间观念

巴林人的时间观念较强。一般对约会都习惯遵守时间，有按时赴约的良好传统。

格鲁吉亚

格鲁吉亚人的社交礼仪是怎样的

格鲁吉亚人平时就很注重穿着仪表，在社交场合更是讲究。男士穿西装，打领带。女士穿着大方得体。他们在与客人相见时，一般都以握手为礼，习惯手握得紧紧的，并且目光要友好地注视对方。见面时一般称呼"先生""小姐"等，亲密朋友之间可直呼其名。他们在社交活动中喜欢送礼物，礼物多少、轻重没有过多讲究，但在接受礼物时，他们除用"谢谢"表达谢意之外，一般不喜欢过多的客套。因为他们认为过多的客套是虚伪的表现。此外，格鲁吉亚的伊斯兰教教徒在为亲友或宾客送行时，常以两手交叉胸前，施90°鞠躬礼，以表示他们对客人的敬重与惜别。

格鲁吉亚风光

格鲁吉亚人有哪些日常禁忌

格鲁吉亚人大多信奉俄罗斯东正教，部分人信仰伊斯兰教，多属逊尼派。他们忌讳"13"这个数字，认为"13"是厄运的象征，是不吉利的数字；忌讳吃饭时发出声音，令人反感，认为这样有失文雅；忌讳在公众场合擤鼻涕、抠鼻孔、吐痰等举止，认为这些是有失礼貌的做法；忌讳黑色，尤其对黑猫更为讨厌，谁若见到都会感到懊丧。此外，格鲁吉亚的伊斯兰教徒禁食猪肉、狗肉、驴肉、骡肉等，也忌食一切自死的动物及动物血液。

 旅游小贴士

主要节日

格鲁吉亚属亚洲国家，其很多风俗习惯与中国相似，尊长爱幼、热情好客，婚丧嫁娶讲排场等，无特殊风俗和法规。国教为东正教。10月14日为姆茨赫托巴节，11月23日为圣乔治节。

卡塔尔

与卡塔尔人交往要注意哪些礼节

卡塔尔人信奉伊斯兰教，并以伊斯兰教为国教，与卡塔尔人交往要尊重他们的宗教信仰及习惯。卡塔尔人在社交场合与人相见时，一般习惯以握手为礼。在与亲朋好友相见时，要施亲吻礼，即亲吻对方的双颊，以示亲热。卡塔尔人在与人交谈时，有个很特别的习惯，爱用目光直视对方，并且目不转睛，认为这样才是对人的尊敬。此外，卡塔尔人时间观念不是很强，约会一般不会准时，而且乐于迟到一点到达，他们认为这是自己该有的礼节风度。

卡塔尔人的日常禁忌有哪些

卡塔尔人忌讳初次见面就送礼，尤其以酒或女人照片作为礼物，因为这是伊斯兰教所禁止的；忌讳用脚掌对着别人，认为这是一种带有侮辱性的动作；忌讳用左手递送食物或东西，认为左手是肮脏的。忌食猪肉、自死动物肉、动物血液等食物。忌饮烈性酒，禁烟，而且禁赌。非穆斯林不得进入清真寺，穆斯林进入则须净身、脱鞋，女性穆斯林进入还须身着黑色蒙面纱。忌女性同陌生男子接触，忌穿短衣短裙。忌女孩子出门裸露手脚，这被视为不雅行为。

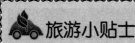
旅游小贴士

性格

卡塔尔人殷勤好客，习惯以咖啡待客。无论是在办公场所还是在家里，第一件事是请客人喝咖啡。如果在家中待客，还要为客人熏香和洒香水。

在卡塔尔驾车要注意些什么

卡塔尔车辆靠右行驶，首都多哈市区多个路段设有电子监控系统，并有移动雷达测速设备，对违反交通规则者会进行严厉处罚。卡塔尔多沙丘和荒漠，地形较复杂，容易迷失方向，车辆容易陷在沙丘里，因此应避免单独驾车深入沙漠地带。

旅游小贴士

治安

卡塔尔社会秩序稳定，治安状况良好，较少有各种犯罪行为。在卡塔尔发生意外可打报警电话999。

约旦

与约旦人交往需要注意些什么

约旦人举止文雅，热情好客。在与其交谈过程中，眼睛要注视对方，不要移位。他们认为目光侧视或左顾右盼是对人的极大不尊重，是非常失礼的举动。他们还忌脚掌朝向人，认为这是对别人的侮辱；忌讳用左手递送食品或东西，认为左手是肮脏的，使用左手递物是对人的不尊敬。忌讳以酒作礼物送人，因为，伊斯兰教规禁止饮酒。忌讳触摸小孩的头，认为触摸会带来厄运。忌讳谈论有关政治、宗教以及妇女权力等的话题。在颜色上，约旦人忌黄色，认为黄色象征死亡。此外，在穆斯林斋月期间，忌讳在公众场合大吃大喝，也不宜抽烟。

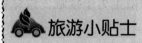 **旅游小贴士**

服饰

约旦服饰既有现代服饰西装等，又有民族服式长袍。农村人喜欢穿色彩、图案、形状各异的长袍和斗篷，头上包缠头巾。城市人的服饰趋向现代化。外国游客到约旦，夏季可穿轻便服装，冬天可穿毛衣。

单身女性去约旦旅行需要注意些什么

女性，尤其是单身女性去约旦旅行会遇到诸多不便。首先，女性办理入境签证审核比较严格，且办理程序较为复杂。其次，在约旦，对女性穿着有着较为严格的规定。一般不许穿袒胸露背和紧身的服装。另外，仪态、举止要小心谨慎，走路不可来去匆匆，要从容不迫，免得引来不必要的麻烦。还有，就是在有些地方住宿时，可能会被拒之门外。此外，最好不要佩戴有宗教意义的饰品，因为信仰不同，可能会引起当地人的反感。以上有些情况虽不是普遍现象，但也偶有发生。总体来说单身女性在约旦旅行是安全的，但也需防止意外发生。

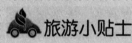 **旅游小贴士**

小费

在约旦，给小费是常事。给出租车司机的小费一般为车费的10%；餐馆里给服务员的小费一般为餐费的15%，但有些餐馆的小费包括在账单里；旅馆服务员的小费为房费的10%，而搬运行李小费一般按件给。

也门

也门人有什么独特的待客礼仪

也门人既热情又礼貌，来客总要夹道欢迎。他们待客有个很独特的习惯，就是给客人熏香和喷香水。主要做法是把檀香木点燃，放进香笼里，然后请客人站起来，解开上衣下部的纽扣，把香笼贴近客人腹部，主人再用嘴吹檀香，使扑鼻的清香烟气熏蒸客人的身体。辞行前，主人还要用香水喷洒客人，用芳香味来表达友谊。

也门人见面行礼有哪些讲究

也门为阿拉伯国家，信奉伊斯兰教。也门人相见时，一般先互相致意问候，然后拥抱亲吻面颊一至三次，或者握手后互吻手背一两次，以表示对客人的尊敬。但，男性一般不主动与女性握手。也门还有个传统礼节就是吻足礼。晚辈拜望长辈，或即将出远门与长辈告别时，先以双手拥抱住对方，吻长辈的脸部，然后跪下再吻长辈的大腿、小腿，以至脚背。认为这样表示对长辈的尊敬和祝福。此外，摘帽邀请也是也门的一种礼仪。摘帽邀请，表示被要求者不要拒绝，一定要答应。如当邀请他人做客时，主人把帽子摘下来，表示被邀请者非去做客不可。

也门人有哪些日常禁忌

也门人禁食猪肉、猪血，禁用猪制品，还忌食动物的内脏；禁用猪的图案，禁谈有关猪的话题；忌讳左手传递东西或食物，不爱吃红烩带汁的菜肴；禁酒，在宴会中从不备酒，习惯以凉开水代替；忌讳小女孩随便出门，妇女更不能随便上大街，也不能在大街上穿行，只能面戴黑纱，从僻静小巷穿行，更不能到繁华的公共场所。如果外出，必须在日落前回家，严禁夜晚迟归或不归。

阿富汗

阿富汗人禁忌的行为有哪些

阿富汗人忌讳有人在房间里踱来踱去地说话。认为这是一种不良的举止。忌讳左手传递东西或食物。他们视左手为肮脏和下贱之手。所以使用左手是极不礼貌的，也是令人不能接受的。

阿富汗人有哪些宗教意义上的禁忌

伊斯兰教为阿富汗的国教。他们对数字"13""39"有所忌讳。认为这些数字有消极的含义。严格禁酒，禁食猪肉和一切怪形食物，如：螃蟹、虾、海鱼等；他

阿富汗喀布尔

们还忌讳使用猪制品，也忌讳谈论有关猪的问题。

叙利亚

与叙利亚人进行商务交往时，对方迟到不要表示不耐烦

按照叙利亚人的商务礼俗，冬月往访宜穿保守式样西服。拜访政府机关或大公司必须先预约。如果约会对方迟到，别紧张，别表现出不耐烦，这是失礼的。如销售产品，你可要有所准备，对方将大大杀价，要求折扣优待。阿拉伯人习惯和朋友以及其他客人同时讨论几个问题。对此，你不要感到奇怪。

叙利亚人对颜色和图案有什么好恶

叙利亚人喜欢绿色。他们视绿色为吉祥的色彩，认为绿色会给人们带来美好和幸福。对青、蓝和深红色有着较深的感情。他们认为这几种色彩都是积极向上的色彩。他们忌讳黄色。认为黄色是死亡的代表色，是令人悲伤的色彩。

古叙利亚人通常把自己的国家喻为"玫瑰的土地"，"玫瑰花"遍及叙利亚。人们常用玫瑰花来表达对生活、独立与自由的热爱，并尊其为国花。他们忌讳别人送他们礼品中带有星星的图案。因为以色列国旗中也有星星。

叙利亚有哪些日常禁忌

叙利亚多数人信奉伊斯兰教，一部分人信奉基督教。他们忌讳黄色，认为其代表死亡；忌讳送他们带有星星图案的礼品，因为对手以色列国旗中也有星星；忌讳左手传递东西或食物；忌抱着胳膊或把手插在衣兜里跟他们谈话；忌讳"13"；忌谈中东的政治和国际石油问题；忌讳以酒或女人照片之类的东西为礼；伊斯兰教徒禁食猪肉和使用猪制品；忌食狗肉、猫肉、驴肉、马肉、蛇肉以及其他猛兽的肉。

 旅游小贴士

颜色

他们一般厚爱绿色，视绿色为吉祥的色彩，认为它能给人们带来美好和幸福；对青、蓝和深红色感情较深，认为它们都是积极向上的色彩。

吉尔吉斯斯坦

为什么吉尔吉斯斯坦人爱戴帽子

吉尔吉斯斯坦人非常重视衣帽。他们认为，随便抛掷帽子，或拿错帽子以及走路不戴帽子都是很不礼貌的行为，会遭到其他人的责备。因此，吉尔吉斯斯坦人平时很爱戴帽子。

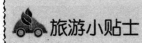 **旅游小贴士**

衣着

吉尔吉斯斯坦属沙漠型气候，在夏日晚间相对较凉，因此旅游时需带能挡风寒的衣物。白天，对付阳光普照的酷热天气，要靠遮阳帽、防晒霜及太阳镜。

吉尔吉斯斯坦人有哪些饮食禁忌

吉尔吉斯斯坦人的饮食习惯与其他中亚国家的饮食习惯大体相似。但，其口味

吉尔吉斯斯坦风光

偏重，不忌油腻，并且爱吃辛辣之物。主食以面食为主，大米为辅。副食比较喜爱吃肉，且比较爱吃羊肉、牛肉和鸡肉。其中的"代表作"有烤全羊、手抓肉、烧牛肉等。爱吃的蔬菜，则主要有西红柿、黄瓜、土豆、胡萝卜和卷心菜。通常他们在用餐时，习惯用右手取食。吉尔吉斯斯坦人的饮料有奶茶、酸奶、马奶等。用砖茶加奶烹煮而成的奶茶，是最受其欢迎的。

吉尔吉斯斯坦人忌食猪肉，忌食自死之物、动物的血和未诵安拉之名宰杀之物，忌饮酒。其他的人，一般不吃狗肉、驴肉、螺肉、海参、海蜇和乌贼。

吉尔吉斯斯坦人有什么日常禁忌

吉尔吉斯斯坦人大多信奉伊斯兰教，多属逊尼派。他们忌讳用手指点着别人说三道四，认为这是有意污辱人的举止；忌讳用左手传递东西或食物，认为左手是肮脏的，用左手是无礼的表示；忌讳当众挖鼻孔、掏耳朵、剔牙等举动，认为这些都是令人作呕和不礼貌的举止；忌讳黑色，认为黑色是死亡和丧葬的色彩；忌讳送花，更忌送单数，认为送单数是不吉利的表示。

旅游小贴士

吉尔吉斯斯坦人性格

吉尔吉斯斯坦人喜欢结交朋友，对人诚恳、有礼，言谈爽快耿直。他们在"牧羊人节""丰收节""开斋节"等喜欢赛马、驾鹰打猎等活动。他们很喜欢马，视马为吉祥的象征；也偏爱绿色，并视其为生命之色。

乌兹别克斯坦

乌兹别克斯坦有哪些日常禁忌

乌兹别克人大多信奉伊斯兰教，多属逊尼派。他们忌讳左手传递东西或食物；忌讳妇女撩裙而坐；忌讳黑色，认为黑色是丧葬的色彩；禁食猪肉、骡肉、驴肉、狗肉，也忌讳食用自死的动物肉和血液；吃饭时严禁脱帽，忌嗅闻食物或挑挑拣拣、擦摸食物；忌将完整的馕送往口中，必须将其掰成小块吃。饭前、饭后先用洗手壶和接水盆洗手，洗后只能用毛巾擦，切忌乱甩。家中只有青壮年妇女时，忌外人进家。忌随便进入新婚夫妻居室。忌穿暴露服装出现在公众前。忌穆斯林做礼拜时高声喧哗，或在其周围走动。忌在寺院、墓地、水源附近倾倒污物或洗涤衣物。忌与人交谈时打嗝、咳嗽、吐痰等。

哈萨克斯坦

哈萨克斯坦有哪些日常禁忌

哈萨克斯坦人多信奉伊斯兰教，部分信奉俄罗斯东正教。他们忌讳与人谈话时脱帽；忌讳别人当面赞美他们的孩子和牲畜，认为这会带来不祥之兆；忌讳用手指或用棍棒比画清点人数；忌讳用左手待客服务；做礼拜时忌讳别人从面前通过；忌讳有人用脚踢羊和用脚踏食盐及其他动物；厌恶黑色，认为黑色是丧葬的色彩；禁食猪肉、骡肉、驴肉和动物血及一切自死的动物；也不吃原条鱼。

哈萨克斯坦风光

旅游小贴士

猫头鹰

哈萨克斯坦人格外偏爱猫头鹰，将其看成一种益鸟，并把它当作勇敢、坚定、一往无前的象征。另外，他们还常用其作为珍贵的物品和装饰品。

欧洲旅游禁忌

英国

在英国服饰上有什么讲究

英国人在穿戴上比较讲究，在会客、拜访或参加酒会、宴会、晚会时仍要穿西服打领带。在夏天，可以不穿西服，只穿短袖衬衫，但也得打领带。

在英国，男性慎穿凉鞋

在英国，男性只在海滨休息或者闲居在家时才穿凉鞋，而到朋友家做客或者会见客人都不穿凉鞋，否则被认为礼数不周。这与我国情况不同，在我国穿不穿凉鞋只看季节和天气合不合适，没有那么多讲究。因此，应该提醒到英国旅游或工作的男性朋友注意。

听说英国经常有舞会。在舞会上怎样才能不失礼

英国大型舞会一般在晚间 10 时左右开始。舞会可在私人家中或到饭店举行。主人邀请客人应事先寄送请柬，并注意邀请的客人男女数目要大致相当；如不等，可使男子多于女子。按照习惯，主人请人参加舞会，有时也设晚宴；有时光请跳舞而不设晚宴；而有的则请参加舞会的客人中少数人吃晚饭，饭后跳舞；其他人只能参加舞会而不能吃饭。所以，被邀请的人一定要看清请柬上的字样，以免使主人难堪。舞会上，主人备有夜宵，也可能只备些茶、咖啡和三明治等。参加舞会的客人服装要整齐，跳舞时男宾要轮流请女宾，其中有一次必须与女主人跳舞。男子与男子、女子与女子共舞是要被人笑话的。遇到重大喜庆节日，一个人如同时接到两份请柬，那么可参加一个舞会，提前退场后再赶另一个舞会，因为按习惯参加舞会的人可随来随走，不算失礼。

在英国有什么忌讳

1. 不能加塞：英国人有排队的习惯，你可以看到他们一个挨一个地排队上公共汽车、火车或买报纸。加塞是一种令人不齿的行为。

2. 不能问女士的年龄：英国人非常不喜欢谈论男人的工资和女人的年龄，甚至他家里的家具值多少钱，也是不该问的。如果你问了一位女士的年龄，那是很不合适的，因为她认为这是她自己的秘密，而且每个人都想永葆青春，没有比对中年妇女说一声"你看上去好年轻"更好的恭维了。毫无疑问，每个女士的发型、化妆和衣着都是为了让自己看起来更美丽、更年轻，但是如果她的打扮让人感到太刻意，那么别人就会带着非难的口吻说她"显得俗气"。

3. 不能砍价：在英国购物，最忌讳的是砍价。英国人不喜欢讨价还价，认为这是很丢面子的事情。如果你购买的是一件贵重的艺术品或数量很大的商品时，你也需要小心地与卖方商定一个全部的价钱。英国人很少讨价还价，如果他们认为一

伦敦建筑风光

件商品的价钱合适就买下，不合适就走开。

在英国怎样表达上厕所的意思

英国人上厕所时不会直截了当地说"去上厕所"，在提醒别人时也是如此，都不直接提到"厕所"一词。他们称男厕为"男士室"，把女厕叫"女士室"。如果你想要上厕所，也可以说"请原谅几分钟"或"我想洗手""对不起，我要去看我姑妈"等。小孩子们想要大小便时便说"我要去那个地方"。在朋友之间和家庭内部，"100号"则是最常用的说法。

在英国送礼时应避免什么

在英国，送礼时最好送较轻的礼品。由于花费不多，就不会被误认为是一种贿赂。英国人也像其他大多数欧洲人一样喜欢高级巧克力、名酒和鲜花。对于饰有客人所属公司标记的礼品，他们大多并不欣赏。如果在这个星期内收到别人的礼物，觉得不合用或不满意时，还可以拿着礼物到原来的商店，换一些自己喜欢而价格相当的东西。这样，送礼物和收礼物的人都会感到很方便。

到英国作商务访问应注意什么

英国人的时间观念较强，对安排好的约会一定要准点。无故迟到很不礼貌，到得太早也不必要。如因故延误或临时取消约会，要设法用电话通知对方。英国的电话可以直拨全国各地及世界许多城市。

英国商人并不喜欢长时间讨价还价，他们希望谈一两次便有结果。除了重要谈判，一般有一小时已足够。他们有时还利用午餐讨论业务，如果对方邀请可以参加。

同英国人谈生意，讲究谈判的方法和策略是很重要的。重要的业务谈判，要与公司的决策人物，如董事长、执行董事兼总经理商谈，而且要提前约见。英国人在商谈中讲究礼节，保持矜持，不过分流露感情，因此同英国人谈生意，要仪表整洁，谈吐文雅，举止端庄。

英国商人在商谈中既保守又多变，所以，我们要不卑不亢，把握火候，力争双方达成协议。有时在谈判中，商人突然改变自己的主意，特别是谈判后如果不及时签订合同，他会反悔已谈妥的条款。因此，抓住时机，及时签约是一个招数。

英国人一般不善交际，但有时为了生意的需要，也做一些必要的应酬。而这种应酬，也显得保守古雅。

英国人从不把时间同金钱相联系。英国人的节假日是不可侵犯的，每年7月底到9月初是他们的休假时间，因此出国洽谈最好避开这个时间。

在英国什么话题不能谈

在同英国人交谈之中，礼节礼貌是很讲究的。在谈到"英国人"时，不要使用"英吉利人"一词，也不要对英国人称呼"英国人"，这种称呼他们是不愿意接受的。因为"英国人"原意是"英格兰人"，而你所接待的宾客，可能是英格兰人、威尔士人或北爱尔兰人，而"不列颠"这个称呼则是所有的英国人都能接受的。

女王在英国人的心目中具有至高无上的地位，是国家的象征，因此交谈中不可有对女王不礼貌的言辞。他们也忌讳以王室的家事作为谈笑的话题。

另外，英国人见面时不爱讲个人私事，他们忌讳别人过问他们的活动去向、政治倾向及个人生活上的事。他们认为这是个人的秘密，不需要别人干涉和了解。他们通常乐意谈论天气或者有关动物的话题，否则会受到冷遇。

在英国怎么给小费

是否付小费视情况而定，一般服务行业以账单的10%付小费。旅馆每天每间20便士左右，房间等级高的小费应略为增加。车站和机场行李搬运工人视情况给一镑左右的小费。车站和机场均备有小车，可借车自己推运行李。出租车小费亦给

10%，长途租车可每天给二至三镑。

与英国人交往中还要注意什么

英国人不喜欢大声喧哗，也忌讳众人面前相互耳语，认为这是一种失礼的行为。他们忌讳有人用手捂着嘴看着他们笑。认为这是嘲笑人的举止。与他人谈话，也注意保持一段距离。一般以保持 50 厘米以上为宜。

在英国，如果戴口罩上街，人们会认为是传染病患者跑出来了，也许还会有人叫救护车。

很多英国人都相信 13 日又恰是星期五，是个不吉利的日子。

英国人凡事都循规蹈矩。基于将英语作为母语的自负，除了英语外，英国人不会讲其他语言。

英国人忌讳的形象图案和颜色有什么

英国人不喜欢大象及其图案。认为大象笨拙，令人生厌。他们很忌讳黑猫，尤其是黑猫若从面前穿过，更会使他们感觉恶心。他们认为这预示这个人要遭到不幸。百合花也是英国人的忌讳，他们把百合花看作是死亡的象征。他们讨厌墨绿色，认为墨绿色会给人带来懊丧。

英国人忌讳的行为有哪些

他们忌讳把食盐碰撒，哪怕你是不小心碰撒食盐，也会使他们感到非常懊丧。认为这是引发口角或与朋友断交的一种预兆。他们忌讳有人打碎玻璃。认为打碎玻璃就预示着家中要死人或起码要有 7 年的不幸。他们忌讳在餐桌上使水杯任意作响，或无意碰响水杯而又不去中止它作响。认为这样既有失观瞻，又会给人招来不测。因此在与英国人交往时，要时时注意，不要做出违禁的事。

为什么不能随便说 I am sorny

与在美国一样，在英国"I am sorry"这句话也不能随便说出口。它跟"Excuse me"所表达的意义不同。"Excuse me"（抱歉）是无关紧要、轻描淡写的致歉语。"I am sorry"意义就相当深刻了，它有"承认犯了错"的意思。

在英国行车走路要注意什么

（1）在英国，机动车辆必须靠公路左侧行驶，这和中国车辆右行刚好相反。

（2）行车时，司机必须系好安全带，否则被交警抓住会被罚 50 英镑。交警罚款时，会将写好的罚款通知单贴在汽车上，由司机自己去警察局交款。如果过期不交，会加倍罚款。

（3）城市交通要道口的两旁会有红绿灯，地面会有人行横道。行人想穿过街道，要按下绿色通行按钮。此时绿灯会亮起，并发出可以通行的笛声；而当行人走到对面，绿灯会自动转为红灯。

（4）步行者想搭车，一般只需站在路左边，伸出左手，握拳并竖起拇指，就可打到车。

（5）公共汽车多数无人售票。乘客需自觉投币、撕票，以便工作人员查验。公共汽车一般为双层，下层为不吸烟车厢，上层前部为吸烟者乘坐。

（6）公共汽车车牌通常不写站名，乘坐时需特别注意，以免坐过或者提前下车。

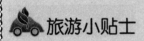 旅游小贴士

左行

据记载，罗马教皇卜尼法八世在 1300 年举行第一个基督教大庆纪念时，指示所有赴罗马的朝圣者靠左行。此后，大部分欧洲国家都靠左行。

为什么在英国要尽量将已兑换的钱花掉或换掉

英国的英格兰、苏格兰、爱尔兰地区银行会发行不同的货币，旅游时应尽量兑换英格兰银行所发行的。因为英格兰银行发行的货币可以在全英国流通，而苏格兰及其他地区银行发行的纸币只能在当地流通（英格兰地区人们不能识别其他地区货币真假）。所以若在苏格兰或其他地区兑换了货币，应在当地花掉，或换成英格兰银行发行的货币。

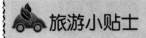 旅游小贴士

银行

英国的银行营业时间一般为周一至周五上午 9：30 至下午 4：30，有些位于繁华地带的大银行会在周六、日营业，节假日一律休息。另外，很多银行的大厅都设有 24 小时自动取款机。

出入英国海关应注意哪些事项

在英国海关，携带需申报物品的旅客要走红色通道。需报关的物品有：计算机、高级相机、摄像机等。另外，入境严禁携带武器、管制药品、淫秽物品及危害健康或环境的物品。

个人携带物，酒类的限量为葡萄酒 2 公升加酒精度超过 22% 以上的烈酒 1 公升，或是低于此标准者 2 公升；烟类的限制为香烟 200 支或雪茄 50 支；其他物品，如礼品、纪念品等，总价值不能超过 36 英镑（17 周岁以下人员不得携带烟草和酒精制品入境）。注意：具体条目非常详细，且根据情况时有变化。如要携带以上物品，建议提前咨询，不要抱有侥幸心理。

爱尔兰

与爱尔兰人交往要注意什么

拜访爱尔兰的公私机构，一定要预约，不要贸然前往。如果参加商务活动，衣着不要太时髦，要穿保守式样的西装。出席商务活动时，男士应穿合体的西装、打领带，女士着套装或毛料的运动装。应邀到爱尔兰商人家中做客，请带鲜花或糖果作为礼物。另外，在餐桌上吸烟是非常失礼的行为。

爱尔兰城堡

与爱尔兰人交谈不能涉及什么

爱尔兰人开朗、健谈、宽容，与他们交谈往往很尽兴，但是交谈中仍需规避一些话题，如北爱尔兰问题、《盎格鲁—爱尔兰协定》、英国对爱尔兰的态度、爱尔兰共和军、女权运动及宗教问题。另外，不要随意评论英国北爱尔兰恐怖分子——爱尔兰共和军。

爱尔兰有哪些日常禁忌

爱尔兰人多数信奉罗马天主教，另有少数人信奉新教。他们忌讳"13""星期五"，认为在"13"或"星期五"办事，很可能有不幸或灾难降临；忌讳交叉式握手，或同时与几个人谈话，认为这有失礼节，不礼貌；忌讳见到单只喜鹊，认为会有倒霉的事临头；忌讳他人过问自己的去向、工资、年龄以及婚姻状况；不喜欢辣味及带汁的菜肴。

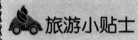 **旅游小贴士**

国旗

爱尔兰国旗呈长方形，长与宽的比例为 2：1，旗面从左至右由绿、白、橙三个平行相等的竖长方形组成。绿色代表天主教徒，橙色象征新教徒，白色寓意代表各地区人民的和平。

法国

在法国用餐要注意什么

在法国，用餐时不能解纽扣或当众脱衣。餐前脱外套，可将外套搭在椅背上，切忌将外套或其他物品放在餐桌上。就餐时，双手可以放在桌上，但双肘不能支在桌上；拿在手里的餐具只限于杯子类，切忌将盘子端起来；对于刀叉，要将一半放在碟子上，另一半放在餐桌上。

每次放入口中的食物不能过多，咀嚼时不能讲话；喝汤时，不能用嘴吹，也不能发出声响；吃鱼或带骨的菜，不可以直接向外吐，要用餐巾捂嘴轻轻吐在叉上放进盘中；面包要掰成小块放入口中，不可以拿整块咬；取食物不能站起来，可以请别人传递；就餐时，不可狼吞虎咽，不愿吃的食物，可放一些在盘里；进餐时要与客人交谈，切忌大声说笑，别人讲话也不可插话；吃完盘中餐，要用面包片擦拭盘碟、餐刀，然后吃下；吃完后，需用餐巾的一角轻轻印去嘴上或手指上的油渍，不可用餐巾大力搓擦。

法国风情

就餐完毕，客人不要即刻离去，应当再留半个小时，甚至一个小时以上。如果在法国家庭就餐，帮助主人收拾碗碟是很正常的现象。不过，帮助主人时，需要经过对方的许可，否则会让主人误解为过于随便。

在法国如何打招呼

即使是熟人，见面打招呼也不可随便。如果你碰见的是平辈的朋友，你切不可以小姐（们）、太太（们）或先生（们）相称，也不能直呼他们的姓，而应亲切地叫他们的名（如"皮埃尔""索菲"之类），再一一问候。

在法国谈话时如何称呼对方

谈话间互相是用"你"（TU）、还是用"您"（VOUS），是一门大学问。一般地说，在法国凡是见到陌生人（除十六七岁以下的少男和十四五岁以下的少女），你都应该以"您"称呼对方。"您"是尊称，同时也表明两人的关系仍保持一定的距离。特别值得注意的是，不论地位和年龄的差别如何，你只要以"您"称呼了对方，对方则必然以"您"来称呼你（这一点与我们中文中"您"的用法大不相同）。

在法国怎样体现"女士优先"

走路、进屋、入座，都要让妇女先行。拜访告别时也是先向女主人致意和道谢，介绍两人相见时，一般职务相等时先介绍女士。

给法国人适合赠送什么样的礼物

给法国人赠送礼物，要赠送能激起人们思维和美感的礼物，不要送印有公司名称而且公司标志非常显眼的礼品。初次见面，最好不要赠送礼物，否则，会被人认为是不善交际，甚至还会认为你行为粗鲁。他们忌讳男人向女人赠送香水。否则，就有过分亲热或有"不轨企图"之嫌。

在法国送花有什么讲究

到法国人家里做客时别忘了带鲜花。送花时要注意，送花的支数不能是双数，男人不能送红玫瑰给已婚女子。在送花的种类上应注意，法国人把每一种花都赋予了一定的含义，所以选送花时要格外小心：玫瑰花表示爱情，秋海棠表示忧虑，兰花表示虔诚，郁金香表示爱慕之情，报春花表示初恋，水仙花表示冷酷无情，金盏花表示悲伤，雏菊花表示我只想见到你，百合花表示尊敬，大丽花表示感激，金合欢表示信赖，紫丁香表示我的心是属于你，白丁香表示我们相爱吧，倒挂金钟表示心里的热忱，龙头花表示自信，石竹花表示幻想，牡丹花表示害羞，白茶花表示你轻视我的爱情，红茶花表示我觉得你最美丽，菊花则表示对死者的哀悼。此外，法国人视鲜艳色彩为高贵，很受欢迎，视马为勇敢的象征，认为蓝色是"宁静"和"忠诚"的色彩，粉红色是积极向上的色彩。但法国人忌讳核桃，厌恶墨绿色，忌用黑桃图案；商标上忌用菊花；康乃馨被视为不祥的花朵。法国人还视孔雀为恶鸟，并忌讳仙鹤（认为它是蠢汉与淫妇的象征）、乌龟；认为杜鹃花、纸花不吉利。

法国人还有什么忌讳

法国人大多信奉天主教，其次才是新教、东正教和伊斯兰教。他们认为"13"这个数字以及"星期五"都是不吉利的，甚至能由此引发什么祸事。如果你对老年妇女称呼"老太太",她们是很不高兴的。法国人还忌讳男人给女人送香水,因为这有过分亲热和图谋不轨之嫌。他们还不愿意别人打听他们的政治倾向、工资待遇以及个人的私事。如果初次见面就送礼,法国人会认为你不善交际,甚至认为粗俗。法国女人有化妆的习惯,所以一般不欢迎服务员为她们送香巾。

法国人有什么与我们不同的习惯

法国人在交谈时习惯于用手势来表达或强调自己的意思,但他们的手势与我们的有所不同。如,我们用拇指和食指分开表示"八",他们则表示"二";表示"是我"这个概念时,我们指鼻子,他们指胸膛。他们还把拇指朝下表示"坏"和差的意思。我们与法国人打交道时一定不要弄错。

法国治安如何

中国外交部不久前向中国公民发出提醒,赴法旅游时注意防窃防抢,切忌在公共场所或景区招摇露富。外交部人士称,最近在法国巴黎已发生了数起中国游客在机场、车站、地铁和旅游景点被偷、被抢甚至被暴力袭击的案件。受害者多持高档摄像机、照相机、豪华手包或携带大量现金。外交部领事司为此提醒中国公民在法国旅游时注意安全,提高警惕,注意防窃防抢,特别是在公共场所或景区不要招摇露富。遇事或紧急情况时可与中国驻法国领事馆联系,寻求帮助。

听说法国人拒绝说英语,是吗

法国人对法语极为爱护,对保护法国文化热情很高。他们通常只说法语,即使英语讲得再好也会要求用法语进行谈判,且毫不让步。在日常生活中,不少法国人对说英语的人不屑一顾。如果用英语请求帮助或进行询问,时常会遭到"不予理睬"的待遇。所以,去法国之前如能学几句法语的日常用语,将会方便许多。

旅游小贴士

法国大餐

　　法国是世界三大烹饪王国之一，饮食文化非常悠久。从路易十四开始，法国的饮食外交便享誉世界。在法式宴会鼎盛时期，餐桌上一次可上 200 道菜。法国菜最主要特征是对复合味调料（sauce）的制作极其考究，选料十分新鲜。常用的烹调方法有烤、炸、氽、煎、烩、焖等，菜肴偏重肥、浓、酥、烂，口味以咸、甜、酒香为主。法式菜肴的名菜有马赛鱼羹、鹅肝排、巴黎龙虾、红酒山鸡、沙福罗鸡鸡肝、牛排等。

法国人喝葡萄酒有什么讲究

　　法国人喜欢喝酒，一年到头都会喝，贪杯但不过量。三五人聚会，一瓶 10 度左右的葡萄酒即可。喝酒时，他们不仅看菜下酒，还看酒用杯。一般饭前喝开胃酒，饭后喝烈酒消食。佐餐时，吃肉类要配红葡萄酒，吃鱼虾等海鲜要配白葡萄酒。另外，玫瑰红葡萄酒是通用型，既可用于吃鱼，也可用于吃肉。女士通常喝玫瑰红，以示口味清淡、不嗜烈物。

旅游小贴士

法国葡萄酒

　　法国法律将法国葡萄酒分为 4 级：法定产区葡萄酒（AOC）、优良地区餐酒、地区餐酒、日常餐酒。波尔多是法国最大的 AOC 葡萄酒产区，其中以酒庄所产的酒最为名贵。

法国人对穿着有怎样的要求

　　法国人在正式场合，通常身着西装、套裙或连衣裙，质地多为纯毛，颜色则多为蓝色、灰色或黑色。出席庆典活动，女士多为连衣裙式的单色大礼服或小礼服，男士多为黑色西装套装或配以蝴蝶结的燕尾服。对于穿着搭配，他们讲究得体统一，选择发型、帽子、眼镜、手表、手袋、鞋子时非常注重与着装协调。

LV

路易·威登（Louis Vuitton）是法国历史上最杰出的皮件设计大师之一，于1854年在巴黎开了以自己名字命名的第一间皮箱店。现在路易·威登这一品牌已成为涉足时装、饰物、皮鞋、箱包、珠宝、手表、名酒、传媒等领域的巨型潮流指标。

受邀到法国人家做客要注意什么

法国人比较随性、待人热情。受邀到法国人家做客，不要太早到，可以迟十几分钟。因为太早到，主人往往在清洁或准备食物。

做客前，要准备一些小礼品。如果身边有中国的特产，像丝巾、剪纸、中国结、京剧脸谱等，可以带一些；如果身边没有，那么给女主人送鲜花（不要送玫瑰花或菊花）或巧克力等也会很受欢迎。

此外，拜访和告别时需要先向女主人致意和道谢。介绍两人时，按年龄先介绍年长的，按职位先介绍职位高的，职务相等的则先介绍女士。如果客人有好几位，按座位或站立的顺序依次介绍。有时介绍者一时忘记被介绍者的名字，被介绍者要主动自我介绍。

与法国人交谈要注意什么

法国人天性浪漫，爽朗热情，好开玩笑。与他们交往，态度要热情大方，不要局促不安，神不守舍。在法国，若想与远距离的人谈话，应走近对方后再讲，切忌在公共场合大喊大叫。谈话时，语调不能太高，不能指手画脚、口沫飞溅，不能东张西望或烦躁不安，更不可以随便打断他人讲话。若有3人以上在场，切忌谈只有两人知道的事情或是只用两人懂得的语言。另外，与他们交谈，还要回避年龄、职业、收入、家庭生活、婚姻状况、宗教信仰和政治等问题。

与法国人交往，要懂得哪些手势

　　法国人在交谈的时候，习惯用手势进行表达或强调。他们手势的意思与中国人有很大的不同，因此和他们打交道一定要注意。例如：拇指和食指分开他们表示"二"，而我们表示"八"；表示"我"时，他们指向自己胸膛，而我们指向自己鼻子；另外，拇指朝下，在他们看来是"差"和"羞辱"的意思。

在法国的社交场合，见面时要注意什么

　　法国人在社交场合与客人见面，一般以轻轻握手为礼（对社会地位较高的人不能主动伸手）。关系较近的异性，通常会以亲面颊或贴面来代替握手；关系较近的男性，一般会当众在对方的面颊上分别亲一下。

　　除此之外，在法国一些社会阶层中，施"吻手礼"也颇为流行。不过施"吻手礼"时，要注意以下几点：不能在公共场合吻手；嘴不能接触到手；不能吻戴手套的手；不能吻少女的手。

在法国乘出租车要注意什么

　　在法国出行，免不了乘坐出租车。这样的出行虽然方便舒适，但乘坐时还应注

意一些事项。

（1）在法国乘坐出租车，不是非得付小费，很多法国人也没有付的习惯，付也不过 1~2 欧元。

（2）不要打电话叫出租车，因为法国的出租车从出发地便开始计费。

（3）司机热情帮你拿行李，一定要阻止，有的司机会乘机收取高额费用。

（4）如果遇到司机漫天要价且态度强硬，勿与之争吵或动手。可以先给钱，暗记车号，下车立即拨打报警电话。

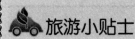

安全

如果遭遇盗窃、抢劫或者被伤害等，一定要前往最近的警察局报案。法国警察根据职能划分多种，但通常都身穿深蓝制服，上有白色的 police 标志。平时警察局办公的时间为早上 9 点至晚上 19 点，周末和节假日全天办公。游客除报警外，如需帮助，还可联系本国大使馆。

在法国购物，退税要注意哪些问题

在法国购物，需要缴纳购物税，大约为物款的 20%。不过，如果非欧盟成员国公民在法国逗留时间低于六个月，并且一天之内在一家商店购物满 175 欧元，那么把商品带离欧盟国家时，可以享受一定金额的退税，通常为 12% 到 13%。

退税方式大概有三种：①当场退税。当场退税是指购物时扣除消费税，但是离境时相关的退税手续还需办理。②机场现金兑换。假如机场有现金兑换处，那凭单据可以收到以当地货币退还的税款。③信用卡划账。如果使用信用卡购物，那么税款可以打到信用卡账户里。

退税步骤为：在商店购物，要注意购物退税的标志（Tax Free Shopping）。付款时，需出示护照，并向收银员索要退税凭证。出境时，要请海关在退税单上盖章，此时需出示护照和购买的商品。因此，在税关检验之前，办理免税手续的物品要随身携带，等过了税关再收起。

旅游小贴士

汇兑

兑换货币可在银行、邮政局、部分大型商店、火车站、机场及旅游点附近的兑换店兑换。但要注意：虽然所有商店的汇率相同，但收取的佣金却不一样，要留意兑换店列明的佣金告示。另外，除公众假期，巴黎区银行的营业时间为星期一至星期五上午10：00至下午5：00，其他地区的营业时间为星期二至星期六（中午休息时间由下午1：00至3：00）。

法国海关对游客携带物有哪些规定

出入法国，不管什么情况，某些商品都被禁止出入境或要办严格的手续。如：文物、麻醉品、仿制品、武器、植物、象牙等。另外，携带超过7600欧元必须向海关申报。

荷兰

荷兰人吃饭有什么讲究

荷兰人吃饭忌讳发出吸食、打嗝和吞咽的声音，不然会被视为没有礼貌。另外，在饮食上，他们还不吃所有动物的脚和内脏。

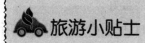 **旅游小贴士**

家庭式料理

荷兰传统的家庭式料理有豆汤、撒有熏腊肠的蔬菜马铃薯泥、煎饼、菜豆加油炸的培根和撒有糖粉的小松饼。

在荷兰预订住宿要注意哪些问题

夏季前往荷兰，不管选择何种酒店，建议先行预订。可以经由旅行社、荷兰订房中心或是设于大城市的旅游服务处代为预订（要支付手续费），也可以直接打电话给旅馆预订。如果打电话给旅馆预订，通常要预付一定订金；如果取消订房，订金即不退还。

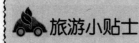 旅游小贴士

电源

荷兰的电压为 230 伏。很多酒店尽管提供 110 伏和 120 伏的插座，但只能供剃须刀等电器使用，所以旅客仍要自备变压器和转换插头。

在与荷兰人的日常交往中要注意什么

在官方场合，荷兰人与客人会面时，通常行握手礼。而在日常生活中，朋友相见，大多行拥抱礼。见亲密的朋友时，也有行吻礼的。荷兰人不喜欢交叉握手，认为这是不吉利的行为。荷兰人在交谈时，不喜欢交叉谈话；女子入座时，双腿要并拢；男子就座时也不宜抖腿。他们不在众人面前用牙签剔牙。

在荷兰从事商务活动应注意什么礼节

在荷兰从事商务活动，宜穿保守式样的西装。荷兰人时间观念强，讲究准时。公私单位互访前均务必订约。荷兰商人尤其爱旅行，千万先约好才前往荷兰。荷兰商人喜爱相互招待宴请，往往早餐丰富，上午 10 点休息吃茶点，中午大吃一顿，下午四点又休息吃茶点，晚上 7 点正式吃晚餐，睡前还有一次宵夜。所以，切记带着你的肠胃药。如果荷兰人邀请你到他家坐坐，大多只请你喝几杯酒，然后出去上饭馆吃饭，记得带花送给他太太——务必是单数，5 朵或 7 朵最好。

到荷兰进行商务活动的最佳月份是每年的 3~5 月，9~11 月。荷兰人很喜欢听恭维话，所以在商务活动中，对他们的室内摆设等夸奖几句，他们会格外高兴。

与荷兰人交谈时应避讳什么

荷兰知识分子中很多对中国传统文化（汉学）知之颇深，不妨谈谈中国的孔孟哲学。荷兰人倒咖啡有特别的讲究，只能倒到杯子的 2/3 处。倒满是失礼的行为，被视为缺乏教养。相处之间，不要提起纳粹。荷兰人的家具、室内装饰闻名于世，所以荷兰人喜欢别人恭维他们的家具、艺术品、地毯和家中摆设。谈话时避免谈论美国政治、钱和物价，比较受欢迎的谈话内容包括政治、旅行和体育。

荷兰风情

荷兰人还有什么禁忌

一般而言，男女上楼梯的时候，女性在前，男性在后。而荷兰这个国家却与此相反，在上楼梯时，男士在前，女士在后。

荷兰人忌讳 13 和星期五，他们认为"13"象征着厄运，"星期五"象征着灾难。荷兰人还特别忌讳别人对他们拍照。

有人警告说在荷兰别玩小纸球游戏，为什么

在阿姆斯特丹某些地区，有些人会邀请你一起玩小纸球游戏。这种街上的游戏，事实上是一种赌博的把戏。用几个小纸球或是 3 个火柴盒在地毯上或纸板上变换花样，你赌不赢的。玩这把戏的人通常有两三个同伙，他们先赢，引你上钩，等你下场玩，你就输定了。

与荷兰人会面，礼节方面要注意什么

在正式场合，荷兰人与客人会面，一般施握手礼；而平时朋友相见，则多施拥抱礼。施握手礼时，不能交叉握手，荷兰人认为这样会交厄运。

荷兰人倒咖啡有什么讲究

荷兰人对倒咖啡特别讲究，只能倒到杯子的 2/3 处。倒满是非常失礼的行为，会被认为缺乏教养。

 旅游小贴士

咖啡

荷兰是十六七世纪世界上最强大的殖民国家，不仅开疆拓土，还进行巨大的贸易活动。在此过程中，他们将原产于非洲的咖啡，带到了全世界。

给荷兰人送礼物有什么讲究

给荷兰人送礼，礼物要进行精心包装。最好送鲜花、巧克力或类似的礼物，但是新颖别致的礼物也会很受欢迎。

 旅游小贴士

木屐

桑达姆民俗村，位于荷兰阿姆斯特丹仅 20 公里附近。这里的环境与建筑极富特色，房屋和小桥均为木制。在民俗村，有现场使用传统工艺制作木鞋的作坊，可现场演示制作木屐的全过程。这些木鞋是很受欢迎的纪念品，每年吸引了世界各地成千上万的游客。

在荷兰上楼梯要注意什么

在别的国家，男女上楼梯时，一般女士在前男士在后；而荷兰人恰恰相反，上楼梯时男士在前女士在后。

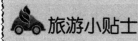
风车

荷兰也称为"风车之国"。其坐落在西风带,一年四季盛吹西风。另外,它濒临大西洋,又是典型的海洋性气候国家,海陆风长年不息。这就为荷兰开发风力创造了有利条件。其中大的风车有几层楼高,风翼长达 20 米。有的风车,由整块大柞木做成。这些风车在碾谷物、粗盐、烟叶、造纸等方面发挥了重要作用。如今,还成为一道道美丽的风景伫立在那里!

比利时

与比利时人交谈,应避免什么话题

与比利时人交谈,切忌问他们的工资、年龄、婚姻及个人私生活情况。他们认为这些属于私密问题,他人过问属极不礼貌的行为。另外,话题要避免涉及政治、宗教等。

在比利时做商务旅行时应注意哪些

与比利时商人约会时尤应注意整肃仪容,所以应尽可能着西装赴约。此外携小礼物或纪念品前往可收事半功倍之效。但应注意不可致赠贵重礼品,万一对方不敢接受易生尴尬,且双方从事贸易是处于平等地位,亦无致赠厚礼的必要。但已建立良好情谊的老客户则不在此限。约会最佳时间为 10 点~17 点,如邀午餐,时间宜订在 13 点~15 点,正餐前要先来饭前酒。遇到应邀赴比利时人家中做客时,因通常有女主人在场,以携带鲜花或巧克力前往为宜。对方家中如没有烟灰缸,则不宜吸烟。

比利时的社会治安情况怎么样

比利时的治安尚佳,拦路抢劫情形不多,但近年来由于经济不景气,游手好闲者日增,扒窃事件时有所闻,故应提高警觉,以免不愉快的事件发生。

1. **手提箱勿轻易离身**:由于护照、支票、现金及重要文件通常均置于手提箱中，最容易引起宵夜小偷所窥视，办妥旅馆登记后宜将重要文件、贵重物品存入旅馆保险箱。该项服务通常是免费，且保险箱密码自行设定，安全性甚高。

2. 比利时法律为维持善良风俗，对于色情的尺度规定甚严：一般酒吧、俱乐部的女侍见有外国人前来，则认为是飞来一只只香槟酒瓶，必狠敲一笔。例如请女侍喝一杯香槟，结账时可能要你付 500 美元，届时财去人沮丧。

3. 兑换货币最好在银行办理：比利时银行极发达，服务良好，故兑换货币最好赴银行办理。在旅馆或私人经营的兑换中心办理亦可，但汇价差距很大。近年来由于伪造美钞猖獗，多数银行不愿收换百元美钞，最好准备有旅行支票或信用卡。

比利时人有什么忌讳和习俗

比利时人绝大多数信奉天主教，其次有新教和犹太教。他们忌讳"13""星期五"。认为"13"和"星期五"都是象征厄运和灾难的。他们最忌蓝色，视蓝色为魔鬼的色彩。因此，凡遇不祥之事，他们都惯用蓝色作为标志。他们还很忌讳墨绿色，因为墨绿色会使他们联想起纳粹的军服。他们忌讳菊花，因为菊花是用于葬礼的，是死亡的象征。

此外，比利时尚有一不成文的惯例，俗称造桥（Faire Le Pont）。比如假期适逢周四，则周五也接着休息，如此一过桥便形成四天长周末。

比利时人在生活起居上有个特有的习俗，他们早起穿鞋总要先穿左脚，然后才穿右脚的鞋。因为他们有个奇怪的信仰，认为先穿左脚的鞋能"消除牙痛病"。

在比利时应避免谈什么话题

比利时人忌讳他人过问自己的工资、年龄、婚姻及个人的私生活情况。他们认为私密无须他人了解、过问和打听。他们忌讳相互间的交叉式握手和交叉式的谈话，认为这是极不礼貌的。比利时人交谈中，不愿涉及政治、宗教及国内两种主要语言之间的区别问题。比利时人常拿荷兰人开玩笑，反之亦然。最好不要介入这种地区性的对立行为。

在比利时的娱乐场所应注意什么

比利时法律为了维持质朴风俗，对色情行业有较严的规定。因此，在娱乐场所被女侍者搭讪，切记不要搭理，否则很可能被狠敲一笔。比如，请女侍者喝杯香槟，结账时很可能让你付几百甚至上千美元。

旅游小贴士

安全

旅游期间，游客应保管好自己的护照和现金，若护照遗失或被窃，应尽快到警察局报案。另外，特别要注意，比利时街头会有冒牌警察行骗（中国公民有权要求比利时警察出示有效证件）。

丹麦

到丹麦人家做客要注意哪些礼节

到丹麦人家做客，千万不能空手，最好给女主人带一些花或巧克力。用餐时，丹麦人会热情地用斯堪的纳维亚烈酒敬客。这种酒按字面意思叫作"生命之水"，不过由于度数较高，要有心理准备。通常情况下，客人不能先敬酒，要等主人、长辈或职位高的人先敬。如主人没说"请"，任何人都不可以碰酒杯。

另外，如果被安排坐在女主人左边，那就意味着主人将你视为贵宾。丹麦的习俗是，贵宾用完餐要举杯向女主人致谢，并对菜肴进行赞美。用餐完毕，切记不要过早告别，否则会有轻视主人的意思。

 旅游小贴士

传统菜肴

传统的丹麦菜包括猪肉丸、水煮鳕鱼配芥末酱、脆皮烤猪肉、马铃薯炖牛肉及牛肉汉堡配洋葱。此外，还有一种冷食自助餐，菜色有鲱鱼、沙拉、各式冷肉片和乳酪。

丹麦人见面有哪些礼节

丹麦人在社交场合一般行握手礼。需注意，握手时不能四人交叉，丹麦人认为这样做非常不吉利。与客交谈，他们忌讳挨得很近，一般1.2米左右为宜。另外，丹麦的女性，尤其是未婚女性与有身份的男子见面时，要轻轻提起长裙的一边施屈膝礼。也可以一边施屈膝礼，一边将手送给对方，以便对方施吻手礼。

到丹麦从事商务活动，男士在穿着方面要注意什么

在丹麦商界举办的高级宴会上，出席者很多时候都被要求穿着小礼服并系黑领结，若没有此准备将会错失良机。因此，前往丹麦进行商务活动的男士，应在行李中带上一套小礼服。

在丹麦什么时候不宜谈公事

丹麦人不喜欢在七八月谈公事。因为他们国家冬季漫长，而夏季只有这两个月，所以人们倍加珍惜。倘若在这段时间内去打扰他们，恐怕不会受到诚心实意的接待。

出入丹麦边境要注意哪些事项

丹麦海关对入境旅客的行李通常采用抽验检查。他们先询问入境者"有无特殊物品需申报"，得到否定答案后便开始检验。因此，不要携带违禁物品，以免带来不必要的麻烦。另外，丹麦海关允许游客携带的免税烟酒有以下两种：①非欧盟国家旅客可携带 400 支烟或 500 克烟草，2 公升酒；②欧盟国家旅客可携带 200 支烟或 250 克烟草，1 公升酒。

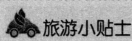

旅游小贴士

禁忌

丹麦人忌讳"星期五"和"13"；忌讳有人打扰他们，找他们谈公事；不喜欢谈论政治和社会问题的话题，也不喜欢别人打听有关他们的私事。

挪威

到挪威人家做客，要注意什么

到挪威人家做客，记得带一束花或糖果作为礼物送给女主人，这通常会受到热烈欢迎。另外，吃饭期间，如果客人在 6 位以下，要向女主人敬酒；但如果超过 6

位，就不可以这样。因为若每个客人都向女主人敬酒，无疑会让她喝醉。散席时，客人还应礼貌地为这次打扰，向女主人致歉。

挪威人喜欢什么颜色

挪威人喜欢的颜色有很多，不过最喜欢红色，他们认为红色能给人温暖。挪威的女士还对褐色钟情，不但经常用褐色装扮自己，还常常以此相互媲美。此外，他们还喜爱绿色和蓝色，认为绿色代表吉祥，蓝色代表美好。

挪威有哪些日常禁忌

谈话时要保持固定的距离，以相距1.2米左右为宜；河乌是挪威国鸟，不能对它们进行捕捉或伤害，不能故意惊吓它们。忌讳不守时，否则会被认为不守信用。忌讳"13"和"星期五"。忌讳室内戴帽子。忌讳复活节期间、7月份或8月初到挪威去商业旅行。忌讳谈诸如职业、工薪和社会地位等个人问题。忌讳交叉式握手和谈话。忌讳使用黑色，因为黑色是丧服的颜色，不吉利。不喜欢中国传统的山水图案、仕女图案以及大红大朵的图案。

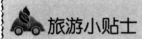 **旅游小贴士**

河乌

挪威国鸟河乌，以水生昆虫及其他小型水生无脊椎动物为主食。主要活动于山间河流两岸的大石上或倒木上，能在水面浮游，也能在水底潜走。

瑞典

在瑞典敬酒有什么规矩吗

在瑞典用餐，千万不能在东道主或位高、年长者祝酒前向他们先祝酒。喝酒时，还应等他们说完"干杯"后再喝。干杯的动作为，将酒杯从腰部向上举到齐眉处，正视对方或众人，说声"干杯"一饮而尽。喝完后，要将杯底朝向主人再放回桌面。

瑞典人戴戒指有什么讲究

瑞典人的戒指既为装饰品，又是职业的象征。戒指上有橡树叶图案的，多为中学教师；有一束刺槐叶、一柄斧头和一个十字架交错在一起的图案者，多为木匠；饰有一顶桂冠图案者，多为擦玻璃工。要注意，象征职业的戒指戴在食指上。

与瑞典人交往要注意什么

与瑞典人交谈，话题可以涉及众多方面，但不能批评瑞典的文化和政治，更不能随意评论王室。前往瑞典人家做客，最好带一束鲜花或一盒巧克力，这是一种必要的礼节。

美丽的瑞典

 旅游小贴士

礼仪

瑞典人交谈喜欢直视对方，认为这是尊重对方的表示。另外，在与客人交谈时，他们习惯保持1.2米左右的距离。

在瑞典开车要注意哪些事项

瑞典交通法规规定：车辆即使在白天，小灯也要打开；开车时要系好安全带，不能酒后开车；车辆冬季使用冬季轮胎，夏季使用夏季轮胎。如果酒后开车被抓到，会面临牢狱之灾。

在瑞典乘交通工具要付行李费吗

在瑞典搭公交车、出租车、电车时，只要携带行李，就必须另交行李费。收费标准根据所搭车种、行李大小来定。

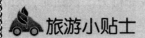

公车卡

瑞典的公车系统非常方便，但是由于交通系统复杂，旅客应尽量选择Tag-plus卡，因为一张票可同时在火车和巴士上使用。但是，使用Tapglus卡无法得到其他的打折优惠。

瑞典人有哪些日常禁忌

忌讳陌生人询问他们的政治倾向和年龄，忌讳黄色、蓝色。忌七八月份与他们谈生意。忌讳将酒作为礼物送人。忌讳在众人面前擤鼻涕或抠鼻孔。忌讳伤害鸟类及猫、狗等动物。忌讳在众目睽睽之下有过分亲昵的言行。忌讳在公共场合随便吸烟。他们不喜欢油腻太大的食品，有些人还不吃鸡蛋。

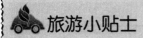

咖啡

瑞典人酷爱喝咖啡，不喝咖啡睡不着觉。他们一天到晚喝咖啡，早中晚三次，必不可少。瑞典人均咖啡消费量仅次于芬兰，居世界第二位。

芬兰

请芬兰人吃饭要注意什么

外地人如果在当地餐厅宴请芬兰人，用餐完毕后，对方会即刻邀请你到迪斯科舞厅跳舞。此时不可拒绝，否则会被认为没有礼貌。

与芬兰人谈话，应注意什么

与芬兰人谈话，忌讳交叉式交谈，他们认为这是不礼貌的行为。谈话时，双方不能靠得很近（按他们待客的心理习惯，1.2 米左右较为适当）。另外，由于芬兰是中立国，所以话题要避免政治类。

🚙 **旅游小贴士**

国旗

芬兰国旗呈长方形，长宽之比为 18：11。蓝十字位于白色旗面上。蓝色象征湖泊、河流和海洋；白色象征白雪覆盖着的国土。

到芬兰人家做客，可以拒绝做芬兰浴吗

芬兰浴又称桑拿浴，是在封闭房间内用蒸气对人体进行理疗的过程，是芬兰极为普遍、颇具特色的一种沐浴方式。若被邀请到芬兰人家中做客，主人通常会请客人做芬兰浴。这是一种特殊礼遇，客人不宜拒绝。

🚙 **旅游小贴士**

芬兰浴

芬兰浴有 2000 年以上的历史，利用对全身反复干蒸冲洗的冷热刺激，使血管反复扩张及收缩，增强血管弹性，预防血管硬化。对关节炎、腰背肌肉疼痛、支气管炎、神经衰弱等有一定保健功效。但是患有心脏病、癫痫症、高血压、糖尿病等的病人不宜选用。

芬兰人有哪些日常禁忌

芬兰人绝大多数信奉基督教（路德宗），还有少数人信奉伊斯兰教。信奉伊斯兰教的教徒禁食猪肉，忌讳使用猪制品，也忌讳谈论有关猪的问题。忌讳"13"和"星期五"，并视其为不吉利的数字与日期。忌在公共场所大声喧哗，这被认为是粗鲁的表现。在饮食上不习惯吃稀奇古怪的海味品，也不爱吃姜和香菜，不吃动物内脏。忌贸然拜访别人的私人空间。忌谈政治和宗教问题。

 旅游小贴士

野味

芬兰很多烹调特色的材料取自山林田野，让人品尝时体会大自然的清纯。比较著名的野味有驯鹿肉、雪鸡、三文鱼、波罗的海青鱼、鲑鱼、淡水鳕鱼、浆果和野菇。

冰岛

与冰岛人交谈要注意什么

与冰岛人见面要行握手礼，握手应大方，不可点头哈腰，更不要将一只手插进口袋。称呼冰岛男子，要在其父名后加上"松"字，女子则在父名后加上"多提尔"。另外，男士不能随便参与妇女圈的讨论。与女士交谈，切记不要问年龄和开玩笑。

在冰岛可以给小费吗

在冰岛，没有给小费的习惯。因为冰岛人觉得给小费是对人的一种侮辱。

在冰岛白天开车要开灯吗

冰岛法律规定，无论何时开车，都必须开灯。

在冰岛从事商务活动要注意什么

冰岛人从事商务活动注重时效，与他们有约，不可以失约，否则就是缺乏信誉的行为。若因故不能准时赴约，要尽早通知对方并表示歉意，晚到要向东道主和在场其他人员表示歉意。赠送礼品，如选择具有本国特色的通常会很受欢迎。另外，不要拒绝他们回赠的礼品。

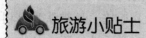 旅游小贴士

禁忌

冰岛人大部分信奉基督教，忌讳"13"和"星期五"。他们不在 13 日举行重要活动，不能有 13 个人同桌共餐。忌讳用姓称呼冰岛人。

德国

德国人有什么禁忌

在德国，忌讳"13"。要是 13 日碰巧又是个星期五，人们会特别小心谨慎。此外，德国人祝贺生日的习惯也不同于中国人。在中国，友人生日临近，你方便时，送他生日礼物并祝他生日快乐，他一定会为你的关心及热情而感激不尽。但如果这事发生在德国，则只能收到适得其反的效果，这是因为按德国的习俗，生日不得提前祝贺。

在德国与人交往应该怎样称呼对方

要尊重博士 Doctor 等头衔，若非对方主动提出，决不要贸然以名字相称。

在与不熟悉的客人谈话时，通常称您（Sie），书写时 S 要大写。在双方同意的基础上，才能用较亲密的你（du），并以名字相称。但在年轻人和革新派之间一般用 du，表示他们不拘礼节的作风。

在德国接受朋友邀请后，怎样赴约

被邀请到德国人家里做客是一种殊荣。男客应带鲜花，在门厅里解开包装纸，见到女主人就献上花。不要送蔷薇和菊花。因为这些花在德国是为悼念亡者所用的。也不要送带有浪漫色彩的红玫瑰。送花的数量切忌 13 以及偶数。

在接受任何款待之后几天内应送去表示感谢的短柬。不要无所表示。

与德国人谈话要避免什么话题

在原联邦德国，年龄、职业、婚姻状况、宗教信仰、政治面目甚至个人收入都是隐私，相识或共事多年而不知对方底细是司空见惯的事。另外，别人买到一样东西，即使喜欢，也不要问价格。遇到别人生病，除伤风感冒或外伤等常见的病外，不要问及病因及病情，否则会招来好窥视别人秘密之嫌。访友时，切不可搞"突然袭击式"的登门拜访，都要事先约定。不要谈及棒球、篮球或美式足球。可以谈谈德国的乡村生活、业余爱好以及英式足球之类体育运动。

德国风情

在德国与人谈话应注意哪些问题

德国人不喜欢听恭维话，更不爱听过分的恭维话。他们认为过分的恭维实际上是看不起人，甚至是对人的污辱。他们忌讳在公共场合窃窃私语（夫妻和恋人间除外）。因为这容易引起他人的疑心。忌讳目光盯视他人。他们认为这有不轨之嫌。他们忌讳交叉式的谈话。认为这是不礼貌的。

在德国出入境应注意什么

法兰克福机场是世界上最繁忙的国际机场之一，每年的客运量将近 5000 万人次。很多来欧洲的中国人都要在这里转机。据报道，中国人在机场时常受到德国的"格外优待"，在机场无故受阻的事一直就没断过。

德国的入关检查分为欧盟公民和非欧盟公民两个通道。中国人走的是非欧盟通道，经常遇到非常严格的检查。首先是"细致询问"，然后机场工作人员在行李检查时对中国人也是"格外关照"。在德国机场，经常有一些海关人员对中国旅客的行李乱翻一气，不问明情况就"定罪处罚"。有时候还有警犬在一旁"协助"工作，气氛看上去非常紧张，很多中国人将这种场面戏称为过"鬼门关"。因此，入境时要特别注意，尽量避免做出什么引人注目的举动。如果遇到上述特殊待遇，要不卑不亢，善于保护自己的合法权益。特别是要记住对方人员的警号或姓名，以便事后追究责任。

去德国人家做客要注意什么

德国人邀请客人，通常会提前一周发邀请函或打电话通知被邀请者。若接到邀请，无论接受与否，都需尽早回复。如果不能赴约，应客气地说明理由。既不赴约，又不说明理由是非常失礼的行为。

赴约时，不能早到，也不可太晚到，迟5~10分钟为宜。德国人不习惯送重礼，所送礼物多为价钱不贵，但有意义的物品。去友人家赴宴，一般带束鲜花、一盒巧克力糖果或一瓶酒足以。但是，要注意：送花时，花的数量不能为13和偶数；忌送郁金香和菊花，它们在德国有无情和悼念之意。

此外，接受款待后的几天，要给主人送去感谢的短束，没有任何感谢行为是非常不礼貌的。

 旅游小贴士

礼节

德国人用餐"以右为上"，通常男士要坐在女士和职位较高男士的左侧。此外，女士离开餐桌或回来，身边的男士要起身让座，否则会被视为没有礼貌。

在德国用付小费吗

德国大部分的服务费虽然已包含在账单中，但是很多人仍然会适当付一些小费。在餐馆用餐，小费一般为账单数额的 5%～10%；乘坐出租车，小费一般为车费的 10%；住宿宾馆，一般为行李员每件行李 1 欧元，房间女服务员每天 1 至 2 欧元。

与德国人打电话要注意什么

德国人打电话时，忌讳拿起电话听不到声音或对方挂断。他们认为这样会有不祥的事发生，解决的方法是回拨直到将来电打通。

在德国购物要注意什么

德国的购物场所营业时间为：平时营业时间为上午 9：00 至晚上 8：00；周六营业时间为上午 9：00 至下午 4：00；周日和假日多数商店不营业。购物时要特别注意，所购商品要交购物的 16%税（包含在商品中）。非欧盟国家的游客，如果消费满 25 欧元，可向商店索取退税支票，以便离境时办理退税。

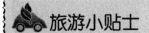 **旅游小贴士**

退税

来自非欧盟国家的游客，如想退购物税，必须在购物后 3 个月内将所购物携带离境。如在欧盟几个国家游览，则可以在最后一个国家离境时办理退税。

在德国海关要注意什么

中国人前往欧洲，很多人会在法兰克福机场转机。该机场是世界上最忙碌的国际机场之一，每年的客运量都在 5000 万左右人次。

据报道，在该机场，中国人经常受到"格外优待"，无故受阻现象从未断过。德国入关检查的通道有两个，为欧盟公民和非欧盟公民通道。中国人走的是非欧盟通道，这里经常遭到极其严格的检查。

首先是"耐心询问"，然后是行李检查。通常，工作人员看到中国旅客会对行李乱翻一气，并且不明缘由就"定罪处罚"。很多中国旅客将这样的场面戏称为过"鬼门关"。因此，入境时要避免一些引人注意的行为。假如不幸遇到以上特殊待遇，要不卑不亢，学会保护自己的合法权益。将对方警号或姓名记下，以便事后究其责任。

旅游小贴士

签证

办理旅游探亲签证，需提供护照、邀请函。若逗留德国不超过3个月，填黄色申请表，否则填写白色申请表。另外，需交照片、经济担保书（须经德国有关当局认可）、亲属关系公证书。

德国人有哪些日常禁忌

德国人忌讳"13"和"星期五"。忌讳以玫瑰或蔷薇送人，前者表示求爱，后者则专用于悼亡。不宜选择刀、剑、剪、餐刀和餐叉为礼品赠送德国人，以褐色、白色、黑色的包装纸和彩带包装、捆扎礼品，也是不允许的。忌讳在公共场所窃窃私语。遇有德国人过生日，不得提前祝贺。

奥地利

奥地利人有哪些日常禁忌

奥地利人大多信奉罗马天主教，还有部分人信奉新教。他们忌讳"13""星期五"。认为这两个数字不吉利，均会带来厄运。

奥地利人在新年期间不食用虾类。他们认为虾倒着走路不吉利，如果在新年期间食用，那新一年的生意及事业会很难进取。他们一般也不愿吃带骨刺的菜肴。

他们喜欢绿色，一般不喜欢黑色。送花忌送红康乃馨，因为这是五朔节（每年5月1日）专用花；也不能送双数的花朵，他们认为这会带来厄运。

在吃饭时，特别不愿意听到有人发出咀嚼食物的声音，认为这是一种不文明的举止。

他们不愿意议论钱、宗教及政治之类的话题，对外国人能否分清他们与德国人的区别很敏感，更不乐于有人把他们看成是德国人。

与奥地利人交谈，要避免什么话题

与奥地利人交谈，话题可涉及历史、文化，但要避免战争和荒唐淫秽的东西。另外，还要避免金钱、宗教、政治等话题，除非对方问及这类问题。

旅游小贴士

称呼

与奥地利人交往，不要将他们称为德国人。虽然他们讲一样的语言，但各自有不同的习俗和价值观念。

在奥地利购物要注意什么

非欧盟国家的游客，在免税商店购买超过 75 欧元物品时，可以退回增值税，税款约为物品价值的 13%。退税步骤：①在标有 "Tax free" 或 "Europe TaxFvee" 的商店购物，向收银员索要增值税发票；②离开奥地利或其他欧盟国家时，将所购物品、增值税发票和护照出示给海关官员；③到机场或边境附近的 "Cash Refund" 窗口，出示盖有海关章的发票，退回税款。

在奥地利听歌剧和音乐要注意什么

维也纳的歌剧及音乐会门票难求，要想欣赏最好直接向维也纳观光局或国家剧场预售票处订购，若通过酒店购票会被收取一定的中间价。另外，欣赏音乐会时，穿着要端庄、整洁，最好不要迟到。如果迟到要听候工作人员的安排，在节目间隙入场。

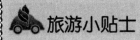
旅游小贴士

金色大厅

金色大厅全称为维也纳音乐协会金色大厅，是维也纳最古老、最现代化的音乐厅。由建筑大师奥菲尔·汉森设计，始建于 1867 年，于 1869 年竣工。从 1939 年开始，每年 1 月 1 日在此举行"维也纳新年音乐会"，后因战争一度中断，但在 1959 年又重新恢复。

入境奥地利有哪些规定

入境奥地利要注意以下事宜：①奥地利是申根国家，入境要持申根国家签发的有效签证，否则不能提前入境；②从非欧盟国家经维也纳转机赴欧盟或申根某国及再转机回国，都应事先办妥签证，否则原机送回；③若奥地利签证到期但需延期，本人要到申根国家以外的奥驻他国使馆办理；若本人所持为一次性出入境签证，则不可能出境办理。

 旅游小贴士

签证

根据申根协议的规定，旅游签证有效期最长为 90 天，出入境可以申请两次或多次。如果在签证上没有其他附注限制，持有申根签证者，可以在所有"申根成员国"旅游。

匈牙利

匈牙利人在用餐方面有怎样的忌讳

匈牙利人比较迷信，认为用餐时弄碎玻璃器皿，会引来厄运。另外，他们认为新年的餐桌上若出现禽类菜肴，会让新一年的幸运随禽类飞走。

 旅游小贴士

美食

匈牙利的"萨拉米"香肠、鹅肝、鸡肉、葡萄酒闻名于世。另外，它的土豆烧牛肉、辣子鸡配面丁、猪肉酸菜、布达佩斯牛排、烤猪肘配洋葱土豆、巧克力汁绵绵糕等也是一绝。

匈牙利人有什么禁忌

匈牙利人比较迷信，新年的餐桌上不许摆放禽类制作的菜肴，认为那样的话，幸运会随禽类飞走。

在匈牙利兑换货币应注意什么

匈牙利由于外汇短缺，美元在当地极受欢迎。外来游客走在布达佩斯街上，随时会有人上前探问是否要兑换钱币。由于黑市交易在当地系违法行为，且外国游客因之受骗上当者亦不在少数，故应当到当地合法规定之处兑换钱币，勿贪小失大而得不偿失。

布达佩斯风景

出入匈牙利边境时要留意什么

入境时可免税携入500支香烟或50支雪茄或50克烟草，2公升葡萄酒，1公升烈酒，250克香水。携入外币金额无限制，但须先申报。匈牙利货币以100福林为限。

出境时所携带匈牙利货币以100福林为限，如有多余的匈牙利币可兑换回相当的美元，但最高仅可兑换回100美元。可携出外币数则以入境时所申报者为限。

在匈牙利消费时要付小费吗

在匈牙利，一般而言小费是必要的开支，在餐厅及搭乘出租车时，小费约占所付费用的10%~15%，搬运工的小费给付，大约是20福林。

瑞士

在瑞士用餐要注意什么

在瑞士酒店用餐，举止要从容，不可大声说话。如果与瑞士人共餐，吃饭前要互相敬一次酒，之后随意饮用。用餐过程不能吸烟，餐后用甜点时方可。如对方不吸烟，要征其同意。用餐时应坐姿端正，喝汤喝饮料时不要出声，不要跷腿。如果用刀叉，不可舞动刀叉说话，不可用刀将食物送入口中，不可当众剔牙。

旅游小贴士

美食

瑞士每一地区都有特色美味。例如，法语区的干酪火锅（Fondue）和火烤奶酪（Raclette）；德语区的香肠、烤肉和烤土豆饼；格来宾登地区的风干牛肉片。

瑞士人在穿着上有怎样的讲究

瑞士人的传统服饰为：男士穿短夹克、袖子宽大的衬衫和过膝长裤；女士穿丝质上衣、天鹅绒背心和长裙。工作时，除柜台前的工作人员，一般上班人员不必穿西装打领带。但是，在正式场合，为显庄重要穿整洁西服并打领带。

旅游小贴士

传统服饰

瑞士的民族传统服饰各州有各州的式样。但总体女式多为连衣长裙，胸前、裙边带有刺绣挑花饰带；男士多为瘦腿马裤加金属扣上衣（红色马甲背心或镶红边的黑色马甲），有时戴黑色圆顶宽檐帽。但是，也有配合高山放牧活动的传统装束，如红背心、黄色紧腿裤。

给瑞士人送花有什么讲究

给瑞士人送花，不要送3枝红玫瑰。因为3枝红玫瑰带有浪漫色彩，是情爱的象征。

旅游小贴士

瑞士国花

高山火绒草，俗名雪绒花，是欧洲著名的高山花卉，被众多国家列为受保护的植物，更被瑞士尊为国花。

瑞士银行大厦

与瑞士人交谈，要注意什么

与瑞士人交谈尽量以天气开头，谈话内容可天马行空、包罗万象。不过，内容应避免涉及个人隐私，比如薪水、年龄、职业、私人生活等。另外，用餐时，不要讨论减肥和节食，因为这会让人倒胃口。

在瑞士的公共场合可以大声说话吗

瑞士人用餐时，几乎不怎么说话，最多小声低语。因此，在瑞士用餐时聊天别太大声，否则会让他们认为你没礼貌。

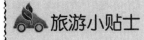 **旅游小贴士**

禁忌

瑞士人忌讳"13"和"星期五"。不喜欢饰有猫头鹰图案的物品。不喜欢黑色，不在阳台上晒衣服。

进入瑞士可以携带什么

可以免税带入瑞士的商品有：香烟 400 支或雪茄 100 支或烟草 500 克；酒类超

过 15 度 1 升内免税，不超过 15 度 2 升内免税（不满 17 周岁的旅客不可携带香烟和酒类）；其他物品总价值不超过 100 瑞郎。另外，禁止非欧盟国家旅客携带肉类、蛋类、鱼类、蜂蜜、乳制品等动物类产品入境。根据规定，每位旅客只允许携带一日量的儿童食品或药品入境，如有违反将遭受处罚。

捷克

与捷克人交往应注意什么

捷克人谈吐文雅、彬彬有礼，对举止轻浮的人极为讨厌。另外，他们非常反感在公众场合搂肩搭背。

旅游小贴士

性格

捷克人可靠爽快、平易近人。他们一般都乐于同客人开怀畅饮。凡接触过他们的人，都觉得其待客方式给人一种无拘无束的亲切感，使人容易接近。

捷克人有哪些禁忌

捷克民族将玫瑰花视为国花，对红三角非常敏感，认为其是有毒的标记，象征厄运。所以，在日常交往中要避免使用红色三角图形。忌谈政治问题和家庭琐事等。不喜欢别人了解个人隐私，尤其不喜欢打听女性的年龄。忌在公共场合高声喧哗。忌讳"13"这一数字，不喜欢柳树、柳木制品和菊花。

在捷克为什么不能讨厌狼

捷克的一些民众爱狼成癖，无论红白喜事，狼都是"主角"。礼品要有狼的图案，洞房门口要挂纸做的狼，甚至宾朋也要假扮成狼。所以，在当地不要对狼表现出厌恶之情，否则会让当地人反感。

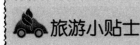

国旗

捷克国旗呈长方形，长宽之比为3：2，由蓝、白、红三色组成。左侧为蓝色等腰三角形；右侧是两个相等的梯形，上白下红。白色象征神圣和纯洁；红色寓意勇敢和不畏困难；蓝色来自原摩拉维亚和斯洛伐克省徽章的颜色。

波兰

波兰人有哪些禁忌

波兰多信奉天主教，星期五不吃猪肉，因为这一日是耶稣的受难日。忌讳"13"，忌讳13人同桌，因为它容易让人想起出卖耶稣的犹大。忌讳在13日、星期五举行礼仪性活动。忌讳清早出门后又折返回家；忌讳清早在路上碰到穿丧服的女人和穿黑袍的修士或修女。忌讳半夜遇见黑猫，正午遇到泼出来的食油。忌讳用一根火柴点两支以上的烟。忌讳从外面回家，一进屋就顺手把礼帽放在床上。忌讳外人坐自己家里的床，尤其是未婚女子的床更是不许别人坐。忌讳有人向他们打听个人的工资、年龄、宗教和社会地位等问题。在交往中忌讳菊花（用于葬礼）；不喜欢送红玫瑰花，因为红玫瑰花为浪漫爱情的信物。不喜欢吃虾、蟹和海味品。

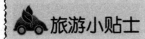

国花

波兰人普遍爱花，最喜欢三色堇，并将其定为国花。给波兰人送花时，宜送由一种鲜花组成的单束花，不宜送双束花。

意大利

在意大利用餐要注意什么

在意大利餐馆就餐，若想与他人合桌，要征得先来的客人同意，否则会被视为粗鲁、无礼的行为。假如看到孩子在桌边跑来跑去，万万不能生气，因为当地人非常喜欢小孩，生气会让当地人非常反感。

用餐时，男女通常相隔就座，就算夫妻也不例外。上餐的顺序，首先为冷盘，其次为汤、米饭、面食等主食，再次是甜食、水果、冰激凌等，最后为咖啡。一般吃饭前会喝些开胃酒，席间视菜而定（吃鱼时喝白葡萄酒，吃肉时用红葡萄酒）。饭后还会喝少量烈性酒，里面可加冰块。

此外，还需注意：点餐时，要根据食量，不能多点；女士动刀叉进餐后男士才能用餐；不能将刀叉弄得很响；吃面条时，不能用嘴吸，要用叉子将面条卷起送入嘴中；喝汤时，要用汤匙从里往外舀着喝，切忌发出响声；用完一道餐后，要将刀叉并排放入盘中，表示已用完可以端走。

 旅游小贴士

意大利菜

意大利民族是一个热爱美食的民族，他们在饮食方面有着非常悠久的历史。意大利菜系非常丰富，菜品成千上万，除了大家耳熟能详的比萨饼和意大利粉，海鲜及甜品也闻名遐迩。意大利美食高贵典雅，并对欧美餐饮产生深厚影响，发展出包括法餐、美国餐在内的多种派系，因此有"西餐之母"的美誉。

意大利人在喝酒方面有哪些讲究

葡萄酒是意大利家庭餐桌上不可缺少的饮料，有客时更会以酒相待。不过，意大利人尽管喜欢喝酒，却没有劝酒的习惯，席间也不会喝烈性酒，因此一般不会发生酗酒现象。他们喝酒的方式比较讲究：饭前为刺激胃口、增加食欲，先喝开胃酒；席间根据餐类的不同，喝白葡萄酒或红葡萄酒；饭后喝消化酒。

白葡萄酒属清淡酒类，一般在吃鱼或海鲜时喝，这样可使食物更加清爽；而当餐桌出现禽鸟牲畜等肉食时，则改用醇香的红酒。喝白葡萄酒前，宾主十分在意白葡萄酒的产地以及酿酒的年份，主人常常将酒瓶郑重其事地给客人看；喝红葡萄酒时，主人还会把瓶塞递给客人，以示质量的好坏、保管的程度。

佐餐时，他们往往会喝些酸酒，吃点心则喝些甜酒。另外，喝不同的酒会用相应的酒杯，比如：喝葡萄酒用中等的高脚杯；喝啤酒、汽水和矿泉水用大的高脚杯或玻璃杯；喝烈性酒要用小高脚杯。

此外，意大利人为了让一些饮食更有味道，还喜欢把烈性酒加入开胃的软饮料里，将白兰地倒点在冰激凌上，就算咖啡也会掺上一些酒。

威尼斯

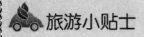 **旅游小贴士**

意大利葡萄酒

意大利是欧洲最早得到葡萄酒种植技术的国家之一，生产的葡萄酒占世界葡萄酒总产量的1/4，其葡萄酒产量、质量及消费量都堪称世界第一。意大利十大著名葡萄酒有：①蒙达奇诺的布鲁奈罗（BRUNELLO DI MONTALCINO）；②奇安帝（CHIANTI）；③古典奇安帝（CHIANTI CLASSICO）；④巴罗罗（BAROLO）；⑤阿斯帝的巴贝拉（BARBERA D´ASTI）；⑥阿斯帝的多切多（DOLCETTOD´ASTI）；⑦阿斯帝的巴巴莱斯克（BARBARESCOD´ASTI）；⑧都佛的格来科（GRECO DI TUFO）；⑨阿尔巴的巴贝拉（BARBERA D´ALBA）；⑩罗马涅的桑娇维塞（SANGIOVESE DI ROMAGNA）。

意大利人喝咖啡或茶有何特别之处

意大利人喝咖啡，会用右手持杯把左手端起小碟，也会只端杯子不端小碟。但喝完一口后，杯子一定要放回碟上。杯中的茶匙只能用来搅拌，不可以舀着喝，用完要立即放回茶碟。另外，喝中国的绿茶、薄荷茶不加其他东西，但如果是印度茶、黑茶或英国红茶则会加少量奶和糖。

在意大利吃米饭时不能做什么

吃意大利海鲜饭，你千万不要善意地告诉服务员米饭还没有煮熟。要知道人家意大利人就是习惯吃六七成熟的米饭。意大利式的米饭、面食都不会彻底煮熟，这样吃起来才比较有韧性。

要做出这样的口感可要费一番功夫呢。在意大利菜中，和意大利面有同等地位的就是利梭多饭，它是前菜的主角。意大利是欧洲的鱼米之乡，所出产的短型米最适合做烩饭。具体的做法是：先在锅里放入橄榄油、洋葱、蒜等，热锅，将米放入锅内炒两到三分钟，直到米变成金黄色；放入葡萄酒、"肉水"，一次不要倒入太多，使米能充分吸收水分。在饭好前一分钟，放入一小勺的牛油，使米饭更黏稠，装盘时更容易做出造型。做好一份烩饭大概需要 16~18 分钟，其他材料放入的时间则是要靠厨师的经验掌握了。

吃意大利通心面要注意什么

吃通心面的时候，要使用刀叉和汤匙。方法是右手拿叉子，左手拿汤匙。以汤匙压住通心面条，用刀叉卷起，每卷一次的量以一口为原则。吃到最后，碟子上会剩下一些调味品，得用汤匙掬取着吃，而且要吃个光。

在意大利做客吃饭有什么讲究

朋友间聚会一般上餐馆一起吃饭，共同出钱，除非对方申明请客。意大利人如请你上家里吃饭，那是当你为上宾了，客人可带酒（一般葡萄酒）、甜点、纪念品或鲜花。意大利人排座位是一男一女叉开，一般还要把丈夫与妻子分开。客人带的食物、酒和甜点也马上食用，礼物也当场打开。

在意大利的酒吧消费应注意什么

意大利街头有很多小酒吧，人们去那里用早餐、喝咖啡饮料、买彩票等等。可那里的座位一般是要收费的。也就是说，所买的食物站着用和坐着用是两个价钱，请注意了！

参观意大利教堂，穿着上要注意什么

前往意大利旅游，参观教堂是必修课。但是，进入教堂不能穿短裙、短裤或背心。所以无论天气多么酷热，前往时一定要备带长裙、长裤和不露膀子的上装。

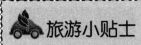

旅游小贴士

出行

意大利的城市都很古老，景点多集中在老市区。由于旅游大巴车进入不了景点，游客前往参观要走很多路，所以非常有必要穿一双舒适便利的鞋。

在意大利购物要注意什么

在意大利购物，不能随意触摸货品、橱窗的样品，否则会让营业员反感。若想购买，可以让营业员取来。而在一些摊位（非超市），切忌挑拣蔬菜及水果，否则必须买下。另外，要特别注意，在罗马、佛罗伦萨，路边会有黑人卖包和饰品等，记住千万不要去买，否则被警察抓住会遭受处罚。此外，在意大利购物，需要缴纳购物税。如果想办理退税，那要满足三个条件：①购买超过155欧元的商品；②商品必须为游客个人使用；③3个月内带离欧盟区。

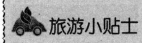

旅游小贴士

商店营业时间

意大利商店营业时间分为两种，一种为小型商场营业时间，另一种为大型商场营业时间。小型商场营业时间：上午9：00至下午1：00，下午3：00至晚上7：00；大型商场营业时间：上午9：00至晚上7：00。

给意大利人送礼，要注意什么

在意大利，人们常常通过赠送礼品来表达谢意和祝贺。不过给他们送礼，要特别注意一些事宜：①给意大利人送礼，千万别送手帕。因为在意大利人眼中，手帕是擦眼泪的不祥之物，容易让人悲伤。②给意大利人送花，一定要为单数，切忌双数。给女士送花，不能是红玫瑰，因为其是浪漫爱情的信物。③送花切忌菊花，送

其他礼品也要注意不能带菊花图案。因为菊花在意大利是丧葬场合使用的花，表示哀悼的意思。④意大利人送礼非常看重礼品的包装，一般要用彩色包装纸和丝带包扎。受礼人接到礼物后，会当面打开，之后会对送礼方表示感谢和喜欢。如果说"这正是我想要的"，那送礼方会非常高兴。

 旅游小贴士

数字禁忌

意大利忌讳"13"和"星期五"，认为"13"象征"厄兆"，"星期五"也是不吉利的象征。根据基督教的传统，星期五是耶稣受难的日子，所以基督徒认为星期五是不祥的日子。"13"则是最后晚餐中聚会的人数，餐桌上第"13"位弟子是叛徒犹大。

在意大利的社交场合，有哪些注意事项

意大利人在社交场合，有一些讲究。比如：衣着要根据白天或晚上的活动而定；相见或相送，应避免四人同时交叉握手；握手的时间不能太长，幅度不能太大；与女士握手也不可以太紧。

对于比较亲近的朋友，可以行拥抱礼。不过，男女行拥抱礼，男士最好不要主动，除非关系非常亲近。此外，在正式活动和交际场合，不宜在人前抠鼻子和挖耳朵，也不宜随意脱鞋，后者是大忌。另外，入住旅馆，不宜在过道上喧哗。

 旅游小贴士

社交习俗

意大利人的社交习俗可以用这样几句话来概括——意大利人很开明，思想解放头脑灵；性格爽快又耿直，不要心计讲开诚；社交场合重衣着，举止行动要端正；言谈话语尊重人，"您"为敬语来相称；讲究文明和礼貌，待人处事最热情。

与意大利人交谈要注意什么

如果与意大利人交谈，要注意以下事宜：

（1）称呼。意大利人的姓名与中国人的姓名相反。他们前面为名，后面为姓。对于不太熟悉或长者、有地位的人，一般要用尊称"您"，并且称呼他们的姓，要在前面加上"先生""女士""小姐"等称谓。

但要注意，"太太"只能用于已婚妇女，对未婚妇女，不管年龄大小，都要称"小姐"。而在正式场合讲话或其他活动提到人名，一般要称呼全称，至少要称呼姓，切记不能直呼名字。只有在家人、朋友和熟人之间才能直呼名字（注意：已婚妇女随夫姓）。

（2）交谈方式。意大利人交谈，相距往往在 30~40 厘米。就座时，若遇到相识的女士，男士应站起招呼，女士则可以坐着回答；在路上与女士交谈，要边走边谈，不能停下。另外，交谈要专注，声音不能太高，不能在大庭广众之下耳语，更不能用手指着对方说话。

（3）谈话内容。与意大利人交谈，应避免收入、家产、女士年龄与所属党派等话题，否则会让双方陷入不愉快的境地。

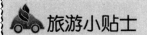 旅游小贴士

妇随夫姓

顾名思义，妇随夫姓是指妇女结婚后改随夫姓。在美欧等西方国家，这是传统的习俗。

意大利人的手势和表情有何特殊之处

意大利人的手势和表情非常丰富，讲话常常助以手势。假如一方手势表达错误，那很容易让对方误会，甚至有时还会引发严重的后果。

他们常见的几种手势有：①大拇指尖和食指尖合成圆圈，其他三指向上翘起，表示"好""行"或"一切顺利"；②在餐桌上，五指并拢、手心向内在胃部来回揉动，表示"饥饿"；用食指顶住脸颊来回转动，表示"很好吃""味道鲜美"；③竖起食指左右摆动表示"不""不好""不行"；④耸肩摊掌加上摇头，有时还会加撇嘴，表示"不知道""不清楚"。

此外，与人交往，忌讳对方用目光盯视自己，认为盯视是无礼的行为，有不良的企图；忌讳对方用食指侧面触碰额头，认为这有骂自己"笨蛋""傻瓜"的意思；还忌讳对方用食指指着自己，说自己听不懂的语言。

意大利人尊重、照顾女士体现在哪

在意大利，男士非常尊重和照顾女士。宴会上，只有女士动刀叉进餐，男士才可用餐；进出电梯，要让女士先行；冬季时，女士进屋脱外套或出屋穿外套，男士应主动上前帮忙。

男女同行，要让女士先走；上车让女士先上，下车男士先下，并给女士开、关门；出入房门，男士要为女士开关门；乘车坐船，男士要主动给女士让座；男女同座，男士不可肆意喧哗。

为什么在意大利打喷嚏或咳嗽要向他人道歉

在意大利，如果当着别人的面打喷嚏或咳嗽，会被认为是不礼貌的行为，因此要马上对身旁的人说"对不起"。而出于礼貌，旁边的人也会马上说"萨尔维"，意思是"祝你健康"。

究其原因，据说意大利人对 20 世纪初世界性大流感心有余悸，人们特别小心，生怕得了感冒。假如得了感冒，便希望马上就好。

 旅游小贴士

大流感

在 1918 年横扫世界的大流感中，相关部门根据当时对疾病的研究估算，最保守的死亡人数约为 2100 万。但是，现在的流行病学家估计，当时全球范围内大约有 5000 万至一亿人丧生。

意大利人的时间观念如何

意大利人的时间观念历来不强，无论赴约还是开会，晚到 15～20 分钟是常见的事。假如迟到时间过长，迟到者往往会以交通拥挤等为理由，或者说声"对不起"就可以。为此，若与意大利人在商务上相约，不要定在早晨或刚吃过午饭的时候；如果日常相约，则不要早到，稍晚一些为好。

在意大利坐公交车、地铁要注意什么

很多游客到了意大利都想尽可能多地了解当地人文风景，因此常常会乘坐公交

车、地铁。那么，乘坐这些交通工具，要注意什么呢？

（1）购票。乘坐公交车、地铁、火车需要在上车前买票。公交车和地铁没有专门的售票点，一般烟草店、书报亭或自动售票机可以购买。车票分为几种，有全天使用的，有多次使用的，但多数都是一次性的（检票后一段有效时间内有效）。

（2）检票。公交车上有检票机，地铁的检票机在进站口，切记不要逃票。因为有时检票员会上车检查，一旦发现乘客没有检票或无票上车，会罚款50欧元。

（3）下车。对于乘公交车，还有一些麻烦——没有售票员，也不会报站。要想下车，需提前按铃，如果没有按铃而车站也没人上车，公交车就会直接开走。

在意大利乘火车要注意什么

火车是出游常用的交通工具。在意大利乘坐火车，一定要注意以下几项：

（1）咨询和购票。在意大利，若不清楚火车时段、车型、车次，千万不可直接去售票窗口，以防买到高价票。应该先在自动售票机（有英文）上查询清楚再买。

（2）检票。上火车前，务必在自动打卡机上（黄色的小机器）给车票检票，这样车票才能生效。不然的话，被车上工作人员查到，会遭受罚款（票价的3至5倍）。

（3）报站。意大利的火车常常晚点，很多时候会晚30分钟至60分钟，加上火车广播通常只讲意大利语，所以乘客要注意看显示屏——晚点会用红色标记显示。不过，也不能太相信晚点的提示，有时火车到站会比提示的时间更长，有时也会提前，因此要时刻注意报站的提示。

（4）转乘。意大利火车经常转乘，所以要在预订票时确定初始车次、月台以及转乘车次、位置。初始车次并不一定是火车，有时也可能是地铁，而地铁末班车多在23：30，有时还会提前。因此夜车的初始车次若是地铁，需提前候车。

🚗 旅游小贴士

安全

意大利的小偷恶名昭著，游客出行需将包、照相机等物品置于胸前等安全处。若发生丢失、被盗等事件，应及时向附近警察局报案。如丢失护照等重要证件，要立即向中国驻意大利大使馆报告，并申请补发；如丢失飞机票，要立即向原发售单位和所在地代理机构挂失，并申请补票；如丢失支票、信用证，要立即向开证银行和当地银行挂失。

在意大利进行商务活动，要注意什么

意大利罗马以南地区的商人性格较为开放、待人热情，比较注重互相间交流，与他们打交道会很轻松；而罗马以北地区的商人，相对比较谨慎、内向，与他们打交道起初会觉得态度严肃甚至冷淡，不过接触几次，哪怕一次晚餐后，这样的感觉就会不复存在。

意大利商人喜欢漫谈，总能与人谈得投机。双方见面后，一般先谈天气、交通等，然后再转入正题。他们还喜欢谈论文化、艺术、体育运动和国际大事，并且总能与人交谈甚欢。因此，与意大利人交谈不管多么愉快，也不能将其误解成对生意有兴趣。另外，还要特别注意以下事宜：

（1）政治因素。意大利政府内阁经常发生变动，做生意尤其是投资项目一定要谨慎，先调查清楚合作对象的政治背景。不然遇到内阁更迭或其他政治动荡，投资者就有可能面临重大损失。

（2）与商业伙伴的个人关系。在意大利进行商业交往，尽管是公司间的交往，但代表公司出面的个人却拥有很大的权力，与他关系的好坏是决定生意能否成功的重要因素之一。

（3）交易对象。在意大利，国家参与制企业的信誉通常较好；但民间企业，特别是南部地区的一些企业，必须仔细考量它们的信誉。

（4）生意合同。生意谈妥后，一定要签具有法律效应的合同，并且要将所有条款明确写入合同，以防日后交易出现不测。

此外，意大利人还特别喜爱体育运动，尤其是足球。每年的甲级队联赛、重要的全国联赛、洲际以及国际的重要赛事都会吸引大量的球迷。因此，在这些时候，不宜和他们安排重要的活动和会议。而每年7月中下旬和8月是意大利休年假的时间，8月企业基本全停。所以在这段时间，也不能联系商务事宜。

非欧盟国家公民入境意大利要注意什么

非欧盟国家公民进入意大利时，个人携带的消费品可免关税，但此类物品不能具有贸易进口性质，总价值也不能超过175欧元（15岁以下人员携带物品价值最高为90欧元）。另外，对一些特定的商品（如酒类、烟草等），个人携带的免税物如下（每类只能选一项）：

（1）烟草类：①香烟200支；②卷烟100支；③雪茄50支（每支重量不超过3克）；④烟草250克。

（2）酒精饮料类：①超过22度的蒸馏、酒精饮料或纯度超过80%的非变性酒精1升；②等于或小于22度的蒸馏、酒精饮料，开胃葡萄酒、香槟、烈性葡萄酒2升以及低度葡萄酒2升。

（3）香水类：①香水50克；②清新剂250毫升。

（4）咖啡类：①咖啡500克；②咖啡精或浓缩咖啡200克。

（5）茶类：①茶叶100克；②茶精40克。

以上物品不计算在175欧元的免税物品中。如果旅客进入意大利时携带的物品超过了上述规定的限制，应向海关申报；超出免税额的部分应当缴纳关税。如果旅客超额携带并试图欺骗海关逃税，一经发现，将被勒令补交税款。如果逃税额超过4000欧元或逃税的物品为外国生产的烟草，该旅客还将被控以走私罪名，处以逃税额2至10倍的罚款。罚没物品可由旅客赎回，除需支付与物品价值相等的回购款外，还需补交关税及罚金。

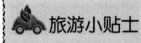 **旅游小贴士**

托运

办托运手续，海关出境办公室还会核实：①航空运输证明与商家开具的发票对商品的描述一致；②商品的寄件人与收件人一致；③航空运输证明与商家开具的发票上注明的旅客本人的身份资料（护照或其他同等效力的证件）一致。

梵蒂冈

参观梵蒂冈教堂要注意什么

参观梵蒂冈教堂不能穿短裙、短裤或背心。尤其是梵蒂冈的圣彼得教堂，在广场的入教堂必经之路会有人专门负责检查来客的衣着。

旅游小贴士

圣彼得教堂

圣彼得教堂又译为梵蒂冈圣伯铎大殿，是罗马基督教的中心教堂，梵蒂冈罗马教皇的教廷。欧洲天主教徒的朝圣地，全世界第一大教堂。

圣彼得教堂

西班牙

和西班牙人交往要注意什么

西班牙人在正式场合与客人见面，一般行握手礼。亲朋好友间见面，关系普通的男士相互抱一抱肩膀，女士轻轻抱一抱并亲吻双颊；关系密切的往往紧紧相拥。如果被西班牙人邀请来家做客，如非再三邀约，则仅仅是客套说辞；如果对方出示珍藏并表示愿意赠予，也仅仅是特有的客套，不可一口应允。

与西班牙人交谈，不能涉及哪些话题

与西班牙人交谈，不可谈论宗教、家庭和职业，也不可对斗牛有所非议。恰当的话题包含体育运动、旅行和政治（最好不要比较西班牙与美国的政治）。

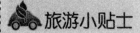 旅游小贴士

斗牛

斗牛是西班牙的国粹。人们虽然从动物保护的观点上对此有着争议，但是作为西班牙特有的古老传统，仍受到很多人的欢迎。

给西班牙人送花要注意什么

西班牙人将石榴花尊为国花，认为其是富贵和吉祥的象征；最忌讳大丽花和菊花，认为其带有死亡之意。如果送花给他们，日期和支数要避免"13"。因为西班牙人认为数字"13"不吉利，象征厄运和灾难。

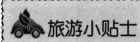

旅游小贴士

颜色喜好

西班牙人喜欢红色，视其为吉祥、热烈的象征；喜欢黄色，寓意高贵和明朗；喜欢黑色，象征庄严。

女性在西班牙要注意什么

女性在西班牙游玩，要遵守当地一些风俗，否则会引来不必要的麻烦。

（1）外出要戴耳环。在西班牙，女性上街一定要戴耳环。因为西班牙人认为没戴耳环的女性，与没穿衣服一样。因此，女性去西班牙旅行，最好入乡随俗。

（2）慎用扇子。在西班牙，女士用扇子主要不是扇风，而是通过扇子表达一些不便说的话。比如：打开扇子，将脸的下半部遮起来，表示"你喜欢我吗"或"我爱你"；将扇子一个劲地扇，表示"不要靠近我"；将扇子一会儿打开一会合上，表示"我非常想念你"；将扇子在手中翻来翻去，表示"你太讨厌了"；将扇子折起来，表示"你这个人不值得一爱"；将扇子扔在桌上，表示"我不喜欢你，我爱的是别人"；在男友面前将打开的扇子支着下巴，表示"下次希望与你早些见面"。

在西班牙住酒店要注意什么

西班牙人不习惯喝热水，酒店通常没有开水供应，想用热水需自己动手烧。不过，酒店内的自来水可以直接饮用。一般酒店的房间会设有收费电视、电话、有偿饮料和小食品等，使用前要问清费用，以免结账时产生误会。

在西班牙从事商务活动要注意什么

在西班牙从事商务活动，约会必须要事先约定，一般定在上午 10：00 至下午

疯狂斗牛

1：00 或下午 4：00 至晚上 6：00。要注意，西班牙在夏季有以 8 月为中心的一个月休假日，约见最好不要定在 8 月。另外，西班牙人对个人信誉十分在意，宁愿遭受损失也不愿公开承认错误。如果在他们可能受到损失前帮助了他们，那往往能赢得他们的友谊和信任。

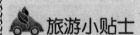 旅游小贴士

婚礼

　　西班牙巴斯克人的婚礼习俗比较传统。人们习惯上认为星期二是"吉日"，因此一般在这一天举行婚礼。

在西班牙要注意哪些治安问题

　　近些年，西班牙的治安状况日益恶化，特别是马德里和巴塞罗那，抢劫、盗窃案频发，而亚裔旅游经商人士最易成为犯罪分子目标。这些犯罪分子多数来自北非和拉美移民，肤色棕黑，以团伙作案为主，作案地点多在市中心旅游景点、地下通道、旅馆门口、火车站和飞机场。作案手段通常有以下几种：告诉你衣服有污渍并热心提供协助，寻机作案；扮成游客，手拿地图问方向，乘机行窃；扮成便衣警察搜查包；蓄意戳破车胎，好心提供协助时趁机行窃；用手臂紧卡受害人脖子或用带有化学药水的手绢致人昏迷；扮成吉普赛人兜售鲜花和其他小物品，乘机下手抢劫。

鉴于以上情况，前往西班牙旅游需注意：①尽量结伴外出，注意前后是否有可疑人员。②出行时不要将护照和机票等带在身上（最好将护照、机票等复印，并与正本分开存放）。③不要携带大量现金外出。如果必须要带，应分散装携，以免被一次抢光。④独自旅游，不要接受陌生人交给的食物或饮料。⑤乘火车时，如果在卧铺车厢，夜间要将厢门锁好并加挂门链。行李要捆好枕在头下，贵重财物应分开置于衣服内袋。⑥若遇到持械抢匪，不要盲目反抗，以免受到伤害。⑦通常清晨、午餐时间（下午2：00至4：00）或深夜，是歹徒作案的最佳时机，要特别注意。

假如不幸被窃或遭抢，要立即向警局报案并要求对方发给证明，以便向保险公司申请理赔或补办相关证件。

葡萄牙

在葡萄牙喝葡萄酒有什么讲究

葡萄酒是葡萄牙人必不可少的饮料，饭前饭后或招待客人都喜欢饮一些。葡萄牙人非常讲究饮酒的方法，按传统饭前要喝开胃葡萄酒，饭后要喝助消化葡萄酒，用餐过程还会根据菜肴配酒。吃鱼时喝白葡萄酒，吃肉时要饮红葡萄酒，冷拼盘配玫瑰香葡萄酒，吃点心时喝葡萄汽酒。他们这种传统、严格的饮酒习惯沿袭至今，现已成为商务宴请、社交场合和家庭宴饮时的一种礼节和习惯。

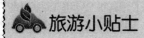 旅游小贴士

葡萄酒

葡萄牙酒品质相当不错，如名浩出产的"青酒"（VINHOVERDO），都乐河流域出产的红酒"都"（DAO），南部地区出产的"波霸"（BORBA），口感均不错，是公认的佳酿。

与葡萄牙人交往要注意什么

与葡萄牙人交往，要避谈有关政治和政府的问题，谈论家庭、个人爱好或其国家优点通常较受欢迎。前往当地人家做客，并非一定要带礼物，想回报可以请对方去饭馆吃饭。

旅游小贴士

禁忌

葡萄牙人也忌讳"星期五"和"13",他们认为这两个数字不吉利,会带来厄运。

在葡萄牙如何称呼别人

葡萄牙人称呼别人,习惯在人名前加上某种称谓,以表示礼貌或尊重。对男士通常称先生,对妇女称夫人或女士,对未婚女子称小姐或女士,对国家元首、议长、州长等领导人则在名前加"埃塞伦西亚"。书写时,为了体现对国家元首的尊重,不能使用缩写;对教皇、红衣大主教应分别使用"桑地达德"和"埃米能西亚",切忌直接使用阁下一词。

在葡萄牙乘坐交通工具要注意什么

在葡萄牙出行,尽量选择乘坐出租车,最好不要乘地铁、公共汽车和电车,因为上面的扒手极多。乘坐出租车,如果不懂葡萄牙语,要先将目的地用葡萄牙语写在纸上,因为多数司机都不懂英语。

 旅游小贴士

租车

外国游客在葡萄牙租车相当方便。要注意,葡萄牙的交通跟国内一样,都靠右边行驶。汽油有97号、92号及高汽三种,1公升约140~170葡币。

在葡萄牙进行商务活动要注意什么

在葡萄牙从事商务活动,无论拜访公私单位,都必须预约。最好的方式是先写信要求何时拜会,待对方同意后再前往。不能赴约一定要提前通知,没有预先通知不可以失约。由于葡萄牙人做事缓慢,约会迟到15~30分钟非常正常。因此,不要因他们迟到而生气。一般来讲,会见的地点会安排在咖啡厅或对方的公司。假如对方邀请喝一杯酒、一杯咖啡或不含酒精的饮料,最好不要拒绝。

交谈时最好用英语或法语，尽管葡萄牙语是国语，但在商务活动特别是谈判中普遍使用英语。另外，由于葡萄牙人重视礼貌，无论与官场还是商场上的人打交道，通电话时一定要问对方家人的好，然后再谈正事。就算有再重要的事，也不可忽略，否则会让对方觉得你没礼貌。

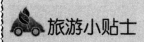 **旅游小贴士**

商务礼仪

到葡萄牙从事商务活动，以当年的 10 月至次年的 6 月为最佳时段。这里的中午 12 点至下午 3 点不上班。在这段时间谈商务找不到人。与葡萄牙人谈判时注意穿戴，要有耐心。他们多使用法语、英语、西班牙语。

希腊

希腊人请喝东西，为什么不能随意拒绝

与希腊人交往，如果请客人喝东西（一般为希腊咖啡或希腊烈酒），不要贸然拒绝，否则会被对方视为羞辱。

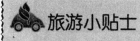 **旅游小贴士**

希腊咖啡

希腊咖啡起源于阿拉伯，味浓香郁，用一种名叫 "briki" 的古典长柄小铜壶烹制。分为浓咖啡（espresso）、加奶的热咖啡（cappuccino）、加奶的冰咖啡（fredo）三种。

女士进入希腊教堂要注意什么

希腊多数人信奉希腊正教。女士进入教堂，一定要身穿长裙（胳膊不能外露），不可走到圣坛后面。

与希腊人交谈，哪些话题不能讲

古希腊由于是四大文明古国之一，所以现今希腊人对具有同样悠久历史的中国深有好感。因此，中国人与他们交谈，会有很多话题。不过，话题虽然很多，但仍要避谈一些内容，例如希腊的国内政治以及希腊与塞浦路斯的关系。

 旅游小贴士

商务礼仪

到希腊进行商务活动最好在当年9月至次年5月。不宜在圣诞节前后前往。见面时，当地商务人士通常会为你递上一杯浓稠的咖啡，对此不宜拒绝。

在希腊为何不能随意招手或摆手

希腊人不使用招手或摆手动作，因为招手或摆手对他们来讲，是鄙弃人的行为，有让人"下地狱"的意思。他们表示告别，通常将手背向对方招手。

希腊神话

在希腊拍照，为什么不能使用三脚架

在希腊拍照，绝对不能旁若无人地立着三脚架。因为希腊政府有规定，立三脚架拍照，必须经过官方同意。之所以会有这样的规定，是因为希腊当局认为用三脚架拍摄的人，必定是职业摄影家。他们顾虑职业摄影师立三脚架"隆重"地拍摄，很有可能将图片用于商业目的。

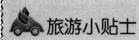 **旅游小贴士**

景点

在希腊游玩，不可错过巴特农神庙、雅典卫城、卫城博物馆、国家考古博物馆、奥林匹克竞技场、奥林匹亚、狄奥尼索斯剧场、无名战士纪念碑、拜占庭博物馆、哈德良拱门、罗马遗迹、宙斯神殿与雅典竞技场等景点。

希腊人还有哪些禁忌

忌打喷嚏，认为这是不吉利的。若清晨起床时听到喷嚏声，有的还要立即上床睡卧，以此来躲避晦气。

希腊民间崇拜蛇，并喻其为神，还把盐视为圣物。在祭神的时候，忌缺少盐。

他们忌讳"13""星期五"；忌讳猫，认为猫会把人引至阴间；忌讳黑色，认为其象征死亡。

信奉伊斯兰教的人禁猪肉和使用猪制品。

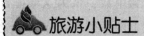 **旅游小贴士**

性格

希腊人性格开朗，热情好客。他们说话好激动，但并无恶意。若对方口若悬河地说话，你最好恭敬地倾听。

马其顿

与马其顿人交往，要注意什么

在马其顿工作和生活要遵守当地的风俗习惯。受邀前往马其顿人家做客，可以晚到 10~15 分钟，但切忌过于晚到；送花时，送单数表示喜庆，切记不要送双数；拜访或打电话给人家不能在下午 5 点前，否则是不礼貌的行为。

 旅游小贴士

购物

马其顿农产品丰富，蔬菜、水果、肉类、奶制品等供应充足。但是由于制造业不发达，工业产品及日常生活用品大多从国外进口，因此如需特殊商品或数量较大商品时要提前预订。

罗马尼亚

罗马尼亚人喜爱什么花和颜色

罗马尼亚人喜爱玫瑰花，尤其偏爱白玫瑰，认为其象征"纯洁"和"幸福"。故此，他们将玫瑰花喻为国花。走亲访友时，他们送花通常为单数，认为这象征吉利；但祝贺朋友生日时，送花不能为单数。如果在蛋糕边放上两朵鲜花，往往会受到格外欢迎。另外，他们最喜欢的颜色为绿色和白色，认为绿色是美好和幸福的源泉，而白色象征纯洁，可带来光明。

 旅游小贴士

白蔷薇

罗马尼亚人把白蔷薇尊为国花，认为其是热情、纯洁、真挚、高贵、朴素和丰收的象征。

给罗马尼亚人送礼要注意什么

前往罗马尼亚人家做客，可以给对方家人带鲜花、香水、化妆品、牛仔裤或咖啡等礼物。若给女主人送花，切忌双数和红玫瑰。如果给商界人士送礼，最好为不太贵的印有名字的钢笔或打火机。

罗马尼亚人有哪些日常禁忌

罗马尼亚人主要信奉东正教，其次是天主教和新教。他们忌讳"13"，认为这是令人厌恶的数字。他们最忌"过堂风"，认为"过堂风"容易使人得病。他们不愿谈论政治问题，以及有关罗马尼亚不好的地方。不喜欢吃米饭；忌食油腻大的食品，尤其不爱吃肥肉。忌吃狗肉，认为狗是人类的朋友。

保加利亚

与保加利亚人交往，应注意哪些细节

保加利亚人在宴请客人时，一般都习惯请客人先入座。为了礼貌起见，他们要让客人坐在长者身旁就餐。这时客人一般不要谢绝；否则，会辜负主人的盛情。如果客人因故不能应邀，则应表示歉意。他们时间观念较强，认为约会准时是礼节问题。他们有些表达方式与我国区别很大，如他们用摇头表示"同意"或"许可"，用点头表示"否定"。保加利亚农村人普遍把打喷嚏视为吉祥的征兆。尤其是谁若在年关打喷嚏，一家之主总会给予奖励。他们酷爱玫瑰花，并把其誉为"花中之王"。

保加利亚人有哪些禁忌

保加利亚人信奉基督教、新教、东正教、伊斯兰教。他们忌讳"13"和"星期五"，认为"星期五"若与"13"相逢更会令人恐惧。忌讳有人在就餐时发出咀嚼食物的响声，认为这有失体面。忌闲聊时涉及国内的政治及社会状况等话题。其伊斯兰教徒在饮食上禁食猪肉和使用猪制品，也忌讳谈论有关猪的话题。

阿尔巴尼亚

阿尔巴尼亚人如何表达同意和否定

阿尔巴尼亚人表示态度的方式与中国人有很大区别。比如他们用摇头表示"同意"或"许可",点头表示"否定"。

 旅游小贴士

表情及手势

阿尔巴尼亚人讲话时喜欢带表情和手势,比如耸肩、摆手、发嘘声等。他们表示客气、感谢时,除口头说外,还会单手抚胸,上身稍向前倾。

女性在阿尔巴尼亚要注意什么

对于女性旅游者来讲,阿尔巴尼亚很安全。但要注意,地拉那以外地区妇女晚间通常待在家中,待在酒吧和咖啡馆的人多数为男性。虽然这些男人没什么威胁,但酒吧独有一位妇女总是让人不舒服。为此,女性在晚上若去这些地方,最好结伴且衣着保守一点。

 旅游小贴士

散步

阿尔巴尼亚人晚饭后有成群结队散步的习惯。他们一起散步,通常男左女右。如果两男一女时,女的一定要在中间。

阿尔巴尼亚人有哪些日常禁忌

阿尔巴尼亚1976年宪法规定,国家不承认任何宗教。他们忌讳数字"13",认为这会给人带来厄运和灾难。在饮食上,他们一般都不喜欢吃红烩、煮及带汁的菜;不习惯吃猪肉,有相当数量的人忌食猪肉。他们对红色很感兴趣,许多人对灰色、绿色则不太喜欢。忌谈宗教信仰及政治问题。

马耳他

马耳他人有哪些日常禁忌

马耳他人绝大多数信奉天主教。忌对当地人的宗教信仰妄加评判。出入宗教场所时须注意着装，忌大声喧哗。忌伤害猫、狗等动物，更不要在当地人面前提及食用动物。忌打听别人隐私等。

俄罗斯

在俄罗斯如何称呼别人

俄罗斯人的姓名包括三个部分，依次为名、父称、姓。女人结婚后一般随男人姓，也有保留原姓的。在俄罗斯人当中，不同的场合对不同对象有不同的称呼。在正式公文中要写全称，非正式文件中一般用名字和父称的缩写。表示有礼貌和亲近关系时，用名和父称。平时长辈对晚辈或同辈朋友之间只称名字。在隆重的场合或进行严肃谈话时，用大名。平时一般用小名。表示亲近时用爱称。对已婚妇女必须用大名和父名，以示尊重。工作关系中可称呼姓和职务，再加上"同志"一词。

俄罗斯建筑风光

俄罗斯人相当讲究称呼。不过如果你和他们只是一般打打交道，就不用清楚所有的章法了。在大街、商店、公共汽车等平常场合，你可称对方"您"（威），或"同志"（达瓦里西）。如果进一步交谈，你可以按对方性别年龄，分别称"先生"（嘎斯巴季尼）、"小姐"（捷乌什嘎）、"女士"（达姆）、"朋友"（得路克）、"小伙子"（马拉多依）。与俄罗斯人在一个较正式的场合互相认识和交谈，要努力记住对方的全名，既要称呼他的名字还要加上姓，以示尊敬和客气。而且记住：称"您"（威）不称"你"。

俄罗斯见面的礼仪有哪些

俄罗斯人在社交场合与客人见面时，一般惯施握手礼。握手时要脱手套，不能摇对方的手。一般的关系，轻轻地握。关系很好时可用力。对年长女性，别先伸手，要等对方先伸出手后才可以相握。对初见面的妇女，可先鞠躬。

拥抱礼也为他们常施的一种礼节。妇女之间好友相遇时拥抱亲吻，而男人间则只互相拥抱。亲兄弟姐妹久别重逢或分别时，拥抱亲吻。

他们还有施吻礼的习惯。亲吻一般适用于比较隆重的场合，不同人员，在不同场合，所施的吻礼也有一定的区别：一般朋友之间或长辈对晚辈之间，以吻面颊者为多，长辈吻晚辈的面颊3次，通常从左到右，再到左，以表疼爱。晚辈对长辈表示尊重时，一般吻两次。不过长辈对晚辈以吻额为更亲切和慈爱；男子对特别尊敬的已婚女子，一般多施吻手礼，由男人弯腰吻妇女的左手背，以示谦恭和崇敬之意。吻唇礼一般只是在夫妇或情侣间流行。在宴会上喝了交杯酒后，男方须亲女方嘴。

俄罗斯人对数字的禁忌

俄罗斯特别忌讳"13"这个数字，认为它是凶险和死亡的象征。相反，认为"7"意味着幸福和成功。

在俄罗斯打碎东西有什么讲究

俄罗斯人认为镜子是神圣的物品，打碎镜子意味着灵魂的毁灭。因此不要不小心打碎别人的镜子。但是如果打碎杯、碟、盘则意味着富贵和幸福，因此在喜筵、寿筵和其他隆重的场合，他们还特意打碎一些碟盘表示庆贺。

在俄罗斯如何让烟

让烟时，一般递上烟盒让其自取，不能只给一支。特别注意不要一根火柴点三个人的烟。男人吸烟时，先问问你身旁妇女介意不介意。

在俄罗斯如何表现"女士优先"的风尚

出门时，男子要帮助同行女士穿大衣、拉大门，谈话时要看着对方，不插话，以示尊敬。

在俄罗斯，上厕所怎样委婉地表达

在俄罗斯上厕所的代语是"对不起，请等一下"，或说"对不起，我去打个电话，请等一等"。不要直接说上厕所。

在俄罗斯公共场所活动有什么讲究

俄罗斯人在公共场所要么不说话，要么低声交谈，很文明。所以，游客到俄罗斯，在公共场合讲话不要用手对他人指指点点，交谈时不要大声喧哗。

俄罗斯公共场所不许吸烟，不许随地吐痰。在很空旷的大街上，离人家很远抽烟，也会有人走过来"关照你"。俄罗斯这方面公德意识是很强的。绝不可在街上丢弃任何东西，连一张过期的电影票也不行。这种行为有损俄罗斯的整洁，而且是违规的。

在俄罗斯应邀做客应注意什么

应邀做客时，进屋先脱衣帽，向主人及其他人问好。在主人家里，先向女主人鞠躬问好，坐在主人让给的位置上。

在俄罗斯不可以做什么

在俄罗斯旅游或进行商务活动严禁私带艺术品出境或与市民私下交换货币，这是严重的犯罪行为。

到俄罗斯不可不知的礼节

俄罗斯人对盐有深厚的感情，他们把盐视为精华，常常用来招待贵宾。盐的象征意义类似于我国一些地区的哈达。每当贵客临门时，作为最高礼遇，主人要用双手托着盘子，盘里铺着一块漂亮的绣花巾，正中放一个大圆面包，面包上放一个装盐的盐缸，呈给客人表示欢迎。此时，客人需要做的是：先吻一下面包，并掰下一小块儿，撒上一点儿盐，品尝一下，并表示最虔诚的谢意。面包和盐在一起，表现了俄罗斯独特而浓厚的文化色彩，相关礼节不可不知。

俄罗斯人的禁忌

俄罗斯联邦主要宗教有俄罗斯东正教、伊斯兰教、天主教、新教、犹太教和佛教。他们对盐十分崇拜，并视盐为珍宝和祭祀用的供品。认为盐具有驱邪除灾的力量。到朋友家做客或者在餐馆用餐时，一定要注意，不可打翻盐罐或是将盐撒在地上，这样会被认为是不吉利的。

俄罗斯人有"左主凶右主吉"的传统思想观念。认为左手握手或左手传递东西及食物等，都属于一种失礼的行为。遇见熟人不能伸出左手去握手问好，学生在考场不要用左手抽考签等等。

俄罗斯人对动物的好恶

在俄罗斯，许多动物被赋予特别的意义。猫因为能驱老鼠常常被人们放在新居中，驱逐魔鬼以获得安宁、光明和幸福。但黑猫不受欢迎，如有黑猫在眼前跑过，则被认为是不吉利的征兆，此时，俄罗斯人通常会向左肩后啐三口唾沫表示驱邪。在农村人们喜欢在房屋上放置公鸡的木质饰品，因为他们认为公鸡的叫声可以驱走凶神和恶鬼。公鸡还被当作火神，有时被比喻好斗和好闹事的人。相比之下，母鸡则是愚蠢的、毫无见识、目光短浅的人的象征。

俄罗斯人很喜欢马，通常认为马能驱邪，是吃苦耐劳的象征。尤其相信马掌是表示祥瑞的物体，认为马掌即代表威力，又具有降妖的魔力。俄罗斯人最喜欢的鸟是夜莺，不喜欢的鸟是喜鹊，因为夜莺代表歌声嘹亮的人，而喜鹊代表多嘴多舌、随便乱说的人。俄罗斯人也不喜欢兔子，认为兔子是一种怯弱的动物。见到兔子从眼前跑过，便认为是不祥的征兆。中国人最崇拜的龙，在俄罗斯人看来，是最凶猛的动物，比喻残酷的人。

因此不要给俄罗斯朋友赠送带有他们不喜欢的动物图案的礼物。

给俄罗斯人送花的讲究

和世界上许多国家一样，鲜花在俄罗斯也是友人相赠的佳品。在俄罗斯赠花在品种、颜色、数量等的选择上，有很多讲究。玫瑰和石竹花可以表达爱慕之情，送玫瑰一朵即可，送石竹要多多益善；表达分手的意思时要送风铃草；而表达忠诚含义的是菊花；祝愿朋友一帆风顺、心想事成要送紫罗兰和铃草；为使人留下美好回忆，送勿忘我；参加婚礼，送白玫瑰最合适；在成人仪式、毕业典礼或者乔迁之喜等庆祝仪式上要送各种颜色扎制起来的花；送给退休老人的应该是红色的花，因为红色代表功勋和长寿。无论在何种场合，都不能只送黄颜色的花，因为黄颜色暗示不忠诚和离别。

俄罗斯人为何笑脸不常开

俄罗斯人一般脸上不带笑容，被称为"冷面民族"。他们不仅不对陌生人微笑，在执行公务时也一脸的严肃。这种习惯与他们对微笑的理解有关。他们认为与陌生人微笑是轻佻的，有失体面的；办理公务时微笑是精力不集中的表现，会影响工作。他们并不认为微笑是礼仪的需要，而是认为微笑是做作的，没有必要和不恰当的。他们认为笑必须有发笑的原因，笑要发自内心，对一件事觉得好笑时，就开怀大笑。否则，就要保持严肃。因此，到俄罗斯旅游或者公干，不要因为俄罗斯人没有我们常见的微笑就感到受到了冷落。

进莫斯科机场海关时要注意什么

俄海关边防要检查的各种文件——护照、签证、俄邀请单位邀请信和营业执照（原件或复印件）；

俄海关边防检查时经常要核问俄方邀请单位名称、电话，必要时可用英文回答；

过俄海关边防后，在经过行李检查之前，必须填写入关单（要如实填写），其主要内容包括所带外汇币种和数量、摄像机、照相机、贵重首饰等物品；

进海关前，每人需要填写一张表格，写明随身带了多少卢布、多少美元、多少人民币。海关的人摊开两只手迎接你，一只手拿过申报表，另一只手悬停在半空不动，这个手语的意思是交出你的钱包，他要清点核对。

在俄罗斯还有什么其他需要注意的事项

1. 俄罗斯入境签证和落地签都是单独纸张，并未与护照做在一起，容易丢失，请务必妥善保管；

2. 在俄罗斯全境只能使用卢布，其他通用货币必须在货币兑换点换成卢布，只有在莫斯科星期日市场可以使用美元交易；

3. 入关单必须保存好，因为出关时需要填报出关单，并与入关单核对，少于入关单数额的外汇或物品可以带出境，否则外汇没收，物品征税。

乌克兰

在乌克兰用餐有哪些讲究

乌克兰人用餐很讲规矩，餐巾只有等饭菜端上餐桌才能打开，并且只能铺在两膝上，不能围在脖颈上。用餐完毕，纸餐巾要叠好放在盘子里，布餐巾则要放在桌子旁边。如果做客乌克兰人家，必须等女主人将餐巾搁在一边，才意味着宴会结束，否则客人不能离开餐桌。另外，用餐过程中不能随意走动、指手画脚、高声说话以及用刀叉敲击碗碟。

 旅游小贴士

饮食

按乌克兰人的习惯，午餐、晚餐通常有三道菜：第一道和第二道是主菜，第三道为辅菜。第一道菜通常是热汤类，如汤菜、红甜菜汤等；第二道菜通常是肉、鱼、禽、蛋制品；第三道菜通常是水果、甜食或饮料。

乌克兰人对颜色有怎样的看法

乌克兰人忌讳黑色，认为黑色是死亡的色彩。他们只有遇到懊丧之事时，才会使用黑色。另外，他们喜爱各种艳丽的色彩，尤其厚爱红色，视红色为积极向上的色彩，可以给人带来力量。

与乌克兰人交谈要注意什么

与乌克兰人交谈，切忌谈论他们的民族问题、经济问题、政治问题以及与独联体国家的关系。另外，话题也不要涉及他们的个人收入、政治态度等。

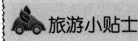 旅游小贴士

见面礼仪

握手和拥抱是乌克兰人相见时最普遍的见面礼。男人之间握手要用力一些，如果握手软弱无力，会被误解成无意交往；如果对方是女士，应等女士先伸手。若关系比较亲密，见面时可相互拥抱并互贴面颊。

给乌克兰人送礼要注意什么

给乌克兰人送花，一定要确保数目为奇数，因为偶数的花束是用在葬礼上的。另外，不要送黄色花（尤其是菊花）或复活节百合，因为这些花也是为葬礼准备的。

在乌克兰为何不可以用左手服务

乌克兰人忌讳使用左手服务，认为使用右手才合乎礼仪，单独使用左手是不礼貌的行为。

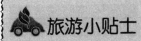 旅游小贴士

其他禁忌

乌克兰居民大多数忌讳"13"和"星期五"。忌讳新年时有穿戴不整的客人上门，认为这表示一年都不吉利。忌讳吃饭时有咀嚼食物的声音。

立陶宛

立陶宛人在日常生活中有哪些忌讳

立陶宛人用餐时讨厌餐具作响，厌恶听见他人咀嚼食物的声音；交谈时非常反感在众人面前耳语；忌讳询问他人的工资、年龄、宗教等私人问题；抽烟时还忌讳一火点三烟，认为这样会给人带来厄运。另外，他们不喜欢吃虾、海味和清蒸类的菜肴；对"13"和"星期五"很反感，认为它们是令人丧气的数字和日期。

旅游小贴士

礼仪

立陶宛人在平时谈吐中，非常注意使用"请"与"谢谢"。在与宾客攀谈时，习惯轻声细语的氛围。他们在社交场合中，无论是行走、乘车等，都习惯对女士给予特殊的优先和照顾。他们喜欢红色，认为红色为喜庆、欢乐、胜利之色。

在立陶宛出行要注意什么

在立陶宛出行，要注意以下几方面：①随身尽量不要携带贵重物品、巨额现金；②最好不要去偏僻昏暗处及非健康娱乐场所；③在饭店、酒吧及交通工具上不要随便接受陌生人物品，特别是食品、饮料，以防接触麻醉性毒品；④不与陌生人交往过密，切忌独自随其活动；⑤如果开车要随手锁车，夜间应将车辆存放在有人看管的停车场；⑥随身应携带护照等证件，以防被查；⑦如果发生意外，应及时拨打当地报警电话，并与中国驻立陶宛大使馆联系。此外，立陶宛是天主教国家，游客参观教堂等宗教场所要保持肃静。

 旅游小贴士

语言

立陶宛官方语言为立陶宛语，官方正式资料及文件全部用立陶宛语和英语书就。目前，立陶宛的多数成年人可用俄语交谈，青少年中已开始普及英语、德语教育。

入境立陶宛有哪些注意事项

入境立陶宛要注意以下事宜：①携带超过 10 000 立特货币或等值外币，要出示外汇申报单或银行外汇携带证明，否则会遭海关没收并罚款；②携带葡萄酒不能超过 2 升，白酒不能超过 1 升，香烟不能超过 200 支；③可携带不超过 500 克的巧克力或含可可成分的食品；④携带化妆品和日化用品不能超出个人所需。

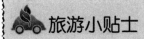

 旅游小贴士

旅游项目推荐

景点：主要旅游景点有维尔纽斯老城、特拉盖城堡、百浪港、尼达、希奥利艾十字架山、杜鲁斯基宁盖等。

美食：黑面包、熏鱼。

娱乐：来立陶宛旅游，千万不要错过正宗的俄罗斯芭蕾舞、歌剧等。

白俄罗斯

白俄罗斯人有何着装习惯

白俄罗斯民族崇尚白色，认为白色纯真、洁净；喜欢红色，认为红色寓意勇敢，并会给人以鼓舞。忌讳黑色。因此来白俄罗斯旅游，穿白色、红色服装比较受欢迎。

白俄罗斯人有哪些日常禁忌

白俄罗斯多数人信奉俄罗斯东正教，西北地区的人则多信奉天主教。他们十分崇拜盐，认为其能驱邪除灾，故忌讳将盐碰撒，认为其预示不祥。他们忌讳赠送黄色的蔷薇花，认为这是断绝友谊的象征。忌讳社交活动中使用左手，认为这是不礼貌的举止。忌讳黑色，尤其忌讳见到黑猫。一般不爱吃蘑菇和茄子。

在白俄罗斯人面前不要用微笑表示友好

白俄罗斯人性格豪迈，心地实在，通情达理，他们表示高兴时，往往爱开怀大笑，而表示轻蔑时，又总习惯微微地一笑。因此，中国人与他们交往时，不要用我们惯有的微笑表示友好和礼貌。对他们来说，这种微笑代表着完全相反的意义，会让他们感到莫名其妙。

白俄罗斯人好恶的数字是什么

白俄罗斯人喜欢"7"和"7"的倍数，认为"7"是个吉祥的数字。因此，他们无论做什么事情，总乐于同"7"打交道。他们讨厌"13"，认为"13"是个凶数，会给人以大祸临头的印象或给人带来灾难。

北美洲旅游禁忌

美国

与美国人见面是否应该注意你的着装

总体而言，美国人平时的穿着打扮不太讲究。崇尚自然、偏爱宽松、讲究着装体现个性是美国人穿着打扮的基本特征。美国人非常注重服装的整洁，也十分重视着装细节，所以跟美国人打交道时，应注意在穿着打扮上符合社交要求，不同的场合讲究不同的装束，免得让对方产生不良印象。

应邀到美国人家时应当注意些什么

到家里拜访美国朋友时，进了门一定要摘下帽子脱掉外套，美国人认为这是一种礼貌。还有，莫在别人面前脱鞋。在美国，若是在别人面前脱鞋或赤脚，会被视为不知礼节的野蛮人。特别是女士不应随随便便地在男士面前脱下自己的鞋子或者撩动自己裙子的下摆，因为这往往会令人产生成心引诱对方的误解。只有在卧室里或是热恋的男女之间，才能脱下鞋子。女性若在男性面前脱鞋子，那就表示"你爱怎样就怎样"；男性脱下鞋子，就会像丛林中赤足的土人一样受人蔑视。无论男女，在别人面前拉下袜子、拉扯袜带都是不礼貌的。如果你的鞋带松了，也应走到没人的地方系好。

切忌穿睡衣、拖鞋会客或是穿睡衣、拖鞋外出，这些都会被美国人视为失礼。

在美国，为什么女人不能穿黑色皮裙、化艳妆或当众化妆补妆

在美国，女性最好不要穿黑色皮裙，因为这是美国妓女通常的衣着。另外，美

国人认为，出入公共场合时化艳妆，或是在大庭广众之前当众化妆、补妆是缺乏教养的行为，而且还有可能令人感到"身份可疑"。此外，在室内依旧戴着墨镜不摘的人，往往会被美国人视作"见不得阳光的人"。

白宫风光

在美国喝酒要注意什么

在美国人的宴会上，很少看到烂醉如泥的人。即便喝多了，他们也会努力克制，直到宴会结束回到自己的房间，才倒头不起。如果当场大醉，会让众人鄙视。

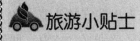 **旅游小贴士**

酒类

美国的酒大致可分为啤酒、鸡尾酒、威士忌和葡萄酒。但值得注意的是：标有"Chablis"商标的葡萄酒并非法国所产的无甜味的白葡萄酒，而是美国加利福尼亚州生产的白葡萄酒，该酒在美国享有盛誉。

在美国吃东西要注意哪些法律法规

在美国吃东西，不能无所顾忌。在一些地区，对所吃的食物还有明文规定。比如：堪萨斯州法律规定周日公民不能吃蛇肉，否则处以监禁；印第安纳州的威诺纳湖区规定周日不能在柜台边吃冰激凌；新泽西州规定在餐馆喝汤不能发出"咕嘟"的声音，否则处以拘留；内布拉斯州的活特卢法律规定，理发师不能在上午7点至下午7点吃洋葱；印第安纳州法律规定，吃蒜后4小时内不能乘电车或者去影、剧院。

在美国用餐方面有哪些戒条

美国人用餐的戒条主要有以下六条：不允许进餐时发出声响；不允许替他人取菜；不允许吸烟；不允许向别人劝酒；不允许当众脱衣解带；不允许议论令人作呕之事。

在美国用餐时应注意哪些？如何取菜、处理鱼刺、骨头及食物残渣呢

首先，切忌像小孩戴围嘴一样将餐巾一角插入衣服内或将餐巾一角放到餐桌上，应将餐巾放置于大腿上，用完餐后用餐巾轻轻擦拭嘴唇。

坐姿应注意双手自然放松，切忌将双手和胳膊肘长时间放在餐桌上。

若要取菜应使用公共餐具，用毕放回原处。鱼刺、骨头及食物残渣等应放在盘中，切忌放在餐桌上。

在美国用餐时忌吵闹、酒醉吗

美国人绝对忌讳用餐时吵闹，他们比较喜欢在安静的环境下就餐，因此中国人到美国的餐馆就餐，应适当改变我们在国内喜欢热闹的饮食习惯，以免打搅别人用餐。

在宴会上喝酒要适量，始终保持斯文的举止，这是欧美人士共守的礼节。在美国人的宴会上，很少看到烂醉如泥的人。即使喝多了，也要坚持到宴会结束，回到自己的房间后才可倒头不起。如果当场酩酊大醉，惹是生非，会招来众人的鄙视。

在美国娱乐场所需要注意哪些事项

大多数娱乐场所都不允许摄影和照相，因为摄影和照相的闪光灯和快门都会影响到表演者的情绪，若要摄影或照相必须看看是否有禁止标志。文艺演出场所和电影院应关闭手机等移动通信设备，且不要大声讲话。去高级娱乐场所还要注意服饰，有些场合对参加者的衣着有明确的要求，必须遵守，以免引起不必要的麻烦。

看文艺演出或体育表演时应提前或正点到达，如果迟到，要礼貌地服从服务人员的安排，在演出曲目或表演间隙入场。演出过程中绝对不能在场内吸烟、吃零食，避免发出噪音。如要提前离场，必须在节目间隙或幕间休息时方可离开，以免影响别人。

在美国为什么忌同性一起跳舞

同性不能双双起舞，这是美国公认的社交礼仪之一。同性一起跳舞，旁人必定投以责备的目光或者认为他们是同性恋者。因此，即使找不到异性舞伴，也绝不能与同性跳舞。

在美国酒吧有什么禁忌

酒吧是个让人放松的地方，但也有要注意的，那就是女性不可单独喝酒。如果单独喝酒或几个女性聚在一起喝酒，都被视为"正在等男士的女人"。不谙此情的妇女可能受到男士"毛遂自荐"式的骚扰。

若你的相貌很年轻，最好带上证件，因为饮酒在美国法律上是有年龄限制的。

在美国怎样同陌生人打招呼

我们在路上、电梯内或走廊里，常常与迎面走来的人打照面，目光相遇，这时美国人的习惯是用目光致意，不可立刻把视线移开或把脸扭向一边，佯装不见。只有对不顺眼和不屑一顾的人才这样做。

美国人清晨漫步街道时，若碰到擦身而过的人，会习惯地说一声"早上好"。当然，在行人较多的街道上，不必对所有擦肩而过的人都以目光致意或打招呼。

在与美国人交谈时应避开什么话题

参加美国人的聚会时，切莫只谈自己最关心最拿手的话题。谈论只有自己熟悉的话题，会使其他人难堪，产生反感。谈论个人业务上的事，加以卖弄，也会使其他人感到你视野狭窄，除了本行之外一窍不通。

在谈话间，应该寻找众人共同感兴趣的话题。医生可以大谈文学，科学家畅谈音乐，教育家讲述旅行见闻，使整个聚会充满轻松气氛。

应该注意的是，基督徒视自杀为罪恶，在美国，"自杀"这个话题不受欢迎，不论何时何地少谈为妙。有关政治、宗教和种族肤色等问题最好不要谈。

在美国到别人家里做客，要问候孩子吗

美国人讲究大人、孩子一律平等。到美国人家中做客，他们的孩子也一定出来见客，打个招呼。这时，千万不要只顾大人冷落了孩子。那样势必使他们的父母不愉快。

跟小孩子打招呼，可以握握手或亲亲脸，如果小孩子亲了你的脸，你也一定要亲亲他的脸。

常听美国人说"谢谢（thank you）"和"对不起（excuse me）"，我们也要这么做吗

当与人擦身而过，不小心撞了一下肩膀，就得立刻说声："对不起!"在社交生活中，这是最起码的礼貌。

另一句话是："谢谢!"短短的一句，能在各方面使得人际关系顺利圆滑。请小孩子帮忙，也不能不说"谢谢!"来表示你的感激之意。所以平常就应该把"谢谢!"、"对不起!"当作生活中的习惯用语，用得愈多愈好。

在美国也不能随便说 I am sorry

I am sorry 和 Excuse me 都是"抱歉""对不起"的意思，但 I arn sorry 语气较重，表示承认自己有过失或错误。如果为了客气而轻易出口，常会被对方抓住把柄，追究实际不属于你的责任。到时只有"哑巴吃黄连"，因为一句"对不起"已经承认自己有错。又如何改口呢？

在与美国人交往中忌谦虚，是吗

中西方各有不同的文化背景，中国人视谦虚为美德，但是美国人却把过谦视为虚伪的代名词。如果一个能操流利英语的人自谦说英语讲得不好，接着又说出一口流畅的英语，美国人便会认为他撒了谎，是个口是心非、装腔作势的人。所以，同美国人交往，应该大胆说出自己的能力，有一说一，有十说十。不必谦虚客气，否则反而事与愿违。

在美国微笑会给人带来麻烦吗

微笑可以带来友谊。但是在某些场合，微笑往往代表对某种事物的允诺。尤其是女性，最好不要无来由地微笑。因为暧昧不明的微笑，有时候会被误认为是"耻

笑"，有时会被误认为"默认"，结果造成很大的误会。

在与美国人谈话时绝不可含糊

其词在美国，无论与什么人说话，如果您不愿意，都要清清楚楚地说"不"字才好，绝不可含糊其词、词不达意，这才算是礼貌。有人发问时，我们的回答要简洁清晰而有力，肯定地给予"Yes"或"No"的回答。

中国人传统上比较含蓄，说"No"感觉难以启齿，因此回答模棱两可，很容易发生误会。在表示抱歉或否定时，都必须明确表示，不要以为别人能察言观色，懂得你那不愿明说的弦外之音，这在实事求是的美国是行不通的。女性遇到有男性搭讪或要拒绝喝酒时，都必须明确表示。尤其在商场进行交易时，应说"No"时，尤须坚决，不能说不好意思或不便启齿等等，那是得不到谅解的。

在美国不能使用 Negro 吗

在美国，种族和肤色是敏感话题，应尽量避免涉及。一定要谈时，要将黑人称作 black people，而不是 Negro。Negro 是英语"黑人"的意思，尤其指从非洲贩卖到美国为奴的黑人。在美国千万不要把黑人称作 Negro，跟白人交谈如此，跟黑人交谈更如此。否则，黑人会感到你对他的蔑视。

有人说，在美国不可在别人面前伸舌头，是这样吗

美国人认为在别人面前伸出舌头是一件既不雅观又不礼貌的行为，给人以庸俗、下流的感觉，甚至可以解释为瞧不起人。

小孩子犯了错，可以吐吐舌头，显得天真可爱，成年人千万不可这样做。

在美国忌讳替别人付账吗

中国人的习惯是，几个好友一道出门时，总是抢着付钱买车票、门票等。但如果对美国人这样做，却不会得到他们的感谢。这种做法会使美国人觉得欠了人情账，心理上很难受。美国人一起外出，总是各付各的费用，车费、饭费、小费无不如此。

在手势方面，美国人与我们有相反的吗

美国人指自己时，要用手指指胸口。如果我们按照自己的习惯，指向鼻尖，常

会使他们不明其意，无法理解。

叫别人过来时，我们的习惯是招招手，这在美国人看来恰恰是"再见"。他们招呼人过来的手势是把手指向着自己，然后以中指和食指朝着自己，轻轻摇动两三次。

美国人有不少手势习惯，例如用食指和大拇指搭成圈，其余三个手指向上伸开，做个"OK"的手势，这就表示"好""同意"。

在美国上厕所有什么要注意的吗

中国人的习惯是随手关门，厕所没人时最好关严。美国人则习惯厕所门开一道小缝，表示里面没人。如果关严，意味着里面有人，别人只好在外面苦等。

在美国接受别人的邀请时不要太含蓄

美国人性情比较坦率，习惯直截了当地接受或拒绝邀请，这与我们习惯的比较委婉、含蓄的接受方式不同，因此在美国最好不要用"您太客气了""这太麻烦您了"之类模棱两可的语言表达接受邀请的意思，以免让对方感到疑惑不解。

在饭桌上不要给别人夹菜

在我们的礼仪习惯中，对待餐桌上的客人最热情的招待方式就是女主人不断地往客人碗里夹菜，只有客人多次表示谢绝才罢休，客人也往往不会主动地动手夹菜。但这种习惯在美国是完全不同的，美国人常用"help yourself"劝客人吃喝，客人常用"Yes，please"或"No，thanks"表示接受或者拒绝，因此，如果在美国邀请别人吃饭，不要替客人夹菜，即使使用公用筷子也不可，更不用说用自己的筷子。去做客也不要等待主人一再地让菜才吃，而应该主动地自己照顾自己。

在美国怎样送客

中国人的热情好客表现在送客时总是依依不舍，有时送出家门很远，而且在感觉上似乎送得越远越说明感情深厚。美国没有这样的习惯，客人走时闭门不出的情况时而有之，这只是习惯不同罢了，因此，不要因为主人没有远送、惜别而感到受到了冷遇或怠慢。

在美国怎样尊重别人的隐私权

美国人不管是对自己还是对他人，都有强烈的隐私意识，所以到美国旅游或者学习，对这一点必须特别注意。即使住在同一公寓，未经允许也不能进入他人的房间。访问他人时不得随便翻阅桌上的材料，公开出版的书籍也不行。不管在什么场合，都不能在人的背后与人同看一份材料。

在美国不能以沉默代替回答

在与人交往过程中，中国人常常沉默表达默认、含蓄、礼貌或者忍让等态度或情感。这种表达方式在美国行不通。在美国或者英语国家，一般是有问必答，沉默不语被认为是严重失礼。

与美国人交往忌讳说哪些话题

美国人忌讳别人问他的年龄，忌讳问他们买东西的价钱，忌讳在见面时说："你长胖了!"因为年龄和买东西的价钱都属于个人的私事，他们不喜欢别人过问和干涉。至于"你长胖了"这句中国人习惯的"赞赏话"，在美国人看来是贬义的。因为在美国有"瘦富胖穷"的概念，一般富人有钱游山玩水，身体练得结实，容貌普遍消瘦；胖人没多少钱，更无闲心去锻炼了。所以偏胖。

在美国，忌讳说"old"

美国人禁言收入和年龄。特别是对于年龄，美国人对"老"的恐惧心理已达到忌讳说"old"一词的程度。这和中国的习惯不太一样。中国人虽然也有不愿变老的心态，但老年人却乐于接受别人称呼其为"您老""老人家""老大哥""老张""郭老"等，并认为这些称呼中包含资深、权威、敬重之意。在美国要慎言"老"字，不要让他们产生误解。比如：给老年人送生日礼物，如果送老寿星给一个中国老人，他会非常高兴地理解为你希望他和老寿星一样高寿。但要是送给美国老人，他的反应会完全相反，他会说："do you wish me to be as dd as that clay-figure? I'd like to be always young."

给美国人送礼的讲究

送礼必须送得有意义，例如朋友生日、同事结婚可以送上一份礼物，以表心意。但不能动辄送礼，这样对方不但不会感激，还会疑心你另有所图。

不知送何礼物为宜时，可以送鲜花。做客或参加宴会，鲜花总是得体的。但要注意美国人最忌讳将白色百合花作为礼物送人。香水和威士忌等普遍受到欢迎。但不要向女性赠送香水、衣物和化妆用品。

商务送礼一般在第一次商务会上。赠送的礼品，法律只允许送相当于付25美元税的那些商品。不要给美国人赠送带有公司标志的便宜礼物。因为这样做有为公司做广告之嫌。

到美国人家里做客，通常不带礼物，事后要写一封感谢信。要送的话可象征性地送上花、植物或者一瓶酒之类的礼物。

与美国人交往应注意什么

美国人性格浪漫、为人诚挚。他们在与互不相识的人交际时，惯于实事求是、坦率直言。即使是自我介绍时，他们也喜欢对自己的情况据实说出，愈真实愈好。对那些谦虚、客套的表白是看不习惯的。过分的客套对他们来说是一种无能的表现；过头的谦虚可能会被他们误认为你心怀鬼胎。

在公共场所就座时，一般都让长者和妇女坐在右边；走路要让长者和妇女走在右边。他们以好客著称，为了表示友好，使客人感到随便，不拘束，他们一般乐于在自己家里宴请客人，而不习惯在餐馆请客。他们很健谈，喜欢边谈边用手势比划；彼此间乐于保持一定的距离，一般以50厘米左右间距为好。他们行动喜欢自由自在，不受约束。惯于晚睡晚起，有拖拖拉拉的习惯。请美国人用餐，他们一般是不提前到达的，而是准时或迟到5~15分钟。

与美国人初次见面应注意什么

美国人与客人见面时，一般都以握手为礼。他们习惯手要握得紧，眼正视对方，微躬身。认为这样才算是礼貌的举止。他们对握手时目视他方很反感，认为这是傲慢和不礼貌的表示。

同女人握手美国人都喜欢斯文一些。在社交场合与客人握手时，还有这样一些习惯和规矩：如果两人是异性，要待女性先伸出手后，男性再伸手相握；如果是同性，通常应年长人先伸手给年轻人，地位高的伸手给地位低的，主人伸手给客人。

美国人在颜色上的偏好和忌讳有哪些

美国人溺爱白色，认为白色是纯洁的象征；偏爱黄色，认为是和谐的象征；喜欢蓝色和红色，认为是吉祥如意的象征。他们忌讳黑色，认为黑色是肃穆的象征，是丧葬用的色彩。

美国人喜爱和厌恶的动植物有什么

美国人喜欢白猫，认为白猫可以给人带来运气。欣赏白头鹰。认为它威武强悍，把它敬为国鸟，并以它作为国徽的图案。其解释为：顶冠象征美国是一个主权国家；分握橄榄枝与箭的两爪象征和平与武力；嘴叼黄带，上书"合众为一"表示美利坚合众国由多州组成。他们讨厌蝙蝠，认为它是吸血鬼和凶神的象征。

美国人忌讳的动作和行为有哪些

美国人忌讳有人在自己面前挖耳朵、抠鼻孔、打喷嚏、伸懒腰、咳嗽等。认为这些都是不文明的，是缺乏教养的行为。若喷嚏、咳嗽实在不能控制，则应避开客人，用手帕掩嘴，尽量少发出声响，并要及时向在场人表示歉意。他们忌讳有人冲他伸舌头，认为这种举止是污辱人的动作。

加拿大

加拿大人忌食什么食品

受加拿大天寒地冻的地理环境影响，他们特别爱吃烤制食品。家乡风味烤牛排是他们的最爱，尤以半生不熟的嫩牛排为佳。他们习惯饭后喝咖啡和吃水果。

加拿大人在饮食上，忌吃虾酱、鱼露、腐乳和臭豆腐等有怪味、腥味的食物；忌食动物内脏和脚爪；也不爱吃辣味菜肴。因此款待加拿大朋友时，应注意避免此类食品。

加拿大用餐礼仪方面有什么特殊之处

加拿大人对法式菜肴比较偏爱，并以面包、牛肉、鸡肉、土豆、西红柿等物为日常之食。从总体上讲他们以肉食为主，特别爱吃奶酪和黄油。加拿大人重视晚餐。他们有邀请亲朋好友到自己家中共进晚餐的习惯。受到这种邀请应当理解为是主人主动显示友好之意，无特殊情况最好不要拒绝。

到加拿大人家中做客应该送什么礼物

如果你在私人家里受到款待，礼貌的做法给女主人带去鲜花，不要送白色的百合花，它们是与葬礼联系在一起的。

与加拿大人交往应注意什么问题

加拿大人大多数信奉新教和罗马天主教，少数人信奉犹太教和东正教。他们忌讳"13""星期五"，认为"13"是厄运的数字，"星期五"是灾难的象征。因此，交际时间应尽量避免选择这样的日子。他们忌讳白色的百合花。因为它会给人带来死亡的气氛，人们习惯用它来悼念死者。因此，送朋友鲜花时要特别注意，不要选择白色百合花。与他们交谈时不要把他们的国家和美国进行比较，尤其是拿美国的优越方面与他们相比，这样做会使加拿大人无法接受。

在加拿大给不给小费

要付小费的。一般给宾馆服务员的小费为每件手提行李付加币50分，但每次至少给1加元。清洁房间的服务员则每天1加元。搭出租车或在餐馆的小费是消费额的10～15%，但至少给加币50分。

在机场搬运行李的服务生，搬一件行李需给付小费加币50分。

在加拿大宴席上的"三不"是指什么

加拿大的宴席有"三不"，游客要特别注意。具体为：

（1）不设烟酒。对中国人来讲，宴席上若没有烟酒，就是东道主不懂礼节。但是，加拿大人请客却不设烟酒。这是因为加拿大有这样的法律规定：联邦政府大楼、酒店、银行、商店、学校、电梯和多数公共场所严禁吸烟。如有人在禁烟区吸烟（如酒店等），商家却不加制止或纵容，要处以5000加元罚款；餐厅、酒吧只能在上午11时到凌晨1时卖酒，喝酒者只能在有酒牌的地方或住宅内喝，否则将受处罚。另外，未满16周岁者禁止购买香烟。

（2）不吃热食。中国人吃饭一般趁热吃，有一些冷盘，也只是供喝酒用；然而加拿大人有种宴请却刚好相反——只吃"冷食"。他们将各式菜肴烧好，用碗、盘、碟等器皿盛好摆在餐桌上，等客人到齐后再享用。由于菜肴烧好的时间较早，时间一长便成了"凉菜"，所以加拿大人将这种宴请称为"冷餐宴会"。

（3）不排席座。加拿大的"冷餐宴会"不安排席座，客人通常手持一次性餐盒和叉子，排在摆满饭菜的台前，自己选取食物。取好饭菜，便随意地找地方用餐。

旅游小贴士

打包

　　加拿大人聚餐有吃不完的饭食时，通常请服务员打包带走。这没有人讥笑你寒酸，也更不必担心有失身份。

加拿大人对饮食有怎样的讲究

　　加拿大人偏爱法式菜肴，以肉食为主，爱吃奶酪和黄油。日常食物通常为面包、牛肉、鸡肉、鸡蛋、土豆、西红柿、洋葱、黄瓜等。由于气候寒冷，他们还特别爱吃烤制食物。其中烤牛排是最爱，尤以八成熟的嫩牛排为佳。此外，他们还忌吃一些食物，比如动物内脏、脚爪和虾酱、鱼露、腐乳、臭豆腐等有怪味、腥味的食物。

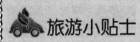 **旅游小贴士**

美食

　　加拿大特色美食有枫糖煎三文鱼、加拿大熏鲑鱼、布罗美湖鸭、蓝色小丸子、周打鱼汤、铁板西泠扒等。

加拿大人在穿着方面有怎样的讲究

　　在加拿大，穿着要根据场合而定。例如：①参加正式宴会，男士穿整套深色西装，女士穿庄重的衣裙。如非正式的宴会，男士可以穿不同颜色的上衣和长裤，女士可以穿整套衣裙或衫裙。要注意，服装款式不能太奇异，颜色也不能太显眼。②参加婚礼，男士可以穿西装或便装，女士不能打扮过于艳丽，最好不要穿白色或米色系列的服装（此时象征纯洁的白颜色服装只属于新娘）。如果婚礼在教堂举行，那男士必须穿深色西装打领带，女士必须穿庄重的衣裙。③参加葬礼，男士要穿西装，打素色或黑色领带；妇女要穿款式保守、素色或黑色衣裙，不能穿金戴银和化浓妆。④进入教堂、宫殿、高级娱乐场所等正式场合，衣着必须端庄整洁，不能穿拖鞋、短裤、迷你裙、无袖上衣或其他不适宜的衣服。

与加拿大人交谈要注意什么

与加拿大人交谈，不要靠得太近或太远（保持 2 英尺距离为宜）；别人讲话，不能凑过去旁听；若要与他人讲话，应等对方讲完，切忌插话；周围有数人，应与每人都闲谈几句；若遇到不便谈论的话题，切莫轻易表态。

交谈要充分尊重对方隐私，不能问成年女士的年龄，也不能问对方婚姻状况和私生活，更不要主动涉及对方收入和开支情况。另外，不能拿他们的国家和美国相比，尤其拿美国的优越方面来比，否则很可能引起不必要的矛盾。

 旅游小贴士

生活习性

加拿大人的生活习性既有英国人那种含蓄、法国人那种明朗，还有美国人那种无拘无束。他们热情好客、待人诚恳。他们视枫叶为国宝和祖国的骄傲，将其喻为友谊的象征；偏爱白雪，视其为吉祥的象征。

在加拿大赴约要注意什么

在加拿大参加活动一定要遵守时间，如果迟到要向在座各位表示歉意。如果不能赴约，要有礼貌地早些告知东道主，并以恰当的方式道歉。另外，加拿大人不喜欢不速之客，无论公事还是私事，都要预约。即便路过某地，想顺道看望友人，也应该事先打声招呼。如果去对方办公室，切忌没完没了地闲聊。

开车到加拿大人家要注意什么

开车到加拿大人家做客，要遵照主人的意思在指定地点停车，切忌将车停在邻居的私人车位。同样，如果看到邻居庭院外有"请勿入内"的牌子，也不能乱闯，否则容易引起侵犯他人私有财产的纠纷。

与加拿大人会面要注意哪些礼节

加拿大人见面会互致问候。男女见面时，通常由女士先伸出手来。女士若不愿意握手，那可以微微鞠躬。如果戴着手套，男士应摘下手套再握手，女士则不必。

他们做介绍，通常按先少后长、先高后低、先宾后主的次序。做介绍时，双方要起身微笑看着对方，并一边握手一边报出自己的姓名。另外，介绍时声音要适中，加拿大人非常反感大声介绍自己的方式。

加拿大人尊重老人和女士体现在哪

加拿大男士非常尊重老人和女士，上下楼梯、进出车辆、电梯，会让老人、女士先行；进门或出门，会主动帮助开关门、脱外套；一起用餐，会主动帮助他们入离座位。如果哪位男士无视这些，那将受到众人鄙视。

 旅游小贴士

性格

加拿大人朴实、友善、随和，易于接近。他们讲礼貌但不流于烦琐礼节，在公共场所注意文明礼让，一般不大声喧哗。

给加拿大人送礼要注意什么

参加加拿大人的生日聚会或婚礼，送礼时要附带一张贺卡；参加平常家庭聚会，给女主人送一束鲜花即可。但是，送花要切记不能送白色百合花，因为加拿大人习惯用它来悼念死者。

入住加拿大酒店要注意什么

入住加拿大酒店，要注意以下几点：①加拿大的电压为110伏特，充电等要到商店购买美标转换插头。②酒店内不提供热水，凉水可安全饮用，如需要热水可用酒店的水壶烧。③非吸烟房内严禁吸烟，否则会遭到高额罚款。④洗澡时为防水溅出弄湿地板，要将布帘拉上，并放在浴缸内。如果因水溢出而导致损失将由个人承担。⑤房内的暖气要自行调节，睡觉前要将室温调高。⑥注意轻开轻关房门，切忌摔门或大声喧哗，以免遭其他房客投诉。⑦如遇危险一定要拨打酒店总机。

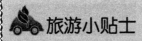 **旅游小贴士**

电源

加拿大电压为110伏特，插座为三孔——上面一个是圆形，下面两个是平行的扁形。旅游时要自备变压器和转换插座。

在加拿大的公共场合，要注意什么

在加拿大的公共场合，不能在人前抠头发、清理手指甲缝的污垢，还不能插嘴讲话和盯视他人，否则会被认为没有礼貌。

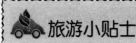

旅游小贴士

吸烟

加拿大的机场、车站、办公楼等公共场所大多禁烟，如有违反最高会被处2000美元罚款。另外，酒店分有烟和无烟房，要特别注意。

在加拿大从事商务活动，要注意什么

在加拿大从事商务活动，不宜过早到达，可以晚到几分钟。交谈时，可以赞美对方衣服、手表或请教关于加拿大的风俗习惯、名胜古迹等，切忌涉及对方年龄、收入、宗教信仰、政见或性问题，以免发生误解和争执。

另外，在商务活动中赠送礼物，最好选择具有民族特色、比较精致的工艺美术品。礼物要用礼品纸包好，附带写有对方和送礼人姓名的卡片。但是，如果接到的请柬上注明"请勿送礼"，那要尊重对方意见，不带礼物出席。

墨西哥

为什么在墨西哥容易迷路

墨西哥道路的名称五花八门，什么样的名称都有，且重名者甚多。去一个地方，一定要问明详细地址，包括大区名、小区名和具体的街道名称。当然，在墨西哥也有一个永远也走不错的地址，即墨西哥国墨西哥城墨西哥大道。

在墨西哥问路应注意什么

你若在墨西哥城打探路径，那里的热心人可就多了去了。不管问谁，都又和蔼又耐心，极其认真负责地给你指点一番，左拐右拐，横穿直行，说得头头是道。可是你若问3个人，往往3个说法，你绕来绕去终归不得要领。也许，他们心里觉得

对问路的人说"不知道"既于心不忍，也不礼貌，所以无论如何要说出一个答案来。在这种情况下，你一定不要轻易行动，心中有数才是最明智的。

若身体状况不佳，请不要去墨西哥，为什么

若身体状况不佳，请不要去墨西哥。因为墨西哥属高山型气候地区，初抵达时确实有可能产生高山反应，应避免过度运动以免造成缺氧。如果身体感觉不适，应避免到高海拔的地方。若高山反应严重，必须到医院就医，以免发生危险。

注意：因气压低，氧气不足，各大饭店都设有供给氧气设备。

在墨西哥旅游怎样选择合适的交通工具

墨西哥的航空交通比较发达，国际航线有 70 多条，国内航线更是密如蛛网。在墨西哥国内旅游，墨西哥人更愿意乘坐飞机而不是汽车和火车。这是因为墨西哥地形很复杂，陆路交通比较困难，到有些地方既费时间又不安全。而乘坐飞机既快捷又安全，同时，飞机票并不比汽车、火车贵多少，而且还有机会享受各种折扣。因此，到墨西哥旅游一定要好好比较一下，看坐飞机和坐车哪个更划算，不要为了省钱反而搭上了更多宝贵的时间，还要担惊受怕。

如果选择乘公共汽车作长途旅行的话，有头等车和二等车可供选择。游客应该避免订二等汽车，因为二等汽车没有空调和其他服务设施，而且随叫随停，很耽误时间。头等汽车比较好，除了乘车条件好以外，还可以看看录像。为了放心起见，途中要带足食物、瓶装水以及卫生纸等。还有，应该避免在夜间乘公交车出行，因为多数旅游线路上出现过歹徒抢劫游客事件。短途旅游也可以乘坐市内公共汽车，但是必须有足够的耐心和体力去承受高峰期难以接受的缓慢和拥挤。

在墨西哥城出行打车方便还是坐地铁方便

墨西哥城是墨西哥的首都，有 1800 万人口，是世界上人口最多的城市之一，相应的城市交通很成问题，墨西哥城平均每 4 个人就有一辆轿车，其交通堵塞情况可想而知。相比之下，乘坐地铁出行更方便一些。墨西哥城有 10 多条地铁线，地下交通非常方便，各条线路相互交叉，只要不出站就不用另买车票。据说那里的地铁票价是全世界最便宜的。为了使地铁车站更好认，特别是为了方便不识字或者语言不通的人们乘坐地铁，那里的每个车站都有一个图案作为标识，有的是历史人物，有的是著名建筑等等，既让人一目了然，又很好地宣传了墨西哥的文化。不同

的地铁线还以不同的颜色作区别。因此，在墨西哥城只要弄明白了你所要去的地方和你所在的地方，拿一张地图就可游遍全城了。乘坐地铁既快捷又便宜，但是在人流高峰期间，比如上午6点~10点，下午5点~8点地铁会非常拥挤，此时应该格外警惕小偷和流氓，保护好贵重物品免遭偷盗和抢劫。如果是女性带着小孩出行，为了避免被挤伤，可到专门车厢乘车。

在墨西哥怎么"打的"

墨西哥是产油大国，总的来说出租车价格不贵。但是为了走得更明白，还是应该弄清楚墨西哥出租车的情况。在墨西哥有红、绿两种颜色的出租车，红色的为普通车，绿色的是环保车，使用含铅量低的汽油，价格也相应地贵一些。大城市里的出租车有计价器，可以按照计价器显示的金额付费；小城市里的出租车没有计价器，需要在上车前讲好价钱。通常不必付小费。另外为了保险起见，在墨西哥还可以提前在长途汽车站或机场购买出租车车票，这样可以避免司机宰客。在机场和豪华宾馆都有专门的出租车，这些车的价格要比普通出租车贵。

在墨西哥乘坐出租车时要注意：检查车上是否在显眼的位置有驾驶执照，执照上面司机的照片是否与司机本人相符。还有驾驶执照上的车号是否与所开车号相同。之所以检查这些，是因为近年来出租车司机抢劫乘客的情况时有发生。为了降低安全隐患，建议游客不要在晚上到街上打出租车，而应该在宾馆的出租车站打车，这些车虽然价钱贵些但是安全得多。

在墨西哥自驾车出行应注意什么

墨西哥对外国游客提供便捷的车辆出租服务。因此许多游客有兴趣尝试自驾车旅行。自驾车旅行时，除了注意行路安全以外，还要注意所承租的车不是每天都可以上路的。墨西哥为了减少汽车尾气带来的污染，同时缓解日益拥堵的交通状况，对车辆实行交通管制，从周一到周五，每天都有两种不同尾号的车辆限制上路。这种规定是：周一是5和6，周二是7和8，周三是3和4，周四是1和2，周五是9和0。如果一时疏忽忘记了管制的事，必将面临相当数额的罚款。

另外停车问题也需要格外注意，如果将车停在了非停车场地，警察会将车辆的牌照拿走，然后等候在附近，直到你交了足够的罚金才会将牌照还给你。违反交通规则也一样。所以自驾车时一定要对墨西哥的停车办法、交通规定有所了解，不然的话，最好不要自找麻烦。

在墨西哥女性出游应注意什么

在墨西哥女性单独行走在大街上有可能会招致性骚扰。3个或3个以上女性一起出行情况会好一些。为了避免被骚扰，最好的办法是有男伴同行，另外，独行的女士要避免与陌生人搭话或对视，走路姿势应端庄稳重，而且步伐快捷。还有，女性不应随便进酒吧喝酒，特别是 Pulquerias，这是专门供男人们娱乐的酒吧，近似于非正式的男性俱乐部，酒吧里提供龙舌兰酒。这种酒吧不允许女人入内。甚至陌生的男人也被拒之门外。

到墨西哥旅游为什么要格外关注时间

墨西哥没有全国统一的时间，从地域上划分共有3个不同的时区，每个时区的时间不一样。中部时区的时间是大多数地方采用的标准时间，（比格林尼治时间晚6个小时），北部山区包括靠太平洋海岸北部的州，采用山区标准时间，比中部晚1个小时。其他地区采用太平洋标准时间，每年11月到次年3月，时间比山区标准时间晚1个小时，而4月到10月的时间与山区标准时间一样。

墨西哥不同地方的服务场所工作的时间也有差异。如银行的工作时间，一般是周一至周五9点~13点营业，而大一点城市的一些银行，营业时间定在下午和周六上午。所以游客每到一处，如果有换汇的要求，一定要打听清楚银行的服务时间。

官方服务机构的工作时间也与众不同，9点~14点是上午工作时间。14点~16点是午休时间。16点~18点是下午工作时间。因此如果有公事要办的话，应该避开午休时间。

商店的购物时间与中国差不多，一般是早上9点或者10点开门，晚上7点或8点关门。小城市关门更早一些，大概在14点到16点之间。因此，如果将购物时间安排在旅游之后恐怕就来不及了。

另外需要提醒的与时间有关的注意事项是，到墨西哥旅游入境时要尽量避免将时间定在晚上，因为墨西哥的官员被打搅了好梦，会迁怒到入境手续的办理上，边防人员掌握着你在墨西哥停留的时间，在最短30天，最长180天的选择中，他们很可能因为情绪不好而使你的要求得不到满足。而一旦签署了入境时间，再申请延长的话就非常麻烦了。

如果带孩子到墨西哥旅游应该注意什么

墨西哥对孩子的监护问题特别重视。如果要带着孩子（不满18岁）到墨西哥旅游，一定不要忘记带上孩子的监护证明。监护证明必须是经过公证的有法律效应的文件，比如：父母一方带孩子出游，必须携带另一方的同意证明而且证明需要经过公证。如果是父母一同带着孩子出游，也要携带父母任何一方的监护判定证明。如果父母一方已经去世，则要带上去世一方的死亡证明。由其他亲属带着出游的孩子，则必须带上其父母双方的同意证明，并且都要经过公证。

在墨西哥从事商务活动忌讳什么

在墨西哥进行商务谈判，忌穿便装，最好穿较保守的正式西装。最好使用西班牙语，虽然许多墨西哥人会英语，但仍希望与你用西班牙语交流。如果你接到对方用西班牙文写来的信件，而你用其他语言回信，则会被认为是相当失礼的。

在墨西哥进行商务谈判切忌心急，因为大多数墨西哥商人在私下都会抛开人种的意识而亲切交往，可一旦谈起生意，顿时会严肃起来，露出自我本位的本性。在墨西哥做生意得学会不慌不忙，一笔简单的生意花上一周的时间是很正常的。有时在商务交往中送点儿礼品也很管用，礼多人不怪吗！

遇到墨西哥人不守时、不讲信用怎么办

忍耐是最好的办法。前去赴约时，墨西哥人一般都不习惯于准时到达约会地点。在通常情况下他们的露面总要比双方事先约定的时间晚上一刻钟到半个小时左右。在他们看来这是一种待人的礼貌。

墨西哥的民族特性较热情，外向，爱交际，善辞令，但不少人至今仍保留着一些民间习俗，如约会不守时、不遵守诺言、不讲信用等，这已成为一种普遍的社会风气，甚至一些大机关、一些政府官员也不例外。在商人之中，也不乏爱说大话、说话不兑现、不讲信用的人。

在墨西哥，不给小费行吗

肯定不行！小费在墨西哥已经发展到无所不在的地步。小费数额大概如下：宾馆给消费额的10%，餐厅给消费额的10%～15%，出租车司机随意给，搬行李大约给1美元，如行李较多，给3～4美元即可。

墨西哥城很多餐厅的卫生间都有收小费的惯例，这里服务行业薪水不多，小费是很重要的"第二收入"，卫生间保洁员也不例外，只是数额上比侍者、泊车服务员等略逊一筹而已。至于给多少，3～5比索的硬币即可。此外，如果要去拜访住在

公寓的朋友，别忘了给看门人小费，临走时还得给朋友的佣人奉上一点"小意思"，否则再上门就要看别人的脸色了。

最不应该收小费的算是警察了。墨西哥城的停车位十分紧张，到沃尔玛那样的大型超市购物，即使交大笔停车费，也不一定有车位。所以当你真的急需停车的时候，只要给警察塞上那么一点点小费，就可以随便停在路边，他们不仅不会拖车开罚单，甚至还会帮你看车。

给墨西哥人赠送礼物应注意什么

与墨西哥人交往你会感受到他们的宽和、热情和友好，如果你应邀到墨西哥朋友家做客，最好准备点儿小礼品，通常一束鲜花或一瓶酒即可，客人要是送具有本国特点的礼物，主人会更高兴。

如果送鲜花，要注意不能选择黄色、红色和紫色，因为，在墨西哥人眼里，黄色的花暗示死亡，特别是黄的菊花，通常是在过"鬼节"的时候撒在祭坛上用来迎接成人死后的灵魂的，送给健在的人有诅咒之意。红色被认为会带来晦气，紫色也被认为是不祥之色。白色的花比较受欢迎，因为白色被认为可以驱邪。

如果送带有中国特色的礼品，应特别注意不要有蝙蝠的图案。蝙蝠在中国文化中象征着"幸福"，有美好的寓意，常常出现在剪纸、刺绣等工艺品上。但墨西哥人却很忌讳，他们认为蝙蝠是吸血鬼，因此任何带有蝙蝠的图案都不受欢迎。

到墨西哥朋友家做客要注意什么

与墨西哥人初次见面一般行握手礼。通常情况是主人先伸手表示欢迎，如果是女性则应该由女性主动伸手。如果女子无意握手，可点头致意或者说"你好"。熟识之后则可以互相拥抱、亲吻。在墨西哥一般夫妻和情人之间可亲嘴，长辈与小辈之间亲吻前额，其他人亲吻脸颊。

同拉美的许多国家一样，墨西哥人不会严格遵守约会的时间，一般情况下迟到半个小时或一个小时他们都不以为然，因此，在墨西哥约会客户或者朋友，如果不想等待太长的时间，最好事先强调一下："不要按照墨西哥时间赴约"，这样对方就会明白你的意思，至少会比不强调更准时一些。

一般墨西哥人不会主动邀请客人到家中做客，而是请客人到餐馆吃饭。只有当宾主的关系达到一定程度时，他们才会邀请客人到家中拜访。前去做客的时候要衣着正式而且干净，头发要梳理整齐，胡子也要刮干净，同时，别忘了最好比约会的时间晚到15分钟左右。

做客时要大大方方，切记不要乱动主人桌上的东西，也不要触摸主人家中的摆设，更不要问及家庭隐私问题。不要吃完饭就走，要陪同主人聊一会儿天儿再走，如果你被邀请到主人的乡间别墅小住的话，不要忘了在临去之前准备一份像样的礼物，在临走之前，给仆人留下一些小费。

在墨西哥接到你不想去的邀请怎么办

在社交活动中邀请和被邀请参加活动是常有的事。但并不是所有接到的邀请都必须参加。有时候会因各种原因不能去或者不愿意去。面对这样的邀请，不同文化习俗的国家会有不同的处理办法。在墨西哥，人们认为拒绝别人的邀请很不礼貌，而接受邀请然后缺席则是更好的选择。因此在墨西哥碰到这种情况时，不必直言相告不能去的理由，接受邀请然后缺席就行了。这和墨西哥人的不守时一样被视为正常，不会有人为此恼火的。

在墨西哥喝龙舌兰酒，要注意什么

墨西哥盛产龙舌兰酒，其中以"特基拉"最为有名，将其视为国酒。墨西哥主人若用"龙舌兰"酒招待客人，会先将两支圆锥形细长小酒杯和一个小碟摆在客人面前。一支酒杯倒上酒，另一支酒杯倒上西红柿沙司汁，小碟里放几片柠檬块。那么，喝这种酒要注意什么呢？首先要在左手背上放一点儿盐，其次抬起手臂将盐放在嘴边用舌头舔干净，然后右手举起酒杯将酒饮尽。放下酒杯后，还要将柠檬块挤汁滴在西红柿沙司饮尽。切记，如果没有喝过龙舌兰酒，最好模仿主人，不可自作聪明地随意畅饮。

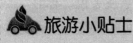 **旅游小贴士**

特基拉

"特基拉"酒是墨西哥的特产，为龙舌兰酒一种，被称为墨西哥的灵魂。这种酒用蓝色的龙舌兰特制而成，因原料只在特基拉镇出产，故得名"特基拉"酒。该酒的酒精含量较大，通常在40度以上，所以有时也被称为"龙舌兰"烈酒。

为什么在墨西哥最好不要直接饮用自来水

在墨西哥若不想腹泻，最好不要直接饮用自来水，不管在酒店还是旅馆都应饮用纯净水。但是，有时纯净水也并非纯净，所以瓶装水或啤酒是较好的选择。另外，他们很多的水果饮料其实就是水做的，尽量不要喝，即便喝也不要加冰块。

在墨西哥可以随便穿"恰罗士"服吗

"恰罗士"又叫"瓦盖罗"，是墨西哥的传统民族服装。由紧身衣、紧身裤、宽边帽、白衬衣和黑皮靴组成，风格与牛仔服类似。但是其帽子宽大，檐边不但用金线、银线绣出花边，上面还缀有皮花装饰等。这种服饰在墨西哥是男子汉的象征，年轻人穿戴起来特别精神。

尽管"恰罗士"穿起来漂亮，但千万不要以为可以随便穿。实际上，墨西哥人只有在两种情况下才穿"恰罗士"，一是在每年2月份举行的"恰罗士"比赛时，二是在"马里亚契"流浪小乐队演出时。"恰罗士"演出类似于我国的杂技表演，包括各种骑术表演和套马、套牛、驯马、驯牛等。

前往墨西哥要带哪些衣服

墨西哥城位于海拔2240米的高原，接近赤道。5月最热，平均温度为19℃；1月最冷，平均温度为12℃。昼夜温差最高可达15℃，可以说是一天有四季的气候。墨西哥由于特殊的山地及高原地形，不同地区一般都有不同的小气候。因此前往时夏天适宜带单衣，不过为了避免蚊虫叮咬，最好选择长袖衫。另外，还应带上针织上衣或者薄夹克、薄运动衫之类的衣物，以便更换。

出入墨西哥公共场所穿着上要注意什么

墨西哥人出入公共场所，男士一般穿衬衫和西裤，女士一般穿长裙；若出入高级宾馆或饭店，男士需要穿西装打领带，女士需要穿套裙或长裤；若在乡下或小镇，则可以穿随意的便装，但不能赤膊或者穿泳装。另外，墨西哥的天主教堂遍布城市每个角落，前往参观切忌穿暴露服装。参观时，男性必须脱帽，女性则要戴上帽子或用围巾、手帕遮住脸庞。近年虽然要求变得宽松，但最好有所准备。

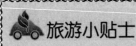

旅游小贴士

大草帽

大草帽是墨西哥民族精神的一种象征。典型的墨西哥草帽有两种，一种是当地人常戴的用棕榈叶或其他植物编成的宽边尖顶草帽，另一种是经常在旅游景点买到的红白绿三色尖顶草帽。

在墨西哥可以用手势来比画小孩的身高吗

墨西哥人非常忌讳我们惯用比画小孩身高的手势——手心向下与地面平行。这种手势对他们来说，是专门用来比画动物高矮的，若用在人的身上有侮辱的意思。

在墨西哥兑换货币有哪些注意事项

墨西哥银行的营业时间为周一至周五上午9：00至下午1：30，周六、日与节假日休息。不过，机场内的银行周一至周五全天营业。兑换货币在银行会有一些麻烦，因为有些银行要等中午汇兑价出来后才愿意兑换，可是汇兑时间往往到下午1：30分就截止，时间非常紧凑。此外，旅馆、餐厅和机场汇兑处的兑换价很不合理，尽量不要去这些地方兑换。而ATM提款机的汇率倒是很公平，但提款时会收取1~6美元的手续费，因此想要划算，最好一次多取些。

在墨西哥接到不想去的邀请怎么办

在墨西哥进行社交活动，经常能接到其他活动的邀请。面对这些邀请，有时候会因各种原因不能或不愿去，那么该如何处理呢？墨西哥人认为拒绝别人的邀请是不礼貌的。此时，他们通常先接受邀请然后缺席。因此在墨西哥遇到这种情况，不必直言相告不能去，接受邀请然后缺席即可，邀请人不会为此生气。

墨西哥人喜爱和忌讳哪些颜色、动植物

墨西哥人喜爱白色的花，认为白花可以驱邪，带来平安；极爱仙人掌，将其尊为国花，认为它能给人带来幸福和美好；特别尊崇金雕，将其奉为国鸟，认为其是英雄的化身，象征勇敢、美好。他们忌讳紫色，认为其意味不祥；忌讳黄色和红色的花，认为这两种颜色均为不祥之色。

旅游小贴士

金雕

金雕——墨西哥国鸟，成鸟体长可达 1 米，翼展平均超过 2 米，以其突出的外观和敏捷有力的飞行而著名。栖息于高山草原、荒漠、河谷和森林地带，冬季亦常到山地丘陵和山脚平原地带活动，以大中型的鸟类和兽类为食。

女性在墨西哥出行要注意什么

女性在墨西哥游玩，独自走在街上很可能遭到性骚扰。如果 3 人或 3 人以上出行，那情况会好一些。但是，为了保险，出行最好和男士结伴。女性若独行，走姿一定要端庄稳重，步伐一定要快捷，切忌与陌生人对视或搭话。

 旅游小贴士

安全

在墨西哥晚上最好不要独自出门，尽量不去声色场所。外出时，护照、机票、现金、相机、首饰、手表等贵重物品要随身携带，切勿留在车上或房间（在酒店房间或旅游车内丢失物品，酒店或司机概不负责）。

在墨西哥乘出租车为何要注意司机的驾驶证

在墨西哥乘坐出租车，一定要先看看显眼的位置有无驾驶执照，并且执照上的司机相片是否为开车者本人。另外，要留意驾驶执照上的车号是否与所乘车号相符。之所以要检查这些，是因为近年来墨西哥的出租车司机抢劫乘客的情况时有发生。因此，为降低安全隐患，游客应尽量避免晚上到街上打出租车，但可在宾馆边的出租车站打车。

旅游小贴士

打车

在墨西哥打车，若遇到坚持不打表的司机，如果不想受骗最好再找一辆。还有酒店门口叫车的服务员，通常会收司机 20% 的回扣费，这已成为一种潜规则，因此最好还是自己叫车。

在墨西哥开车要注意哪些问题

墨西哥对外国游客提供车辆出租服务。开车旅行时，除了注意行路安全外，还应特别注意以下两点：第一，墨西哥对车辆实行交通管制，周一至周五，每天都会限行两种不同尾号的车辆。规定是：周一是 5 和 6，周二是 7 和 8，周三是 3 和 4，周四是 1 和 2，周五是 9 和 0。如果违反规定，会面临较大数额的罚款。第二，停车要格外注意，如果将车停在非停车地点，那么警察会将车的牌照拿走。不交足罚金，休想取回。

 旅游小贴士

绿色天使

墨西哥有"绿色天使"的道路帮助服务，服务人员驾驶绿色卡车在主要道路上巡逻。如果遇到汽油不足或各种汽车小问题，"绿色天使"会免费提供服务，并且不接受小费。车辆若遇到问题，最好拨打他们的电话。

在墨西哥从事商务活动要注意什么

在墨西哥从事商务谈判，要穿较保守的正式西装，忌穿便装。交流时，最好使用西班牙语。墨西哥尽管有很多人英语也不错，但仍然希望使用西班牙语交流。如果接到墨西哥人用西班牙文写的信件，千万不能用别的语言回复，否则是相当失礼的行为。另外，在墨西哥做生意要不慌不忙。尽管墨西哥人私下非常友好，但谈起生意，立马就会变得十分严肃，露出自我本位的本性。如此，一笔简单的生意都可能花上一周的时间。

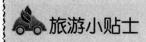 **旅游小贴士**

约会

墨西哥人通常不会准时赴约，露面往往比约定的时间晚一刻钟到半个小时左右。而这在他们看来是一种礼貌，不要为此生气。

墨西哥的少数部族人有哪些特殊禁忌

墨西哥的恰姆拉人非常反感照相，认为照相是一种可怕的巫术，能将人摄进黑洞里变成丑陋的魔鬼；南部的奴雷谷一带人，十分忌讳客人进屋脱帽，认为这意味寻衅和报仇；阿斯特克人将酒看作邪恶的源泉，认为只有老人才能开怀畅饮。如年轻人喝酒，会被视为大逆不道。这大概缘于老人年岁较大，经验丰富，有同邪恶斗争并战胜的力量。

 旅游小贴士

恰姆拉人审美习俗

墨西哥的恰姆拉人把鼻子的大小作为美丑的重要标准。如果某姑娘的鼻子扁小而略为上翘，那她定会赢得众多小伙子的喜爱。他们喜爱白花，认为其可以驱邪；非常喜欢骷髅糖，不仅用骷髅糖作祭品，还常用其馈赠情侣或朋友等。

入境墨西哥要注意哪些事项

入境墨西哥随身携带的现金不能超过 1 万美元。单价超过 2000 美元的物品，必须填写报关单。凭健康证明书和检疫证书最多可带 2 只猫或狗入境，其他动物必须提前向墨西哥海关申请。可携带少量蜂蜜、烟酒、奶酪制品、咖啡、皮制品类物品，自制肉类、鲜肉、农作物、种子、果类及土壤未经申请严禁携带入境。

古巴

古巴人在饮食方面有怎样的讲究

多数古巴人信仰天主教，为此饮食基本以西餐为主。通常时候，早餐为面包、牛油，午餐为三明治、牛奶，晚餐为肉类、蔬菜。

古巴人的甜食非常有名，这让很多初来的外国人很不习惯。另外，他们特别重视菜肴的色彩，惯用番红花作烹调辅料。菜肴若缺乏红丽浓艳，不加番红花，即便味道再美，也无法引起他们的食欲。他们还擅长用椰子、凤梨、海鲜、蔬菜等精心制作成食物。比如，深受人们喜爱的"黄米饭"，是用鸡加番红花在砂锅内焖煮熟的；最负盛名的菜肴"阿希亚科"，用猪肉腊肉同君子兰、芋头、山药、香蕉、南瓜、玉米并加些香料调配而成。

在喝的方面，古巴人还习惯饮用水果汁和加糖很少的黑浓咖啡。此外，他们还爱喝酒，主要为冰镇啤酒和甘蔗酒。

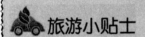 **旅游小贴士**

美食

长久以来，古巴形成了自己独特的美食制作方法。去古巴旅游，可品尝的美味众多，但千万别错过品尝烤龙虾、圣地亚哥的烤乳猪和科佩里亚的冰激凌。

女性在古巴旅游应注意些什么

相对来讲，女性单身前往古巴旅游要比在南美洲国家安全得多。这里虽然也是以男性为主的社会，但是对待单身前来旅游的女性，人们除了表示吃惊以外，不会有太多的歧视行为，至多在大街上有人向女子吹口哨或者发出一阵嘘声，有时还会对女子评头论足。古巴男性对单独走在街上的古巴女性可以明目张胆地性骚扰，这些行为在古巴是常见的，古巴人认为这很正常。因而游客不必认为这是一种粗鲁无礼，而应知道这是一种被古巴社会认可的行为，只要不理会就行了。需要提醒的是，如果对这些行为有任何形式的回应，比如笑一笑，看一眼等，都可能会引起对方误解而招致麻烦。

在古巴旅游出行会遇到什么问题

20世纪80年代因为苏联的解体，中止了对古巴的石油供应，导致了古巴交通运输业的大倒退。现在，古巴公路上空空如也，几乎见不到什么车辆，居民出行只能乘坐马车、骑自行车或者搭乘过路车。而所谓的出租车不过是勉强能开动的老爷车，兜风可以，长途旅行则不行。

到此旅游的外国游客基本上是专门租用车辆。想搭乘公共交通工具在古巴旅游几乎是不可行的。公交巴士里拥挤不堪，速度很慢，被称作怪物。除非你想体验一下古巴人的真实生活，否则花两个小时甚至更长的时间等一辆公共汽车实在划不来。

火车也是既拥挤又很慢，服务也差，火车上没有食物和水，途中出机械故障是常有的事。由于人多，因此火车票一般需要提前预订，而且如果在检票一个小时之前不去确认，座位很可能被转售。

飞机的座位也很紧张，如果起飞前两小时不办理登记手续，你的座位很可能被转给那些等候的人。因此，为保险起见，启程前48小时或者72小时需要对机票进行确认。

到古巴旅游在货币携带和使用方面应注意什么问题

古巴比索是古巴的法定货币，美元是可以在古巴流通的唯一一种外币。除了直接使用美元以外，还可以将美元兑换成等值的外汇券，但应注意的是外汇券虽然在古巴通用，却不是随时随地可以自由兑换的货币，因此，如果不是为了收藏就不要将古巴外汇券带回国。

信用卡如VISA，可以在大部分旅游服务部门使用，但是由于古巴计算机系统十分不稳定，经常瘫痪，使用信用卡会出现一些问题和麻烦，因此如无特殊需要，最好少用信用卡，即使使用也要选大城市如哈瓦那或者圣地亚哥。

比较稳妥的办法是使用现金，出游前最好在银行或宾馆将大面额美元兑换成零钱，在古巴的商店如果使用50或100美元的大额钞票，需要出示身份证件（或护照）。

古巴和世界上许多国家一样，需要对提供的服务付小费。餐厅服务员和出租车司机一般可付10%；宾馆服务员一般留一美元。

古巴人相见有怎样的礼节

古巴人的见面礼有握手、拥抱和吻脸等。正式场合，一般施握手礼。男女握手，通常女士先伸手；宾主握手，通常主人先伸手。握手时，无论多亲密，也不能用双手相握。交往时，拥抱相对更正式一点。上流社会为表关系密切，常施拥抱礼；普通人施拥抱礼，一般用于分别很久后的重逢。

与握手、拥抱礼相比，吻面礼一般出现在异性见面和女士见面间。施吻面礼，通常男士主动。但熟人之间，女士也可以主动。此时，若对方妻子在场，要说声"请同意我这么做"之类的客套话。

古巴人重视日常问候吗

古巴人非常重视日常问候，见面时无论同志、朋友、亲人还是陌生人，都要打招呼问候一声。问候语通常为"早上好""下午好""晚上好"或"你怎么样"。打电话、询问、请求，甚至在公共场合批评他人前，都要作礼节性问候。

在古巴从事商务活动要注意什么

在古巴从事商务活动，一定要提前预约，会面还要主动递上用西班牙文印制的名片。古巴商人说话痛快、干脆，与其洽谈不能拐弯抹角，但要有恒心、耐心。古巴商人会杀价，并且十分厉害。另外，还要注意：谈话最好不聊古巴内政、外交；不要对军事设施、政府机关拍照；不要给对方送礼（这属违法行为）。

古巴海关对游客携带物有怎样的规定

入境古巴，个人可以免税携带1条烟、2瓶酒、10公斤正规包装的药品和价值200美元的物品。若携带超过5000美元现金或价值相当的物品，要填写海关申报单；离境时若要带走，需出示申报单或相关银行证明其合法来源的文件。

另外，海关还对农产品、肉类制品、药物和电器有严格的管制。入境时严禁携带无绳耳麦、无绳电话、录像机、DVD机、空调机、电炉灶、微波炉、电热水器及功率超过290瓦的电熨斗等。海关工作人员如果怀疑个人行李中有以上物品，会要求打开检查。被查出的物品若事先没有办理免税或入境许可等手续，会被扣留；但允许自扣留之日起30日内补办相关手续，逾期不领将被没收。

离境时个人可携带23支古巴雪茄烟。超过23支，应出具正规商店所开的发票及其副本，不然一律没收。

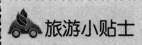

旅游小贴士

雪茄

　　古巴雪茄是用经过风干、发酵、老化后的原块烟叶卷制而成的纯天然烟草制品。国际公认的极致雪茄为古巴的手制雪茄，其独特风味由特殊的工艺制作而成。

古巴人有哪些禁忌

　　古巴人大多信奉天主教，也部分信奉基督教新教。他们忌讳"13"和"星期五"，认为它们会给人带来厄运；忌讳送刀剑作礼物，认为这象征割断友谊；禁止给小费，坐车前应讲好价钱。

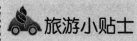

旅游小贴士

性格

　　古巴人热情好客，说话干脆，不喜欢绕来绕去。他们喜欢红色（表示干净）、绿色（代表希望和庄重）、黄色（寓意思念和期待），最爱姜黄色的百合花，认为它是祖国和人民的骄傲，并尊其为国花。极为喜爱菠萝，将其视为国果。

危地马拉

危地马拉人的见面礼仪是怎样的

　　危地马拉人举止大方，性情开朗。在社交场合与客人相见时，多行握手礼。如果是亲朋好友见面，多行拥抱礼并拍打对方的肩膀。在交谈时，习惯热情地注视着对方，并且彼此离得很近。而作为朋友关系的妇女相见，她们之间会轻轻搂一搂，并吻吻对方的脸。到危地马拉从事商务活动，须携带印有西班牙文字的名片。

危地马拉人有哪些日常禁忌

在危地马拉，忌在当地人家里或当着他家人谈论业务；忌使用 13、14 和星期五，它们都被认为不吉利；危地马拉常年流行疾病较多，在此旅行，只可饮用瓶装饮料（包括水）或烧开过的水制的饮料，勿使用冰块或食用生海鲜、生肉或乳制品，勿食用路边小摊贩的食物。不要在淡水湖、溪、河中游泳。穿少暴露皮肤的衣服。

 旅游小贴士

格查尔鸟

在中美洲，特别是危地马拉北部的深山密林，有一种美丽的与啄木鸟同宗的"格查尔鸟"，被危地马拉政府定位国鸟。格查尔是印第安语，意为"金绿色的羽毛"。格查尔鸟是有名的"森林医生"，在危地马拉人心目中享有极高地位，被视为自由、爱国、友谊的象征，有"自由之鸟"的美誉。格查尔鸟又是爱情的象征，在危地马拉国旗、国徽和钱币上都有它的标志。

巴拉圭

与巴拉圭人交谈需要注意什么

与巴拉圭人交谈时，应避免涉及政治的话题，适合谈论的话题是家庭、体育和天气。另外，需要注意的是在交谈中不要过分热情地称赞对方的私人用品，否则他们会将其作为礼物送给你。

巴拉圭人的见面礼仪有什么讲究

巴拉圭人社交场合与人见面通常行握手礼。平日里，男性之间相见时会相互拥抱，女性之间则互相亲吻。女性如向男性伸手的时候，男性必须和她握手。男性绝不可先伸手和女性握手。

旅游小贴士

商务活动最佳时间

到巴拉圭从事商务活动，最佳时间为 3~11 月。因为，2~3 月巴拉圭要举办嘉年华会，要放假 5 天，全国停工；圣诞节及复活节前后一周亦不宜；12 月至翌年 2 月又为休假期。

南美洲旅游禁忌

巴西

在巴西为什么女士的帽子不能随便戴

在巴西戴帽子有很多讲究，特别是在巴西纳坚斯城，女士戴帽子一定要注意当地人的规矩，未婚女性的帽子偏左戴；已婚女子的帽子偏右戴；帽顶向前倾斜表示遇到了婚姻的不幸，诸如丧偶、离异等。

在巴西适合穿什么样的服装

巴西人平时的装束比较随意，男性可穿短裤、衬衣，女性穿色彩鲜艳的裙装。黑人妇女习惯穿短上衣，大花裙，肩披宽大的披肩，许多饰物在腰间叮当作响。因此到巴西旅游大胆地穿红着绿，是不会有人感到奇怪的。

在上班或者正式的社交场合则必须穿戴整齐，衣冠楚楚，以示郑重。一般的公共场合，男性至少要穿短衬衫、长西裤；女士则最好穿高领带袖的长裙，颜色搭配庄重和谐。

特别需要提醒的是，在巴西到商店购物，特别是到珠宝店购物要穿戴整齐，到银行办理各项业务也要着装正式，一般不穿牛仔服或休闲服。在一些重要的具有纪念意义的景点，如参观总统府、高等法院、战争博物馆等，都要求游客穿正式的服装。男性要着长衫、长裤；女性要穿长裙，否则不准入内。

在颜色的选择上，巴西人不喜欢紫色，视紫色为悲伤之色。黄色也不受欢迎，认为黄色表示绝望，因为人死就如黄叶落下。因此紫色和黄色以及由此两种颜色混合而成的茶色、棕黄色都是巴西人忌讳之色。在巴西着装不要选择这样的颜色。

红色是巴西人喜爱的颜色，他们认为红色象征热情和向上，这一点与我们中国人的趣味相同。

巴西人有怎样的见面礼仪

巴西人热情直爽，幽默风趣。初次见面多行握手礼，年长、辈分高者或者妇女与人初次见面时，一般会先伸手，否则，会被认为失礼。熟人见面以拥抱或者亲吻作为见面礼节。男性熟人之间会相互拥抱，并且相互拍打对方后背，以示亲切。女性或者异性熟人之间则会亲吻面颊，以表相见的激动。此外，巴西还有握拳礼、贴面礼、沐浴礼等。

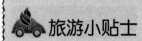 旅游小贴士

性格特点

巴西人爽快善谈、心地善良，幽默风趣不粗鲁，待人友好又诚挚。与他们交往适于谈论的话题有足球、笑话、趣闻等。

在巴西女士优先体现在哪里

巴西人奉行女士优先的原则。如乘公交车时，女士先上、先坐；上下车，男士主动为女士开门；餐厅吃饭，男士拉餐椅便于女士坐下，餐厅服务也女士优先；男士吸烟，会先征求周围女士的意见等，这些无不体现着巴西人对女士的尊重与照顾。

巴西人有着怎样的公共场所禁忌

巴西有着良好的社会秩序，巴西人热情奔放，乐于助人，并且在日常生活中都很注重自己的公众形象。在巴西，任何人都不许排队加塞；禁止在公共场所吸烟、乱扔垃圾和吐痰；公共场合不准大声喧哗、高谈阔论。

在巴西参加商务活动要注意些什么

在巴西参加商务活动时，要准时赴约，男士宜穿整齐深色的西装，女士则最好穿职业套裙，要时刻保持温和、愉悦的心情。如对方迟到，不要惊讶、生气。因为巴西人与其他拉美人一样，对时间和工作的态度不是那么严谨，所以，应该谅解。在交谈中，最好不要主动提及工作，也不要谈论政治、民族等话题。但是巴西人特别喜爱孩子，谈话中可以夸奖孩子，他们会非常高兴的。另外，谈话时要显得亲热，最好与对方保持较近的距离。如果能做好以上几点，一定会赢得巴西人的好感的。

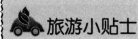 **旅游小贴士**

语言

葡萄牙语为巴西的官方语言。一般人不会外语，但是在旅游景点、酒店或者餐厅里，英语也能通用。

给巴西人送礼物有什么讲究

在与巴西人交往过程中，如果想要送礼物给对方，千万不可送刀子和手帕。他们认为送刀子有挑衅的意思，而送手帕，会引起双方争吵。所以，如果一旦送了手帕，巴西人会当面给你钱，以示手帕是自己买来的，防止日后吵架。另外，交谈过程中，一定不要做出"OK"的手势，在巴西，这样的动作被认为是非常下流的。

在巴西纳坚斯第地区，女性帽子为什么不能随便戴

在巴西的纳坚斯第地区，女性戴帽子的位置不同，表达不同的意思。如帽子偏左戴，表示未婚；帽子偏右戴，表示已婚；帽子戴在正中，则表示心情很差，且比较沮丧。所以，在当地旅行，女性游客要注意帽子的戴法，以免产生误会。

在巴西旅游哪些东西不买必后悔

巴西是世界上首屈一指的珠宝中心，从宝石的开采到切割、设计、镶工都在巴西国内独立完成。因此，其价格低廉，颇具吸引力。来到巴西，一定不要错过诱人的宝石，不然会遗憾此行。巴西宝石种类繁多，有钻石、紫水晶、黄玉、蛋白石、

翡翠、红宝石、蓝宝石等，全球65%的彩色宝石产于巴西。那么，怎样才能买到一颗好的宝石呢？宝石的价值由色泽和质地来决定。选购时一定要注意四点：色泽、刀工、纯净度和价格，把握好这四点，相信你会有所收获。另外，巴西还有很多值得购买的东西，如皮制品、咖啡、手工艺制品等。

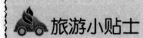 **旅游小贴士**

货币

巴西货币被称为"雷亚尔"。由于巴西汇率经常浮动，因此，初入境时不宜兑换太多，最好随用随换。此外，若要兑换大量现金，最好在正规兑换处兑换，同时，避免独自到公共兑换所兑换。

巴西人有着怎样的色彩禁忌

巴西人忌讳棕色、黄色，认为人死如同橘黄的树叶飘落，是死亡之色；忌讳紫色，因为紫色表示悲伤，多用于葬礼配色，是不吉利的色彩；忌讳深咖啡色，认为它会招来不幸。所以，在巴西旅行，穿衣一定要注意避讳以上几种色彩，免得招别人反感。

在巴西旅行住宿需要注意些什么

在巴西国内不乏高级的酒店，特别是大都市与名胜区，都有符合国际水准的酒店。酒店服务热情、周到，卫生条件较好。最高为五星级，其次为四星和三星级。在巴西，酒店的住宿费均包早餐，且含10%服务费。酒店另收费项目包括：长途电话、洗衣、客房内的饮料、小吃等。酒店一般不提供开水，若有需要，可通知服务员送。下榻或离开饭店时，如需服务员协助搬运行李，记得要付小费，每件行李约1个雷亚尔（巴西货币）。

旅游小贴士

电压

巴西各地区电压规格不尽相同，有110伏特、220伏特两种。巴西利亚为220伏特，圣保罗地区为110伏特。一般巴西浴室采用直喷式电热水器，电压等级为220伏特。

阿根廷

阿根廷人有怎样的穿衣讲究

阿根廷人彬彬有礼，温文尔雅。休息的日子里穿衣比较随便，以舒适为主。如工作或出席正式的场合，则普遍衣饰讲究，言行举止规矩。男性多穿西装，女性以套裙或长裙为主。在阿根廷，无论严寒酷暑，政府机关和大小公司都要求职员一律穿西装打领带。如果衣冠不整，他们会认为此人不正派，印象就会大打折扣。不过阿根廷人不会穿灰色的衣物，因为他们认为这种颜色阴郁、悲伤，会给人带来不快。总之，在阿根廷，无论你是旅游还是公干，穿衣也应入乡随俗，否则会被认为无礼，没诚信。

美丽的阿根廷高原盐湖

在阿根廷人们见面如何打招呼

阿根廷人的见面礼仪和欧美国家相似。阿根廷人热情、爽直，见面都要亲切问候。人们在日常交往中广泛使用的称呼是"先生""夫人""小姐"。一般陌生的人初次见面，以握手为礼。亲人朋友见面会拥抱或亲吻，长辈与晚辈之间、女性之间大多是拥抱亲吻面颊，嘴里发出亲吻的声音。亲吻的顺序为右、左、右三下；男性之间以握手为多，为了表示关系的亲密程度，也可以亲吻面颊。对于游客，也应入乡随俗，如遇阿根廷人主动打招呼，不管以何种礼节，都应礼貌回应，免得失礼。

阿根廷人有哪些日常禁忌

阿根廷人忌讳"13"和"星期五"，认为它们是不吉利的数字和日期，人们在做事或出行方面，都会想方设法回避"13"和"星期五"；忌讳在公共场合脱掉上衣，认为这样的行为很不雅，会遭人白眼；忌讳灰色，认为灰色是悲伤的色彩，会带给人不快；忌讳菊花，因为菊花与丧事相关；忌讳送手帕作为礼物，认为手帕会招来悲伤和争吵。另外，阿根廷人还忌讳谈论政治和宗教问题。

在阿根廷大街上，到哪里丢垃圾、上厕所

走在街上我们习惯将垃圾随手丢进垃圾箱中，行人方便时有公共厕所使用。但是在阿根廷首都布宜诺斯艾利斯却不容易找到垃圾箱，他们一般不在大街小巷放置垃圾箱，不仅如此，街上连公共厕所也没有。

原来阿根廷人非常讲究卫生，无论是机关、企业还是咖啡馆、商店、公寓楼，为了保持卫生，给人留下美好印象，每天清晨上班前夕，都有专门人员打扫卫生，而且他们打扫卫生时一丝不苟，要先用肥皂清洗或刷洗门口、楼梯台阶、人行道等，再用清水冲洗，直到这些地方一尘不染。正是阿根廷人对讲卫生的格外重视，因此人们从小就养成了讲卫生的好习惯。街上不设垃圾箱也是其不制造和不随便扔垃圾的表现。阿根廷人扔垃圾的时间是晚上9点以后，人们将垃圾放在街道两侧，由专门的公司员工收集清理。如果你到阿根廷暂留，对此不可不知。

在阿根廷的大街上也找不到公共厕所。街道上不设公厕是因为在街道两旁的咖啡馆、酒吧、饭店、冷饮店中都设有厕所，政府规定设有厕所并且妥善管理是各类经营场所开张的必要条件。因此这些厕所都非常干净而且向行人开放。

因此到阿根廷旅游应该记住，在街上不要因为没有垃圾箱而乱扔垃圾。这样会招致讲卫生的阿根廷人的极大反感。更不能随地吐痰。内急时只要随便进一家小店便可解决问题。

在阿根廷旅游使用什么交通工具合适

阿根廷首都布宜诺斯艾利斯是阿根廷的商业和文化中心，交通比较方便，对一

般旅行者来说，市内旅游或办事乘坐出租车比较方便。那里的出租车收费不高，实行计时和计程收费制度。公共汽车虽然也很发达，但是上下班高峰时期非常拥挤，特别是交通路线指示不清，对于不熟悉当地环境的游客来说难以利用。地铁虽然比较快捷，但是地铁线路较短，能够辐射到的地方较少，可搭乘的站点有限，所以也不是很方便。

如果到其他城市旅游，最好搭乘飞机。因为阿根廷的长途汽车和火车的服务水平不是很高，特别是作长途旅行时，如果时间有限，经济方面没有太大的问题，则建议乘飞机前往，因为阿根廷的航空运输业很发达，通往各城市或周边国家的航线很多，非常方便，而且价格不贵。

在阿根廷旅行时要注意什么问题

出行到任何地方都要小心谨慎，避免受到任何损失。在阿根廷也一样。在阿根廷机场、车站等人多混乱的地方，要提高警惕，防止行李失窃。在宾馆内不要将贵重物品放在房间，可以交服务台服务人员放到保险箱中。钱财、重要手续、文件等要随身携带，以免有闪失。离开阿根廷之前，要亲自到航空公司确认机票事宜，不要指望电话预约和确认能够顺利达到目的。

在阿根廷逛旧货市场应该注意什么

在阿根廷首都布宜诺斯艾利斯的圣特尔莫区有一个很大的旧货市场——多列戈广场，该广场周日开放，主要经营各种各样的旧货，比如有玻璃或陶制的各种工艺品，各种品牌的旧式手表、相机、收音机等生活用品，还有各种不同时期的票证等等。对于外国旅游者来说，逛这样一个可以集中领略阿根廷以及世界各地文化特色的市场是一件十分惬意的事情，有收藏爱好的游客还可以淘换些宝贝。但是不要以为这些旧货都是货真价实的古董。实际上在这里出售的所谓古董大多数是赝品。如果你真要购买古董留作收藏的话，就要慧眼圆睁，不要上当受骗。如果仅仅是因为喜欢而购买的话，则真假就不是问题了。

在多列戈广场的东侧有一个有名的"古董街"叫德芬萨街，那里有许多来自世界各地的古董，其中也有一些中国的瓷器、玉器以及漆器等，这些东西虽然很可能是货真价实的古董，但来路是否光明正大值得警惕。

在阿根廷大街上看探戈表演也要给小费吗

阿根廷是探戈的故乡，爱好跳探戈的人们一听到探戈的音乐总会不由自主地舞起来。在多列戈广场上有一个十字路口，因为人们总是聚集在那里跳探戈而很有些名气。这个路口每逢星期天就限制车辆行驶，一些探戈的痴迷者，在录音磁带的伴奏下欢快地翩翩起舞，有时被感染的围观者也会参与进来。这些跳探戈的人虽然不是专业演员，但是舞技都是一流的，对于外国游客来讲，所看到的就是地道的、汁浓味厚的探戈舞。需要提醒大家的是，在尽情享受探戈给你带来的愉悦的同时，别忘了在曲终时往一个倒放着的礼帽里放些小费，这既是一种礼貌也是对舞者的一种敬意和感谢。一定不要看过后转身就走。

在阿根廷可以和"活雕塑"随便合影留念吗

在阿根廷首都的广场上，你会见到一些特殊的"雕像"，有的浑身洁白，好像大理石雕成，有的古色古香好像青铜铸就。这些雕像之所以特殊就是因为他们其实是活人乔装的"雕像"。表演活雕像的人很不容易，不仅浑身涂抹的颜料会让人感到不舒服，一连几个小时不能眨眼的工夫也不是一般人能做得到的，更何况还要对付一些顽皮的孩子以及不明原委的小狗。表演"活雕像"是他们选择的一种生活方式，看到他们，你可以自愿投或不投小费，但当你因为新奇而要与其合影时，一定要记得事先给他们留下小费。否则，他们会伸出右手食指向你左右摆动，表示拒绝。

在阿根廷旅游应避免什么样的行程计划

不要计划在上午10点前和下午3点后到银行兑换货币，因为那里的银行上班时间为上午10点至下午3点；而且在公众假日休息。

在布宜诺斯艾利斯以外的城市，不要计划中午逛商场，因为在中午午饭和午休时间商场不开门。

不要对乘坐火车旅游抱有很大的期望，因为从1994年阿根廷政府就已经不在经济上支持铁路运输事业了，很多地方已经停止了铁路运输服务。

旅游小贴士

国花

赛波花，传说在阿根廷有一位叫阿娜依的民族女英雄。在父亲阵亡后，她英勇地挺身而出，继续指挥战斗，最后被西班牙殖民者绑在树上，用烈火活活地烧死。她顽强不屈的斗争精神感动了赛波树，就义时，尚不到花期的赛波树突然开出了满树火红的花朵。从此赛波花就成为阿根廷人民心目中民族女英雄阿娜依的化身，成为阿根廷人民英勇战斗的象征。1942 年，阿根廷通过一项法令，正式确定赛波花为阿根廷的国花。

在阿根廷旅游住酒店需要注意哪些事项

在阿根廷，绝大多数的酒店是不提供拖鞋、牙膏、牙刷、洗发水等用品的，最好自己准备。酒店房间内一般有电视、电话、有偿饮料及小食品等设施及物品，如果想看收费电视或食用饮料和小食品，最好问清或看清价格后再做决定，以免结账时发生误会。酒店不提供热水壶，如需使用请自备，同时，在使用过程中要注意用电安全。酒店内的自来水是不可以直接饮用的，最好购买瓶装水。另外，阿根廷没有酒店预订中心系统，酒店也没有淡、旺季价格之分。酒店的服务费为消费额的24%，且国家收取其中的 16% 作为税收。还有，住宿期间须给房间的清洁工小费，一般为每天 1 美元。最后需要注意的是，房间的取消要提前 48 小时，否则，要多收一天的费用。

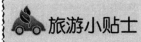 **旅游小贴士**

电压

阿根廷电源电压为 220 伏，50 赫兹。采用美式电芯，插头为两脚圆柱或三孔扁形。一般酒店可提供电源转换插头。

在阿根廷进行商务活动要注意些什么

在阿根廷参加商务活动一定要注意着装，男士最好穿保守式的西装，并且打领带，女士着装以得体大方为宜。因为阿根廷人常常"以衣取人"，如果衣衫不整，那么给他们的印象就会大打折扣。服装是他们进行人物评价的基础。在阿根廷无论是与国企还是私企做生意，任何事项最好都当面谈判，因为阿根廷人偏向于面对面的谈话，这样更能促进谈判的成功。另外，商务拜访最好提前预约，免得吃闭门羹。

🏍 旅游小贴士

出行

在阿根廷外出参加活动时，需随身携带护照以备检查，并随时查看签证是否过期。尽量少携带现金，到人流比较集中的地方，如机场、旅馆、商店、餐厅等要保管好自己的随身物品，以免丢失。

智利

智利人的见面礼节是怎样的

智利人十分重视见面的礼节，他们在初次见面时，多以握手为礼。熟识的人之间会热情拥抱和亲吻。交往中，智利人常用的称呼有"先生""夫人""小姐"等。在正式的场合，会在称呼前加上行政职务和学术头衔。此外，年长的智利人见面还习惯行举手礼和摘帽礼。

入境智利须注意些什么

智利对于动植物入境的检验检疫要较南美其他国家严格许多。根据智利海关规定，入境智利，游客携带以下物品须申报：①鲜牛肉、黄油、奶油和奶酪；②各类种子、晒干或脱水水果；③昆虫、试验菌、蜜蜂、蜂蜜、动物精子和兽医生物制品；④小动物、宠物和飞禽；⑤珍稀野生动物标本、皮毛制成品或附属产品；⑥新鲜水果或植物；⑦各种肉类、肉干和肉肠；⑧各种花卉。

旅游小贴士

入境须知

①须持有效护照或旅行证件及签证入境；②智利签证自发证之日，使用期为3个月，并自入境时开始计算停留期。

智利人对服装颜色有什么讲究

智利人穿着比较讲究，男士一般西装革履，女士穿着入时。因受传统习惯的影响，智利人喜爱穿单色服装，且多以蓝、绿、红、黄、白色为主。无论服装的式样怎样变化，杂色服装一直不受人们的欢迎。

智利人每餐必饮酒吗

智利人日常主食有面粉、大米、玉米等，副食以肉居多，且多为烤肉。爱吃肉，那么自然肉的伴侣酒就少不了。所以，智利人每餐必喝酒。低度白酒、红葡萄酒、白葡萄酒等都是他们家庭的常备酒，且大多为上等酒。智利人喝酒的方法层出不穷，花样繁多。有的单独饮用，有的加入其他饮料混合饮用。由此可见，智利人对酒是何等的钟爱。

旅游小贴士

智利拿仑山酒庄

始于1824年，由 Francisco Ignacio Ossa y Mercado 先生创立。它不仅是智利最古老的葡萄酒庄园之一，还因为其品质始终如一而获奖无数，闻名于世。该酒庄著名葡萄酒有奥萨家族红葡萄酒、唐迪卡红葡萄酒。

秘鲁

秘鲁人的日常禁忌有哪些

秘鲁人绝大多数信奉天主教，忌讳"13"和"星期五"，认为它们是不吉利的数字和日期；忌讳乌鸦，认为它是一种不祥之鸟，会带来灾难和厄运；忌讳"死亡"这样的字眼，如果谈话中用这样的字眼，容易引起争斗；忌讳用刀子作为礼物，认为刀子会隔断情谊；忌讳紫色，认为紫色是与死亡相关的色彩。另外，秘鲁人还忌讳食用海星之类的奇形怪状的食物。

出入境秘鲁要注意什么

秘鲁的官方语言为西班牙语，只有少数人会讲英语。从机场入境需填写移民局表格，入海关时需申报三种货品：农作物、动植物及特准通关货品。秘鲁机场要求提前3个小时办理登机手续，并且，需持有机票和护照才能进入机场换票大厅，送机人员不得入内。机场建设费约为30美元。秘鲁对入境携带货币没有限制，但是对出境携带货币有限制，最高不得超过4000美元。另外，还有离境机场税：国际航班30美元/人，国内航班8美元/人。需要特别提醒的是，赴秘鲁需要到指定医院注射黄热病疫苗并取得证明。

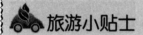

旅游小贴士

签证

我国公民申请赴秘鲁旅游签证，需要提供以下材料：①有效期至少为6个月的护照；②提供秘鲁外交部给秘鲁驻华使馆的DGC电文号；③去秘鲁的往返机票；④证明申请人经济偿付能力的最近3个月的银行存款状况证明，需经中国外交部和秘鲁驻华使馆认证；⑤若申请人为未成年人，并由父母以外的人陪同旅行，需要其父母授予的委托书并由中国外交部和秘鲁使馆认证；⑥无犯罪记录。

哥伦比亚

哥伦比亚人有怎样的日常禁忌与喜好

哥伦比亚人绝大多数信奉天主教，少数人信奉基督教，为人热情，性格豪爽。他们喜欢蟾蜍图案，认为蟾蜍是一种吉祥的动物，象征着五谷丰登和子孙满堂；喜爱数字"3""5""7"，认为这些数字给人以积极的印象，并视其为吉祥之数；最厌恶"13"和"星期五"，认为它们是灾难、厄运的数字和日期；新教派"麻袋人"（将身体的右半边从头至脚用麻袋片遮掩起来，故称）认为人体右边作恶多端，是罪恶之源。所以，只用左手，禁用右手；忌讳黑色、紫色，认为都是丧色；最厌恶基督教中传说的叛徒犹大。因此，在每年复活节前的星期六，他们总习惯焚烧犹大丑相，以示解化痛恨；忌讳有人议论斗牛运动的不好。他们认为民间传统的习俗不容他人说三道四，只有不懂礼貌的人才会贬低他们引为自豪的斗牛运动。

哥伦比亚人的见面礼仪有什么特别讲究

哥伦比亚人注重礼仪，在社交场合与客人相见，一般习惯以握手为礼。男性在见面或离别时，要与在场的所有人一一握手致礼。女性一般只和女性握手，异性之间多是鞠躬点头致意。哥伦比亚人很讲究见面时的称谓，最常用的称呼是先生和女士（或夫人、太太）。对未婚男女青年可称少爷、小姐。哥伦比亚人也非常注重社交场合的仪表，男性应穿西装，系领带，穿皮鞋。女性要穿套裙，化淡妆。他们认为衣着不整是对别人的不礼貌行为。

 旅游小贴士

款待与馈赠

如果你应邀到哥伦比亚人家里做客，最好在到达前送去水果、鲜花或巧克力等礼物；如果时间太紧，事后也可以补上，同时须附上一封感谢信。如果关系较好，可以给男的送领带，给女的送香水。

乌拉圭

乌拉圭人有哪些日常禁忌

乌拉圭人忌讳数字"13"和"星期五"。他们认为"13"和"星期五"会给人带来不幸或灾难。因此，人们平时都想方设法地回避"13"和"星期五"。乌拉圭人还忌讳颜色中的青色，认为青色意味着黑暗的前夕，并会给人以压抑之感，是一种令人懊丧或倒霉的色彩。此外，他们在日常交谈中还不愿谈论涉及政治方面的话题。

乌拉圭人有怎样的独特生活习俗

乌拉圭人偏爱茉莉花和桃红色的山楂花，认为这些花给他们的生活带来了幸福、美好，带来了新鲜的生活气息。乌拉圭的科烈达镇人有个独特的生活习俗。他们把戴帽子列为未婚女子的专有权利。女子一旦结婚，便不能继续戴帽子。如若因特殊原因不得不戴，也只能戴有色的帽子。

 旅游小贴士

礼节礼仪

乌拉圭人在社交场合与客人相见或告别时，一般都以握手为礼。在与亲朋好友相见时，多施拥抱礼。

圭亚那

圭亚那人的礼仪与禁忌是怎样的

圭亚那人见面一般行握手礼，常用称呼为"先生""女士""夫人"或"太太"。对未婚青年男女，可称为"少爷"和"小姐"。公务活动见面称呼一般在姓氏后加行政职务或学术职称。需要注意的是，在与圭亚那女性交谈中不要询问其年龄，否则她们会很反感。此外，圭亚那人也不喜欢"13"这数字，认为"13"是不吉利的数字，会带来厄运。

在圭亚那旅行外出需要注意些什么

圭亚那由于受历史的影响，经济和政治都不是十分稳定，因而，治安也不是很好，常发生一些暴力事件与偷窃事件。在圭亚那旅行需要注意自身的安全问题以及保管好自己的随身物品，钱币及贵重物品要妥善保管。同时，尽量避免去一些治安比较差的地方。

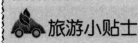

玻利维亚

在玻利维亚参加商务活动要注意些什么

玻利维亚商界习俗与欧洲相近，人们在参加商务活动时通常会穿保守式的西装或套装。见面称呼一律以职务和姓氏相称，他们的名字只用在私交之间。"夫人"都称作"太太"，至于年轻女性，或不知已婚与否，一律称"小姐"。公私拜会均须提前预约。当你事先以电话邀约后，对方音讯全无的情况也时常发生。而且赴约时，对方大多会迟到。但不管怎样，你也应准时赴约，以免失礼。见面交谈时，要避免谈论政治、宗教等敏感问题。也不要赞美智利，因为两国从 1880 年开始，就不断有边界纠纷。

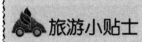

在玻利维亚乘坐出租车要注意什么

在玻利维亚，车门必须轻轻地关，否则会令人反感，尤其计程车更甚。另外，当地计程车都是几个人合乘的，也可一次付 4 人的车资包租计程车。

旅游小贴士

社会治安

在玻利维亚一般是安全的，但外出游玩要时刻注意国际恐怖组织的危险性，同时要保持一定的警戒性。除此之外，社会的动荡和不安定也是对玻利维亚治安的主要威胁。这里的公众游行和罢工也很常见。

玻利维亚旅行住宿须知

玻利维亚饭店种类较多，从低端的公寓、家庭旅馆到高端的五星级酒店都有。玻利维亚最便宜的住宿是在可巴卡巴那区，而沿着亚马逊河地区的住宿费用是最昂贵的。需要特别提醒的是：在玻利维亚的住宿费用是可以议价的，尤其是在旅游淡季。

 旅游小贴士

电压

玻利维亚饭店电源为 220 伏交流电，50 赫兹。欧式两腿圆形插头或日式两腿扁平插头都可以使用。

非洲旅游禁忌

埃及

埃及人在饮食方面有什么忌讳

埃及人（穆斯林）禁食猪、狗、蛇、驴肉，不食自死的家禽和牲畜。他们认为真主创造万物，而它们自死，有违真主的意愿，所以不可食。另外，未经放血、灵魂仍处体内的动物也禁食（死鱼除外）。

他们在饮食上严格遵守伊斯兰教的教规，斋月里白天禁吃东西，不吃一切忌物，不吃带汁和没有熟透的菜。食物入口不能复出，吃饭不能和他人讲话，喝热汤及饮料不能发出声响，不能用左手触碰食具和食品。

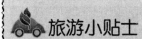
旅游小贴士

用水

埃及酒店不供应可饮用的热水，使用热水要自备烧水电器。另外，酒店的自来水不要饮用，用它刷牙也不行。如果想喝水，一定要用瓶装水。

去埃及人家里做客，要注意哪些事项

埃及人热情好客，经常邀请朋友到家做客。初次上门，最好不要送礼，否则有行贿的嫌疑，送一点糖果和巧克力即可。去穆斯林朋友家做客，不要打听女主人，也不要主动跟戴面纱的女性说话。主人送上的茶水，辞行前一定要喝完。若不喝或只喝一半，则暗示主人的女儿嫁不出去。吃饭时无论口味如何，要尽量多吃，以示尊重主人。正式用餐时，忌讳交谈，递送食物或送礼时，忌用左手，他们认为左手不洁。

去埃及旅游最好不穿什么样的衣服

去埃及旅游最好别穿短袖上衣及短裤，因为埃及是一个伊斯兰教的国家，虔诚的穆斯林都穿着长袍，戴着头巾，如果你穿得过于暴露，说不定会有小孩子朝你身上扔石头，表示不满。另外，埃及的气候实在是炎热，尤其是帝王谷一带，阳光直射下来，躲也没处躲，那时候你就能体会到穿长袍实在是最合适的，因为相比之下，太阳光线的照射比起炎热来是更为厉害的，白色的长袍既可以挡风沙，又能反射阳光而减少日晒。所以，作为旅游者，最明智的还是穿宽松一点的浅色长袖上衣再加长裤。时髦的吊带背心之类的服装会让你苦不堪言，当然，帽子、墨镜也是必要的。另外，若要想参观清真寺，必须把胳膊、腿都遮盖严实了才可进入。当然，有些清真寺会提供长袍让你使用。

文明古国的象征——金字塔

埃及对妇女的禁忌

按伊斯兰教教义，妇女的"迷人之处"是不能让丈夫以外的人窥见，即使是同性之间也不应相互观看对方的私处，因此，短、薄、透、露的服装是禁止的，哪怕是婴儿的身体也不应无掩无盖。在街上看不见公共澡堂；看不见袒胸露背或穿短裙的妇女，也遇不到穿背心和短裤的男人。虽然埃及人对外国人是宽容的，不像某些伊斯兰国家那么严厉，但必须提醒一点：在埃及穿背心、短裤和超短裙是严禁到清真寺去的。

埃及人的宗教禁忌有什么

埃及有 87% 的人信奉伊斯兰教，其余 12% 为基督徒，1% 为犹太教徒，他们不吃猪肉、狗肉，不吃蟹类海味，也不吃动物内脏。进清真寺，务必要脱鞋。13 这个数字，也是忌讳的。不饮酒，不敬烟。

在埃及穆斯林教徒做礼拜时，游客不可以怎么做

埃及人口中 90% 是回教徒。他们一天中要跪地祷告五次，情况允许的话，他们会去清真寺。如果是在工作时间，只要清真寺礼拜的唱经声响起，穆斯林们会就地跪下，虔诚地祷告起来。这时候，如果你在旁边，千万要注意不要挡在他的前面，

因为如果这样做，就是对他的宗教的不敬，也是对这位教徒的不敬。

在埃及为什么相机镜头不可对准年轻的女性

埃及的法律规定，要尊重女性，在女性面前，任何男人不可出言不逊，违者要被判监禁甚至坐牢。

一个刚到埃及旅游的人，很可能会对当地的一草一物都兴趣盎然，也会对当地女性的衣着风采产生兴趣，因此，最好在征得对方同意后再举起相机，以免出现不必要的麻烦。按照当地乡村的习俗，如果未婚女子让外国男子拍照的话，会被人看不起或是被父母责骂的。作为男子即使不照相，仅仅是盯着女性看，也是很不礼貌的。

在埃及人面前不要打哈欠

在埃及人面前尽量不要打哈欠或打喷嚏。如果实在控制不住，应转脸捂嘴，并说声"对不起"。埃及人讨厌打哈欠，认为哈欠是魔鬼在作祟。一个人如果打哈欠，会如同犯罪似的急忙说："请真主宽恕。"认为打喷嚏不一定是坏事，一个人如果在众人前打喷嚏，则会说："我作证：一切非主，唯有真主。"而旁边的人会说："真主怜爱你。"他接着说："真主宽恕我和大家。"

埃及人对颜色的喜好

一般来说，埃及人喜欢绿色和白色，讨厌黑色和蓝色。他们在表示美好的一天时，称"白色的一天"。而不幸的一天，则称作"黑色的一天或蓝色的一天"。对真诚坦率的人称为"白心"，而称充满仇恨，嫉妒，奸诈的人为"黑心"。埃及的丧服为黑色。有地位或年老者喜好黑色或深色服装，以表示庄重和显示其威望。

埃及人对一些生理现象的特别解释

一些埃及人常把自身的某些生理现象与吉凶祸连在一起。耳朵嗡嗡作响时，埃及人认为有人在念叨他，赶紧将耳朵捂住，并琢磨着是谁正在说他。一般认为，右耳鸣是坏人在骂他，左耳鸣是亲人在惦记他、问候他。民间有言："耳朵嗡嗡响，好事天天来。"眼睛亦如此。右眼皮跳被视为倒霉的事要发生，而左眼皮跳，则是好运来临的征兆。故老百姓说："真主啊，让它变为好运吧！"若是右手手心发痒，可能有朋友来访。而左手痒将会走运获利。

要习惯埃及式商务会见

在埃及如果约见政府官员，公司和企业的负责人或者家访友人，须事先预约，不可直接造访。但特殊情况下未经预约而登门，埃及人也不会像西方人那样见怪，他们会微笑地表示欢迎，并说："我家（办公室）的大门一直为你开着，欢迎你随时来。"工作性的会见均在办公室进行，对于一般来客，他们一般不派人专门接待。会见客人时，他们往往边办公边同你谈话，例如，下级送一份须签字的文件，或者请示对一件事情的处理意见，或者外面来一个电话交谈几分钟，对于这样的冷落，你只能慢慢习惯，不要以为受到了慢待，这是他们的会客习惯。

在埃及不要拜访异性

埃及人不忌讳外国人到家里拜访，甚至很欢迎外国人的访问，并引以为荣。但异性拜访是禁止的，即使在埃及人之间，男女同学、同事也不能相互家访。

与埃及人交谈要注意哪些问题

与埃及人交谈，要注意以下问题：①男士不要主动找埃及妇女交谈；②不要夸赞埃及妇女身材苗条，埃及人以体态丰腴为美；③不要称赞埃及人家里的物品，这样的做法会让埃及人理解为想索要此物；④避免和埃及人讨论男女关系、中东时局和宗教纠纷。

 旅游小贴士

亲吻的方式

埃及人称亲吻为"布斯"。嘴对嘴的接吻仅限于情人和夫妇之间，公开场合则是禁止。有一种吻——"吹吻"比较有意思，具体做法是，先将右手掌张开，用嘴向手掌吹一口气，把"吻"吹给远处的人。此外，有表示喜悦感情的吻，亲吻脸颊；表示尊敬的吻则是吻手背。

为什么埃及人认为左手是肮脏的

埃及人（穆斯林）认为"右比左好"，做事一般都从右开始。比如，握手、用餐、递东西要用右手，穿衣要右手先入袖，穿鞋要先穿右脚，进家门或清真寺要先迈右腿。究其原因，穆斯林在"方便"和做脏活时都用左手，因而认为左手不干净。用左手递东西或与他人握手，在他们看来是极不礼貌的，甚至是带有污辱性的。

在埃及的穆斯林教徒做礼拜时游客应注意什么

埃及近90%的人口信仰伊斯兰教。一天之内他们会跪地祷告五次。情况若允许，他们会去清真寺；情况若不允许，只要清真寺礼拜的唱经声响起，他们便会就地跪下虔诚祷告。此时，如果你恰巧在一旁，千万不要挡在他的前面。否则，就是对他和他的宗教不敬。

埃及人为什么忌讳针

针是每家每户的日常用品，但是在埃及人心中，却有着一层神秘色彩。

在埃及有一条不成文的习俗，每天下午3：00～5：00，商店就不卖针。传说，每天的这个时间，天神就会下凡赏赐人们一些生活用品。但是，天神会亲自查看人们的家境，越富有的人得到的赏赐越多，越贫穷的人得到的赏赐越少。然而，穷人家因为没钱买新衣裳，每天都会穿针引线、缝缝补补。所以，商家为了让穷人多得到一些赏赐，在这个时候就不向外卖针；而穷人为了多得到一些赏赐，也不会在这时买针。

在这个传说的影响下，埃及的一些人甚至连夜晚也不敢做针线活，认为这会给母亲带来灾难。另外，在埃及农村有一些妇女还忌讳借针。如果非借不可，那么被借人要将针插在面包里交给借针人，而借针人不能当面将针取出来。此外，针还成为一些妇女对骂的口头语，谁要是被骂为针，那便会如受奇耻大辱。

为什么不要在意埃及人的一些反常行为

很多埃及人经常将身体的一些生理现象与吉凶联系起来。比如：突然耳鸣，如果右耳鸣是有人在骂他，左耳鸣是亲人在想他、问候他；右眼皮跳预示要有倒霉的事发生，左眼皮跳预示好运将要来临；右手心痒意味有朋友来访，左手心痒预示要交好运。他们的身体一旦出现以上反应，便会或悲或喜，为此游客不必大惊小怪。

埃及人对颜色有怎样的看法

埃及人喜爱绿色和白色，厌恶黑色和蓝色。将真诚坦率的人称作"白心"，将嫉妒奸诈的人称作"黑心"。表达今天美好，会说"白色的一天"；表达今天不幸，则会说"黑色的一天或蓝色的一天"。不过，在服饰的颜色方面，有地位或年老者为显示威望，往往会穿黑色或深色服装。

在埃及为什么不能任意拍照

很多初次到埃及的人，都会被当地风景吸引，随手举起相机。可是，在埃及有很多东西都是禁止拍摄的。比如，埃及法律规定禁止在机场、公共汽车站、大桥和军事设施处摄影；乡村习俗规定未婚女子不能拍摄。若违反前者，那可能被警察及管理人员没收底片；若违反后者，被拍的未婚女子会被他人看不起，并被父母责骂。

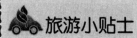 旅游小贴士

小费

在埃及绝大多数工作都需付小费，但一般数目不大。乘出租车，约付费用的 10%；酒店行李员，每件行李约 50 皮阿斯特；旅馆饭店及夜总会职员，约付账单的 10%；其他一些小服务约 30 皮阿斯特。

摩洛哥

到摩洛哥人家做客，有哪些注意事项

到摩洛哥人家做客，见到主人的夫人，不可以主动握手，更不能显得太亲热。不经主人允许，不能不脱鞋进居室。吃饭时，通常要上三次茶，客人不能谢绝，否则会被认为没礼貌。

在摩洛哥与人交往要注意哪些事项

在摩洛哥走路、坐车、购物和游玩时，最好不和陌生女子搭话，以防被骗。另外，游览、住宿时若遇到热情好客的阿拉伯人，对年长的可称阿蒙，对年长而又是店主的可称哈吉，这样会得到更热情的接待。

摩洛哥人见客有哪些礼节

摩洛哥人很注重礼节，男士与客人相见，通常施拥抱礼和握手礼；女士与客人相见，一般施屈膝礼。握手后为了表示尊敬，还要摸一下胸部或额头。注意：千万不要刚握完就搓手或洗手。

在摩洛哥从事商务活动要注意什么

约见摩洛哥人，要对他们的迟到有充分的思想准备，并且还不能有任何责怪。因为，摩洛哥人认为迟到是一种社交风度，早早到达反而失礼。此外，在商业会谈前，最好先递上自己的名片，名片宜用英文、法文印制。

摩洛哥人有哪些禁忌

摩洛哥绝大多数人信奉伊斯兰教，其余人信奉基督教和犹太教。他们一般不饮酒，也很少吸烟；进清真寺必须脱鞋。忌讳"13"，认为其是个消极的数字；忌讳白色，认为白色象征贫穷，白色衣服最令人厌弃。非常有意思的是，摩洛哥妇女只能偷偷吃鸡蛋。如果当着丈夫的面吃，会被认为有伤风俗而遭谴责。摩洛哥人禁食猪肉，也忌使用猪制品，一般不爱吃红烩和带汁的菜肴。

阿尔及利亚

为什么在阿尔及利亚女性最好穿白衣、戴斗篷

在阿尔及利亚等一些国家，经常会看到穿白衣、戴斗篷的女性。记住，千万不能对她们指指点点，或有其他失礼行为。因为当地人对这身打扮的女性非常敬重，白衣、斗篷在他们看来是贞节、纯洁的象征。而在当地游玩的女性，如果以这身打扮四处走动，绝对不会遭到任何危险，相反还能赢得当地人的尊重。

在阿尔及利亚，为什么与人握手要用力

阿尔及利亚人认为，握手用力的程度与受尊敬的程度成正比——越痛越好。为此，与当地人握手要分外用力，否则会被认为"礼数不周"。

旅游小贴士

国旗

阿尔及利亚国旗由竖排的绿白组成，中央嵌红色月牙和五角星。绿色象征伊斯兰教，白色象征纯洁。

为什么女性在阿尔及利亚只能逛店购物

阿尔及利亚人认为，女性独自乱走是缺乏"品格"的行为，身为淑女绝不会做这种事。但是，逛店购物例外，唯有这时才可以独自行动。自然，女性想独自进餐厅、戏院，也是不可能的事。

阿尔及利亚人在生活习俗上有哪些特点

阿尔及利亚人与其他信奉伊斯兰教国家的人在生活习俗上有较大的区别。其妇女比较开化，男子却相对保守；妇女不戴面纱，出入自由，而男子到 25 岁左右，则要将全身用布遮住，仅露两只眼睛。遇节假日接待宾客时，习惯用三杯茶欢迎客人。客人只有把茶喝完才算合乎礼节。其时间观念不强，有约会迟到的习惯。特别喜爱白色，认为白色象征和平、心灵纯洁。偏爱乌鸦，认为其象征兴旺和吉祥，并具有奉献品质。更喜欢鹤，认为它美丽、华贵，象征喜庆和长寿。喜欢乌龟，认为它温顺、善良，象征着吉祥、长寿。

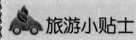 **旅游小贴士**

小费

在阿尔及利亚乘计程车付 10% 小费，行李 1 第纳尔/件。在饭店、旅馆，虽一般 10% 的小费已附加入账单内，但往往还要另付 5%~10% 给侍者。

阿尔及利亚人有哪些禁忌

阿尔及利亚绝大多数人信奉伊斯兰教，"斋月"期间一天均不能沾水米。虽盛产葡萄酒，商店却忌卖酒，家庭忌饮酒。忌讳左手传递东西或食物；忌谈论政治和工业带来的问题。禁食猪肉、自死动物肉、血液、海参、蟹等；忌吃姜和带腥味的食品；忌讳使用猪制品。

突尼斯

在突尼斯为何不能用沙子清洗餐具

撒哈拉沙漠的细细沙子很容易将餐具清洁干净，可是突尼斯人清洁餐具时宁愿用珍贵的水也不用这些沙子，这是为什么？因为突尼斯人认为用沙子清洁餐具，是对神灵的亵渎，所以清洗餐具只好用珍贵的水。为此，在突尼斯游玩，一定要带足水，万一没有水，清洗餐具也不能用沙子。

为什么女性在突尼斯不能穿无袖的衣服

突尼斯虽然是现代化国家，但民风非常保守。女性前往游玩，千万不能袒胸露臂。即便在海滩上，女性也要在泳衣外面套上一件大T恤和短裤。因为突尼斯的法律规定，女性不能穿无袖的衣服，否则将受处罚。

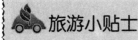 **旅游小贴士**

穿着

突尼斯是伊斯兰教国家，参观清真寺或博物馆时，不可穿露背装、短裤和高跟鞋等。

给突尼斯人送礼要注意什么

突尼斯90%的人口是阿拉伯人，他们都是虔诚的穆斯林，不抽烟，不喝酒。因此给突尼斯人送礼最好不要送香烟和酒，较为适宜的礼物是糖果和茶叶。

旅游小贴士

国旗

突尼斯国旗呈长方形，长宽之比为3：2。旗面为红色，中心有一白色圆地，圆地中有一弯红色新月和一颗红色五角星。

突尼斯人有哪些禁忌

突尼斯是伊斯兰教国家，禁食猪肉和内脏，忌讳使用猪制品，忌谈有关猪的一切；参观清真寺或博物馆时，不可穿裸露身体的装束；忌谈政治、宗教等话题；忌在政府或警察部门门口照相；忌讳饭前直接提及公事；忌讳用左手传递东西或食物；忌打听、询问工资情况；忌初次见面送礼，认为这样有行贿的企图；忌用酒作礼品；忌讳数字"13"；商店服务员忌听到客人说"太贵"一词；不喜欢红烩带汁的菜。

苏丹

在苏丹可以喝酒吗

在苏丹不能喝酒，并且前往时也不能带任何含有酒精的饮料。因为苏丹全面禁酒，若被发现，很可能被判刑。

在苏丹吃东西要注意什么

在苏丹，建议只喝瓶装饮料（包括水）或沸水制成的饮料。切记不要食用冰块、生海鲜、半熟肉类或乳制品。另外，不要光顾路边摊。

在苏丹可以穿短袖吗

苏丹天气非常热，平均温度都在30℃左右。所以前往苏丹最好不要穿短袖，以免晒伤手臂。

前往苏丹为什么要打疫苗

苏丹当地医疗条件较差，多发疟疾和黄热病。为此，前往旅行有必要打各类疫苗进行预防。

入境苏丹有哪些注意事项

入境苏丹必须持有效苏丹签证（外交护照、公务护照免办签证）；入境3天内必须到当地移民局办理居留登记手续。另外，海关对入境者免征关税的物品有衣服、化妆品、香烟2条、雪茄25支；征收关税的物品有摄像机、高档电器等。此外，入境人员的所有行李都要开箱检查（外交护照、公务护照除外）。

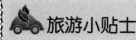 **旅游小贴士**

签证

申办苏丹入境签证须提供：有效期在6个月以上的护照；经过苏丹驻华使馆确认的苏丹注册公司的近期邀请函件；照片及填写签证申请表。

苏丹人有哪些禁忌

苏丹73%的人信奉伊斯兰教。他们忌讳用左手传递食物或东西；忌讳有人随便与其国家的女性交谈、握手或接触。妇女忌讳挤奶，认为挤奶是男人的事。别扎部落的男人忌提母亲和姐妹的名字，否则，便被认为没有教养。他们忌用狗作为商品的商标；禁食猪肉和使用猪制品，不饮酒，不吃怪形食物、海鲜、虾、动物内脏，不爱吃红烩带汁的菜肴。

埃塞俄比亚

在埃塞俄比亚穿衣要注意什么

前往埃塞俄比亚人家做客，千万不要穿黄色服装，因为当地人将其看作是悼念死者的服饰，认为它会带来不幸。

埃塞俄比亚人有哪些日常禁忌

埃塞俄比亚人在接受礼物时，表示高兴接受要伸出双手，表示勉强接受要伸出一只手。依 Coptic 历法，有许多节日禁止食用动物及其制品。不管在什么地方遇到埃塞俄比亚人，都不要伸舌头，否则会被认为轻蔑和侮辱。在当地旅馆不要喝酒，也不要随便吸烟。

忌谈及政治与伊斯兰教方面的话题；他们喜爱鲜艳明亮的颜色，忌黑色及宗教象征图案；出门做客忌穿黄色服装，因为哀悼死者时穿淡黄色服饰。

肯尼亚

在肯尼亚可以喝自然水吗

在肯尼亚，无论怎样口渴都不要喝未经处理的自然水，也不能在其中游泳。因为这些水中通常都寄生着血吸虫，它们会攻击人体的一些器官。如果口渴，可以到酒店或市场买瓶装水。

在肯尼亚穿着上要注意什么

肯尼亚虽然处于热带，但是除沿海地区属真正热带气候外，其他地方白天温和、早晚清凉。值得注意的是，虽然每日气温不高，但因离赤道线近，紫外线很强，所以随身要戴遮阳帽、防晒霜和太阳镜。另外，若在首都内罗毕大饭店和肯雅山狩猎俱乐部用晚餐，男士必须穿西装打领带，女士必须穿长裙。

> **旅游小贴士**
>
> **穿着**
>
> 肯尼亚人对于衣着没有太多的讲究。但是女士若在穆斯林为主的地区。应尽量穿不暴露手臂和腿的服装。

在肯尼亚拍照有哪些注意事项

在肯尼亚，给当地人拍照要经过他们的同意，否则会引来不必要的麻烦。因为肯尼亚有很多人相信相机会带走人的灵魂。另外，位于内罗毕市内的美国大使馆附近禁止照相。

 旅游小贴士

摄影

在肯尼亚野生动物园摄影，建议携带适于快速拍摄的相机，因为动物不会摆好姿势等你，最好再带上远镜头。

游客在野生动物保护区内要注意什么

在野生动物保护区要特别注意以下几点：①不能喋喋不休地说话。要知道，动物的听觉非常敏锐。②不能随意走到车外。不要以为周围看不到动物就安全，说不定草丛中正有猛兽虎视眈眈地盯着你。③不能随意点火。曾经有人点烟后，将火柴随意一丢，结果引发了一场大火。④不要乱扔垃圾、污染水源、破坏自然植被、给动物投喂食物、伤害野生动物等。

肯尼亚人有哪些禁忌

忌讳用左手同主人握手、行礼、接递物品或者抓饭吃；忌随意进入主人家卧室，尤其是女主人或者其他家眷的卧室，更不可进；忌打听信奉拜物教家庭摆着的木偶、图案、标记等的用途，更不可用手去触摸；忌讳谈话时用手摸鼻子或者挖耳朵；忌手心向下地比画着询问儿童年龄；忌谈及有关猪一类的话题，忌提及政治问题和 20 世纪 50 年代的茅茅运动；禁用 Negro、Black；忌瞪眼看对方；忌吃得一物不剩；忌拍摄人、房屋、家畜。

坦桑尼亚

坦桑尼亚人有哪些禁忌

坦桑尼亚人忌讳左手传递东西或食物；忌讳直呼其名；忌讳 "13"；伊斯兰教徒禁食猪肉和使用猪制品，也忌讳谈论有关猪的问题；忌食飞禽，包括鸡和鸡蛋；忌食昆虫；忌饮酒；忌生人随便进入自己家门及进入卧室；有前后门的家，忌客人从后门进入。

乌干达

乌干达人有哪些禁忌

乌干达的卡拉莫贾人身材高大、力气惊人，一般不穿衣服。虽然妇女会有一些装饰，但也只是用兽皮遮挡下身。这是因为他们认为穿衣会得疾病。另外，他们不愿意向外人透露有多少财物。所以，游客在当地游玩，切记不要问主人有多少财物，养有多少牛羊等。此外，还不能数他们养的牛或用手指小牛。他们认为，数牛会使牛丢失，用手指着小牛会使小牛生病。

尼日利亚

为什么在尼日利亚不能将食物全部吃完

在尼日利亚西部的一些地方，有一种特别奇怪的吃饭方式——不能将食物吃干净。更怪的是，剩下的食物他们会留到第二天才丢掉。这是因为当地人认为，剩下的食物是留给圣灵的，不然圣灵会责怪降灾。为此，前往尼日利亚游玩，千万不能因为饭菜美味可口，就吃得干干净净。

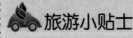 **旅游小贴士**

饮食

尼日利亚地处热带地区，卫生环境很差。由于当地疟疾、霍乱、脑炎、肝炎、尸虫病、伤寒等疾病广泛流行，所以切忌食用腐败变质食物和饮用生水。

在尼日利亚，为什么穿鞋戴帽会挨打

每年的6月初，为了纪念国王奥巴，尼日利亚人都会举办耶奥化妆节。每到这个时候，人们便会聚集在国王故居，进行祭拜活动。祭拜完毕，他们会身穿白色长袍，手持长长的棕榈木棒进行环岛游行。此时，有这样一条戒律：凡迎面走来的人，一定要赤脚、头上无饰物，否则会遭到游行者木棒"伺候"。

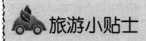

旅游小贴士

柯拉果

尼日利亚伊博人对"柯拉果"极为崇拜，将其视为解决一切问题的"金钥匙"，启发良心的"种果"。因此，每遇到纠纷时，伊博人总要摆出柯拉果，由受人尊敬的长者执刀将其切成小块分给当事人。据说人们一旦吃下它，所有问题也就会自行解决。

尼日利亚对签证有哪些规定

（1）过境签证。该证发给在尼日利亚拟停留不超过 7 天、一次性过境者；对直接转机者，颁发可以停留 48 小时的过境签证。申请过境签证要提供以下材料：①继续前行的联程机票；②旅行兑换凭证；③足够前行的经费；④有效护照。

（2）访问签证。该证发给来尼日利亚访问的人员，签证有效期为一个月。访问期间不可以经商、工作，若时间不够可向移民当局提出延期申请，能延期一次（3个月）。若想长期居留、工作，应向移民局申请临时居留和工作签证。申请人要提供以下材料：①往返机票；②访问地址；③接待单位的邀请信和足够的经费证明。

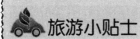

旅游小贴士

海关

入境尼日利亚时不得携带动植物、毒品和其他国际禁运物品。每次入境最多可携带 5000 美元，超过则需申报。

尼日利亚人有哪些忌讳

尼日利亚居民中有近半数人信奉伊斯兰教，34.5%信奉基督教，12.3%信奉其他宗教。在交谈中，他们忌盯视对方，也忌对方盯视自己；忌讳用左手传递东西或食物，认为左手下贱、肮脏；忌讳"13"，认为它会带来厄运；已婚妇女最忌吃鸡蛋，认为妇女吃了鸡蛋就不会生育，因其外形似零；忌谈论政治，特别是有关非洲的政治问题；忌用右手的食指（不祥之物）指向自己，认为是一种挑衅的举动；更忌伸出手并张开五指对向自己，这相当于辱骂祖宗；信奉伊斯兰教的人禁食猪肉和使用猪制品。

 旅游小贴士

马

尼日利亚的菲蒂族人惜马如命，从不吃马肉。如果马死了，全家人会像死去亲人一样悲伤，并为其举行安葬仪式，将马尾悬挂在最显眼的地方，连续为之祈祷达三年之久。

加纳

加纳人有哪些日常禁忌

加纳人忌讳有人拿他开玩笑，或用过头的语言来讽刺或讥笑他；忌用左手接别人送上的东西；忌"13""17""71"；忌讳客人一进门就向他们打听厕所在何方；忌讳收礼者毫不在意；伊斯兰教徒禁食猪肉，忌讳使用猪制品，也反对有人谈论猪。

刚果

在刚果为何不能超越灵车

在刚果，无论是成年人死亡还是婴儿夭折，都会举行隆重的葬礼。一般情况下，死者的亲属少则几十人，多则几百、上千人聚集在医院太平间外的广场上，为死者举办驱魔仪式。驱魔仪式完毕，死者的棺木会被置于灵车内，前面有警车鸣笛开道，后面有亲属乘坐的几十辆各式汽车护灵，再后面有唱着哀歌、击掌顿足的妇女队伍。此时，路上所有车辆必须为灵车让道。如果是同方向车辆，还不得超越。否则不但死者的亲属会生气，就连无关紧要的当地人也会指责。

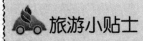 旅游小贴士

安全

夜间尽量避免独自外出，外出时最好开车；妥善保管护照、身份证件、各类票证和钱物；随身携带护照的复印件及有关应急电话，以防被非法检查人员敲诈勒索。

刚果人有哪些禁忌

在刚果，公开场合忌男女亲吻，外来人员也应如此；忌男子同他的岳母接触，亲族通奸是最严重的罪行之一；部分居民忌讳"13"和星期五；少数人不喜欢熊猫；忌谈原始图腾崇拜习俗的由来及其在生活中的影响。

南非

在南非为什么不能目不转睛地盯着当地人

在南非有一个迷信：被他人瞪眼看着的人，不是要发生灾祸，就是要被死神找上。为此，在南非与当地人交谈，切忌目不转睛地瞪着对方。

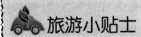 旅游小贴士

社交

在社交场合南非人所采用的普遍见面礼节是握手礼，他们称呼交往对象为"先生""小姐"或"夫人"。

与南非黑人交谈时要注意什么

与南非黑人交谈，以下话题切莫涉及：不要为白人评功说好；不要讨论不同黑人部族或派别之间的关系及其矛盾；不要非议黑人的古老习俗；不要向生了男孩的人家表示祝贺，这件事在很多部族中并不令人欣喜。

在南非为什么不要在繁华地区张扬

南非人民贫富分化严重，像约翰内斯堡黑人区，治安环境还相当恶劣。犯罪形式主要是持刀、枪抢劫财物、车辆及施暴、强奸等。若到这些繁华地带游玩，最好以车代步（要将车窗摇上），切忌穿金戴银独自走在街上。万一遭遇抢劫，不要反抗，事后报警（出行时身上最好带几十元钱，以图买个平安）。

在南非为什么不能随意拍照

在南非，人、房屋、家畜一律不准拍摄。如果想拍，一定要经过对方或主人的同意，否则很可能引起不必要的麻烦。

游览南非野生动物园要注意什么

到南非旅游，参观野生动物园是一大趣事。不过，坐观光车游览时，切记不要随意将手和头伸出车窗。尤其是夜游野牛动物园，一定要听从向导的安排，严格按规定在车内观赏。否则，一旦遭遇野兽，很可能发生不测。

毛里求斯

在毛里求斯用晚餐要注意什么

毛里求斯人一天中最正式的一餐是晚餐，他们非常忌讳有人在这时穿短裤和拖鞋。如果有人不遵守，那么东道主会毫不客气地请他出去，即便在酒店也一样。

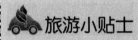 旅游小贴士

餐饮

毛里求斯集合了各民族的独特饮食习惯，如著名的印度咖喱、东非烧鸡、英国烧牛肉、客家梅菜扣肉等。另外，岛上还盛产水果和海鲜，种类繁多，价钱适宜。

在毛里求斯说什么语言比较好

毛里求斯人愿意说法语。他们认为说法语意味有身份，如果和他们说英语，那是看不起他们。

赞比亚

在赞比亚，穿着上应注意什么

前往赞比亚，如果户外活动较多，最好戴上墨镜、防晒霜和遮阳伞。若4月过后前往，应准备外套（薄厚各一件）、春秋衫和毛衣。

为什么在赞比亚要防蚊子

赞比亚12月到次年3月是雨季，蚊子非常多，并且很多都带疟原虫，一定要有所预防。

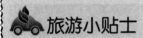 旅游小贴士

疾病

赞比亚卫生条件较差，主要的疾病有疟疾、艾滋病、肺结核、腹泻、霍乱、性病、麻疹、伤寒和麻风病等，游客前往要特别注意。

赞比亚人有何日常禁忌

赞比亚72%的人信奉基督教。他们忌讳别人从自己背后穿过；忌讳"13"；忌讳他人用手指着自己说三道四；忌讳有人以右手握拳挥动着手臂对待他们，这种动作意为"诅咒与谩骂"；忌对异性直接目光接触，这可能带有求爱的暗示；偶数是积极吉利的象征，忌与奇数打交道；忌谈党派之争；女主人一般不接待客人；忌用左手递东西；忌拍摄总统官邸、政府建筑物、邮政局、警察署、桥梁、机场等军事设施，若对女人、小孩等拍照，他们会认为是莫大的耻辱，会立刻叫警察来将人抓进拘留所。

大洋洲旅游禁忌

澳大利亚

澳大利亚有什么样的服饰礼仪

澳大利亚男子多穿西服，打领带，在正式场合打黑色领结。达尔文服是流行于达尔文市的一种简便服装。妇女一年中大部分时间都穿裙子，在社交场合则套上西装上衣。无论男女都喜欢穿牛仔裤，他们认为穿牛仔裤方便、自如。土著居民往往赤身裸体，或在腰间扎一条围巾。有些地方的土著人讲究些，将围巾披在身上。他们的装饰品丰富多彩。

澳大利亚风光

在澳大利亚，到酒吧饮酒也要讲究穿戴

澳大利亚的达尔文人到酒吧间饮酒时，很注意自己的衣着。通常习惯穿衬衫、短裤和长袜搭配成套的达尔文装，否则，会被视为不讲礼貌。

在澳大利亚应遵守什么社交礼节

澳大利亚人见面习惯于握手，不过有些女子之间不握手，女友相逢时常亲吻对方的脸。澳大利亚人大都名在前，姓在后。称呼别人先说姓，接上先生、小姐或太太之类。熟人之间可称小名。

澳大利亚人很讲究礼貌，在公共场合从来不大声喧哗。在他们的眼里，高声喊叫（特别是在楼外喊人）是一种不文明的粗野行为。在银行、邮局、公共汽车站等公共场所，都是耐心等待，秩序井然。握手是一种相互打招呼的方式，拥抱亲吻的情况罕见。澳大利亚社会上同英国一样有"妇女优先"的习惯。他们非常注重在公共场所的仪表，男子大多数不留胡须，出席正式场合时西装革履，女性是西服上衣西服裙。澳大利亚人的时间观念很强，约会必须事先联系并准时赴约，最合适的礼物是给女主人带上一束鲜花，也可以给男主人送一瓶葡萄酒。

到澳大利亚不可摆架子

澳大利亚人特别重视人与人之间的平等。讲究礼尚往来要互不歧视。大多数澳大利亚人，不论其地位多高，都很平易近人，会真诚而专注地倾听别人的意见。他们讨厌任何倚仗地位或钱财来摆架子的作风。他们认为谁也不比别人优越，谁也不能藐视别人，人们只有分工的不同，都是相互服务的，不应存在高低贵贱之分，理应相互尊重，强调友谊。

在澳大利亚如何与人打招呼

在澳大利亚与朋友偶然在途中相逢，只要轻声地说个"哈罗"的"哈"字，就可以了。如果有人连"哈"字也不讲，只是向你挤一下左眼，也不要奇怪，因为那也是向你打招呼的意思。与宾客相见时，他们总喜欢热烈握手。有些土著居民，握手方式是两人中指相互钩住，而不是全指掌相握。熟人之间彼此以名相称。男人往往用 mate（伙计）称呼他们的朋友。

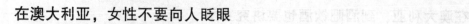

在澳大利亚，女性不要向人眨眼

在澳大利亚，女性向人眨眼会被认为是极不礼貌的行为。即使是向人表示友好之意也不行。

澳大利亚有些地方禁酒，我们也要遵守吗

澳大利亚一些偏远的土著居民有不饮酒的习惯，为了帮助澳大利亚和外国旅游者了解土著居民的风俗，澳大利亚昆士兰州政府日前开展了宣传活动，在广播和电视等媒体上提醒到这些地区进行钓鱼和旅行的人尊重当地居民的习惯。

澳大利亚一些土著人怎样迎接客人

澳大利亚一些土著人在迎接客人时，习惯敲锣，这是他们特殊的礼貌习俗。但是如果客人做客时间太久，他们也会敲锣，此时，千万不要以为这是欢迎的锣声，而应该及时告辞，因为此时的锣声是逐客之意。

在澳大利亚还有什么其他要注意的

澳大利亚假日相当多，一般商店自星期六下午到星期日全天均不营业，故工作安排或旅游计划必须事先考虑好，多保留时间，避免安排太紧凑的行程。

出入澳大利亚边境应注意什么

旅客抵澳后，移民局官员须查阅护照、签证，填妥入境旅客登记表（在船上或机上均有分发表格）及回程或转程船/机票，有时亦须证明携带足够旅费。

旅客出境不需申报随身行李，亦不须接受检查，仅须出示入境时取得的进入许可证明。只有当前往之国家有霍乱发生时，须提示霍乱预防注射证明。

此外，凡年逾 12 岁者，均须缴付出境税 20 澳元。

旅客可携带无限额的外汇或澳大利亚货币入境。未动用的外汇或澳元，必须是旅行支票、信用证或本票，游客方可携带离境。可携带离境的澳元：钞票及硬币面额分别不得超过 250 元和 5 元。外币宜在澳洲银行兑换。

旅客携带个人用品入境，无须课税。年逾 18 岁者，自携 200 支香烟或 250 克雪茄或烟丝及 1 升酒类，可免税入境。入境旅客年逾 18 岁者可携带 360 澳元以内之礼品，其中 200 澳元的部分为免税，其余 160 澳元部分须课税 20%。此外，一切麻

醉剂、植物、食品、动物及动物副产品，均有严格入境限制。澳洲对毒品的查缴相当严格，切勿携带毒品。澳洲为防止外来的害虫和疾病，严格控制新鲜或包装的食品、水果、蔬菜、种子、动植物及各种动植物产品入关。禁止进口的物品包括皮草、猫、狗等宠物的毛皮、象牙及其他宣布濒临绝种禽兽。

在仪态礼仪方面，澳大利亚人忌讳什么

在澳大利亚的社交场合，忌讳打哈欠、伸懒腰等小动作。

澳大利亚的商务礼仪中应避免什么

澳大利亚是一个讲求平等的社会，不喜欢以命令的口气指使别人。他们把公和私分得很清楚，所以不要以为一起进过餐，生意就好做了。

澳大利亚人有什么禁忌

澳大利亚人对兔子特别忌讳，认为兔子是一种不吉利的动物，人们看到它都会感到倒霉。

在澳大利亚的餐厅就餐，应注意什么

澳洲实施售酒执照制度，且审查很严格。最初被允许卖酒的地方，大多只限于酒吧，而其他餐厅是不被允许的。但通常美食总要酌以好酒才能入味。因此就产生BYO（Bring Your Own）制度，亦即顾客"自行备酒"。在餐馆前挂着 BYO 的告示时，即表示顾客可自行带酒，且大多需要开瓶费。而 Bottle shop，是指设在酒吧内的卖酒商店，可至此购买啤酒或各式酒类。

而现在也有取得售酒执照的餐厅（Licenced Restaurant），这与 BYO 餐厅的客源并不冲突。一般在餐厅买酒费用相当昂贵，因此有些客人宁可自行备酒。有些 BYO 餐厅，会详列各式酒类的开瓶费，当地人称为"Cotkage"大约 1 美元。

在澳大利亚旅行，交通方面应注意什么

澳大利亚出租车奇少，尤其在雨天、上下班时间和星期五下午等几乎无法叫到。最好请饭店服务员叫车。在悉尼或墨尔本大都市市区的大饭店等候当地人来接时，最好在约定时间在大门口等候，因为当地停车问题非常严重，暂时停车都有问题。

在澳大利亚乘出租车有什么讲究

澳大利亚人有个特殊的礼貌习俗，即乘出租车出行时，总习惯与司机并排而坐，即使他们是夫妇同时乘车，通常也要由丈夫在前面，妻子独自居后排。

新西兰

在与新西兰人交流时应避免做什么

当地大部分居民是英国人的后裔，因此，这里流传着许多英式身体语言和示意动作。他们对大声喧嚷和过分地装腔作势，是表示不满的。当众嚼口香糖或用牙签，被认为是不文明的行为。

新西兰，在日常生活中还有什么特殊规定

新西兰人性格拘谨，即使观看电影，也往往男女分场观看。对酒类限制很严，经特许售酒的餐馆，也只能售葡萄酒。可售烈性酒的餐馆，客人必须买一份正餐，才准许喝一杯。但啤酒销售量相当大，名列世界第五，平均每人每年要喝110公升啤酒。

出入新西兰边境应注意什么

所有入境旅客须持有护照、续程或回程机票/船票、逗留期间的旅费以及填写入境记录表。出境时有简单的护照查验，并须提交 Declaration for Leaving New Zealand 的表格（机场柜台供应）。免验携带行李，但必须缴20元的机场税。

关于随身携带行李并无特别检查规定，但会没收黏附土壤的物品，因此对容易黏附土壤的东西如农产品，实施检查。生肉、鸡蛋及其制品、鲑、鳟、乳酪、生菜、水果、花卉、稻草等物品（包含包装材料）均会遭没收。

另外，凡旅客年满17岁以上，除随身用品外，可免税携带香烟200支或烟草250克或雪茄50支，甜酒4.5公升，烈性酒一瓶（1 125毫升），礼物总值可达250元。

新西兰对携入外币无限制，出境时亦可自由携出外币，在新西兰停留期间内兑换的新币亦可再换回外币。

对新西兰毛利人的风俗要注意什么

在新西兰，毛利人仍保留着浓郁的传统习俗。他们大都信奉原始的多神教，还相信灵魂不灭，尊奉祖先的精灵。每遇重大的活动，他们便照例要到河里去做祈祷，而且还要相互泼水，以此表示宗教仪式上的纯洁。他们有一种传统的礼节：当遇到尊贵的客人时，他们要行"碰鼻礼"，即双方要鼻尖碰鼻尖二三次，然后再分手离去。据说，按照其风俗，碰鼻子的时间超长，就说明礼遇越高，越受欢迎。给别人拍照，特别是给毛利人，一定要事先征求同意。

在新西兰有什么忌讳

城市之间彼此敌视的情况普遍存在，占全国人口 1/4 的奥克兰，自视为新西兰第一大都市；既是首都又是国会所在地的惠灵顿，自视为全国的权力中心；富于英国传统风味的基督城亦自视甚高，不把其他城市放在眼里。所以，在新西兰切勿比较各个城市之间的优劣。

在新西兰如何给小费

原则上不必付小费，但饭店服务员将行李送至房间或送来所点的酒食时，可付 50 分左右的小费，对餐厅服务员可付约 10% 的小费。

与新西兰人交往要注意些什么

新西兰人大多数信奉基督教和天主教。在新西兰社会中，人们初次见面多以姓后直接加上"先生""夫人""小姐"等来称呼对方，熟悉之后可以互相直呼其名。新西兰人时间观念较强，约会须事先商定，准时赴约。如果是应邀去新西兰人家做客，那么，提前几分钟到达为好，以表示对主人的尊敬。新西兰人不喜欢大声喧哗和装腔作势。他们喜欢谈论的话题有体育、气候、旅游等，忌讳谈论政治、宗教、种族等问题。他们忌讳"13"和"星期五"，认为它们会带来厄运。所以，无论做什么事情，人们都要想方设法避开"13"和"星期五"。忌讳男女混合活动，即使看戏、看电影，也要男女分场。忌讳建造或居住密集型的住宅。

旅游小贴士

送礼习俗

在新西兰应邀到人家里做客时，通常应带一盒巧克力或者一瓶威士忌作为礼物，收到这样的礼物主人是会很高兴的。

出境新西兰应注意些什么

新西兰海关规定，游客在办理出境或离境手续前，要申报随身携带的现金。如果游客所带现金超过 1 万新西兰元，需填写"边境现金申报表"。17 岁以上的游客可以携带免税商品：200 支香烟或 250 克烟草或 50 支雪茄，或者三样混合重量不超过 250 克；4.5 公升的葡萄酒或啤酒、1.125 公升的烈酒一瓶。全部商品总额在 700 元新币以下的免税，超过则需交纳关税和商品税。

旅游小贴士

签证

我国公民赴新西兰旅游需要签证，新西兰"一般访问签证"适用于来新西兰旅游、探亲、访问或者短期游学。旅行者可以自己申请旅游签证，也可以通过新西兰移民局的合作旅行社进行办理。

与新西兰人做生意应注意些什么

新西兰人遵从平等的原则，反对将人划分为三六九等。因此，与新西兰人做生意时，必须按照他们的商业习惯，遵从公平、公正的原则。这点在新西兰人对商品的定价上体现得非常明显，因为他们一旦提出商品的定价就不会再做更改，他们认为这个价格是公平合理的。所以，他们不再接受易价。此外，与新西兰人做生意还应注意一些细节，把握好这些细节对于生意的成败，可以起到事半功倍的作用。首先是穿着。在新西兰参加商务活动，一定要注意穿着，服装要保守庄重，得体大方。不然，新西兰人会认为你不重视与他们的合作，而导致不欢而散。其次，不要随便送礼。以送礼来促成生意的策略，在新西兰并不可行，反而可能会适得其反。第三，要察言观色。如果经过谈判，对方询及交货日期、品质及付款条件等，那么，可大体确定生意可成交了。最后，要宴请对方。生意谈成之后，最好表示谢意，可以宴请相关人士。这样做一来可以庆祝生意的成功，二来可以增进合作双方的感情，为以后的长期合作打下良好的基础。

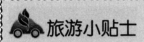 **旅游小贴士**

出行

　　新西兰的主要交通工具有计程车与公共汽车两种。商务或旅游观光最好选择搭乘计程车。新西兰计程车司机都很亲切，同时，也不用给小费。另外，饭店也不另加服务费或税金。

新西兰人有怎样的饮食习俗及讲究

　　新西兰人的饮食习惯受英国统治时期的影响，大体上与英国相同，吃饭以西餐为主，口味偏清淡。新西兰人对动物蛋白质的需求量比较大，爱吃牛肉、羊肉、鸡肉、鱼肉等。他们吃饭时有个良好的习惯，那就是吃饭时不喜欢说话，说话一定要等到饭后。所以，当地患胃病的人数较少。新西兰人喜欢喝啤酒，人均年啤酒消费量高达 110 公升。同时，他们也喜欢喝烈性酒，但政府对烈性酒进行了管控，餐馆出售烈性酒也是有限制的。除了爱喝酒，新西兰人还喜欢喝茶，饮茶如今已成为新西兰人的一大嗜好，每日必饮几次。对红茶更是一日不可或缺。

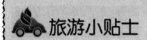 **旅游小贴士**

美食

　　新西兰美食中最有特色的是毛利火锅。其做法是把薄薄的石头烘热，放入地洞，把包裹好的食物放进并熏热，熟后打开来吃，原汁原味，唇齿留香。

斐济

斐济人见面如何打招呼

　　在斐济，人们有着特殊的见面打招呼方式。他们见面先是相互微笑，并挑动眉毛，然后再问好，行握手礼。在斐济的一些岛上，人们的见面礼节更是独特，他们的习俗是先相互伸开一只手掌，然后用中指互相勾一勾来表达问候。以上两种见面礼节，只存在于斐济，比较独特。

到斐济人家里做客不可不喝卡瓦酒

斐济人在迎接来访客人时，常以隆重的敬"卡瓦酒"仪式来招待。卡瓦酒一般都要按当地风俗当场为客人调制。这种酒并不像其他酒一样以粮食或水果为原料酿造，它是用当地名为"卡瓦"的胡椒树根茎磨成粉，用凉水冲制而成。卡瓦酒名为酒，实为饮料，不含酒精。去斐济人家中访问时，至少要喝上一杯卡瓦酒才合乎礼貌。拒绝与斐济人一起喝卡瓦酒，他们会感觉受到了侮辱，会使一切事情开头就弄糟，因此，在这种时候，一定不要推辞。

在斐济人家中做客不要做什么

如果在做客时对主人的一些东西赞不绝口，可能会使物主不得不把它送给你。因此，无论那些东西多么珍奇，也不要轻易赞美。

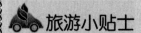 旅游小贴士

基本常识

斐济群岛共和国共包括 322 个岛屿，其国家名称是源自"岛屿"的汤加语，并变为斐济语的"Viti"。楠迪国际机场坐落于维提岛西部的斐济第三大城楠迪，成为最主要的游客入境港口。国花为扶桑。官方语言是英语、斐济语和印度斯坦语。

为何斐济女性不穿裙子，男性又穿裙子又戴花

在斐济，无论男女都戴花。令人惊讶的是，这里的男性居然也穿裙子。在大街和海滩上，到处可以看到身穿花衬衣和齐膝裙子的男性。原来这种裙子是斐济男性的家居服，称为"solo"。在斐济，女性不爱穿裙子，但男性却十分喜爱。斐济的男性也要比女性更爱打扮。此外，在斐济的苏瓦岛上，你还会发现更有意思的事情，那就是高大威猛的男警察们穿着"solo"指挥交通，而女警察们却穿着裤装。这真是一道独特的街头风景，到了斐济你可千万不要错过。

在斐济，为什么不能随便戴花

斐济的花很多，人们尤其钟爱一种红色的花，那就是扶桑花，又称木槿花，是斐济的国花。来到斐济，你会发现男男女女无一例外地戴着鲜花，放眼望去，简直就是花的海洋，色彩斑斓。不过，斐济人戴花可不是随便乱戴的。据说，花戴在左边表示未婚，而把花戴在两边则表示已婚。因此，在斐济旅行，当你想体验一把异域风情时，一定不要把花戴错了位置。

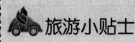 **旅游小贴士**

国旗

斐济国旗呈横长方形，长宽之比为 2 : 1。旗底为浅蓝色，左上方为深蓝色底上红、白两色的"米"字图案，旗面右侧的图案是斐济国徽的主体部分。浅蓝色象征海洋、天空；"米"字图案是英联邦国家的标志，表明斐济与英国的传统关系。

在斐济为什么女性留短发，男性留长发

在斐济，男性认为长发有魅力，因此也不经常理发，并且日常生活中他们也十分珍爱自己的头发，每天勤于梳洗打理。有些男性的头发甚至长达 1.5 米左右。而斐济的女性却恰恰与男性相反，她们只有在年轻时留长发，一旦结婚便会剪短，也会经常理发，之后就一直维持着短发的形象。所以，在斐济，看到男性留长发，而女性留短发，你也不要感到惊讶。

斐济人有哪些日常禁忌

斐济人的宗教信仰分为三种：基督教、佛教和伊斯兰教。人们生活中的禁忌更多地受到了宗教信仰的影响。斐济人忌讳数字"13"，认为它是不吉利的数字，会带来厄运；忌讳敬"卡瓦酒"时，别人拒喝，这样的行为会被视为一种侮辱；忌讳触摸别人的头，认为这是对人的一种羞辱；女性不得穿露肩的无袖上衣或者长度不及膝盖的短裙。进入当地人家中一定要脱鞋，否则是一种冒失的行为。另外，伊斯兰教徒禁食猪肉，也忌讳使用猪皮制品。在斐济的村庄，人们忌讳别人进村戴帽子，认为这样是对村长的不尊重，因为只有村长才有戴帽子的权力。

汤加

在汤加为什么不能夸奖女性身材苗条

在汤加，人们审美观极为特殊，以胖为美，以胖为荣，以胖为贵。所以，汤加贵族不论男女，通常都很肥胖。在这里，腰身就象征着地位。而女性身体越肥胖，且脖子越粗短，被认为越美丽。因此，有些不太胖的汤加女性为了增加姿色，往往还会在腰间缠绕大量布带来增加腰围，以显肥胖。基于此，汤加女性最忌讳听到的话就是说自己身材苗条，认为这是最恶毒的诅咒，比骂她还严重。

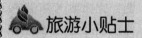 旅游小贴士

图普四世国王

图普四世体重最高达 209.5 公斤，他因此被载入《吉尼斯世界纪录》，成为全球最肥胖的君主。据称，这一纪录至今无人能破。

汤加人有什么样的见面礼仪

汤加人在社交场合与宾客见面时，一般会行握手礼，并习惯相互问候和寒暄几句。在汤加，等级低的人拜见等级高的人时，要行吻足礼。

汤加人的日常禁忌有哪些

汤加人大多信奉基督教，人们把星期日作为"安息日"。在这天，大家都不外出工作，只在家做些杂活。他们还忌讳数字"13"，认为"13"是不吉利的数字，会带来厄运；忌讳吃饭时说话，认为这是一种不礼貌的举止；忌讳将鲜花作为礼品送人，因为鲜花在汤加大多被用在与葬礼相关的仪式上。送鲜花表意不好，所以，人们忌讳。

巴布亚新几内亚

为何说在巴布亚新几内亚夫妻吵架供观赏

在巴布亚新几内亚，有一种令人难以置信的传统娱乐方式——夫妻吵架。夫妻越吵心情越愉快，越吵越恩爱。在巴布亚新几内亚，各地还专门设有供夫妻吵架的场所。每当有夫妻来这里一决高下时，观赏者就会从四面八方赶来助兴。他们吵得越凶，观赏的人们情绪就越高涨，谁能用最尖刻、恶毒的语言把对方置于窘地，谁就会被认为是吵架水平高超者，人们就会视之为偶像。这种吵架一般会持续到相互唇舌发僵为止，双方才会鸣金收兵。最后，夫妻俩会冰释前嫌，愉快地挽臂返家，同时娱乐也宣告结束。

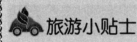 **旅游小贴士**

基本常识

"巴布亚"在马来语中意为"卷发"，由岛上居民的卷头发特征而得名。货币为"基那"。官方语言为英语，巴布亚人多讲莫土语，新几内亚人多讲皮金语，皮金语在全国较为通用。

巴布亚新几内亚的男女青年为什么没有眼睫毛

在巴布亚新几内亚特罗布里恩群岛，如果你特别注意一下那里的青年男女，你会发现他们大多没有眼睫毛。这主要是因为他们有一种既独特又古怪的示爱习俗。一对热恋的情侣，为表达对对方的赤爱之心，要把对方的眼睫毛咬掉，他们认为只有这样才能显示出自己真正的情爱心意。知道了这个古怪的习俗，就不会对此感到奇怪了。

在巴布亚新几内亚，男人不提重物对吗

巴布亚新几内亚的高地人，男子是绝不能提举笨重东西的，否则将被视为莫大的耻辱，就是在与女人同行时，一般也不例外。如果一个男人被人发现肩负重物，他的妻子就可能遭受惩罚。过去，甚至有因此丢掉脑袋的危险。

巴布亚新几内亚有哪些日常禁忌

　　巴布亚新几内亚绝大多数人信奉基督教，对猪极其崇爱。有的部族酋长，为了表示对猪的崇敬以及强调权势，将自己的鼻子上挖洞将野猪的爪尖嵌进去；还有的酋长为了表示对猪的信仰和显示力量，把野猪的睾丸串起来戴在手腕上。他们忌讳"13"，将其看成是不吉利的数字，认为会给人们带来厄运。男子忌提重物。吉米族人忌讳飞狐、猫头鹰和其他长着短嘴的鸟。因为这些动物没鼻子，意为没有阳性生殖器。